国家社科基金重大项目

"东林学派文献整理与文献研究"（19ZDA258）阶段性成果

东林学派与东林讲学

东林书院创建910周年学术研讨会论文集

尹楚兵 主编
荣骏炎 汤可可 副主编

凤凰出版社

图书在版编目（CIP）数据

东林学派与东林讲学：东林书院创建910周年学术研讨会论文集 / 尹楚兵主编；荣骏炎，汤可可副主编. -- 南京：凤凰出版社，2022.11
ISBN 978-7-5506-3819-8

Ⅰ.①东… Ⅱ.①尹… ②荣… ③汤… Ⅲ.①哲学思想—中国—明代—文集 Ⅳ.①B248.05-53

中国版本图书馆CIP数据核字(2022)第223058号

书　　　名	东林学派与东林讲学 ——东林书院创建910周年学术研讨会论文集
主　　　编	尹楚兵
副　主　编	荣骏炎　汤可可
责 任 编 辑	尤丹丹
装 帧 设 计	陈贵子
出 版 发 行	凤凰出版社(原江苏古籍出版社) 发行部电话 025-83223462
出版社地址	江苏省南京市中央路165号，邮编：210009
照　　　排	南京凯建文化发展有限公司
印　　　刷	安徽省天长市千秋印务有限公司 安徽省天长市郑集镇向阳社区邱庄队真武南路168号
开　　　本	718毫米×1005毫米　1/16
印　　　张	22
字　　　数	407千字
版　　　次	2022年11月第1版
印　　　次	2022年11月第1次印刷
标 准 书 号	ISBN 978-7-5506-3819-8
定　　　价	90.00元

（本书凡印装错误可向承印厂调换，电话：0550-7964049）

前　言

北宋著名学者杨时师事二程，政和元年（1111）南归，游无锡，见城南保安寺古木森秀，前临清溪，深得庐山东林寺之胜，便在地方官李夔的帮助下，以"东林"为名在此地创办书院讲学。杨时在东林书院讲学长达十八年，成为理学南传第一人。此后，书院长期废为僧舍。明万历三十二年（1604），无锡学者顾宪成、高攀龙等人上呈地方官府，在城东弓河畔祭祀杨时的道南祠旁重建东林书院，并会合四方同志，聚众讲学，形成了一个以顾宪成、高攀龙为代表，因东林书院讲学而得名，影响遍及全国，并对明清政治和思想文化产生深远影响的重要学术流派——东林学派。

2021年是东林书院创建910周年。为缅怀东林先贤，传承中华优秀传统文化，5月18日，无锡市东林书院管理中心与中国书院学会、江苏省儒学学会、同济大学哲学系、无锡东林文化研究会、上海大学国家社科基金重大项目"东林学派文献整理与文献研究"课题组联合主办了"纪念东林书院创建910周年学术研讨会暨尼山孔子圣像奉座典礼"，全国四十余位专家学者齐聚无锡，共同纪念东林书院创建910周年。会上，南京大学哲学系李承贵教授、湖南大学岳麓书院邓洪波教授、上海大学文学院尹楚兵教授分别以"儒学复兴与书院使命""天下东林讲学书院""拓展东林学派全方位研究，开辟东林研究新格局"为题作主题发言，专家学者分别从东林书院创始人杨时的研究、书院讲学的特征及历史影响、书院祭祀礼与当代传承、东林学派的成员构成及其学术思想、东林与耶教及东林党的关系等方面对东林书院与东林学派进行了全方位的研究，并探索了传统书院的现代发展之路。

《东林学派与东林讲学——东林书院创建910周年学术研讨会论文集》就是本次研讨会的成果荟萃，精选了相关论文26篇，按主题分为"东林书院与东林讲学""东林学派学术渊源""东林学派学术思想""东林学派与耶教、东林学派与东林党"四个部分。

需要说明的是，收入该论文集的部分论文此前已经发表，收入本书时，其中一些论文，或作者本人已有修订，或编者在审读过程中就所发现的问题（如明显的史实疏误,标点、文字讹误,引文出处疏误等)亦有所匡正。此外,为了保持全书体例的统一,本论文集对部分论文略作调整。将引文注释统一为脚注,并对格式稍作统一:同一篇论文内,引文出处为同一文献时,初次出现时标注详细的版本信息,再次出现则仅标注书(篇)名、卷次及引文所在页码;仅排印本、当代影印本标注引文所在页码,刻本、抄本等一般不标注页码。出于尊重作者,本书中各论文的观点未强求统一,引用同一文献的版本也未求一致。

因编者学识有限,本书疏误之处在所难免,敬请读者批评指正。

编　者

2021年10月

目 录

东林书院与东林讲学

"天下东林讲学书院"考述 …………………………… 邓洪波（1）
东林书院与东林讲会探析 …………………………… 金奋飞（22）
明代东林学派构成及讲学探究 …………… 朱文杰 徐 榴（33）
东林讲学与无锡国专对书院文化的传承 ……………… 汤可可（48）
东林书院祭祀礼若干问题的研究与
祭祀礼的当代恢复 …………………………………… 李素洁（61）
清初东林书院修复原委及其影响探析 ………………… 沈 恬（73）

东林学派学术渊源

杨时道学视域中的儒家末学及其文化意涵 …………… 包佳道（86）
东林学派哲学思想研究 ………………………………… 阎秀芝（99）
东林学风与明清苏南望族 ……………………………… 蒋明宏（117）

东林学派学术思想

黄宗羲论东林三君子 …………………………………… 朱光磊（127）
略论黄宗羲编著《东林学案》之旨趣 ………………… 雷天籁（136）
东林学派的"新心学"建构
——论明清之际哲学转向的一个新视角 …………… 陈 畅（149）
喜怒哀乐与性情之辨
——晚明东林儒者对"未发之中"的省思 ………… 崔 翔（161）
东林学派的实学思想及其经世理念 …………………… 张永刚（175）
"实学"概念刍议
——从顾宪成的"实学"概念说起 ………………… 贾庆军（182）
顾宪成之性命论 ………………………………………… 李可心（198）

顾宪成论良知
　　——以"无善无恶"之争为中心 …………………… 王志俊（211）
从《小心斋札记》看顾宪成晚年思想 ………………… 蔡家彬（223）
以"性学"为宗旨：高攀龙的思想定位 ………………… 黄晓荣（238）
高攀龙《论语讲义》的诠释特色 ……………………… 唐明贵（257）
高攀龙的主静工夫
　　——以静坐法为中心 ……………………………… 李　卓（267）
高攀龙"大身说"中的儒家仁爱思想 …………………… 李祥翔（283）
高攀龙与刘宗周的交游以及思想异同论析 …………… 张天杰（295）
讲学觉民以为政，格君重德以治世
　　——论邹元标的仁治观 …………………………… 陆永胜（306）

东林学派与耶教、东林学派与东林党

东林视域下的《天主实义》与"补儒"困境 ……………… 柴可辅（323）
东林党名形成初探 ……………………………………… 赵承中（335）

东林书院与东林讲学

"天下东林讲学书院"考述

邓洪波*

摘 要："天下东林讲学书院",是以东林书院为代表的一个有着鲜明学术特色和政治倾向的书院群体,其范围包括东林书院、关中书院、仁文书院、紫阳书院、首善书院等,实实在在地影响和制约着当年书院的生存状态和发展方向,是为明末书院的一大特色,也在某种程度上决定了清初书院的走向。

关键词:东林讲学;书院;天下东林

明代禁毁书院,既缘于书院的讲学,更隐含大量的政治因素。明末流行的"天下东林讲学书院",就是一个由讲学而泛化为政治的典型。自万历后期而历泰昌、天启、崇祯,甚至清代初年,在相当长的一段时间内,人们都在讨论它,它也实实在在地影响和制约着当年书院的生存状态和发展方向,是为明末书院的一大特色,也在某种程度上决定了清初书院的走向,值得引起特别注意。

一、天下东林讲学书院概说

《明史·熹宗本纪》载,天启五年"八月壬午,毁天下东林讲学书院"。何谓"天下东林讲学书院"？这在当时就是一个既明确而又含混的指称。说它明确,是因为矛头直指东林书院;说它含混,则因为凡讲学者皆可指为东林党人,泛涉无限。查当年张讷请毁之疏和魏忠贤的矫旨,内有"其东林、关中、江右、徽州一切书院,俱著拆毁"之语。由"东林"则推及"关中",已经是扩大化了,但"关中"还有具体书院可以指认,不致泛化,江右、徽州则是地域名称,若称其地的所有书

---

* 作者简介:邓洪波,男,湖南大学历史学博士,湖南大学岳麓书院教授,博士生导师,中国书院研究中心主任。

院,则不能和代表具体书院名称的东林、关中并列。如今这四者并列,只能说明阉党自己也是心中无数,只是泛泛而称,用以打击可能的敌人而已。此则犹可恕之,毕竟疏旨中曾经点过邹元标、余懋衡等人的名字,由人推院,我们还可以将邹元标家乡的吉水仁文书院、余氏家乡的新安紫阳、还古书院和江右、徽州去作勉强的对应。而当时的实际情况却更为离谱,诚如孙承泽所说,是"人不知有各处书院也,而统谓之东林。又不知东林所自始也,而但借此二字以为排陷君子之具"①。更有甚者,无论好事坏事都牵扯到东林:"乃言国本者谓之东林,争科场者谓之东林,攻逆奄者谓之东林,以至言夺情、奸相、讨贼,凡一议之正,一人之不随流俗者,无不谓之东林。若似乎东林标榜遍于域中,延于数世。"②到崇祯年间诛灭魏忠贤之后,还有人"复倡党说",凡持不同意见者都被指为"东林"。其时"政事日新,议论日奇,刑尚苛刻,而以言宽大者为东林;饷主加派,而以言减免者为东林;兵议款抚,而以言战剿者为东林;监视四出,而以言罢遣者为东林;至政本之地,司马之堂,前后闻凶,俱衣绯办事,而言纲常者为东林"③。由此可见,在明代末年,"东林"完全被泛政治化了,可以与东林书院、东林讲学毫无关系,此即所谓"排陷君子之具"。它使得"天下东林讲学书院"无所不在,无所不能。

"东林何不幸而有是也?东林何幸而有是也?然则东林岂真有名目哉?亦小人者加之名目而已矣!"④这是黄宗羲在写《东林学案》时所发出的千古感慨。平心而论,东林之幸,在于它讲学而成为天下书院的代表与象征;东林之不幸,在于它清议而成为人间正义的化身与希望,它既是真名目,也是小人所加之名目。

"天下东林讲学书院",是以东林书院为代表的一个有着鲜明学术特色和政治倾向的书院群体,其范围也大致不外乎阉党魏忠贤所要拆毁的东林书院、关中书院、仁文书院、紫阳书院、首善书院。有关东林书院、首善书院的情况将作专题讨论,其他各书院的情况略述如下:

关中书院在陕西西安,万历三十七年(1609),布政使汪可受,按察使李天麟,参政杜应占、闵洪学,副使陈宁、段猷显等建于府治东南安仁坊,请"关西夫子"冯从吾讲学其中。冯原本讲学于城东南宝庆寺,学者甚众,寺不能容,故汪氏等特建此院,迎其讲学。有讲堂六楹,题曰"允执",取"允执厥中"之意,其他号房、斋舍、门廊、亭阁、池桥等应有尽有,规模宏敞。冯订有《学会约》《关中士大夫会

---

① (清)孙承泽《书院考跋》,(清)田易等纂《畿辅通志》卷一一二,文渊阁《四库全书》本。本文以下所引孙承泽《书院考跋》皆出此本,不再标注。
② (清)黄宗羲著,沈芝盈点校《明儒学案》卷五八《东林学案一》,北京:中华书局,1986年,下册,第1375页。
③ (清)孙承泽《书院考跋》。
④ 《明儒学案》卷五八《东林学案一》,第1375页。

约》,以为讲学会讲的规章制度。冯从吾居院讲学十余年,四方从游者五千余人,使关中之学蔚为大观。天启五年(1625),书院毁于阉党王绍徽、乔应甲之手。天启七年,冯从吾逝世。崇祯元年(1628),书院重建。

冯从吾主讲的关中书院,是明清之际关中学派的大本营,它和东林书院有很多相似之处,成东西呼应之势。学术上,冯师事许孚远于正学书院,《明儒学案》将其归于甘泉学派。但他对王阳明非常尊重,称"阳明先生揭以致良知一言,真大有功于圣学,不可轻议"①。不仅如此,冯对程朱理学也是相当尊重,尤其是当他编纂《关学编》,全面总结以张载为主的关中理学时,思想上更倾向于融合朱陆,回归孔孟,属于当时比较典型的由心学转向理学的转折性代表。他讲学各地书院,留下了《关中书院语录》《太华书院会语》等讲义语录。尤其是天启二年(1622)和邹元标主讲首善书院时,与朱童蒙等争辩,指禁讲学为非,认为王守仁"当兵戈倥偬之际,不废讲学,卒能成功",因此,他自己也要"不恤毁誉,不恤得失"而坚持书院讲学②。其讲学主张,强调"躬行""救时"。尽管有"会期讲论,勿及朝廷利害、边报差除及官长贤否、政事得失"的《会约》规定,但"正以国家多事,人臣大义不可不明耳"③,因此就要不计毁誉得失去讲学,于是由讲学自然就会涉及国家之事,这和东林书院的情况颇为相似。冯从吾和关中书院的涉及政治,既有自己的主动进入因素,更有阉党的加害因素。

仁文书院在江西吉水县,原名文江书院。万历八年(1580),张居正毁天下书院,"市地民间",知县陈与相用官俸购买后送给邹元标作居室,院舍免遭拆毁之劫,但不得办学。万历十一年,即张居正死后次年,邹以"复书院请,上报曰可"。于是,他将院舍全部交还给知县徐学聚,"以待来学"。徐扩建之后,改名"仁文书院",并请邹作记以教诸生。记称:"余吉彬彬,海内称为邹鲁,往学禁方炽,独余吉不少变仁为己任,继往开来,吾于诸君有厚望焉。元标进未得行斯道于朝,退愿得行斯道于野,俾乡子弟孝友忠信,雝雝翼翼,庶上不负今天子明圣之世,下不负良有司振作之美,而余眷眷欲开斯地之意,庶几其不孤也欤!"④由此可见,作为反张居正毁书院的产物,仁文书院一开始就是作为邹元标讲学的大本营而设立的。其后知县黄流芳、沈裕相继扩建,邹则长期讲学其中,直至天启四年

---

① (明)冯从吾《宝庆寺学会约》,见邓洪波编《中国书院学规》,长沙:湖南大学出版社,2000年,第252页。
② 《明儒学案》卷四一《甘泉学案五·恭定冯少墟先生从吾》,第984页。
③ (清)王心敬《关学续编》卷一《少墟冯先生》,陈俊民、徐兴海点校《关学编(附续编)》,北京:中华书局,1987年,第73页。
④ (明)邹元标《仁文书院记》,见(清)曾国藩等修、赵之谦等纂《(光绪)江西通志》卷八一,《续修四库全书》第658册据清光绪七年刻本影印,上海:上海古籍出版社,2002年,第119页。

(1624)逝世。天启五年,魏忠贤毁书院,院舍大都拆售,邹亦遭削夺官职。至崇祯十五年(1642),始重建书院。

邹元标万历五年(1577)中进士,即以"夺情"之谏而得罪张居正。从此一生仕途不顺,但与书院情缘颇深。张居正死后,即奏复书院,天启初年与冯从吾主讲京师首善书院,是邹在书院所做最著名的事情。而其居家讲学前后三十年,以仁文书院为大本营,不仅江右书院遍布其足迹,凡吴越、楚湘、中州、秦晋各地讲学名儒皆与其有往来。他曾应顾宪成之约为东林书院作《依庸堂记》,与高攀龙也有《答邹南皋先生》书传世。而其《柬东林书院诸同盟书》更是他与东林书院交往的见证,其中有他为东林所作的两副楹联,一曰:"坐间谈论人,可贤可圣;日用寻常事,即性即天。"一曰:"光天下做个人,须循着规规矩矩;落地来有场事,要识得皜皜巍巍。"①从中我们可以看到,邹元标不仅与东林往来密切,而且其讲学志趣也大体相同。

徽州紫阳书院在府城歙县,奉祀郡人理学大师朱熹。自宋理宗赐额以来,即成为朱子之乡徽州(新安)六邑(歙县、休宁、黟县、绩溪、祁门、婺源)的骄傲。它既是程朱理学的基地,又是徽州的文化象征。明正德七年(1512),知府熊世芳重修,王守仁为作《紫阳书院集序》,揭一"心"字示诸生,从此阳明心学渗入。嘉靖、隆庆间,巡抚周名斗、督学耿定理等皆以王学名家修葺书院,传道其中,但对朱子之学也不得不表示足够的尊重。万历二十年(1592),休宁还古书院创建,成为王学举行讲会的中心,王门高足邹守益、王艮、钱德洪、王畿等皆来主盟讲学,数开徽州六邑大会,每会十天,听众数百上千,大倡心学,其势盖越紫阳,新安成了王学的一统天下。尤其是万历三十一年(1603)大会,"环听千人,辩难不生,满堂若琴瑟之专一,金谓心学复明,一扫支离",对朱子之学发动了明目张胆的攻击。万历四十三年大会,主坛金凤仪又极力诋毁朱熹之学,而歙县吴崇文力主朱学,起而辩驳,剖析异同,这是徽州学风由王转朱的一个标志。对此,当时的与会者汪佑曾说:"还古癸卯(万历三十一年)之会,自祝侯腾说,山阴主教,重衍新建,其时环听千人,辩难不生,满堂若琴瑟之专一,金谓心学复明,一扫支离也。迨乙卯(万历四十三年)再会还古,歙吴崇文问道东林,追宗正学,见主会力诋朱注,不得不指点厉阶,辨晰异同。固讲学闲距之大端也,岂以有争无争为会堂隆替哉? 若金先生调剂之说,曰:'今日诸友所争皆为君子。'又曰:'诸公哄然争论,种种不同,皆是千紫万红。'其言甚旨。"②天启元年(1621)大会,邀东林书院高攀龙主

---

① (清)许献等辑,《东林书院志》整理委员会整理,《东林书院志》卷一七《文翰三》,北京:中华书局,2004年,下册,第674页。

② (清)施璜《还古书院志》卷一一《会纪》,明万历四十三年汪佑按语。

盟。尽管高深知徽州久依姚江之学，口舌难胜，婉拒赴会，仅撰《教言》十五则寄会中同志，但其声援之意甚明，这是徽州本土学者扭转王学之弊的一个有力举措。对此，汪佑也有说法，其称："新安大会，自正德乙亥至天启辛酉，百有七年。会讲大旨非良知莫宗，若主教诸贤，多姚江高座，暨其流派，盖向往不分，故询谋佥同也。乃辛酉轮休，休士何景企梁溪而往宗之。梁溪思以道易世，胡不贲临休邑，而以正学相勖？倘亦闻徽士久归依越学，难以口舌争，姑出所论著遥寄相印可与？"①天启五年，魏忠贤毁天下书院，还古书院作价六百三十两白银售卖而废。崇祯元年（1628）重建。明清之际，徽州士人以紫阳、还古等书院再开徽州六邑大会，所讲则由王而朱，已是另一种景象。②

受阉党点名请赐处分的余懋衡，为徽州婺源人，和朱熹是小同乡。万历二十年（1592）中进士，任永新知县，倡建明新书院，联讲会讲实用之学，邹元标为之作记。后任陕西巡按，建正学书院，与冯从吾讲学其中。天启初年，在京师，参与邹元标、冯从吾的首善书院讲会，在家乡则集多士讲学紫阳书院，参与徽州大会，复于福山书院联讲会，讲学福教堂等。张讷因而指其与邹、冯等人"南北主盟"，"互相雄长"，请赐处分。③ 天启五年（1625），婺源紫阳、福山书院被毁，休宁还古书院被作价出售，余则遭削夺，至崇祯年间始复职。

二、重构学统：东林书院的重建与讲学

东林书院在江苏无锡，北宋政和元年（1111）由理学家杨时创建于城东。杨时是理学大师程颢、程颐的高足，在中国思想史上以南传其师说而著称。东林就是其弘扬师说、传播理学的重要基地，他居院讲学十八年，成就众多人才。其学传至朱熹，终于集大成地成为影响古代中国社会数百年的官方哲学。因此，东林书院也就因承接程朱而有"洛闽中枢"之称，备受人们的关注。南宋初年，金兵南掠，杨时遂南归故里福建将乐，书院渐至废毁。南宋中期，理学大盛，无锡士人建祠堂祀杨时，并称龟山书院。元至正十年（1350），僧人改为东林庵，自此遂为佛教传道之所者二百余年。

明成化年间，邵宝重建于城南，以举人之身，"聚徒讲诵于其间"。邵中进士

---

① （清）施璜《还古书院志》卷——《会纪》，明天启元年汪佑按语。
② 以上参阅季啸风等编《中国书院辞典》，杭州：浙江教育出版社，1996年，第80—81、87—88页；（清）施璜《还古书院志》卷——《会纪》。
③ （明）沈国元《两朝从信录》卷二七"天启五年八月"，明崇祯刻本。

入仕为官之后,其址"复荒",而为邑人华云所有。华为邵氏门人,"仍让其地为书院,以昭先生之迹,而复龟山之旧"。此举得到知县高文豸支持。于是,应邵宝本人及高知县之请,王守仁为之作记,时在正德八年(1513)。记称:

> 东林书院者,宋龟山杨先生讲学之所也。龟山殁,其地化为僧区,而其学亦遂沦入于佛老、训诂、词章者且四百年。……若夫龟山之学,得之程氏,上接孔、孟,而下启罗、李、晦庵,统绪相承,断无可疑。顾世犹疑其晚流于佛,此其趋向毫厘之不容于无辨,先生必尝讲之精矣。先生乐意谦虚,德器溶然,不见喜怒,人之悦而从之,若百川之趋大海。论者以为有龟山之风,非有得于其学宜莫能之。然而世之宗先生者,或以其文翰之工,或以其学术之邃,或以其政事之良。先生之心,其殆未以是足也。从先生游者,其以予言而求先生之心,以先生之心而求龟山之学,庶乎书院之复为不虚矣!①

非常明显,王守仁虽然对杨时南传道学之功表示了足够的尊重,但对龟山之学晚而流入于佛老提出了质疑,并期望以邵宝之心而上求于龟山之学,实有以心学而救龟山之学的意思。

嘉靖、隆庆、万历三朝,王学大兴,嘉靖十三年(1534)提学闻人诠、隆庆元年(1567)提学耿定向、万历元年(1573)提学谢廷杰,皆曾应当地王门后学之请,议准修复东林书院。② 尤其是泰州学派主将之一耿定理倡道南京,其崇拜者盛馨曾经在隆庆元年、万历元年两次具呈请求修复书院,并得到学院批准,可惜直至万历七年(1579)盛氏逝世,其"修复雅意"仍是"虚愿"。尽管如此,但"江门慰藉天台语,千载斯文感兴同"③,这次长达十余年的努力,却足以表明王门后学对东林书院的重视。此事历来不为人注意,其原委仅见于盛淳追忆父亲诗作的小序中,有必要揭示如下:

> 先子扬玄,门下士追称文玄子,好古博学,文章行谊卓然于时,为四方名公所器重。会耿宗师倡明斯道,先子黾勉以从。因念吾锡东林为杨龟山先生讲学处,遂图修复。于隆庆丁卯、万历癸酉两具呈学院,蒙批允行。将会

---

① (明)王守仁《东林书院记》,吴光等编校《王阳明全集》卷二三,上海:上海古籍出版社,1992年,上册,第898—899页。
② (清)许献等辑《东林书院志》卷二—《轶事一·东林轶事》,下册,第790页。
③ (明)盛馨《东林书院占得东字》,见邓洪波编《中国书院诗词》,长沙:湖南大学出版社,2002年,第38—39页。

同志鸠工聚材，蒇竣厥业，不幸于戊寅之三月，先子即世，修复雅意竟成虚愿，能无俟后之君子乎！垂三十年甲辰，顾泾阳诸缙绅先生乃缘未就之绪，经纪其成，左复道南祠，右建堂。群贤时至，远近交集，而龟山讲学之风复振，一如先子所志焉。九原有知，良足慰已耶！次东字韵，以叙今昔废兴之感云。

　　道南遗泽在兹东，先子殷勤觅往踪。远控江门盟主定，近邀朋辈众心同。文坛尚尔疑残雪，讲席依然振古风。莫为数奇功未就，倡之必和在群公。①

由此可知，自正德八年至万历张居正禁毁书院之际，王守仁本人及王门后学都曾有过经营东林书院以"倡明斯道"的努力。

万历三十二年（1604）二月开始，顾宪成、高攀龙以系道脉、树风声为己任，率顾允成、安希范、刘元珍、史孟麟及陈幼学、叶茂才、张大受、钱一本、王永图等倡导捐资，得到常州府、无锡县以及相邻的苏州、松州、嘉兴三府在职官员资助，四月动工，重建东林书院于城东故址。九月，书院落成，共费一千二百余两白银。有大门、牌坊、东林精舍、丽泽、依庸二堂及燕居庙、道南祠、藏书楼、山房、草庐、书斋、学舍等建筑，奉孔子，祀杨时，置田两百亩、地十六亩，以为院中经费。常州府知府欧阳东凤作《重修东林书院记》，无锡知县林宰作《重修道南祠记》，邹元标作《依庸堂记》，以揭书院历史沿革、学术追求。

重建后的东林，不同于一般书院，没有属于弟子之列的诸生常年在院学习，是同志诸君子的讲会场所。每年大会十日，每月小会三日，是一所典型的社团性书院。顾宪成制订的《东林会约》，是院中同志必须共同遵守的会章，其中的《会约仪式》则就会中组织、会期等具体问题作出规定。大会、小会皆推会主一人主持讲会，"每会推一人为主，说《四书》一章"。大会设知宾，负责接待。每会皆设门籍，登记会中同志情况，"一以稽赴会之疏密，验现在之勤惰，一以稽赴会之人他日何所究竟，将作来之法戒也"②。

顾宪成的《东林会约》③是标明东林书院讲学宗旨、治学之方、学术趋向的纲领性文件。它首列孔子、颜子（渊）、曾子（参）、子思、孟子为学要旨，次揭朱子（熹）《白鹿洞书院学规》，复次引申朱熹学规而开列其饬四要、破二惑、崇九益、屏

---

① （明）盛淳《东林书院成追忆先学》，见邓洪波编《中国书院诗词》，第39页。
② （明）顾宪成《东林会约·会约仪式》，见邓洪波编《中国书院学规》，第17页。
③ 《东林会约》，见邓洪波编《中国书院学规》，第8—17页。以下凡引此约而未标明出处者，皆出于此。

九损。其意在阐明东林书院继承杨时精神,上承周、程,下接朱熹,以程朱理学反对王学陋习的学术主张。

"四要"是指知本(又作识性)、立志、尊经、审几,都是为学、治学、讲学最紧要的"关头"。继顾、高而主盟东林的吴桂森曾说:"所谓四要者,一曰识性,绎白鹿洞规则可以识性也;一曰立志,以圣人必可学为志也;一曰尊经,以五经四书为常道而尊之也;一曰审几,审当下讲学一念诚耶伪耶? 为己耶为人耶? 四者,入学最紧切关头,故提之为要云。"①

"二惑"指世人对讲学的两点疑惑:一是"讲学迂阔而不切,又高远而难从";二是"学顾躬行"即可,"将焉用讲?"顾宪成认为,此其不当惑也不必惑者:"不当惑而惑,昧也;不必惑而惑,懦也。协而破之,是在吾党。"吴桂森的阐释更为明了,称:"二惑者,一则曰:'讲学迂阔而不切,又高远而难从。'如朱子洞规,皆须臾不可离,曷云迂阔? 夫妇所可知能,曷云高远? 此不当惑者也。一则曰:'学顾力行何如耳,若讲之而所行则非,何益?'不知此病在所行,而非所讲耳。岂得亿逆其行,而先诟讲学也。此不必惑者也。世之病讲学者,靡不借口二端,故为之破其惑云。"

"九益"既讲讲学的好处,也讲讲学的方法,"皆致益之道,协而崇之,是在吾党"。具体内容是:第一,讲学可以以道义相切磨,进到圣贤之域;第二,四方的宿学硕儒齐集,"其有向慕而来者,即草野之齐民、总角之童子,皆得环以听教";第三,会讲时,"耳目一新,精神自奋,默默相对,万虑俱澄";第四,当会之时,"非仁义不谈,非礼法不动,瞻听之久,渐摩之熟,气体为移,肺肝为易,一切凡情俗态,不觉荡然而尽";第五,四方学者不远万里寻师觅友,济济一堂,相互切磋,声应气求;第六,一人的见闻有限,众人的见闻无限,会讲可以使人广见博闻,个人钻研累月累日,旁搜六合,邈求千古而不得,一旦举而质诸大众之中,便相悦以解;第七,一日之中可以"追按其既往","预筹其将来",起旧图新;第八,使人感到责我也周,望我也厚,爱我也至,而不敢妄自菲薄,聊自姑息;第九,"会以明学,学以明道",从本根出枝叶,从明道来立言、立功、立节。对此,吴桂森也有过概括,其称:"九益者,国家设学,本教人为圣为贤,非止科名,讲学庶几不负,一也;广联同志,二也;指视森严,三也;整肃习气,四也;寻师觅友,五也;广见博闻,六也;一日之中,可以按既往,可以筹将来,七也;人之责望我者甚重,八也;我之自树立者方真,九也。凡此之益,陶铸生平,岂系细事,故欲人知所取。"

"九损"是指鄙、僻、贼、浮、妄、怙、悸、满、莽九种坏毛病,其中的浮,具体指

---

① (清)许献等辑《东林书院志》卷二《院规·顾泾阳先生东林会约》,上册,第16—28页。以下吴桂森所言皆出于此,不再标注。

"或评有司短长,或议乡井曲直,或诉自己不平"。顾宪成认为,"此皆致损之道,协而屏之,是在吾党"。吴桂森对"九损"有过简要的说法,其称:"比昵狎玩,鄙也。党同伐异,僻也。假公行私,贼也。评议是非,浮也。谈论琐怪,妄也。文过饰非,怙也。多言人过,悻也。执是争辩,满也。道听途说,莽也。于此少不敬谨,有不觉日入于损者,故欲人所知戒。"

历史上,对东林发展作出贡献的人很多,著名者有所谓"东林八君子"之称,他们是顾宪成、顾允成、高攀龙、安希范、刘元珍、叶茂才、钱一本、薛敷教,其中前六人都是无锡人,故又有"无锡六君子"之称。但就讲学而言,终明之世,真正主盟东林者,则仅为顾宪成、高攀龙、吴桂森三人。

顾宪成,人称东林先生,自万历三十二年(1604)开讲,到万历四十年逝世为止,首为东林主盟,前后有八年之久。这是东林讲学最兴盛的时期,尤其是前五年,"缙绅辐凑,其时盛而繁",后三年由于卷入淮抚入阁、京察等政治事件,"见龁于当途",讲学受到影响。① 尽管顾宪成曾写信给临时顶替自己主持会务的高攀龙时,有"大会只照旧为妥。世局无常,吾道有常,岂得以彼妇之口遽易吾常,作小家相哉"②的说法,强调要按时举行讲会,但终究因政局的制约,自御史徐兆奎万历三十九年上疏称"今日天下大势尽趋东林,今年计典之误,实由于此"③之后,"东林书院"日渐就被"东林党"所代,讲学活动被迫步入低谷。查记录顾宪成讲学情况的《东林商语》,万历三十六年,他虽曾赴任南京光禄寺少卿,也还有十六条语录在案,此后却戛然而不见任何记载。④ 这也从侧面反映出,东林讲学自万历三十七年开始,已经确实是"渐简渐真"了。

高攀龙从东林重建开始,就协助顾宪成主掌书院事务,但真正主盟东林,则是在顾逝世之后,自万历四十年至天启元年(1612—1621)北上任光禄寺丞,前后有十个年头。其时他申订《东林讲会规则》,仍然坚持讲学,留有《东林论学语》二百余则,但东林已经卷入党争甚深。⑤ 问政而坚持讲学,应该是这个时期的特点。《东林书院志》载,自万历四十、四十一年以后,东林"锋镝纷起",他们勇敢面

---

① (明)吴桂森《息斋笔记》卷上:"东林开讲于甲辰(万历三十二年),缙绅辐凑,其时盛而繁。未几,见龁于当途。庚戌(三十八年)以后,渐简渐真。癸丑(四十一年)讲《易》,则二三君子苍然隆冬之松柏矣。"
② (明)顾宪成《泾皋藏稿》卷五《柬高景逸》其二四,明无锡顾氏原刊本。
③ 《明神宗实录》卷四八三"万历三十九年五月",台湾"中央研究院"历史语言研究所据国立北平图书馆藏红格钞本影印,1962年,第9092页。
④ 《东林商语》上下卷,见(清)许献等辑《东林书院志》卷三、卷四,上册,第38—65页。
⑤ 《东林论学语》上下卷,见(清)许献等辑《东林书院志》卷五、卷六,上册,第88—157页。

对,"谓此吾辈一大炉缸,不如是,真者不成其真,赝者不成其赝,东林不成其东林"。①

吴桂森主盟东林,始于天启元年(1621)冬高攀龙北上之日,直到他崇祯五年(1632)逝世止,前后十二年,历经天启五年书院被废和崇祯元年奉命修复书院,悲喜交加,全力维持。其最盛者,为天启初年,"是时群贤蔚起,朝野蒸蒸,先生代景逸先生司其坛坫,而景逸在都中以政暇讲学于首善书院,三千里外遥相应和,一时大儒如少墟冯(从吾)先生、南皋邹(元标)先生辈闻东林有先生,群然向往,脉脉神交"。②但毕竟禁毁惨烈,崇祯修复之后,讲学虽宗顾、高而本程、朱,但已是"即如鹅湖、姚江之辨,亦不必再烦拟议",并且"绝议论以乐时","自今谈经论道之外,凡朝廷之上、郡邑之间是非得失,一切有闻不谈,有问不对"③,全然已无昔日景象,维持而已。

吴桂森以后,"东林遂无主盟。嗣后,丽泽堂会讲亦辍"。直至崇祯十六年(1643)高世泰以湖广提学副使致仕归家,渐次修复书院,"主盟东林者历三十有四年"④。但这却是他在清初以明遗民身份所从事的事情了,明朝已亡于其归家之后的第二年。

三、社团与政治:东林开创的书院新传统

东林书院一堂师友,冷风热血,洗涤乾坤,从一个明代中期既有的社团性传统出发,在官方的禁毁中,顽强地坚持二十余年,开创出了书院扭转学术风气、关心天下时政的新传统。

东林书院的社团性是显而易见的。首先,它来自当年聚会诸友的共识。东林首创同人中,大多都有讲学地方的经历。顾宪成自万历二十二年因主持吏部考选忤皇帝与权臣之意罢官,讲学十年,"连岁弟子云集"⑤,又筑"同人堂","月集诸从游者会焉"⑥。高攀龙在无锡城有乐志堂,尝"偕四郡同志会讲"⑦其中。

---

① (清)许献等辑《东林书院志》卷八《刘本孺先生传》许献按语,上册,第295—296页。
② (明)邹期桢《(吴桂森)墓志铭》,(清)许献等辑《东林书院志》卷九,上册,第327—337页。
③ (明)吴桂森《东林会约》,见邓洪波编《中国书院学规》,第17—18页。
④ (清)许献等辑《东林书院志》卷二一《轶事一·东林轶事》,下册,第802页。
⑤ (明)顾与沐记略,(清)顾枢初编,顾贞观订补《顾端文公年谱》卷上"万历二十五年",清光绪三年刻本。
⑥ (清)徐永言修,严绳孙纂《无锡县志》卷七"古迹·小心斋",清康熙刻本。
⑦ (明)华允诚《高忠宪公年谱》"万历二十九年",清光绪二年(1876)刻《高子遗书》附刊本。

刘元珍在常州城居家讲学，与钱一本共倡"同善会"，"表章节义，优恤鳏寡"①。钱一本在武进筑经正堂讲学。武进、无锡皆属常州府，南北相望，不出百里。顾宪成在万历二十六年（1598）曾说："我吴尽多君子，若能联属为一，相牵相引，接天地之善脉于无穷，岂非大胜事哉！"②这表明他迫切希望将吴地同人君子结为一会社，将原来分散的讲学活动"联属"成统一的组织。他还曾对高攀龙说："日月逝矣，百工居肆以成事，吾曹可无讲习之所乎？"③东林书院的重建，就是这种结社意愿得以完成的表现。

其次，《东林会约》作为书院的规章，标示东林的学术主张，甚至政治倾向，规定以会籍登记书院讲会同人，会中称"同志友""同志""吾党""各郡各县同志""同志会集"等，都显示出书院操作程序的社团特性。

再次，当时就有人称书院为"东林社"。如武进人胡佳胤就曾说：万历三十七年（1609），"仲秋十九日，吴子往邀余入东林社。时泾阳先生为会主，而高、刘诸公翼之。予与子往及一方外楚人为客，列东西坐。坐定，泾阳先生讲《孟子》首章，析义利之旨。自是互相送难，及尽心、天命诸义。讲罢，一人从东席趋下，正立揖，出所书魏庄渠先生励学语读一过，闻者悚然。罢会，设鸡黍供客，酒数巡，各散出。微言久绝，此会为东南领袖，风动四方，真千古一事矣！"④胡氏所记正是当年社团性书院讲学的一般情形，宜乎其将东林书院称作"东林社"。

扭转学术风气，是东林书院讲学的首要任务，因而学术史上有"东林学派"之称。有鉴于王学末流之弊，东林诸君皆思起而救之。重建东林院舍时，他们回避正德以来王守仁及王门后学建设东林的努力，故意将王的《东林书院记》改作《城南东林书院记》，意在绕过阳明的存在，而将自己的行为上接于杨时，此其一。其二，直接开展对王学的批评。如欧阳东凤就称："龟山者，固程夫子所目为道南者也。晋陵之有宋儒学也，自龟山始也。……嗟乎！世皆以新会之'自然'、姚江之'良知'为第一义，而究其所以，实非于人性上另添一物也。主敬主此，穷理穷此，亦非于率性外另为一事也。何必曰千古秘密至今日始泄机，欲闻宋儒之统哉！余为此惧，私心时时念之，幸而有人焉，超然反其所自始，相与联集同好，恢宏遗绪，此其尊德乐道，又非第泛涉其涯而已。"⑤其矛头已直指王、湛，惟言语尚且平

---

① 《明儒学案》卷六〇《东林学案三·光禄刘本孺先生元珍》，下册，第1487页。
② （明）顾宪成《泾皋藏稿》卷五《柬高景逸》其六。
③ （明）高攀龙《（顾宪成）行状》，（清）许献等辑《东林书院志》卷七《列传一》，上册，第197—220页。
④ （清）许献等辑《东林书院志》卷二一《轶事一·东林轶事》，下册，第795页。
⑤ （明）欧阳东凤《重修东林书院记》，见陈谷嘉、邓洪波编《中国书院史资料》，杭州：浙江教育出版社，1998年，上册，第820页。

实。而顾宪成讲学,首揭"明善同人之旨","于阳明无善无恶一语,辩难不遗余力,以为坏天下教法,自斯言始",已经很不客气了。① "自顿悟之教炽,而实修之学衰。嘉、隆以来,学者信虚语而卑实践。渐磨既久,浸灌益深,视居敬为拘囚,目穷理为学究,恶言工夫,托之本体,更不知操存涵养为何物矣。斯文未丧,东林代兴。高景逸先生心程朱而脉孔孟,拜官之日,首辟世则张子之邪说,使程朱之学晦而复明。未几,罢官,归里三十年,与泾阳顾先生辈力扶正学,端事实修。"②其三,在批判的过程中,将学术由心学扭而转向理学。辟王崇朱,转移学风,是明末的一个特点。主持徽州紫阳讲会的方学渐,学宗朱子,作《性善绎》,批评王阳明以心体为无善无恶的观点。万历三十九年(1611),他以七十二岁高龄率众游学东林两个多月,与会中同志"幽讨剧谭,务寻学脉之所在",其结论是"东林之学,以朱为宗",遂引为同道。③ 吴桂森也说"盖良知之说与紫阳氏原自立一赤帜也","尊王学者导流扬波,至有心学、理学之名,而脉若分为二矣。悟门既辟,一切穷理居敬之学视为尘垢秕糠,而流弊且中于人心。于是,东林君子起而维之,言体则必合之于用,言悟则必证之于修,程朱之说复揭中天……其一时并兴,声气同而道脉合者,则有关中冯恭定少虚先生云"④。正是"东林君子"与"天下东林讲学书院"的共同努力,才将明代学术由心学转向理学,开创出一个程朱理学"复揭中天"的新时代。

"风声雨声读书声,声声入耳;家事国事天下事,事事关心。"这是顾宪成高扬的一面讲学大旗,也是东林书院在万历、天启年间讲学的一大特色。兹举东林讲学时关涉朝政、品评人物事例以为见证。

例一见吕柟《东林书院语》,其称:

> 用问:"镇守之害,使人不能聊生,何也?"先生曰:"此非知制敕者之过邪? 故不为作欺人敕,则朝廷奚遣? 故不为作欺人敕,则镇守奚害? 彼镇守者,又何足道哉!"⑤

中官镇守,危害各地,是明代刘瑾擅权以来出现的一大弊政,书院讲学问答

---

① 《明儒学案》卷五八《东林学案一·端文顾泾阳先生宪成》,下册,第1379页。
② (明)周彦文《东林景逸高夫子论学语序》,《东林书院志》卷一六《文翰二》,下册,第633—634页。
③ (明)方学渐《〈东游纪〉小引》,同上,第627—628页。
④ (明)吴桂森《〈真儒一脉〉叙》,同上,第636—637页。
⑤ (明)吕柟《泾野子内篇》卷二《东林书院语》,《景印文渊阁四库全书》第714册,台北:台湾商务印书馆,1982—1986年,第535页。

中涉此，由镇守之害转而将矛头直指朝中之知制敕者，其间政言词激越，连连设问，且由地方而及朝廷，可谓凌厉。

例二见阎若璩《潜邱札记》，其称：

> 万历甲辰东林书院九日首会，山阴刘念台讲"克复章"毕，坐中尚论，微不满于薛文清。无锡高存之请故，念台徐曰："易储一事（按《薛文清公年谱》：景泰元年二月，以大理寺丞督饷四川、云南，明年二月归。易储，则景泰三年五月事，公方为南大理卿。明年九月调北），文清时以大理卿理饷云南，归而不诤，犹曰位不在也。于忠肃临刑，文清时在内阁，建言云：天子新复辟，不宜诛戮以伤天地和气。于初拟极刑，因文清言拟斩。此事为慊心否乎？"存之曰："论至此，却不能为文清解。可见后世眼可畏，不为你丝毫隐漏也。"念台又曰："所以文清不久去位，以为曹石之故，非也。只此事，文清已不能安其位。"念台将别去，存之曰："此会可以千秋。"①

薛瑄谥文清，是明代少数几位从祀孔庙的大学者，东林书院首次讲会，刘宗周（号念台）就与高攀龙（字存之）对其品评，发表不满言论，可见其裁量人物不避权贵。更为重要的是，高攀龙十分赞赏这种对本朝贤哲的讽议，所谓"此会可以千秋"，东林倡导之所在已不言自明。

例三见汪琬《陈处士墓表》，其称：

> 当前明熹宗之世，宜兴陈少保（于廷）公为吏部侍郎，以会推忤魏忠贤，削籍。愍帝即位，起左都御史，以言事忤同县要人，又削籍。盖公尝从无锡顾端文公讲学东林书院，为世指目，至是再以直声动天下，东林益共推服公。而公有子贞慧，字定生，即处士君也。少用文学著闻，喜结纳东南名士，最善金坛周礼部镳、贵池吴秀才应箕。每当群集时，杯酒淋漓，相与掀髯抵掌，往复下上，其议论于国家之治乱，中朝士大夫之贤不肖，无不根极始末，刺刺数千言可听。诸名士尤慕君气节，故皆师事少保公，而与君相亲爱。……会魏忠贤义儿阮大铖久被痼，阴萦金巨万于京师，谋复用，公卿间口语籍籍。诸名士闻之曰："怀宁起，东林无噍类矣。"怀宁者，大铖所居县名也。乃谋数大铖罪恶，为文檄之。共推应箕属草，而君与周礼部皆列姓名其间。……会福王擅立，大铖骤蒙湔洗用事，将尽杀东林党人。是时少保公已前殁，而君与

---

① （清）阎若璩《潜邱札记》卷一，《景印文渊阁四库全书》第 859 册，台北：台湾商务印书馆，1982—1986 年，第 398 页。

> 周礼部及应箕皆在南京。礼部先被逮,君为营救万端。人又谏止君,君嫉笑曰:"死耳,何畏?"铖诇知之,遂积前恨,夜半遣校尉捕君与应箕。……呜呼!君书生,又贵公子也,苟不得志,则当键户濡首,习为科举学耳。其或少暇,则褒衣博带出而嫛遨里间间,夫亦足以豪矣。与闻国家之事,侃侃訚訚,濒死而不悔,何与?①

宜兴人陈于廷、陈贞慧父子,其杯酒淋漓、往复议论、关心国家治乱、反对阮大铖的东林党人形象跃然纸上,而汪琬将其比附东汉两宋太学生之议论,更令人对明末真正的东林党人肃然起敬。

关心天下大事,注意时政得失,扬善去恶,拯时救世,是顾宪成的一贯主张。他曾说:"士之号为有志者,未有不亟亟于救时者也。"②其"论学,与世为体。尝言:'官辇毂,念头不在君父上;官封疆,念头不在百姓上;至于水间林下,三三两两,相与讲求性命,切磨德义,念头不在世道上,即有他美,君子不齿也。'故会中亦多裁量人物,訾议国政,亦冀执政者闻而药之也。天下君子以清议归于东林,庙堂亦有畏忌"③。其间最有名的事件是顾宪成争淮抚入阁、高攀龙论浒墅关税贪,卷入万历三十九年(1611)京察,引来御史徐兆奎"东林党"的指责,其疏称:

> 臣观今日天下大势,尽趋东林。今年计典之误,实由于此。盖无锡县有东林书院,宋儒杨时祠也。顾宪成自谪官归,会林居诸臣,讲学于此。未几,其徒日众,挟制有司,凭凌乡曲,门遂如市矣。黄正宾者,以赀郎冒迁谪名,团结淮抚、东林,所至郡县,一喜一怒,足系诸有司祸福。凡东林讲学所至,主从百余,该县必先设厨,传戒执事,馆谷程席之需,非二百金上下不能办。会讲中必杂以时事,讲毕,立刊传布。远近各邑行事有与之左者,必速改图,其令乃得安。今已及浙中诸郡矣。杨龟山失足蔡京,君子讥焉。宪成之结淮抚,不过以淮抚为蔡京耳。宪成学术驳杂,颇似王安石,而行远不逮。即家食,而之淮之浙,席不暇暖。与其徒书札所及,大能使南北交攻,邪正角胜。而党附者,不曰"清流",则曰"清议之臣",岂谓天下耳目尽可涂哉?……至东林败坏天下,其祸更显。盖自假讲学以结党行私,而道德性命与功名利达混为一途,而天下之学术坏;自濡足淮扬,而气节坏;自广纳赀

---

① (清)汪琬《尧峰文钞》卷二〇《陈处士墓表》,《景印文渊阁四库全书》第1315册,台湾商务印书馆,1982—1986年,第406—407页。
② (明)顾宪成《泾皋藏稿》卷八《赠风云杨君令峡江序》。
③ 《明儒学案》卷五八《东林学案一·端文顾泾阳先生宪成》,下册,第1377页。

币,庇短护贪,而天下之吏治人品并坏;自游扬之书四出,而天下之官评坏;自指摘之怨生,而移书捥单,假计典尽剪其所忌,而天下之元气坏。①

疏中所言,大多不实之辞,意在以"朋党"而名东林,杀其议政之风,锢其清议之习。其时,光禄寺丞吴炯等上疏为其辩诬。尽管如此,"嗣后,攻击者不绝。比宪成殁,击者犹未止"②。东林书院被人为地冠以东林党之名,而受到了无休止的攻击。

而对无端攻击,东林讲学诸君以"赤金在烈焰中,借火之力,得真色见于世"③相勉,仍然讲学自修,挺立于世,成为正义的象征。诚如《明史》所记,"当是时,士大夫抱道忤时者,率退处林野,闻风向附,学舍至不能容"。院中"讲习之余","讽议朝政,裁量人物。朝士慕其风者,多遥相应和。由是东林名大著"。④ 以至如陈鼎《东林列传》所记:"虽黄童、白叟、妇人、女子,皆知东林为贤。贩夫竖子或相诮让,辄曰:'汝东林贤者耶? 何其清白如是耶?'"⑤东林贤明清白之名如此深入民心,可见社会自有公道。因此,也就可以理解,在"朝论纷纭,海宇震挠"⑥的情况下,为什么仍然还是"远近名贤同声相应,天下学者咸以东林为归"⑦。

以讲学议政而得民心、士心,此正是东林获幸之所在,亦是其招祸之所在。俱往矣,其功过是非,历史已有公正评价,可以置之不论。这里我们所要强调的是,东林"一堂师友,冷风热血,洗涤乾坤",在明末的危局中,开创了一个书院议政的传统。这种传统,受到稍后因崇祯十一年(1638)就学长沙岳麓书院而成名于天下的王夫之的欢呼,更受到 20 世纪新文化运动主帅胡适的欢呼,称其虽"赴汤蹈火,尚仗义执言","前者死,后者继","制造舆论",使书院成为"代表民意的机关",因而"亦可代表古时候议政的精神"⑧。

---

① 《明神宗实录》卷四八三"万历三十九年"五月壬寅,第 9092—9094 页。
② 《明史稿·顾泾阳先生传》,(清)许献等辑《东林书院志》卷七《列传一》,上册,第 192—197 页。
③⑥ (明)高攀龙《高子遗书》卷一一《南京光禄寺少卿泾阳顾先生行状》,明崇祯五年刻本。
④ (清)张廷玉《明史》卷二三一《顾宪成传》,北京:中华书局,1974 年,第 20 册,第 6032 页。
⑤ (清)陈鼎《东林列传》卷二《高攀龙传(附华允诚)》外史氏语,清康熙五十年刻本。
⑦ (清)裴大中等修、秦缃业等纂《无锡金匮县志》卷六《学校·书院附·东林书院》,《中国方志丛书》影印清光绪七年刊本,台北:成文出版社有限公司,1970 年,第 115 页上。
⑧ 胡适《书院制史略》,《东方杂志》21 卷第 3 期(1924 年 2 月)。

四、东林之继:首善书院

首善书院在北京城大时雍坊(今宣武门内)。天启二年(1622),御史台同人集资创建,为都御史邹元标、副都御史冯从吾讲学之所。天启初年,邹、冯二人以老师宿儒取用入京,高攀龙也因朝臣屡荐而重获起用,余懋衡亦出任兵部右侍郎,一时讲学精英大集于京城,而"京师独缺"当时"通都大邑所在皆有"的书院作为讲学之所。"欲讲学者,率寄迹于琳宫梵宇,黄冠缁流之所居,而无一敬业乐群之地"。有鉴于此,御史台五厅十三道同人集资一百八十两白银,"贸易民间",由司务吕克孝、御史周宗建督工创建书院一所,"以在京师为首善地也",故名首善书院。①

首善书院创建伊始,即陷于纷争。兵科给事中朱童蒙首先发难,认为"宪臣议开讲学之坛,国家恐启门户之渐,宜安本分,以东林为戒",疏请亟行禁谕。②其疏称:

> 昔在皇祖时,有理学之臣顾宪成、郭正域开讲东林,其初亦以发明圣贤蕴奥开示后学,岂不甚善? 逮从游者众,邪正兼收,不材之人借名东林之徒以自矜诩,甚至学士、儒生挟之以扞文网,冠裳仕进借之以树党援。欲进一人也,彼此引手;欲去一人也,共力下石。京察黜陟,非东林之竽牍不凭;行取考选,非东林之荐扬不与。日积月累,门户别而墙壁固,所以朝端之上,士林之间,玄黄血战十有余年,摧残几多善人,戕伤几许国脉,皆讲坛之贻害也。今二三年来,源流始清,葛藤始断,而门户之说乃始去诸其口。二臣一旦复为择地建坛,招朋引类,况又在皇都之内,贤否辐凑之处乎?臣谓今日之人心犹昔日之人心,将来今日之讲学犹昔日之讲学者也。③

邹元标上疏辩争,指出:"人生闻道,始知本分内事。不闻道,则所谓本分者,未知果是本分当否也。天下治乱,系于人心,人心邪正,系于学术。法度风俗,刑清罚省,进贤退不肖,舍明学,则其道无由。……前二十年,东林诸臣有文有行,

---

① (明)叶向高《首善书院记》,见陈谷嘉、邓洪波编《中国书院史资料》,第813—814页。
② 《明儒学案》卷二三《江右王门学案八·忠介邹南皋先生元标》,上册,第534页。
③ 《明熹宗实录》卷二六"天启二年九月",台湾"中央研究院"历史语言研究所据国立北平图书馆藏红格钞本影印,1962年,第1302—1303页。

九原已往,惟是在昔朝贵,自歧意见,一唱众和,几付清流。惩前覆辙,不在臣等。"①可谓针锋相对。冯从吾也说,他壮年登朝,即与人立会讲学,自万历二十年(1592)因病告归,而京师讲学也就停止荒废。去年秋天入京,见到人心不古,因此与邹元标立会讲学。诸臣感到寺院不便久借,因此各捐公俸建一书院,使首善之地永有尊君亲上之风。并说:"我二祖开基,表章六经,颁行天下。天子经筵讲学,皇太子出阁讲学。讲学二字,昔为厉禁,今为功令。是周家以农事开国,我朝以理学开国也。昨因东事(指辽事)暂停经筵讲学,而言者以为不可,旋复举行,人人称快。然臣子望其君以讲学,而自己不讲,是欺也。况今夷虏交侵,邪教猖獗,正为讲学以提醒人心,激发忠义。先臣王守仁当兵戈倥偬之际,不废讲学,卒能成功。此臣等所以甘心冒昧为此也。"②指出讲学对国家、臣民的重要作用。有旨慰留邹、冯二人,说是"讲学原是教人忠孝,自祖宗朝未有此禁,但不可自立门户,致起争端"③。可谓各打五十大板。

高攀龙对此不满,起而为东林书院辩诬,揭露阉党嫁祸东林的事实,其称:

> 近者黄门朱五吉老先生有"宪臣议开讲学之坛,国家虑启门户之渐"一疏,指意归重东林,至欲以东林为戒而不复讲学。此说一倡,吾道之祸大矣,天下国家之祸大矣。职东林人也,即不言及于职,何忍坐守东林之诬?正欲具疏,旋奉明旨,如日中天,不复渎奏,以启争端,故谨具揭。夫黄门所言东林,非东林也,乃攻东林者之言也;所言东林之祸,非东林能祸人,乃攻东林者欲祸东林也。数年来,职每自诧理义人心同然,何以言理义者辄目为朋党而不容于世乎?一日憬然曰:"正惟其同然也,故以为党也。"国家用一当用,行一当行,去一当去,必曰是东林之脉也;或有人言一当用,言一当行,言一当去,必曰是东林之人也。不论东西南北,风马牛不相及之人,苟出于正,目为一党。东林何幸,而合天下之众正;何不幸,而受天下之群猜。弓蛇石虎,涂豕鬼车,皆非实事也。即如郭明龙正域,生平未尝讲学,生平不识东林,黄门谓与顾宪成开讲东林。即此而观,他可例推。……昔程伊川先生讲学于熙丰,而为蔡京诸人所攻;朱晦庵先生讲学于庆元,而为韩侂胄诸人所攻。不以蔡京、侂胄诸人为戒,而以伊川、晦庵诸人为戒,可乎?东林非程朱,而习程朱之教者也,不幸类是矣。夫学者何也,人之性也;性者何也,天之道也。知道则刑名钱谷皆实事也,不知道则礼乐刑政皆虚文也,在此心迷悟间耳。诸老从迷得悟,不忍人之觌面而迷,故讲以明之,正使之即事为学,非以

---

① 《明儒学案》卷二三《江右王门学案八·忠介邹南皋先生元标》,上册,第534页。
②③ 《明熹宗实录》卷二六"天启二年九月",第1308页,第1303页。

学废事也。黄门曰:"孰是仕优者乎？乃可学。不然，勿言学。"职亦曰:"孰是学优者乎？乃可仕。不然，勿言仕。"审如是，可仕者寡矣。宇宙甚大，不可以一见相碍。释老且不能废，况可废儒？儒者以明道者也，非儒生帖括之谓也，非督学胶黉之事也，收拾精神，而非消耗精神者也。人不知学，世道交丧，于是朋党祸起，相安则交安，相危则交危。故党类之党不能无，是群分之品也；偏党之党不可有，是乱亡之本也。知党类之不能无，使之各得其所，而勿相猜忌；知偏党之不可有，使之各惩其祸，而勿为已甚。但得人人自反，勿专尤人，则无不可融异为同，化小为大。故有教则无类，并党类之党亦可融之者，其必由学乎！惟学可消门户，顾以学为立门户，职未见立门户者而可以谓之曰学也。谨揭。①

工科给事中郭允厚、郭兴治为阉党成员，对邹、冯二人横加非议，指其讲学总不会超越政事，并说今考察官员之事将要开始，作为大臣，原有宿望，又处身尊巍之位，而新创书院，每天讲会，似有号召天下，使人争相趋从之嫌。这样，"阴为乘而显为用，空完善类而祸国家，所关匪细"，应予禁止。

在这种情况下，一向支持讲学的内阁首辅叶向高站出来支持邹、冯二人。先是上疏称"二科臣之疏，屡奉内传，频更票拟，至谓宋室祸败由于讲学"，都是不对的:"宋方盛时，正以濂、洛、关、闽讲明学术。比及南宋，王淮、韩侂胄、陈贾辈始立伪学题目，构陷朱熹诸贤，而宋祚遂终。"认为禁讲学才是赵宋灭亡的原因之一。疏中对邹元标数十年讲学于书院的行为也作了很高的评价，并指出讲学与结党无关②。随后，叶又应邹、冯之请，为首善书院作记，其称:

"邦畿千里，惟民所止。"二先生之学，"于规矩准绳、伦常物理，尺尺寸寸不少逾越"，讲求"君臣夫子之伦明而后朝廷尊，朝廷尊而后成其为邦畿，可为民止"，"与世之高谈性命，忽略躬行者，大相径庭"。"今合二先生振铎于邦畿，又适值圣天子道化罩敷，统接尧舜，一时名流济济，如龙源钟先生辈，相与于喁倡和，共明君臣父子之伦，阐皇极以示会归，使凡有志于大学者，毋以至善为荒唐，而唐虞三代之治可复还于今日，则其所补于世道岂浅鲜哉？往徐文贞在政地，好讲学，朝绅藉以为市，江陵矫之，至尽毁天下之书院，使世以学为讳。余愧不能为文贞奉二先生于皋比，而幸与之同朝，时聆其馨

---

① (明)高攀龙《论学揭》，(清)许献等辑《东林书院志》卷一七《文翰三》，下册，第 683—684 页。
② 《明熹宗实录》卷二七"天启二年十月"，第 1345—1347 页。

劾,又读其论学之书,目睹书院之建,未尝不忻忻然有执鞭之愿。世得无执江陵之见以诮余乎? 余亦甘之矣。"①

从以上文字中可以看出,叶首辅不仅高度赞扬冯、邹之学,而且对讲学表示出最坚定的支持,对张居正的禁书院讲学行为予以抨击,大有与邹、冯及首善书院同进退之势。于是,书画名家太常寺卿董其昌为叶记书石立碑,左通政何乔远作《首善书院上梁文》②,书院正式落成。院中除讲堂外,还有愿学祠奉祀孔子。祠名"愿学",取孔子"所愿则学"之意。

天启二年(1622)冬十月,首善书院正式开讲。邹元标、冯从吾在公事之余,不通宾客,不赴宴会,即入书院讲学。京城官绅有志于学者,环听问难,畅其所怀,风气为之丕变。院中讲学情形,曹于汴曾作诗记载,其称:

> 维皇建有极,日月丽霄汉。借问极云何,至善谁容畔?
> 此善来自天,大宝逾琼瓘。主之为师模,阐之为性案。
> 为之圣者徒,积之庆可断。帝京天下首,千方文体贯。
> 坦坦王路遵,蒸蒸登于岸。明善善以明,洵其乐且衎。
> 先觉觉斯民,构馆敦学半。将期实行修,宁啻缛文烜。
> 登其门崔嵬,升其堂轮奂,入其室深幽,敬止何敢玩?
> 不学善乃湮,不善世乃乱。谁今匪天民,勿作如是观?③

首善书院讲学,除邹、冯二先生之外,还有长期主盟东林书院的高攀龙及其同乡华允诚等人。"当是时,群贤蔚起,朝野蒸蒸",高攀龙"在都中以政暇讲学于首善书院",与东林书院"三千里外遥相应和。一时大儒如少墟冯先生、南皋邹先生辈,闻东林有先生(按,指继高攀龙主盟东林书院的吴桂森),群然向往,脉脉神交"④。这说明,至少在东林书院看来,高攀龙北上讲学,使东林、首善成南北呼应之势,扩大了东林书院的影响。

确实,首善作为"以继东林者也"⑤的书院,开办以后,即受到关心讲学以系人心以治天下的正直官绅的拥戴,他们将其视为"仕而优则学"的好处所,试图在

---

① (明)叶向高《首善书院记》,见陈谷嘉、邓洪波编《中国书院史资料》,第 813—814 页。
② 见陈谷嘉、邓洪波编《中国书院史资料》,第 815 页。
③ (明)曹于汴《仰节堂集》卷一二《题首善书院》,文渊阁《四库全书》本。
④ (明)邹期桢《(吴桂森)墓志铭》,(清)许献等辑《东林书院志》卷九《列传三》,上册,第 327—337 页。
⑤ (清)王昶《天下书院总志》卷一,台北"故宫博物院"藏清抄本。

其中提高自身素质与从政能力。但由于党争的干扰和影响,又在京城之内,结果还是不断受到阉党的非难。在此压力之下,有人想以尽量少提或不讲国家政事来缓和矛盾,以使讲学能够继续下去。但这一举措不为近似东林诸子的正直人士所认可。据记载,兵部主事北直(今河北)定兴人鹿善继"将入""首善书院之会"听讲,"闻其相戒不言朝政,不谈职掌,曰:'离职掌言学,则学为无用之物,圣贤为无用之人矣。'遂不往"。① 这说明,结合朝政讲学,扭转社会与官场不良风气,正是人们对于首善书院的期望所在。但这恰恰又是阉党所不愿意甚至十分害怕看到的结果,因此他们交相攻击,不断纠缠。

天启四年(1624),阉党得势,叶向高、邹元标、冯从吾、高攀龙、赵南星等人先后被罢官,讲学基本中断。天启五年,御史倪文焕上疏以伪学请毁天下东林讲学书院,首善终于被改作忠贤祠,碑石亦遭轧碎。崇祯初年,亦格于党争而未能恢复,不久即由礼部尚书徐光启出面,奏准作为西洋人汤若望主持的历局。一代名院,如此命运,使"曾见其建,又见其毁,而冉冉老矣"的孙承泽十分痛惜,他在"思兴复之何期,不能不于此愤惋留连,三致意焉"之后②,只得作文以为凭吊,其称:

> 京师首善之地,元官梵宇,鸱吻相望,而独无学者敬业乐群之所。往年,虽罗念庵先生讲学于佛寺,徐华亭相国讲学于射所。识者谓,元朝会建太极书院于京师,聘儒士赵复为师,讲明洛闽之学,而明乃无之。天启二年,邹南皋、冯少墟两先生起废至京,正值兵火震撼,人心披靡。两先生忧之,谓亲君死长之义,非以道学提撕之不可。御史台诸公构书院一所于宣武门内东墙下,两先生朝退公余,不通宾客,不赴宴会,辄入书院讲学。绅衿有志于学者,环而静听,或间出问难,无不畅其所怀。一时转相传说,咸知顾名义,重廉耻,士风为之稍变。未几,逆珰用事,郭允厚、朱童蒙辈相继疏论,以讲学为门户。未几,杨公涟二十四罪之疏上,附珰者嗾珰,谓此皆门户中人也。党祸大作,善类一空。而御史倪文焕奏毁书院,弃先师木主于路,左壁有记,为叶文忠向高文,董文敏其昌书,并碎焉。书院既毁,逆祠乃建。及逆祠毁,而书院不复建。盖以秉政大臣犹袭门户,以锢天下向学者。于时朝臣有习西裔之学者,遂请聚类而居之。吁可慨矣,因辑其略,俾后之有志复兴者有所考云。③

---

① 《明儒学案》卷五四《诸儒学案下二·忠节鹿乾岳先生善继》,下册,第 1305 页。
② (清)孙承泽《书院考跋》。
③ (清)孙承泽《首善书院考》,《畿辅通志》卷一一一,文渊阁《四库全书》本。

奈何明清之际，王朝交替，首善书院终于未能修复，而被改作西方传教士的天主教堂。清初著名学者朱彝尊康熙年间曾作《书冯尚书元飙题首善书院诗后》①《跋首善书院碑》二文，仍有"是碑传，书院虽毁，安知无有复之者"②之念。可惜时至今日，其地仍为天主教堂，不惟首善恢复无望，恐知其曾为书院者亦复不多，岂不悲乎哀哉！

（本文内容原为邓洪波《中国书院史》（增订版）第五章"书院的繁荣与辉煌"第七节"禁毁笼罩下的明季书院"之三"天下东林讲学书院"，武汉大学出版社2012年版。收入本书时文字有修改。）

---

① （清）朱彝尊《曝书亭集》卷四四，文渊阁《四库全书》本。
② （清）朱彝尊《曝书亭集》卷五一《跋首善书院碑》。

东林书院与东林讲会探析

金奋飞*

摘 要:明末东林书院因与政治的牵连而闻名,故以往多从政治史的角度加以研究,较少立足于书院本身,关注其兴衰轨迹。若以东林讲会为线索纵向分析书院的发展趋势,比较书院外部形势的变化和书院因之作出的反应,将发现政治性的"东林"概念与东林书院相互关联却又日渐分离。与此同时,特别是在书院发展进退维谷之际,东林讲会更趋学术化,这两种趋势有其特定的内涵。

关键词:东林书院;东林讲会;学术化

北宋杨时倡建的东林书院于明末为顾宪成、高攀龙等人筹资修复,尽管书院修复于万历三十二年(1604),全毁于天启六年(1626),兴废之间不过二十余载,却引起时人及后人的广泛关注,在讨论东林党、东林学派等课题时均有涉及,且颇多争议①。值得注意的是以往多从社会政治角度分析"东林",对东林书院本身的研究则尚余一定的空间。以东林人参与讲会的具体状况为例,若进一步细化研究,有一系列问题尚需反思,如:讲会盛则盛矣,未曾有波动吗?东林书院是由弱势渐至兴盛,在鼎盛时期突遭禁毁吗?还是几伏几起?抑或从创建开始就是一部衰落史?又是什么导致了这种发展曲线?书院与外部局势之间如何互动?东林书院的兴衰表象含有丰富的信息量。

一、渐趋萎缩的东林讲会

与私人书院初兴之时不同,东林书院创建之时即明中后期,书院讲会已相当

---

* 作者简介:金奋飞,男,复旦大学历史学博士,上海嘉定区委党校讲师。
① 参见王赓唐、赵承中《建国以来明末东林党研究述评》,《中国史研究动态》,1991年第10期;王赓唐、赵承中《晚明东林党研究综述:1991—2004》,《东林书院重修400周年全国学术研讨会论文集》,长春:时代文艺出版社,2004年。

成熟。尽管之前明末已三毁书院,距其较近的一次万历三年(1575)的张居正禁毁书院还颇为严苛,规模也较前两次为大。张居正在世之时,书院讲学确有一时的沉寂,但暂时的沉默很多时候意味着最终的爆发。书院讲学实已深得人心,一旦禁令稍有放松,书院得以修复,应和者一呼百应。万历二十七年(1599),当时仅顾宪成所知的邻近地区辟坛讲学之人已为数不少:"是时乡郡诸君子以讲学为事者,宜兴安节吴公达可,武进启新钱公一本,暨薛公玄台辈数人。于其一也,名孔兼,金坛人。"①加之顾、高二人在重兴修复东林书院之前,就已多次自行组织或参与友人组织的讲会,与各地学人颇为熟识,声名已起,所以可以说东林书院作为明代最后一次书院讲学高潮的领军势力,它从修复伊始就是兴盛的。

东林书院的首次大会会期为万历三十二年(1604)十月初九日至十一日,"上自京口,下至浙江以西,同志毕集,相与讲德论学,雍容一堂……远近绅士及邑之父老子弟或更端而请,或环聚而观,一时相传为吴中自古以来未有之盛"②。这是一个良好的开端。由于难觅一客观标准来准确衡量书院的发展状况,虑及东林讲会的规模与召开频率的变化,以及东林主讲人受邀外出或各地学人慕名而来讲学交流的状况,或可大致反映起伏状态,故后文皆以此为线索。据顾宪成、高攀龙两人的年谱加以综合,则可得此后七年间东林领袖的主要行踪、活动如下:

万历三十三年,九月,会东林。

万历三十四年,顾宪成五月会讲虞山书院;八月,会东林。高攀龙讲学东林,读书水居;同顾宪成会于虞山书院。

万历三十五年,九月,会东林。

万历三十六年,顾宪成正月作《仁文商语》;二月,游云间,赴正学诸会;三月,赴虞山;八月,会东林;十月,作《经正堂商语》。秋,史际明在讲席,与于、吴诸公言大会不宜独烦东林,于是定《丽泽约》,每岁常、润轮举,春以为期,而经正、明道、志矩次第及焉。高攀龙赴毗陵经正堂会。

万历三十七年,顾宪成二月作《经正堂商语二》;九月,会东林。高攀龙赴金沙志矩堂、毗陵经正堂会。

万历三十八年,顾宪成八月会东林;十月,赴经正之会。高攀龙六月讲学焦山;赴嘉禾天心书院会。

万历三十九年,顾宪成三月作《志矩堂商语》;八月,会东林;九月,偕诸君子会经正堂,再会取斯堂。高攀龙三月讲学于金沙志矩堂;四月,讲学于荆溪明道

---

① ② (明)顾与沐记略,(清)顾枢编,顾贞观订补《顾端文公年谱》卷下,《顾端文公遗书》附录,清光绪三年泾里宗祠刻本。

书院;秋赴毗陵经正堂。

万历四十年,顾宪成三月会阳羡;五月,月望会讲东林者三日。

从以上记录可知,至晚到万历四十年(1612),东林大会从未间断,学人交流讲学频繁,与相近的书院讲堂互相扶持,形成一定的书院网络,东林书院的讲会活动总体处于高潮期。武林胡嘉胤把万历三十七年的东林大会描述为"东南领袖,风起四方,真千古一事矣"。① 此时东林书院作为学术讲坛的影响已遍布东南,波及四方。

但与此同时,外界风浪开始向东林书院涌来。讲会一开始,书院中人就被认为与政治有涉及。万历三十三年的京察,三十五年的选择内阁首辅事件,都被猜疑有东林有关人士参与。而三十六年诏起顾宪成为南京光禄寺卿时,朝中已有昆党、宣党专攻东林。尽管东林中人不愿陷入政治纷争,却身不由己,是非愈演愈烈。这时东林的内涵已超越东林书院的原义,危机暗伏。

及至三十八年二月,恰逢与顾宪成私交甚佳的淮抚李三才"屡推总院",反对者交相攻击,顾宪成写信为李三才辩护,信件被公之于众,朝野喧然。陈鼎对此看得很清楚:"自泾阳先生救淮抚之书出,而东林祸萌。"②与此同时,"东林"的声名倒是越来越大。据顾宪成年谱记载,当时"海内称公(顾宪成)曰'东林'。近而同乡诸贤,远而吉水、高邑,及一时守正忤权、建言抗节者,概籍之曰'东林人'。而闻声附和之流亦皆自负,以为我东林人也"。③ 换言之,正当东林书院、东林讲会兴盛之时,另一名不副实的"东林"概念悄然崛起,顾宪成对此负有不可推卸的责任。

万历三十九年是多事之秋。当时"大计京官,丕扬主察……当是时,宣、浙结党相攻东林者,有必不并立之势"④。结果是攻击"东林"者颇占上风。更不幸的是,攻击对象由名不副实的"东林"蔓延至东林书院。掌京畿道、浙江道御史徐兆魁五月初上疏攻击顾宪成与东林书院时说:"会讲中必杂以时事,讲毕立即刊为讲章,传布远近。讲章内各邑之行事有与之左者,必速改图其令乃得安,不然淮府与别院訾声矣。"⑤东林书院既已被认为遥执朝政,厄运随之而来。这一年对东林书院的影响深远,所以丁慎所为顾宪成作传时评论道:"东林自丁未以前誉

---

① 《顾端文公年谱》卷下。
② (清)陈鼎《东林列传》卷二《高攀龙传》,清康熙五十年刻本。
③ 《顾端文公年谱》卷下。
④ (清)陈鼎《东林列传》卷一五《郭正域传》。
⑤ (明)徐兆魁《部臣借事发端疏》,(明)周念祖辑《万历辛亥京察记事始末》卷三,明刻本。

满天下,庚辛而后举国骚动,以为阱于域中。"①到万历四十年,又有"学使熊廷弼方肆其毒于东林"。顾宪成在这一年五月十八日,"病暑,返泾上"②。不久,郁郁而终。东林的鼎盛时期也随之而去。

顾宪成死后,东林讲席由高攀龙主持。虽然"海内士大夫识与不识称高、顾无异,词名更出宪成上"③,但此后八年已有相对萧条之感。参考高氏年谱,可知其间大致事务如下:

> 万历四十一年,三月,讲学于金沙志矩堂。九月,游武林,韬光山中静坐。十一月,延钱启新先生讲《易》东林。
> 万历四十二年,二月,举行同善会,赴荆溪明道书院会。闭关水居,朔望东林小会,止同邑同志数人,八月大会废而不举。
> 万历四十三年,朔望会讲东林。赴毗陵经正堂会。
> 万历四十五年,八月,家居读书静坐。赴荆溪明道书院会。
> 万历四十八年,一月,先生方讲学东林,凶问至,为之辍讲。

东林讲会断断续续,规模有缩小的趋势。外出讲学尚存记录,友人主动来访基本无迹可寻。这种低调固然与高氏个人心性有一定关联,但从客观上看也是有理由及必须的,因为与此同时,攻"东林"者也在虎视眈眈。

万历四十一年,御史刘延元劾光禄寺少卿于玉立依附"东林",此后言东林为门户之始者接踵而至。同年十月,礼科给事中亓诗教言:"今日之争,始于门户,门户始于东林,东林倡于顾宪成,刑部郎中于玉立附焉。"④御史田一甲也上言门户所起,指斥"东林"结党:"李三才、王元翰一入其党而贪可为廉,黄克缵、史继偕不入其党而贤可为不肖。在南最煽者,于玉立、吴正志、丁元荐也;在北,王图、史记事、胡忻也。"⑤指斥声势之大使得高攀龙改变了访友计划。高氏原本拟赴新安吴百昌中翰讲学之约,有人劝诫道:"今东林举世侧目,新安又多富室,恐为忌

---

① (清)许献、高廷珍等纂《东林书院志》卷二二《轶事二·诸贤轶事·顾泾阳先生》,清雍正十一年刻本。
② 《顾端文公年谱》卷下"万历四十年"。
③ (清)许献、高廷珍等纂《东林书院志》卷七《列传一·高景逸先生传》。
④ (明)蒋平阶《东林始末》,《东林本末(外七种)》,北京:北京古籍出版社,2002年,第45—46页。
⑤ (明)许重熙《宪章外史续编》卷一一《万历注略》,《续修四库全书》第353册,上海:上海古籍出版社,2002年,第222页。

者所借口,宜勿往。"①高氏遂转而至武林韬光山中静坐。万历四十三年,又逢朝中有张差梃击一事,加之"时方从哲当国,群小党比郑戚,日以攻东林为事,苛求于林下诸贤",书院讲会也受到冲击,"宦游吴下者多引嫌至不通往来"。② 东林书院的学术声名也继之而至遭到污蔑。户科给事中官应震宣称"东林强半理学,强半虚名",到了万历四十五年(1617),"京察郑继之主之,则尽攻东林者矣"。③ 这一年在高氏年谱中找不到一点东林书院活动的踪影,也就在情理之中了。

万历四十八年三月,诏起高攀龙为光禄寺丞,这是东林书院的又一个转折点。之后由吴桂森主持东林讲席,据说也颇兴盛:"当是时,群贤蔚起,朝野蒸蒸。先生代景逸先生司其坛坫。而景逸在都中以政暇讲学于首善书院,三千里外遥相应和。一时大儒如少墟冯先生、南皋邹先生辈闻东林有先生,群然向往,脉脉神交。已而,景逸先生请告归,见讲堂四座春风,喜吾道有人。"④但高攀龙欣喜的话语是可作推敲的,此时高氏对东林书院的冀望已经与当初修复之时大不相同,"吾道"能得以延续就能使其满足。而东林书院此时似乎已是强弩之末、回光返照般"四座春风",与顾、高二人共主讲坛时的盛况已不可同日而语,何况京城又有首善书院的兴起。尽管首善书院被人们视为"东林分院",以为它壮大了东林书院的声势,但它的存在实际导致了无锡东林书院本身声名及讲学人员的分流,对参与东林讲学活动的人员数量、讲会规模有必然的影响。更重要的是,它进一步刺激了敌对势力对讲学的憎恶,加速了对东林书院的禁毁。

首善书院是由邹元标、冯从吾设立的,始于天启二年(1622)十一月,至天启四年六月罢讲,成毁俱在天启年间。它的存在时间与地点决定了它较之东林书院的历程更富于戏剧性。据《高攀龙年谱》记载,高攀龙在天启二年五月于政事之暇讲学首善书院⑤,其后,他有会必往。高氏与邹、冯等人兼顾讲学与从政的做法立即招来非议。同年九月,就有兵科给事中朱童蒙"疏劾都御史邹元标、副都御史冯从吾建坛讲学、醵金立院之非"。⑥ 华允诚对朱童蒙此举目的的理解是:"显诋指意归重东林,欲天下以讲学为戒。"⑦情势之紧急使高攀龙不得不作《论学揭》以明是非,但邹元标、冯从吾二人最终还是由此而去位。高攀龙辞位不获允,暂乞差归,天启三年四月抵达无锡,复寻东林之社。归东林书院讲学只是

---

① (明)高世宁、高世泰《高忠宪公年谱》卷上"万历四十一年九月",清康熙刻本。
② (明)高世宁、高世泰《高忠宪公年谱》卷上"万历四十三年"。
③ (清)陈鼎《东林列传》卷二《高攀龙传》。
④ (明)邹期桢《(吴桂森)墓志铭》,(清)许献、高廷珍等纂《东林书院志》卷九《列传三》。
⑤ (明)高世宁、高世泰《高忠宪公年谱》卷下。
⑥ (明)蒋平阶《东林始末》,第50页。
⑦ (明)华允诚《高忠宪公年谱》,《高子遗书》附录,清光绪二年东林书院重刻本。

一个小插曲,邹、冯虽去,众正盈朝的局面还未完全消逝,天启三年七月,高氏升任都察院左都御史。

这一年,杨涟上书论魏忠贤二十四条大罪,加上高攀龙纠劾魏忠贤义子御史崔呈秀的贪污之罪,魏党对"东林"的仇恨急剧升温,灾难移向书院。天启五年正月,魏党成员李鲁生指责书院"假道学不如真节义"①,撤去匾额。四月,贵州道试御史周维持建议"将党人旧日凡有倡建书院,不论省直州县,立时改毁"。② 七月,四川道御史倪文焕再加催逼,首善书院首先遭毁。八月,御史张讷上奏请毁全国书院,他说:"东林书院乃李三才科敛东南财赋而为之修建,孙慎行、高攀龙辈窟穴其中,肆行淫秽。辛酉乡闱,贿买举人,以《洪范》七字暗通关节,而顾、高子弟并列贤书。"③将东林书院描述得十分不堪。此奏折正中魏忠贤下怀,立即下旨拆毁东林、关中、江右、徽州(紫阳)一切书院,东林书院未能幸免于难。

总体而言,东林书院最初的声名是源于东林讲学的成功,但由于顾宪成的不慎上书,加上朝中派系纷争,使得"东林"二字的大众含义与书院逐渐脱离,而与政治纠缠不清。"东林"二字的涵盖面越来越大,知名度越来越高,离东林书院的真实面貌就越来越远。"东林"日渐在朝野内外掀起轩然大波、声名日旺的过程,基本也是东林书院领导者心理上退让、低调讲学、交流活动逐渐低迷的过程。可惜对"东林"的攻击,却由针对与"东林"相关的人转而指向东林书院、东林讲会。如果略去其间纷繁复杂的政治事件,可以得出的结论是:一个近乎虚构的"东林"招致了现实中东林书院的毁灭。

二、渐趋学术化的东林讲会

伴随着东林书院渐趋萎缩的形势,其愈渐纯学术化的倾向是值得注意的。这个论断肯定是具有争议性的,因为无可否认,虽然后来随着局势的变化,东林人不得不谨言慎行、纯然论学,初期的东林讲会中却多有涉及是非之辨、君子小人之辨,这也是当时攻击者着重加以发挥,引以为"遥执朝政"之处。如:"君子所作所为直要通得天下人才行得,不然若守定己之独见而不能通之于天下,虽是真

---

① (清)文秉《先拨志始》卷下,《续修四库全书》第437册,上海:上海古籍出版社,2002年,第620页。
② 《明熹宗实录》卷五八"天启五年四月",台湾"中央研究院"历史语言研究所据国立北平图书馆藏红格钞本影印,1962年,第2705页。
③ (明)高汝栻《皇明续纪三朝法传全录》卷一四"天启五年八月",明崇祯九年刻本。

心为国为天下也行不去"①;"事之不可救药者,在小人不自知其为小人,专认君子为小人。其始也,失于上无教化;其终也,失于上无用舍"②,等等。当然,对这些言论的评定可以是别有用心的"訾国事",也可以是文人学士的闲议是非。即便从攻击书院讲学者的言词中亦能说明其模棱两可性:御史倪文焕上疏诋毁首善书院时,抓不出他们议政的真凭实据,他强调的理由是书院"聚不三不四之人,说不痛不痒之话,作不深不浅之揖,啖不冷不热之饼"③。而顾宪成在这方面的解释则是:"吾辈持濂洛关闽之清议,不持顾厨俊及之清议也。"④为东林人的言论作了一个界定。所以冈田武彦总结道:"就东林来说,为学的根本可以说首先是明辨是非。而且重要的是,他们以求是非的内在过程为要,并且深深沉潜于理之静这一点上。所以,他们没有遵从求心理浑然的陆王心学,而是遵从在心之体即内在的性中求理的朱子学。"⑤也就是说他们力辨是非,明分君子、小人,并非意在隐射时政,而是为了促使人们修炼自身。

东林书院中学人之间言谈的主体实是学术。以书院领袖为例,高攀龙在为顾宪成所作的传中评价道:"先生辟东林雅舍,偕同志讲明性善之旨,以濂溪无欲为宗,表里始终皭然不滓。"⑥总结了顾宪成在书院中以从事学术为主旨的实践活动。他自己又何尝不是如此?当魏大中从高攀龙游,高氏"即以正学相劝勉"⑦,毕竟读书论学是"书院"一词的题中应有之义。

或许有人以为东林讲会若只有学术性特征,难以获得众多听众而成为明代后期四大书院之首,这似乎是错觉。正如黄仁宇所说:"在明末,正统儒家道德价值具有的吸引力比我们可能或乐意了解的要大得多。"⑧人们纷至沓来,很有可能纯粹是为了求学得道。方学渐便是如此,万历三十九年,他以七十二岁高龄放舟东下,抵达东林书院,"务寻学脉之所在"⑨。陈潜夫亦是"闻诸君子于无锡东

---

① (清)许献、高廷珍等纂《东林书院志》卷五《会语三·高景逸先生东林论学语上》。
② (清)凌鸣喈《东林粹语》卷下,清道光凌氏传经堂刻本。
③ (明)刘侗、于奕正《帝京景物略》卷四《首善书院》,上海:古典文学出版社,1957年,第59页。
④ 《顾端文公年谱》卷下"万历三十八年八月"。
⑤ [日]冈田武彦著,吴光、钱明、屠承先译《王阳明与明末儒学》,上海:上海古籍出版社,2000年,第367页。
⑥ (清)许献、高廷珍等纂《东林书院志》卷二二《轶事二·诸贤轶事·顾泾阳先生》。
⑦ (清)陈鼎《东林列传》卷三《魏大中、周顺昌列传》。
⑧ [美]牟复礼、[英]崔瑞德编,张书生等译《剑桥中国明代史》,北京:中国社会科学出版社,1992年,第578页。
⑨ (明)方学渐《东游记》卷首《小引》,清光绪刻桐城方氏七代遗书本。

不管是就提高个人修为而言，还是就扩大群体影响力而论，东林书院的学术化讲会是颇有成效的。如朱默石经第一次闻听东林讲学之后，历七年再赴东林，"其于学益孜孜焉，曰：'吾老矣，吾求所为吾之归宿者，印之四方，庶不谬乎？'"②且许多学人以不能参与东林讲习为憾事。万燝因不能亲临求学，"尝遗书使（刘）铎之东林会讲，曰：'我以京宦羁縻不得与此斯文之盛，足下咫尺梁溪，可坐失机会耶？人生于世，不闻至道，枉读书，置身科第，如入宝山，空手而还，人莫不笑之也'"③。更有朱平涵因不能赴万历三十八年的东林大会而写信道："大会尚未能赴。至期三日，当斋心以神注之，即如面承一般。"可见"一时诸君子向往真切若此"④。

此外，东林书院讲学的效应还表现为曾与讲席者在从政后的不忘讲习及为政善绩。如华允谋任宝应县教谕时，"日与二三同志研求性命之学，心诚口苦，闻者悚然"⑤。周怀鲁"与顾宪成、高攀龙为石交，每事咨询，以是善政满江左"⑥。有人还归纳道："自天启以迄崇祯之末，其间忠节之士接踵而出，不可谓非讲学之力也。"⑦但这些只是东林讲学的间接效应，并不能由此加以推导，进而质疑书院讲学的学术性。

不少因步入政途而为人所知者，在书院求学时是纯然论学的。如：

沈云祚，字予凌，太仓人。幼颖悟绝伦，弱冠即同其父谒高攀龙于东林，求程朱正学，得主静主敬之理而归，辄以圣贤自励。⑧

许文歧，字我西，仁和人。幼聪颖，敏文章。弱冠偕其伯父赴东林会讲，即有省曰："读书以利禄为者，非夫也，当向圣贤路上行乃可。"⑨

就算是正在为官之人，为政之暇，至东林书院参与讲席，也不言政，而是多于学问上有所得。以疏劾魏忠贤而闻名的杨涟在任常熟县令时，正值东林书院兴盛时期，他每遇讲会，必至无锡，所做的不过是"与顾宪成、高攀龙诸君子探性理之要，询洽道之原"。周怀鲁则是趁巡抚江南时，抽空到东林，"率诸士大夫讲正

---

① （清）陈鼎《东林列传》卷一二《陈潜夫传》。
② （明）高攀龙《高子遗书》卷九下《〈默石翁札记〉序》，明崇祯五年刻本。
③ （清）陈鼎《东林列传》卷四《万燝、刘铎列传》。
④ 《顾端文公年谱》卷下"万历三十八年八月"。
⑤ （清）陈鼎《东林列传》卷二四《华允谋传》。
⑥ （清）陈鼎《东林列传》卷二一《周孔教传》。
⑦ （清）陈鼎《东林列传》卷二《顾宪成传》。
⑧ （清）陈鼎《东林列传》卷一〇《沈云祚传》。
⑨ （清）陈鼎《东林列传》卷七《胡守恒、许文歧列传》。

心修身之学,明程朱之正"①。

及至党祸大兴、书院将毁之际,书院中人更是不妄论时事,一心向学。陈龙正在天启五年(1625)魏大中被捕后,尚谒见高攀龙,"证学累日"②。尽管这种愈渐学术化的趋势未能挽救书院被拆毁的命运,却使书院的学术影响更为深远。

三、萎缩≠消亡,学术化≠遁世

东林书院形式上确实渐趋萎缩,但这不等于消亡。东林中坚人物固然日渐低调求安,但东林信徒却与日俱增。会讲规模的缩小、频率的降低也并不代表东林书院在学人心中威望的损削。"社会心理学的研究证明:来自外界的压力和威胁是引起特定群体凝聚的重要因素,在某种程度上甚至可以说,外部敌人的存在是产生和维持一个群体的必要条件。"③这一点在东林人身上得到了极好的印证。当然,这种群体的凝聚力量有不同的表现手法。在东林书院,突出表现为众志成城。

东林书院在顾宪成时已受到猛烈攻击,顾宪成毫无畏惧之意。他写信给高攀龙说:"乾坤之后继之以屯,混辟之交必有一番大险阻,然后震功悚烈,猛起精神,交磨互淬,做出无限事业。夏商以来,凡有国者莫不如此。此意甚深长可味。东林之兴,于时正当草昧。借彼无良为我师保,未必非天之有意于吾侪也。"④刘元珍也是愈激愈勇之士,"当东林为天下弹射,元珍谓高攀龙曰:'此吾辈人火时也,无令其成色有减可矣'"⑤。高攀龙看似淡然,其实心志弥坚。他在与友人的信中写道:"东林少有人头,然此事凝之甚难,散之甚易,道岂有聚散乎?正欲凝此无聚者,故本体本无散,工夫只是凝,所欲言者止此。"⑥吴桂森在魏忠贤高压威逼之下还坚持:"道虽孤高,相与无异。朋友各如其朋友,谓讲习不可久辍。春和则会,秋爽则会,岁暮为考德课巧时则会。"据载,其时有"坚志者数人僻远间起容有之,然无讲习之所矣。九日,会鸿山,盘旋石壁之下。会蓬莱,会毕藏,会荆溪,会于山之首、河之干,在处提醒焉"。⑦ 即使在天启年间,书院已经被部分拆

---

① (清)陈鼎《东林列传》卷三《杨涟、左光斗列传》、卷二一《周孔教传》。
② (清)陈鼎《东林列传》卷一一《陈龙正传》。
③ 徐梓《元代书院研究》,北京:社会科学文献出版社,2000年,第15页。
④ (明)顾宪成《泾皋藏稿》卷五《柬高景逸》其一四,《景印文渊阁四库全书》第1292册,台北:台湾商务印书馆,1982—1986年,第79页。
⑤ (清)陈鼎《东林列传》卷二一《刘元珍传》。
⑥ (明)高攀龙《高子遗书》卷八下《与周仲纯、季纯》。
⑦ (明)华贞元《吴觐华先生传》,(清)许献、高廷珍等纂《东林书院志》卷九《列传三》。

毁、阉党气焰正盛、几乎人人避讳讲学时，也有如黄伯英辈"日趋书院旧址讲习不辍"①。或者在书院之外，另寻不太醒目的会讲之地。就以上事例来看，压制与打击对于书院中人而言，只起到了一种反作用。

天启六年（1626），东林书院全毁之后，叶茂才的《过废院有感诗》很好地体现了对于真正的东林中人来说，东林书院虽毁于形却未毁于心的事实。其诗曰："世法递兴还递灭，乾坤不毁只吾心。"②可以说，毁书院建置易，灭讲学精神难。萎缩的只是东林讲会这一形式，诸人心头的东林情节却不可能消亡。

另一个须加注解的事实是学术化不等于遁世。顾宪成曾说自己对"门以外黑白事寂置不问"③，果如是否？恐怕只是一时兴起之言，至少不能代表其他东林中人的心声。高攀龙就坦言："大抵吾辈罪名只在心肠不冷，冷亦何难？恐逆天理耳。因思圣人在家则曰：'吾其与闻。'在外则曰：'必闻其政。'"④可以说是言为心声，掷地有声。

东林人的绝非主张遁世可以从两个层面来理解：

其一，东林书院中的活动毕竟只是东林人全部生活的一个部分，尚有其他的行为时间与空间可供东林人支配。在当时，关怀世事的行止比比皆是。

顾宪成就难以割舍对《邸报》阅览，并且悲喜之情因之而牵动。比如，万历三十三年（1605）三月，"从邸报中见刘伯先疏论阁臣科臣挠乱计典，与友人书曰：'此是为大地赞化育事，而出于吾邑，又出于吾党，不觉喜而欲狂'"。他在修复书院后与当政者也一直有书信往来，万历三十五年五月，"移书向高，言：'近日辅相以模棱为工，贤否混淆，引张禹湖广为戒'"。万历三十六年五月，"与周中丞怀鲁书，乞请蠲赈，周随缮疏为灾黎请命"⑤。万历三十八年五月，"遗书叶向高，谓：'二才至廉至淡漠，勤学力行，为古醇儒，当行勘以服诸臣心'"⑥。再看高攀龙：万历三十六年，"为大水灾条议救荒。为同区设立役田"⑦。万历三十九年，"条陈邑事"。万历四十二年，"惟邑中大利病有关风教民生者，与陈筠堂诸公仍不避恩怨而任之"。万历四十六年六月，"为同县设立役米致胡泰六中丞书"⑧。所以，"风声雨声读书声声声入耳，家事国事天下事事事关心"的对联，若用于评价

---

① （清）张夏《黄日斋先生传》，（清）许献、高廷珍等纂《东林书院志》卷一一《列传五》。
② （明）邹期相《〈叶茂才〉行状》，（清）许献、高廷珍等纂《东林书院志》卷八《列传二》。
③ （明）顾宪成《泾皋藏稿》卷二《与孙柏潭殿元书》，第23页。
④ （明）高攀龙《高子遗书》卷八上《与泾阳论东林》。
⑤ 《顾端文公年谱》卷下。
⑥ （明）蒋平阶《东林始末》，第44页。
⑦ （明）华允诚《高忠宪公年谱》。
⑧ （明）高世宁、高世泰《高忠宪公年谱》卷上。

东林人，确是贴切的。

其二，东林书院中例行的讲会，崇尚人的修身治学，这本身就有救世的目的。

之所以崇尚学术，是因为在书院中人的观念之中，学术与政事是互有关联的。相比较而言，学术处于基础性地位。《东林粹语》中有一条写道："天下不患无政事，但患无学术。何者？政事者存乎其人，存乎其心。学术正，则心术正。心术正，则生于其心、发于政事者岂有不正乎？故学术者，天下之大本末。"①言下之意，只要学术得正，则天下太平，学问成了救世的根本。

而个人的道德修为与学术密不可分，也是有其入世的目标。有学者分析道："东林运动的成员有一种共同的思想上的假定：一个学者——官员真正的毕生事业是修养他的品性。简洁地表现这种观点的《大学》的教导，在个人道德和公共道德之间没有做出区分。自我修养始于自心，扩大到家庭，然后到社会交往，最后到公共事业。"②正是在这种观念的驱使下，东林人对于书院讲学寄予厚望，致力于将对学术的看重和自我修养的推崇通过讲学加以宣传，使越来越多的人信奉并从事它，以之为立命之事。顾宪成说道："从今而后，惟应收拾精神，并归一路，只以讲学一事为日用饮食。学非讲可了，而切磨淘洗实赖于此……行至其自少而壮而老无一日不讲学；自家而乡而国天下无一处不讲学；自衿绅而农工商贾无人不与之讲学。个中一段精神，亦岂草草？"③可见顾氏讲学以天下为抱负的壮志雄心。

明末东林书院系顾宪成、高攀龙等人因政途受挫而修建的，祈望以另一种途径——学术来救世。可以说，正是由于时时关注时局，逐步明了他们已经难以改变的定势，书院才愈渐纯学术化。如果说书院修复初期人们敢于在会上裁量人物、评议是非，那么随"东林"一词日渐成为政治攻击的武器，书院中人选择用收敛锋芒、返璞归真、为学修身来应对，然而为时已晚。东林书院被贴上"清议"的标签后，"东林"这个词如同脱离了东林书院这一母体而有了自己的生命，看似自我矛盾的现象就此发生：一个以"东林"命名的政治派系在崛起，被划归为"东林人"及自命为"东林人"的群体在扩张，东林大会及东林书院其他活动的规模、频率却呈现下降趋势。总之，时局复杂，除志同道合者外，旁人或难以理解书院中人一心钻研学术的苦心，或有意陷害于后，以至于以学术救世界这一条路也未能行得通，反映了明末学人中一种被动无奈的生存状态。

（原载《江淮论坛》2006 年第 5 期，收入本书时文字有修改）

---

① （清）凌鸣喈《东林粹语》卷下。
② ［美］牟复礼、［英］崔瑞德编，张书生等译《剑桥中国明代史》，第 576—577 页。
③ （明）顾宪成《泾皋藏稿》卷五《简吴彻如光禄》，第 64 页。

明代东林学派构成及讲学探究

朱文杰 徐榴*

摘 要：明代以顾宪成为首的东林学派在东林书院潜心讲学，有"天下言正学者，首东林"之美誉。东林讲学"重修"，反对"重悟"的玄虚之风，其所强调的治学态度，以自身修养和躬行力践为主要出发点，是要为天下做有利的事，不做无益之事，并首先从自己学派做起；东林讲学亦能虚心博采各家学派之长，尽量充实己之不足。尤为突出的一点是，东林讲学主张扶持世道，关心国事。本文拟从东林学派代表人物构成、讲学的主要内容、讲学的特点以及东林学派的历史价值四个方面来加以阐述。

关键词：东林学派；顾宪成；程朱理学；东林讲学

一、东林学派代表人物构成

东林学派，指明末以无锡顾宪成、高攀龙等为首的一大批学人群体。这一学派从明万历中期开始崭露头角，经过十多年传播、探究、联络、扩展，同人队伍不断壮大，思想认识与理论水平渐趋深入接近，影响也逐步扩大。至明万历三十二年(1604)东林书院重修后，东林学者在此会众讲学，各地学人不管识与不识，皆以东林为归，东林书院成为江南乃至国内一大学术活动交流中心。其主持讲学者，平常不过数人。作为讲学场所的书院，也不过是常州府属下无锡县城东门内一席片壤之地。东林学者并未像以往其他学派那样，鼓动喧张，所在设教，竭力为自己学派标榜树帜，但东林书院却成为海内学界一面鲜明旗帜，受到一致肯定和推崇。这表明东林学派正式形成，并在国内舆论思想界产生了极大号召力与影响力。所有这些，要归功于东林书院重修主讲领袖人物。当时无锡顾宪成与其弟顾允成、高攀龙、安希范、刘元珍、叶茂才以及同郡武进钱一本、薛敷教，联袂

---

* 作者简介：朱文杰，男，研究馆员，原无锡市东林书院文物管理处主任；徐榴，女，中国古代史硕士，无锡市东林书院管理中心馆员。

执掌东林讲席。上述八人是东林学派的核心人物,但参与东林书院会讲者不一定全属于东林学派人物,有些属其他学派之人。而且直接受教于顾宪成或高攀龙名下之人,如江阴缪昌期与浙江嘉善魏大中等人,虽然他们与其师从政观点相同,但从他们的学术思想水平与认识程度及影响等方面衡量,他们尚未被列入东林学派之中。

究竟哪些人属东林学派人士呢?对此,明代黄宗羲在其学术思想史专著《明儒学案·东林学案》中有具体说明。黄宗羲所列东林学派人物依次如下:

端文顾泾阳先生宪成。
即顾宪成,无锡人。万历八年(1580)进士。字叔时,号泾阳。万历四十年(1612)病卒于家,享年六十三岁。谥曰端文。

忠宪高景逸先生攀龙。
即高攀龙,无锡人。万历十七年(1589)进士。字存之,号景逸。天启六年(1626)三月遭阉党迫害,投宅后池水以终,享年六十五岁。谥忠宪。

御史钱启新先生一本。
即钱一本,常州武进人。万历十一年(1583)进士。字国瑞,号启新。曾擢御史。据族谱,其生于嘉靖二十五年(1546),卒于万历四十五年(1617),享年七十一岁。

文介孙淇澳先生慎行。
即孙慎行,常州武进人。万历二十三年(1595)进士第三人。字闻斯,号淇澳。崇祯九年(1636)卒,享年七十一岁。谥文介。

主事顾泾凡先生允成。
即顾允成,无锡人。宪成弟。万历十四年(1586)进士。字季时,号泾凡。曾任礼部主事。万历三十五年(1607)病卒于东林书院后其寓所小辨斋,享年五十四岁。

太常史玉池先生孟麟。
即史孟麟,宜兴人。万历十一年(1583)进士。字际明,号玉池。曾任太常寺少卿提督四夷馆。

职方刘静之先生永澄。
即刘永澄,宝应人。万历二十九年(1601)进士。字静之。万历四十年(1612)曾授职方主事,未上而卒,年三十七岁。

学正薛玄台先生敷教。
即薛敷教,常州武进人。万历十七年(1589)进士。字以身,号玄台。曾任光州学正。万历四十年(1612)卒,年五十八岁。

侍郎叶闲适先生茂才。

即叶茂才,无锡人。万历十七年(1589)进士。字参之,号闲适。历吏、礼二部侍郎。崇祯二年(1629)卒,享年七十一岁。

孝廉许敬余先生世卿。

即许世卿,无锡人。举人。字伯勋,号静余。万历三十五年(1607)卒,年五十五岁。

耿庭怀先生橘。

即耿橘,北直河间人。字庭怀。知常熟时,与顾宪成反复往来论学。

光禄刘本孺先生元珍。

即刘元珍,无锡人。万历二十三年(1595)进士。字伯先,号本孺。曾官光禄少卿。天启元年(1621)卒,年五十岁。

忠端黄白安先生尊素。

即黄尊素,浙江余姚人。万历四十四年(1616)进士。字真长,号白安。天启六年(1626)闰六月初一,被阉党迫害,惨死诏狱,年四十三岁。福王时,追谥忠端。

贡士吴觐华先生桂森。

《明儒学案》标点本在其名下注:"原本有目无传。"《东林书院志》卷九载华贞元撰《吴觐华先生传》及邹期桢撰《墓志铭》,对其生平介绍颇详。

吴觐华,即吴桂森,字叔美,别号觐华,无锡人。万历四十三年(1615),"先生年五十四,以贡举试第一",故称其为"贡士"。天启元年(1621),吴桂森届"六旬",友人为诗祝贺,故应生于嘉靖四十年(1561)。崇祯五年(1632)卒,享年七十一岁。

宗伯吴霞舟先生钟峦。

即吴钟峦,常州武进人。崇祯七年(1634)进士,时年五十八。字峦稚,号霞舟。他于崇祯十七年(1644)冬曾"擢礼部主客司主事",虽以清狱未履任,但礼部主国家祭典要务,明代人习惯称礼部主要官员等为大小宗伯,故称其为"宗伯"。清顺治八年(1651),抗清兵败,于九月二日积薪自焚于昌国卫城(浙江舟山)文庙左庑楼下,享年七十五岁。

郎中华凤超先生允诚。

即华允诚,无锡人。天启二年(1622)进士。字汝立,号凤超。《明儒学案》卷六一《东林学案四》谓其"南渡,起补吏部,署选司事"。虽在朝不满一月,但吏部署文选司之事者为郎中充任,故称其为郎中。"国变后,屏居墓田,不肯剃发",与从孙尚濂同被执至南京,为清廷杀害。时为清顺治五年(1648),享年六十岁。

中书陈几亭先生龙正。

即陈龙正,浙江嘉善人。崇祯七年(1634)进士。字惕龙,号几亭。曾授中书舍人,故有此称。崇祯十七年(1644)正月,他返里时,京城已陷落,于是杜门著述。清军攻陷南京时,陈龙正已得疾,不久卒于家。

以上所列东林学派十七人中,按籍贯统计,无锡八人,武进四人,宜兴一人,宝应一人,浙江余姚一人,嘉善一人,河北河间一人。常州一郡即占十三人,其余四人为他郡人士。无怪乎从明万历初年开始到天启、崇祯年间,围绕朝中发生的系列重大事件,诸如国本之争、张居正夺情、福王之国、梃击、红丸、移宫三案,阉党祸国乱政,讲学之争,等等,所引发的朝政争论,都与常州郡籍学人有关,这实际与东林学派或直接受其思想影响有着重要关系。

上述十七人之间,学术思想相近,政治抱负相同,使他们紧紧联系在一起。

顾宪成、顾允成、高攀龙、刘元珍、叶茂才、史孟麟、钱一本等是万历中期东林书院重修主要"佐工"发起捐助人,后来他们又长期分别执讲于书院,是东林学派重要核心组成者。

顾宪成、顾允成兄弟年少时与薛敷教三人同学于薛之祖父薛应旂,其间缔为莫逆之交。

薛敷教与高攀龙同举进士,同出河北高邑赵南星之门。"两人相见相笑,以为相遇晚。自是无日不相过从,交相励勉"①,关系十分融洽密切。

顾宪成万历四十年(1612)卒后,高攀龙接任东林书院山长,主持讲席,"海内士大夫识与不识,称高、顾无异词,名更出宪成上"②。

吴桂森自始参与东林讲席,师钱一本学《易》,后曾出任东林山长。

刘元珍罢归,以东林"讲学为事,又与钱一本为同善会,表节义,恤鳏寡,行义重于时"③。当时顾宪成、高攀龙、吴桂森等人亦常赴常州同善会,与钱一本共同论学。

吴钟峦弱冠时即奉父教受业于顾宪成,又从高攀龙游学,并与孙慎行等人友善。

华允诚早年受业于同郡钱一本学《易》,后来又受业同里高攀龙为弟子,传其主静之学。

---

① (明)高攀龙《〈薛敷教〉墓志铭》,(清)许献、高廷珍等纂《东林书院志》卷八《列传二》,清光绪七年刻本。
② 《明史稿·高景逸先生传》,(清)许献、高廷珍等纂《东林书院志》卷七《列传一》。
③ 《明史稿·刘本孺先生传》,(清)许献、高廷珍等纂《东林书院志》卷八《列传二》。

陈龙正游学高攀龙之门，为受业弟子。

许世卿"平生交游绝寡，惟与顾宪成、高攀龙、薛敷教、叶茂才等以道义名节相观摩。每自东林归，敕其子曰：'人何可不学？但口不说欺心话，身不做欺心事，出无惭朋友，入无惭妻子，乃为学矣'"。与东林领袖人物交往深厚，并参与东林讲学。

耿橘，出任常熟知县时，"值东林讲席方盛"，于是"复虞山书院，请泾阳（顾宪成）主教"，两人之间经常往来讨论。①

刘永澄虽年仅三十七岁而早逝，但他"与东林诸君子为性命之交"，其志以天下之事为己事②，其思想深受高攀龙等人赞赏。

黄宗羲所列东林学派人物较多，对东林学派创始、发展、继承关系等都有论列，是具首创性的独到见解。后人论及东林学派，从明末历清代至今，一些思想史或哲学史著述往往只提及顾宪成与高攀龙两人。这也无可非议，作为学派代表人物，非他们二人莫属。但作为全国性有全局重要影响的学派，应该尽可能整理确定更多的学者，以便人们更好地总结探讨这一学派思想，揭示当时社会进展及思想变化规律。

《明儒学案·东林学案》中所列东林学派人物虽多，但也有忽略或遗漏之处。如无锡安希范未被列入东林学派人物中，就是一个明显讹误。

安希范，字小范，号我素，无锡人。万历十四年（1586）进士。曾迁礼部主事。嘉靖四十三年（1564）正月生，天启元年（1621）四月卒，享年五十八岁。他为"东林八君子"之一，东林书院重修主要发起者及"佐工""佐产"人之一。

顾宪成在《先弟季时述》中曾提到："杨龟山先生寓吾锡，建有东林书院，岁久圮坏。高存之（攀龙）一日检邑乘见之，谓弟曰：'叔时（顾宪成）尝欲构一读书处，群二三友生切磨其中，此殆造化留以待叔时也。'弟喜而告予。时予方卧病，闻之，蹶然而起，遂偕安、刘诸君子请于当道而修复之。"③顾宪成偕安、刘诸君子请于府县当道修复书院，"安、刘"即指安希范、刘元珍二人。安希范参与东林书院修复后，分主讲席十数年，以直声著当时，垂后世。天启元年，高攀龙出山赴京前，曾将东林讲席嘱托于他及吴桂森共同负责担当，安希范在东林讲学中的地位于此可见一斑。一生著述颇富，有《天全堂集》等多种。诗作亦佳，其五言如《昌平道中晚行》有"疏星带远塞，斜月傍孤城。寒重人无语，风高马乱鸣"之句，白描

---

① （清）黄宗羲《明儒学案》卷六〇《东林学案三·耿庭怀先生橘》，北京：中华书局，1986年，第1482页。
② （清）黄宗羲《明儒学案》卷六〇《东林学案三·职方刘静之先生永澄》，第1477页。
③ （明）顾宪成《泾皋藏稿》卷二二，清光绪三年泾里宗祠重刻《顾端文公遗书》本。

野外景色有"沙平鸥乱立,树冷鸟无声"之句,均为绝唱佳吟,不落常套。常与高攀龙等往来唱和。安氏去世后,著名学者邹元标为其撰墓志铭,著名史学家朱国祯为其撰墓表,深受学者尊重敬仰。像安希范这样与东林书院、东林学人有着很深渊源的学者,显然应当归属东林学派之列,这是名正言顺、合乎情理的,否则将是一大缺憾。

二、东林讲学的主要内容

我国古代书院讲学内容,一般以儒家经史著述为主。但各地书院具体讲授内容与强调的重点,既受主讲者思想观点的制约,也因时代不同而有明显差异。明代东林书院讲学内容也大体为四书五经一类,但所包含的范围较广,针对性较强。

从《东林会约》中所选的先儒语录来看,既有先师孔子语录,也有颜子、曾子、子思、孟子等人语录。其中有孔子的"吾十有五而志于学,三十而立,四十而不惑,五十而知天命,六十而耳顺,七十而从心所欲,不逾矩"。另有子思有关《大学》中对正心、诚意、修身、齐家、治国的相互关系认识的语录,以及其"喜怒哀乐之未发谓之中,发而皆中节谓之和。中也者,天下之大本也;和也者,天下之达道也",等等。择要选取上述语录的目的是希望学人能以先师孔子等人为榜样,明确学习宗旨,按照古人设学教人的纲领原则行事,坚定自己的学习志向和努力方向。这也是讲学的大纲大纪,是讲学者所要共同遵守的准则。与朱熹所订《白鹿洞学规》开首引先儒语录大体相同。

东林讲学,除由主讲者先说《四书》一章外,如有问题,就进行集体讨论研究,采取答辩方式。学人中除提问有关《大学》《论语》《中庸》《孟子》有关章节内容外,还兼有以往一些先哲、贤儒、君王、名臣等人的事迹、懿行、语录、学术见解等方面的问题,大多围绕并针对东林学者所关心的学术理论进行释疑辩难。历代人物涉及很多,如文王、泰伯、诸葛亮、唐太宗、魏徵、李白、杜甫、王安石、许衡等。理学家中涉及宋代周敦颐、张载、程颢、程颐、杨时、朱熹、陆九渊以及明代王守仁、吴与弼、罗洪先、陈献章等人。东林讲会被反复强调的儒家经典著作有《周易》《大学》等。顾宪成是位精通《易》学的大家,曾将《易》一书从头到尾批注几遍,认识深刻,极有见地。他曾指出:"吾读《易》,而得穷理之说焉。合之,自乾至未济同一体也。分之,自乾至未济各一用也。不相假借,不相侵越,不相掺和,不相抵牾。穷理者应作如是观。吾读《易》,而得博约之说焉。乾刚坤柔也,坎实离虚也,艮静震动也,巽伏兑见也。一分而二,体则通贯。二合而一,功则夹持。博约者应作如是观。"①他还认为,《河图》《洛书》《太极图说》《西铭》等书,"有起头,有结局,有次第,有本体,有作用,有纲领,有条目,有工夫,有效验,才提起种种色色,都在面前,何等易简而明白!"②他从哲学角度,以理学的思辨逻辑来阅读理解《周易》,概括得较为简捷明了,使人容易理解。《周易》作为"五经之首",一直是东林讲学探讨研究的重要内容之一。其他如高攀龙、钱一本、吴桂森等人都是东林学者中擅长《周易》学的著名学者,他们都有这方面的《易》学研究专著。顾宪成曾经延请多位《易》学大家到东林书院专门执讲《周易》,其中有桐城方学渐、常州钱一本等人。钱一本在东林讲《周易》时间最长,有时一连两个多月,启发开导,务使门人弟子人人会心。其他地方有擅长《周易》的学者,东林讲会都要邀请前来讲学。万历三十三年(1605)春,靳州(今属湖北)姜汝一前来东林参加会讲,当时正好论及《周易》,姜汝一主动介绍推荐说他武昌同乡刘筠桥这位七十多岁老先生深明《易》道,顾宪成听说后马上亲笔写信,嘱门人丁元甫专门前往邀请前来东林讲学。

"四书"内容历来被儒家特别重视,东林讲学也不例外。顾宪成曾对《大学》一书有过精辟论述,认为诸家之说可直接求之于《大学》之中,其内容文字,只能稍加抽绎解说,不能妄添一辞,对《大学》一书推崇备至。

在儒家哲学著述中,东林讲学反复强调并讨论的还有周敦颐的《太极图说》、张载的《西铭》、程颐的《识仁篇》以及《河图洛书》、《八卦九畴》等。东林学者认为,周敦颐《太极图说》已经将天地造化的奥妙之处发挥出来了,《河图洛书》《八卦九畴》《西铭》《太极图说》都是千古以来难得的几篇大文字,指出里面道理说得简易明白,广大精微。

从文化范畴方面说,东林讲学包括儒、释、道及哲学、文学、史学等诸家思想。在讲习之余,学人就各自关心或感兴趣的问题展开讨论,大家"或参身心密切,或叩诗书要义,或考古今人物,或商经济实事,或究乡井利害",等等。其中"商经济实事"与"究乡井利害"等方面内容显然不是书本理论问题,而是实际应用的具体学问了。明代著名学者唐顺之之子唐鹤徵,是一位曾负责杭州等地方学政多年的教育家、理学家,他也曾提到东林书院讲学内容,说他曾"日与同郡龚道立、顾宪成辈讲学东林书院,诸儒语录、天文、地理、阴阳、术数家靡不究及"③,足见东林讲学内容丰富,范围广泛。

由于东林讲学采用较为灵活的讨论教学方法,效果较为显著。当然,这种讨

---

① (明)顾宪成《小心斋札记》卷一三,清光绪三年泾里宗祠重刻《顾端文公遗书》本。
② (明)顾宪成《小心斋札记》卷八"辛丑"。
③ (清)于琨修,陈玉璂纂《常州府志》卷二四《人物三·唐鹤徵》,清康熙三十四年刻本。

论研究方式也不是漫无边际,没有重点,不分主次的。主持讲会者在讲学过程中往往加以引导指教,使前来听讲者能够掌握主要内容。但这种指教引导主要还是穷经解史,着重对学人的道德品质方面加以培养教育。顾宪成曾明确指出:"今夫讲学者,传圣人之精神者也。"①在此思想指导下,东林讲会中反复强调学人要"为真士大夫,不为假道学"。同时,有时还引用明代于谦《石灰吟》诗,借以勉励学人应事接物等方面应保持高尚气节和无所畏惧精神。并告诫学人,"不义而富且贵者,于我如浮云"等,要求学人保持廉洁,不能贪纵。并强调从自身检查一番,看自己经营得是否有用,不致落空,不能只是去评说他人,以利"以文会友,以友辅仁",达到居官尽职,居家守分。这些认识和思想主张对所有参加会讲的人起到了有益的熏陶、促进和启发作用。

东林讲学中,针对一些重大哲学理论问题以及当时思想界讨论的主要问题,参加会讲的人从各自理解角度提出意见,顾宪成、高攀龙等人则负责逐一解答,在场门人作详细记录,然后经主讲者审定,付梓刊行,作为书院讲会时的辅助教材之一,这就是《东林商语》《会语》之类。

顺便指出,东林讲学之际,正值社会风习日下,官场贿赂公行。在学术思想上,还遇到一个实际问题,就是王阳明的"心学"思潮泛起,对传统儒家思想冲击很大。以顾宪成为代表的东林学派学者对此进行了长期深入的说理、辩论、抨击和斗争。东林讲学主要在澄清吏治和澄清国内思想这两条阵线上同时进行论争。

王阳明,名守仁,字伯安,浙江余姚人。弘治十二年(1499)进士。他是明代中期一位有文韬武略的知名学者。曾师事上饶娄谅,归后筑室阳明山中,泛滥于佛、老之学,孜孜以求,数年毫无所得。谪居贵州龙场之后,感悟到格物致知之说应当从个人内心求之,并终生笃信,坚守不疑。他的学说"以致良知为主",力主"无善无恶"之说。这就是以王守仁为代表的"阳明学派",亦即"心学",或称"王学"。王学到了末流阶段,连他的弟子门人也多有微词。

顾宪成一生学问不越"性善小心"四字,这一认识观点也贯穿东林讲学全部过程。东林学者特别强调学问要知所往,要身体力行,注意用力体验省察,强调"重修",反对大谈心性、不切实际的"重悟"玄虚之风。顾宪成指出,宋代自二程、朱熹之后,诸儒大多牵制训诂章句,对理学认识毫无建树。后来王阳明提出"心学"一宗,总算是对症下药,起了很大影响。但后来大谈"心性",一切从"心"出发,不切实际。顾宪成对此甚为不满,他强调:"心是活物,最难把捉,若不察其偏

---

① (明)顾宪成《东林商语》卷上"丁未",清光绪三年泾里宗祠重刻《顾端文公遗书》本。

全纯驳何如,而一切听之,其失滋甚。"①认为王阳明论学,"率多杜撰",并对王阳明的"无善无恶"说进行了有力抨击。王阳明以为性无善无恶,三教无异,并说朱熹等于杨、墨。顾宪成认为这一论述十分荒诞不经,斥责王阳明欲"以学术杀天下万世",这是决不能同意的。② 东林讲学中,有大量内容和文章论点是针对王阳明"无善无恶"一说的。东林讲学在思想界起到了拨乱反正的巨大作用,使人们从"王学"思想束缚下解脱出来,转变立场,站到了东林学派的行列中来。

三、东林讲学主要特点

从东林书院讲学内容和强调重点两方面来看,东林讲学大体有这样四个明显的特点:

1. 注重兴贤育才,强调立志做人。东林讲学之际,当时社会上普遍存在一个突出问题,就是士风日陋,部分读书人庸庸碌碌,胸无大志,研究学问的出发点不是为了社会国家民生所用,而是营营于一己之私,目光短浅。不少人"出则竞名,处则竞利",大多为了个人得失去奔竞找寻门路,不注意砥砺操行,使文章与德业截然割裂开来,这是万历中期学术思想界一个严重弊端。高攀龙曾有感于此,直截了当说:"圣贤之书不是教人专学作文字求取富贵,乃是教天下万世做人的方法。今人都不曾依那书上做得一句,所以书自书,我自我,都不相关,都无意味。学者读书,须要句句反到自己身上来看。"③内心深表愤懑和忧虑。东林讲学针对时人这种读书背离正常途径与社会需要的不良倾向,提出治学者首先要学会做人,把德育置于首要位置。顾宪成曾提出要像东林先贤邵宝那样,要做"真正"的人。在此思想指导下,东林讲学中结交联属的同志、门生等,其选择衡量标准,首先是德行完备、品学兼优之人。顾宪成曾为讲会立下择人宗旨,主张"会不厌多,贵其真;友不厌少,贵其精"。④ 同时认为,"举业不患妨功,只患夺志",并指出:"得才士易,得志士难。"⑤这些提法要求清楚地说明,东林讲学十分重视对学人道德志向的培养锻炼,东林讲学的目的首先就是要造就出一大批真正有思想抱负、道德修养、真知灼见的"志士"人才。

---

① (明)顾宪成《泾皋藏稿》卷二。
② (明)顾宪成《证性篇》卷三《罪言上》,清光绪三年泾里宗祠重刻《顾端文公遗书》本。
③ (明)高攀龙《高子遗书》卷三《读书法示揭阳诸友》,明崇祯五年刻本。
④ (明)顾宪成《泾皋藏稿》卷一三《题闇予诸友会规》。
⑤ (明)顾宪成《泾皋藏稿》卷五《复夏璞斋书》。

怎样达到这一要求呢？首先教诲学人要抓紧立志，认为这是做学问的根基，而且从开头起就要亦步亦趋，扎扎实实严肃对待，不能有半点含糊，要认真要求自己。《东林商语》卷上说："人需是个真。是非之心，人皆有之，何缘迷谬，只以不真之故。"又说："凡做人，须于起头处便着精彩。"并具体指出两点，"一曰起处一正，便无往不正。纵或有时而斜，亦属偶误，容易涤除。起处一斜，便无往不斜。纵或有时而正，亦属偶合，容易消散。是故趋未定者，愿其审几之早也。一曰一生不过百年，一日不过百刻。少未几而壮矣，壮不能复转而少。壮未几而老矣，老不能复转而壮"。明确告诫人们从踏入学途开始，就要抓紧时间，立下终生为学的志向，不能犹豫徘徊，三心二意，延误时机和青春年华。否则，人上了年岁就再也不能回复到青壮年时代，无端耽搁了许多宝贵时间，是十分可惜的。

在解决了学习目的和认识的前提下，顾宪成还一再鼓励学人不要墨守成规，更不要囿于古人之见，要有大胆探求和敢于问鼎的不断进取精神。对学识渊博的前辈等要尊重，但也不能迷信；不要过分强调天资，而是要通过自己的勤奋努力和不断深究开拓去获取新的认识。顾宪成曾谆谆劝导门生说："诸君子春秋方茂，趁此精力，何事不可为？""请莫问谁是生成，谁是学成，费许多闲图度。只就今日便扎定脚跟，一直向前，决要做个顶天立地的大丈夫，庶几不枉出世一番耳。"①并说："勿谓今人不如古人，自立而已。"②

以上这些，实际就是突出并反复要求学人治学方向要明确，路径走对，便要执着追求，处事待人无半点私情夹带，思想上泾渭分明，时刻有真是真非，这样进取不止，将来就可以与先达并驾齐驱，成为宇内第一流有用人物。

2. 博采诸家合理之言，去短集长，不执门户之见。万历中期，学界思想不一，派脉互列，意见纷呈。一些人动辄标新立异，好为"新奇"。从儒家本身来说，当时有"抑儒扬释"的，又有竭力诋毁朱熹的，还有叛入异教的，或"操戈反攻"的。在对"本体"与"工夫"的解说上，认识也不一致。有人主张"性善"，有人持"无善无恶"说。在儒释道关系问题上，也存在着许多不同看法。有些意见尖锐对立，而且各学派之间坚持己见，互有非难，长期相持不下。顾宪成花了大量时间与精力，深入研究了各家的学术观点，并纵横千古，精细分析比较对勘，从现实和国家利益出发，公开阐明程朱理学，表明自己的学术立场、思想主张和是非观点，不模棱两可或折中调和，也不因言废人或因人饰言。对在某一领域学有专长或超过自己的同辈或学者，他都真心推重，并积极设法引荐到书院讲席上共同讲论发明，以便一洗学人的耳目视听。如东林讲会中，先后延请常州、桐城、武昌等地知

---

① （明）顾宪成《仁文商语》，清光绪三年泾里宗祠重刻《顾端文公遗书》本。
② （明）顾宪成《小心斋札记》卷三"丙申"。

名学者到无锡讲学,以便互相补充,使学人增加识见。苏州管志道从早年起即着意于诸子思想研究,自谓"三十岁时已见宋儒骨髓",但直到晚年,他都一直在统合三教;虽表面尊儒,有时还引用先儒之言,但目的在调停附和;他受佛学影响,不能坚决摆脱,与程朱理学大相径庭。但在东林讲学中,顾宪成、高攀龙等人从思想上并不嫌弃也不排斥他,相反,主动接近他,常主动到苏州与其一起当面商疑辩难,阐述己见,并多次邀请他到东林讲学,把他作为学术盟友。顾宪成说:"姑苏管东老毕竟有超拔之韵,君子友天下之善士,况于一乡?愿无失之。"①很耐心地说服同志门人,坚持让不同学派或持有不同学术见解之人都能各抒己见,充分发表自己观点,求同存异,互为补充启发,以便进一步澄清并逐渐深化各自的思想认识。顾宪成还称道管志道为"一世人豪"②,并说自己后来在睡梦里也时常想到他。说明他们之间虽学术观点不同,但由于各自都抱有探明学问事理的谦逊诚恳态度与正确立场,因此,相互之间思想得到充分交流,而且也融洽了感情。

特别在对王阳明"心学"的辩论解说方面,可以说占去了顾宪成全部著作的很大篇幅,如《还经录》《自反录》《证性篇》《小心斋札记》等均有反复论列,这也是他在东林讲学中力图辨明的一大中心议题。顾、王之间认识观点互异,特别在对"人性"解释上,更针锋相对,而且顾宪成言辞有时也不无过激之处。但总的来说,顾宪成的态度是比较公正平允的,坚持通过事实来证明要说的道理。同时,不因学术见解分歧迥异而全部否定王阳明在儒学上的成就与贡献,或在一定社会条件下所起的历史作用。顾宪成说:"宪少不知学,始尝汩没章句,一旦得读阳明之书,踊跃称快","既而渐有惑志,反复参验,终以不释。"③讲述了王学对他的影响以及自己的认识变化过程。顾宪成还称王阳明为"一代儒豪",一再强调说不得因其流弊而归咎于他。④

以顾宪成为代表的东林学派的学术思想见解,之所以为当时人们所肯定,从上面分析中可以看出,东林学者能虚心博采各家学派之长,尽量充实己之不足。东林学者对二程、张载、邵雍、朱熹、陆九渊以及王阳明等人之说,均有参证采撷之处,于百家众说密察对勘,"无所不造其微"。⑤ 但既不苟于古人,也不强求同辈。东林学者认为,学派之间各自不应有所忌讳,更不能为一己之门面相持不

---

① (明)顾宪成《泾皋藏稿》卷五《柬高景逸》其六。
② (明)顾宪成《泾皋藏稿》卷四《复李涵虚》。
③ (明)顾宪成《泾皋藏稿》卷二《与李见罗先生书》。
④ (明)顾宪成《南岳商语》附录《答邹南皋书》,清光绪三年泾里宗祠重刻《顾端文公遗书》本。
⑤ (明)高攀龙《高子遗书》卷一一《南京光禄寺少卿泾阳顾先生行状》。

下，要能自见其非，去短取长。对于道理应只论是非，不论异同。只要与道理无妨碍，不管纵横曲直，皆足以为自己所用，就不必执一己之见，去挑剔它。① 只有这样，才能破除陈见，达到无我境界，无我才能虚心，虚心才能知道自己的过错和不足，知不足才能弃旧图新，最后玉润而成，达到一个全新境界。②

3. 注重社会研究，提倡实在学问。封建国家设科养士，目的是要培养国家称用人才。万历初年，朝廷对地方儒学颁行"四书"、"五经"、《性理大全》、《资治通鉴纲目》、《大学衍义》、《历代名臣奏议》等书目，令生员课习解读。③ 到万历中期，令生员诵习的有《皇明祖训》诸书，而相兼诵读"五经"、《通鉴》等。④ 各地儒学通过对这些敕定颁行的必读之书的学习，在振兴人才上起到了一定作用。但到后来，一些儒者读书沽取虚名，照本宣科，不讲应用。"任是天崩地裂，他也不管。"⑤这是王学末流在学术思想上的具体反映。当时，社会上存在一种空谈的迂腐风习，"俗尚浇漓，士鲜实学"⑥，儒家强调研究社会、讲究致用的传统思想受到"心学"很大冲击干扰。顾允成曾有感于此说："心学之弊固莫有甚于今日矣。"⑦特别是所谓"重悟"说教，导致一些人对现实社会和具体学问漠不关心。顾宪成认为，"王学"之徒在讲学中的虚妄言谈，皆玩弄口舌，不切实际，纯属杜撰，并认为这种愚昧思想对国家极为不利。他有强烈的社会忧患意识，以纠正社会视听为己任，在东林讲学中积极提倡研究社会实际问题，着重强调人的实际行动要与所讲学问尽可能联系起来。他说："至于论学，特揭出'躬行'二字，尤今日对病之药。"⑧目的要人们将论学中所及的"善言"变为日后行动中的"善事"。在东林讲会中，他反复要求大家要"以德义相切磨"，不要贪图报施，并指出，如果士人跳不出名利之场，终将一事无成。⑨ 当然更不能饱食终日，枉费时日。他还要人检查自己，"独居时能无闲思杂虑否？应事时能无粗心浮气否？接物时能无凡情俗念否？"希望这些方面都要一一勘过，以便去浮存实。⑩ 顾宪成在东林讲学

---

① （明）顾宪成《小心斋札记》卷一二"乙巳"。
② （明）顾宪成《泾皋藏稿》卷六《刻〈学蔀通辨〉序》。
③ （明）张居正《张太岳文集》卷三九《请申旧章饬学政以振兴人才疏》，上海：上海古籍出版社，1984年，第496页。
④ （明）张廷玉等《明史》卷六九《选举一》，北京：中华书局，1974年，第6册，第1689页。
⑤ （明）顾宪成《小心斋札记》卷一〇"癸卯"顾允成语。
⑥ （明）张居正《张太岳文集》卷二五《答文宗谢道长》。
⑦ （明）顾允成《小辨斋偶存》卷六，清光绪三年泾里宗祠重刻《顾端文公遗书》附录。
⑧ （明）顾宪成《泾皋藏稿》卷五《简邹孚如吏部》。
⑨ 《东林会约·九益》，清光绪三年泾里宗祠重刻《顾端文公遗书》本。
⑩ （明）顾宪成《小心斋札记》卷一"甲午"。

中要求人们：即使天下有一分可为，亦不肯放手；而天下有一分不可为，也不肯犯手。① 这都表明，东林讲学所强调的治学态度，自身修养和躬行力践的主要出发点，是要为天下做有利的事，不做无益之事，并首先从自己学派做起。顾宪成曾说过："吾辈须就自家照顾一番，看这里经营享用的是甚么？还不落空否？有用否？不可只将他人评论。"② 这都清楚地表明，东林讲学的目的是要"有用"，不能做无为之举。

4. 主张扶持世道，关心国事。这是东林讲学尤为突出的一点。顾宪成一生穷究理学，衣食无华，"四壁不芘"，生活相当俭朴，他人生最大癖性就是"忧时如疾痛"。③ 他致力于东林讲学的全部动机，一言以蔽之曰关心国事，希望国家吏治肃清，各业振兴。顾宪成有时因感怀国事不禁泪下或食不甘味，到"忧心如焚"的程度。每次东林讲会，基本上都要涉及时政得失与乡里是非问题，要求对"地方事宜留心剖示，以成其美"，并将讲学、议政、品事结合起来。④ 每当见到朝中进一正人，行一善事，就感到格外高兴。每闻朝内出了不利于民生的弊政，就恻然担忧。顾宪成曾说："士之号为有志者，未有不亟亟于救世者也。"⑤ 救时拯世是顾宪成心目中所指的学人有志的重要标准。顾宪成曾说过："官辇毂，念头不在君父上；官封疆，念头不在百姓上；至于水间林下，三三两两，相与讲求性命，切磨德义，念头不在世道上，即有他美，君子不齿也。"⑥ 认为一个人不管在社会上处于什么地位，也不管为官为民，或逢荣升，或遭屈贬，一切行事都要以国家、百姓、世道的利益为重，否则，都不值得称道，这就鲜明地反映出东林讲学的思想意向主张。

四、东林学派的历史价值

东林学派是在明末"斯道之不明，学术之多岐"的社会思想背景下产生的，他们极力推崇程朱理学，痛疾阳明心学之弊。⑦ 顾宪成指出："阳明先生与门人论学，提四句为教法，曰：'无善无恶心之体，有善有恶意之动，知善知恶是良知，为

---

① （明）顾宪成《小心斋札记》卷四"丁酉"。
② （明）顾宪成《小心斋札记》卷一六"己酉"。
③ （明）高攀龙《高子遗书》卷一一《南京光禄寺少卿泾阳顾先生行状》。
④ （明）顾宪成《泾皋藏稿》卷四《与仪部丁长孺》其六。
⑤ （明）顾宪成《泾皋藏稿》卷八《赠凤云杨君令峡江序》。
⑥ （明）顾宪成《小心斋札记》卷一一"甲辰"。
⑦ （明）顾宪成《小心斋札记》卷一八"辛亥"。

善去恶是格物。'钱绪山(德洪)谓此是师门教人定本,一毫不可更易。王龙溪(畿)谓心、意、知、物只是一件,若悟得心是无善无恶之心,意即是无善无恶之意,知即是无善无恶之知,物即是无善无恶之物。"①这种一切从内心"感悟",强调"神感神应"的主观认知事理的方法,连王学许多门人对此的认识分歧亦较大。东林学者对此提出反复辩驳与非难,顾宪成认为,"心是个极活的东西"②,如果"一切托之于心,这是无形无影的,何处究诘他",③同时,不受客观事物制约检验,而专靠个人主观上去自证自悟,只是凭空想个本体,一切事物都不着实,于是养成虚寂之病,到处谈空说玄,最终流于禅宗,这种流害是不能容忍的。

顾宪成还认为,"无善无恶"四字之所以能流传于世,因它含糊其辞,在当时社会环境下,"上之可以附君子之大道,欲置而不问,彼其所握之机缄甚活。下之可以投小人之私心,即孔孟复作,其亦奈之何哉? 此之谓以学术杀天下万世"。④从理论高度上指出心学对社会的不利影响与危害,提醒人们对此加以警惕。针对心学流弊,顾宪成倡导"性善"与"小心"之说,竭力阐述程朱理学之旨,以达到"倡道立极"的崇高目的。⑤

以顾宪成、高攀龙等人为首的东林学派,在批判王阳明心学流弊的同时,还提出了爱国、关心社会、以天下为己任的思想,主张实际有用之学,反对空泛玄虚之论。东林讲学期以树立一代崭新学风,最终达到振兴吏治,维护封建国家长治久安的目的。在明末社会思想环境下,这是一项巨大的社会系统理论建设工程。在东林学者的不懈努力宣传下,明末学风有了重大明显的转变,实学有用、拯时救世等爱国思想更加深入人心。东林学派对明末社会思想的拨正推动与发展的功绩是永远值得人们认真总结记取的。

东林学派继承和发扬了我国传统儒学的思想精华,他们反对封建皇族勋戚的独裁统治。他们有着强烈的社会忧患意识,主张破格用人,在政治、经济、学术、思想文化方面提出了许多革新性思想主张。这些思想主张在当时具有重要的社会意义,对挽救明末社会颓风和澄清人们的思想认识,都起到了极大的引导推动作用。当时人指出,明代学术思想到正德、嘉靖年间已极为混乱,到万历年间达到极点,而大力进行扶持并给予救正者,就是东林学派。有人还称赞东林学

---

① (明)顾宪成《证性篇》卷三《罪言上》。
② (明)顾宪成《小心斋札记》卷一"甲午"。
③ (明)顾宪成《小心斋札记》卷五"戊戌"。
④ (明)顾宪成《小心斋札记》卷一八"辛亥"。
⑤ (明)顾宪成《证性篇》卷六《质疑下》。

派领袖人物顾宪成是"一代大儒"①,"豪杰而圣贤者"②,认为他"文章兼之节义,道德合之功名,立朝固百折不回,居乡真一尘不染"③,是位"大节嶙峋"④"光明粹白"⑤的"名儒君子"⑥"群雄领袖"⑦。高攀龙对顾宪成的称赞更为具体,他指出,从江南无锡地区有史书记载的几千年的历史来看,真正将文章、理学、名节、忠义这四者集于一身的人,只有顾宪成一人而已,并说泰伯到梅里平墟,实开东南草昧,而顾宪成讲学东林,终萃海内之文明,其社会贡献影响是了不起的。⑧

学者称道东林学派思想"言之直捷透彻,令学者如拨云雾见青天。砥姚江(王守仁)之颓澜,遏娄东(管东溟)之狂焰,功不在孟子下"⑨,并说:"自熹庙之季,以迄国变,东林忠节辈出,而不减东京风俗之美者,实宪成所风励居多也。"⑩还有学者指出:"顾宪成所开创的东林学派,是对晚明政治发生了极大影响的政治、学术力量。顾宪成不是一个书斋中人,他希图以讲学影响政治,以清议左右舆论,从而完成救国志愿。"⑪

东林学派的思想精神对一些正直官吏的实心从政活动也有重要的榜样策励作用。清代孟县(今属河南)人武承谟雍正元年(1723)任无锡知县,刚莅任,为了表明自己一心为民跋涉、坚守原则、诚心为公办事的立场心意,于其官署照壁上悬自撰联云:"罔违道,罔咈民,正直公平,心斯无怍;不容情,不爱贿,招摇撞骗,法所必严。"同时题其门头联云:"视民如伤,锡邑苍生皆赤子;修己以敬,东林前辈是吾师。"⑫表示要效仿东林前贤风节去行事,决不做容忍私情、贪污受贿、置民众疾苦于不顾而心有愧的半点假事。

东林学派所提倡标榜的气节精神一直彪炳史册,至今仍在启迪、激励和鼓舞后人为振兴国家、民族、社会而不懈奋斗。

---

① (清)张夏《年谱书后》,《顾端文公年谱》卷末。
② 《顾端文公年谱》卷四"万历四十年十二月"引尚宝司司丞章嘉桢奏疏。
③ 《顾端文公年谱》卷四"万历四十一年四月"引巡按湖广御史钱春奏疏。
④ 《顾端文公年谱》卷四"万历四十一年四月"引巡按河南御史方大镇奏疏。
⑤ (明)朱国祯《祭文》,《顾端文公年谱》卷一。
⑥ 《顾端文公年谱》卷四"万历四十年十月"引江西道御史徐缙芳奏疏。
⑦ 《顾端文公年谱》卷四"崇祯二年正月"引山东道御史吴甡奏疏。
⑧ (明)高攀龙《高子遗书》卷一一《祭顾泾阳先生》。
⑨ (清)王鹭《〈顾端文公遗书〉序》,清光绪三年泾里宗祠重刻《顾端文公遗书》卷首。
⑩ (清)孙奇逢《理学宗传》卷一一《顾端文公》,清康熙六年刻本。
⑪ 张学智《明代哲学史》,北京:北京大学出版社,2000年,第415页。
⑫ (清)裴大中等修,秦缃业等纂《无锡金匮县志》卷一八《名宦》,清光绪七年刻本。

东林讲学与无锡国专对书院文化的传承

汤可可*

摘　要：讲学是古代书院教学和研讨的基本方式。晚明时期，民间书院讲学之风兴盛，尤以东林书院为最著，有"天下东林讲学书院"之称。东林讲学将明代学术重点由心学转向理学，使程朱学说"复揭中天"。东林的会讲还形成一套会约、规程，对明清江南一带书院产生了广泛影响。无锡国专作为一所"书院式学校"，对古代书院教学方式和学术精神有不同程度的传承。在这一转型过程中，国专形成了自己独特的办学取向和路径。对中国近代教育史上这一独特的文化现象，值得从历史的比照中加以深入的剖视和研究。

关键词：书院文化；东林讲学；无锡国专；唐文治

东林书院从杨时创立至今已有九百一十个年头，顾宪成、高攀龙倡议重修书院并讲学其中也已四百年有余。而东林书院天启五年（1625）被禁毁，到1920年无锡国学专修馆（后改名无锡国学专修学校，以下简称无锡国专）创办，其间相隔也近三百年。但无锡国专正是延续古代书院传统，又被纳入新式教育体制的一个特殊范例。无锡国专坚持以人为本的教育理念，重在融合治学与为人，建立师生教学的融洽关系，追求自由讲学，维持学术独立，被众多研究者看作是对东林书院文化精神的传承。本文意在梳理这一传承脉络，将其放到较长的历史时段中加以考察，并具体分析几百年间新旧文化、中西文化冲撞、融合对其的激发和影响。

一、书院讲学传统与东林讲学

讲学是古代书院教学和研讨的基本方式，书院作为教育机构，其传道授业主要通过讲学来实现。唐代初年，书院诞生，即为读书讲学之所。如松洲书院作为

---

* 作者简介：汤可可，男，研究馆员，原无锡市政协研究室主任。

国内第一所功能较为齐全的书院,由入籍漳州的陈珦主持创办,依托松洲别业"聚众教授",成为"与士民讲学处",训诲士民,"于风教多所裨益"。① 这意味着书院从个人藏修读书之处扩大为聚众教学的场所。至唐代中后期,官办的丽正、集贤等书院也相继开展多层次的讲学活动,包括为皇帝、官员讲论文史而备顾问,对写御书手、书直等进行文书和图书整理的培训,以及面向社会贤才讲授儒道学术。②

宋代是书院迅速兴起的时期,也是民间书院功能趋于完善的时期。书院与官学相并行,上通于官,下及于民,与科举相结合,成为士子的求学之所。北宋新建书院中,具有教育观念的较之唐五代明显增加,而以个人、家族读书藏书为目的的逐渐减少。③ 更重要的是,在这一时期,书院藏书、讲学、祭祀三大功能基本定型,包括藏书、讲学、祭祀、学田等在内的规则体系基本形成,相应的讲堂、斋序、书楼与祭殿一起成为书院的基本配置。位列"四书院""三书院"的岳麓书院、白鹿洞书院等,都以讲学而"学徒大集""风动当时"。其中一些官办书院如应天府书院,还分设主讲、助教、说书、讲授等职位,由朝廷任命,各司其事。④ 朱熹、张栻的"湖湘会讲"以岳麓书院为中心,并往来于善化城南、衡山南轩等书院之间,以"中和"为主题,讲论当时学者普遍关注的理学问题。⑤ 这一讲学活动,突破在本书院讲学的范围,首开书院会讲,将南宋的书院讲学传道推向一个高潮期。

明初倡导官学,书院发展转向低落。直到理学传播,书院再度激活,加之王湛之学崛起,才带动明中后期书院的繁荣。不仅创建的书院数以千计,而且分布向偏远地区延伸。在基础较好的南方地区,书院分布密度更大。由南宋开始的书院制度化建设,在明中后期继续深化,表现为规制的完善和内部职事设置、管理更趋细致。在讲学方面,也以学术研究和思想建树为引领,从一般讲学到高层次会讲,或诠释精义,或阐述微言,开辟了一个前所未有的盛局。这一时期的书院讲学,可以分为三个层次:第一层次为原创性演讲,由学术领衔人物主持或自讲、会讲,以及与论敌公开论辩,通过阐发新义,完善思想理论体系;第二层次为传授讲学,以向弟子、门生讲解经义为主,既发挥本门派的学术理念,也兼取别家

---

① (清)吴宜燮修,黄惠、李畴纂《龙溪县志》卷四《学校》、卷一五《人物》,清乾隆二十七年修、光绪五年补刊本。
② (唐)李林甫等《唐六典》卷九,见陈谷嘉、邓洪波编《中国书院史资料》,杭州:浙江教育出版社,1998年,第32—33页。
③ 参见白新良《中国古代书院发展史》,天津:天津大学出版社,1995年,第7—8页。
④ (宋)范仲淹《范文正公集》卷七《南京书院题名记》,《四部丛刊》影印明翻元刊本。
⑤ (清)赵宁《新修岳麓书院志》卷三、卷八,扬州:广陵书社,2010年。

之长,以壮大学者队伍;第三层次为普及宣讲,以初学之人和平民百姓为受众,讲解平实明白,浅显易懂,重在扩大学说的传播,将先贤的理念化为一般民众可以理解并付诸实践的行为准则①。

在书院发展过程中,围绕着书院的一些学人,因为志趣相投、品性相近,相互切磋、相互生发,从而形成若干志同道合的学术流派。书院作为一种个人自主研究和群体教学相结合的空间,学者、士人可以根据自己的理想目标和学术传承决定取舍去留,而书院讲学又能强化学派的联结,扩大其社会网络。加上学派之间相互竞争、党同伐异,也对依托书院所结成的学派产生增强作用。明代后期以东林书院为代表的书院,均以"群居讲学之所"为标榜,把举办讲会作为主要的活动方式,"会讲无间"。通过讲学和开讲会,书院的士子能实现自己的文化追求,弘扬自己的学术主张。这一类书院于是有了社团的性质,被称为"社团书院"。它们与一般书院相比存在显著差别:其参与讲会者主要为学有所成的士子,包括退职官员和未能就职的中式者;其参加讲会有"门籍""会簿"之类的登记,与会者也以"同志""同盟"相称②;其讲学活动主要为学术交流,而非一般的知识讲授。

晚明民间书院讲学之风日益兴盛,至万历末年形成东林、关中、紫阳、江右四大书院,其中尤以东林书院为最著,有"天下东林讲学书院"之称③。东林书院的讲学继承南宋杨时的传统,以程朱理学为宗,依照对儒家经典的论证和推衍,梳理对"理""心""性"的认识。从对天道本体的认知中,发现人的"本心""本性",寻求修养的恰当路径,又从本体论出发,引申出治心修道的工夫论。东林讲学在阐发儒家经典、宣讲理学主旨的同时,并以扭转学术风气自任,对当时流行的心学展开批评,意图救治王学末流之弊。顾宪成讲学,"于阳明无善无恶一语,辩难不遗余力"④;高攀龙"心程朱而脉孔孟……首辟世则张子之邪说,使程朱之学晦而复明"⑤。正因为东林诸君子"力扶正学,专事实修",强调"言体则必合之于用,言悟则必证之于修",对当时陋儒信虚语而鄙实践的不良风气力予纠正,才将明

---

① 邓洪波《中国书院史》,上海:东方出版中心,2006 年第 2 版,第 156 页。
② (明)顾宪成《东林书院会约仪式》,见邓洪波编《中国书院学规》,长沙:湖南大学出版社,2000 年,第 17 页。
③ (清)张廷玉等《明史》卷二二《熹宗本纪》"天启五年八月壬午",北京:中华书局,1974 年,第 2 册,第 304 页。
④ (清)黄宗羲著,沈芝盈点校《明儒学案》卷五八《东林学案一·端文顾泾阳先生宪成》,北京:中华书局,2008 年修订本,下册,第 1379 页。
⑤ (明)周彦文《东林景逸高夫子论学语序》,(清)许献、高廷珍等纂《东林书院志》卷一六《文翰二》,清光绪七年刻本。

代学术重点由心学转向理学,使程朱学说"复揭中天"①。

然而,东林书院不仅代表着一个有着鲜明特色的学术流派,而且是一个有着坚定政治倾向的社会团体。顾宪成认为,作为知识分子的士,应当关心天下大事,留意时政得失,通过讲学议政,扬善弃恶,拯时救世,"士之号为有志者,未有不亟亟于救世者也"②。东林会讲在讲学的同时,还"裁量人物,訾议国政",认定"论学与世为体",所论关切百姓世道,"亦翼执政者闻而药之也"。③ 这必然引起当朝为政者的不安,于是以"朋党"为名对东林人士大张挞伐,意图杀其议政之风,锢其清议之习。但东林书院坚持聚会讲学,并以"赤金在烈焰中,借火之力,得真色见于世"相勉励④,"会讲中必杂以时事,讲毕立刊为讲章,传布远近"⑤,影响不断扩大。"朝士慕其风者,多遥相应和";"士大夫抱道忤时者,率退处林野,闻风响附,学舍至不能容"。⑥ 由此东林也开创了古代书院仗义执言的议政风气。天启年间,一直遭到东林党人揭露抨击的阉党,与权臣相勾结,把持朝政,罗织罪名,参劾正派人士。同时下令全面禁毁书院,大兴冤狱,残酷报复,杀害"东林六君子"等东林人士,并借此排陷天下清流君子。东林"一堂师友,冷风热血,洗涤乾坤",成为中国知识分子为匡政救世而殉道的千古壮举。⑦

明代的书院讲学是一种制度化的学术聚会。东林书院的讲会形成了自己的一套会约、规程,体现其治学方式、组织特点和学术追求。由顾宪成制定的《东林会约》(会章)和《会约仪式》(具体规程),在"为学要旨"统领下,包括饬"四要"(知本、立志、尊经、审几),把握治学的根本和关键;破"二惑",即破除对讲学"迂阔""高远"、脱离实际的疑惑;崇"九益",倡导寻师觅友、相互切磋、有所责望、广见博闻等有益的学习方法;屏"九损",即摒弃鄙、僻、贼、浮、妄、怙、悻、满、莽等九种弊病。⑧ 此后,高攀龙又申订《东林讲会规则》,共同构成东林讲学的纲领性文件。讲会的主持、讲说、讨论、稽考乃至接待、食宿等,均有严格的规矩。讲学和讨论的内容,也以"商语""会记""讲章语录"等形式加以记录保存。东林书院会约完善了书院讲学的制度、办法,对明清江南一带书院产生广泛影响,其讲会为"东南

---

① (明)吴桂森《〈真儒一脉〉叙》,(清)许献、高廷珍等纂《东林书院志》卷一六《文翰二》。
② (明)顾宪成《泾皋藏稿》卷八《赠凤云杨君令峡江序》,明无锡顾氏原刊本。
③ (清)黄宗羲《明儒学案》卷五八《东林学案一·端文顾泾阳先生完成》,下册,第1377页。
④ (明)高攀龙《高子遗书》卷一一《南京光禄寺少卿泾阳顾先生行状》,明崇祯五年刻本。
⑤ (明)徐兆魁《部臣借事发端疏》,(明)周念祖辑《万历辛亥京察记事始末》卷三,明刻本。
⑥ (清)张廷玉《明史》卷二三一《顾宪成传》,北京:中华书局,1974年,第20册,第6032页。
⑦ (清)黄宗羲《明儒学案》卷五八《东林学案一》,第1375页。
⑧ 邓洪波编《中国书院学规》,第8—17页。

领袖,风动四方"①。

书院讲学兴盛也促进了地域文化的发展。从参加听讲、刻书读书到传播学理、锻炼人才,都对地方儒学思想学术水平的提升产生积极影响。书院特别是东林书院这样名家荟萃、尤重于学理探讨的书院,其教学和研究的水平也显著高于一般的府、县官学。而书院讲会又具有一定的开放性,来自各地的著名学者不仅登坛讲学,而且还跨地区吸纳学生,允许当地和相邻地区士子参与听讲,也扩大了学术的交流和传播。如东林书院,"近则邑之衿绅集焉,远则四方之尊宿名硕时惠临焉"②。又如被视为东林外围的常熟虞山书院,平时每月初三日诸生会文,初六日孝廉会文,初九日讲学;每年三月初三、九月初九日,则"大会四方同志三日"。讲学和会讲时,当地孝子、顺孙、义夫、善士、寿俗人等曾经表扬者及山林隐逸众所推服者,"俱许依诸生列坐而听讲";"百姓无论远近,其年高者,或年少而颇知义理者,俱先一日或本日早报名会簿",均许列坐听讲;"若有所讲说,许上堂立论","若果有见,许坐于诸生之后"③。类似这样来者不拒,"人皆可以为尧舜"的书院会讲,对于普及文化、教育民众、改良风俗,无疑都是一种有效的激励。书院讲学的平民化,构成这一时期书院文化的显著亮色。

二、无锡国专的讲学传承及演变

一般认为,无锡国专是一所传承传统书院文脉的近代教育机构,集中体现为对自由讲学和学术独立的追求。这不仅是书院讲学方式的沿袭,而且着重于对有教无类的师道的尊重,以及讲学中教学相长、师生互动的融洽关系的维系。无锡国专初创时的教学授课,以经、史、子和文学分科,偏向于书院式的讲授传习;以后逐步与现行教学体制接轨,实行现代学科的分科教学,更多地接近课堂讲解。在传承和转型的过程中,国专形成了自己独特的办学取向和路径。

东林书院是无锡国专办学的重要文化源头,国专以"振起国学,修道立教"④为使命,自然要借重顾宪成、高攀龙等东林先贤的精神,传承其道德学问。国专创办之初,唐文治亲自撰写的《无锡国学专修馆学规》,文章开头就列举包括《东

---

① (清)许献、高廷珍等纂《东林书院志》卷二—《轶事一·东林轶事》。
② (清)许献、高廷珍等纂《东林书院志》卷二《顾泾阳先生东林会约》。
③ (明)耿橘《虞山书院会约》,(明)张鼐等纂《虞山书院志》卷四,明万历刻本。
④ 唐文治《茹经堂文集》一编卷二《无锡国学专修馆学规》,《民国丛书》第五编第 94 册,上海书店,1996 年据 1935 年版影印。

林会约》在内的古代书院学规、会约,说:"有为者,亦若是。"明确办学是要追随往哲,制订规章重在"检束身心,砥砺品行"。① 在这前后,唐文治曾为顾宪成墨迹题跋,称:"有明一代,阳明先生而外,即当推崇高、顾二家之学。"②又曾创办理学社,首先校勘刻印高攀龙的未刊稿《高忠宪公别集》,称之为"世间可宝之物"③。1930年,无锡国专学生自治会成立,创办自治会季刊,唐文治欣然为之题词,勉励同学们:"惟相与考德问业,砥砺修名,如高景逸之《东林会约》。"④1933年国专新校舍落成,在布置膳堂时,按照唐校长的意见,特地在墙上悬挂王阳明、高攀龙、顾炎武、陆世仪四先生像,分别代表良知、气节和学问,以他们的学行来激励学生。⑤ 1936年,由上海交通大学和无锡国专师生倡议建造的为唐文治庆贺七十寿辰的茹经堂建成,各大学各学术团体代表集聚五里湖畔参加落成典礼,唐先生在典礼上作演讲,特别提到:"此处地近高子水居,闻景逸先生从前在五里湖滨讲学,樵夫渔子聚而听者常数百人,一时风气都归淳朴。"可见东林先贤讲学对唐文治影响深刻。他真切地表示,愿与国专同人春秋佳日来此湖滨,讲授"先儒性理之学","培养本乡道德,淬砺东林气节"。⑥

无锡国专是一所"书院式的学校",对此,钱仲联曾有一个相当贴切的说明:"说它是学校,是因为它按规定课程,天天上课,而不是书院那样的讲学。说它是书院式,是因为它设置的课程、讲课的方式与大学中文系不完全一样。"⑦国专初期的课程设置按经、史、子、集分科,讲授五经、四书、宋明理学、桐城派古文、旧体诗词,旁及先秦诸子、艺术、国术等。唐文治的讲课,着重于理清经纬、贯通大义,"兼及源流、风格、声韵诸方面,既剖析入微,复旁征博引,颇多精辟见解"。⑧ 与现代高校文科授课就课文讲解显著不同,而较多地呈现出书院讲学的气息。被唐文治国专教学倚为左右手的钱基博,讲课也具有相似的风格。他的教育理念是:"卷怀不可以宏道,乃开诚以示物;显言不可以避患,故托古以明义。务正学以言,无曲学以阿世。"他在国专讲授《古文辞类纂》《文史通义》《校雠通义》等,都体现了这一理念。如讲解《古文辞类纂》,"把讲授古文和文学批评、文学史有机

---

① 唐文治《茹经堂文集》一编卷二《无锡国学专修馆学规》,《民国丛书》第五编第94册,上海书店,1996年据1935年版影印。
② 《顾端文公元卷遗迹》卷末,1957年顾宝琛影印本。
③ 唐文治《茹经堂文集》一编卷四《高子外集序》。
④ 《唐校长为国专学生自治会季刊题辞》,《国专学生自治会季刊》,1930年12月。
⑤ 陆振岳《无锡国学专修学校述略》,《苏州大学学报》,2000年第2期。
⑥ 《茹经堂落成典礼》,《新无锡》,1936年1月5日。
⑦ 钱仲联《无锡国专的教学特点》,《江苏文史资料选辑》第19辑,第81页。
⑧ 唐文治《〈国文经纬贯通大义〉评语选》,《文教资料简报》,1985年第2期,第111页。

地结合在一起",贯通作者相关文章和旁人评论、批注,让学生全面掌握相关知识。又如讲解散文选,把作者的文学主张及相关文章联系起来,阐发某一题材、体裁的发展源流,兼及义理、考据、辞章诸方面,让学生能触类旁通。①

为了传承古代书院的讲学传统,唐文治特意聘请一些通儒硕学前来国专任教。其中具有代表性的如陈衍,这位曾任两湖书院、京师大学堂、厦门大学教席的七十四岁高龄学人、诗坛教主,作为特约讲师到国专任教七年。陈衍的讲学与他的治学、作诗一样,"秉至大至刚之气,有独来独往之概"②,讲课时常常背靠藤椅,面向黑板,边讲边写,其板书尤为精辟。唐文治曾对以高课金(每课时大洋二十元)特聘陈衍作这样的说明:"我所以要聘陈石老,固然是为学生,主要还是为了教师。"通过延聘名师,与在校教师相互切磋,可以"多得贤师友之助",进一步提升教学水平。③ 又如著名史学家吕思勉,以两部中国通史、一部中国近代史和多部断代史、专门史而在史学界享有盛名,他应聘在国专沪校担任高级选修课——史学讲座的兼职教师。他在每次下课前提示下次讲课的内容,由学生提出希望讲解的问题,由班长汇总后,选择其中的若干题目进行答问式讲授。因为胸有全史,精熟掌故,所以能对各种重要的史学问题作出回应,而且对历代治乱的因果、得失进行条分缕析,所讲内容条理清晰,见解精辟,引证充分而要言不烦,并能联系时局,多语重心长之言。学生们都能体会到,吕先生所讲"很多是自己的治学心得,有些还没有发表过"④。

无锡国专同样注重跨地区的讲学交流。1933年,唐文治前后两次邀请章太炎来无锡国专讲学,其间作为回访,他也曾赴苏州国学会作演讲。章太炎是20世纪前期著名的国学大家,1906年即在日本东京设立国学讲习会,1913年和1922年曾在北京、上海两地集中举办国学讲学活动,期望通过演讲传播儒家学说,延续国学命脉。1932年起又在苏州开展讲学,并于次年筹设国学会,以后又开设常年讲学的章氏国学讲习会。⑤ 这一年3月的演讲,章太炎先在无锡国专大礼堂主讲《孝经》《大学》等,听讲者除国专师生外,还有无锡各校慕名而至的教员、学生及地方人士,共二百多人,地方报纸报道称为"盛况空前"。第二天上午、

---

① 王绍曾《钱子泉先生讲学杂忆》,《华中师范大学学报》(纪念钱基博先生诞生百周年专辑),1987年,第127—128页。
② 唐文治《陈石遗先生全书总序》,《国专月刊》第1卷第1期,第1页。
③ 黄汉文《记唐文治先生》,《江苏文史资料选辑》第19辑,第114页。
④ 陈祥耀《吕诚之先生在无锡国专(沪校)讲课简记》,收入俞振基《蒿庐问学记:吕思勉生平与学术》,北京:生活·读书·新知三联书店,1996年,第204—205页。
⑤ 沈延国《章太炎先生在苏州》,陈平原、杜玲玲编《追忆章太炎》,北京:中国广播电视出版社,1996年,第375页。

下午,章氏又接连在省立无锡师范学校作两场演讲,分别讲读史治史和《春秋》三传。无锡国专为此停课一天,全体学生集合整队前往听讲。[1] 这期间,与章太炎同行的著名学者蒙文通、陈柱及李根源也分别在国专大礼堂作专题演讲。10月,章氏再度来锡,先是在国专大礼堂演讲《适宜今日之理学》,着重标举"切于时世可以补偏救弊者"的儒学"八君子",希望国专同学以此为榜样"修己治人";接着又分别在国专和省立无锡教育学院主讲《中国人种之起源》和《农村教育家与中国农政》,也受到两校师生的欢迎。[2] 这期间,唐文治赴苏州的讲学,以《论语》《孟子》为题,倡言"惟尊孔读经乃能救国",同时又强调"读书须视时代为转移,今者急于救人心、救人命",由此提出关于读经的一套完整的教育方案。[3] 此后,钱基博也应邀到苏州国学会作演讲,把章氏国学会放到近代学术流变的大背景下加以考察,对以章太炎为标榜者"曲学阿世,烦辞称说"、偏向于烦琐考据训诂之弊,直言不讳地提出批评。[4] 唐文治、钱基博与章太炎的往返讲学,不仅是国专教学的重要活动,而且对当时的国学教育和研究产生相当广泛的影响。在这一轮交往中,章太炎曾为唐文治书赠一联:"光风霁月之怀,何止吞三万顷?鹿洞鹅湖而后,于今又五百年。"推崇无锡国专为继朱熹白鹿洞书院和朱、陆(九渊)"鹅湖之会"五百年之后儒学讲习的治学名所。

承继东林书院讲学兼容并包的传统,唐文治主持无锡国专,深知作为一个高层次的教育和学术机构,同样不能局限于一家一派之学,只有在多元文化的冲撞和激荡之中,才能从根本上增进学生的学识修养。邀请学术门径显然不同的章太炎到国专讲学,就基于这样的考虑。除此之外,唐文治还超越门户之见,延聘不同学术门派的学者到国专任教。如以文字学见长的顾实,应聘到国专教授文化史、音韵学等,他治经崇汉学而抑宋学,课堂上常常痛斥宋明理学;并与国专另一位教师叶长青在《汉书艺文志》的注疏考证上引发争议,校内颇有人担心他的讲学可能与唐文治校长的学术观点发生冲突。当他把所著与唐文治论点显著不同的《中庸郑注讲疏》交付《国专月刊》时,编辑人员特地请示唐校长,唐文治却明确表示:不加审核,"原稿照登"。顾实得知后,对唐文治的高风亮节格外钦佩,讲学和工作更加认真、踏实。[5] 又如参加过五四运动的周予同,对经学史有深入的研究,但具有鲜明的反理学思想,认为儒学的汉宋之争实属无聊、可笑,对学校读

---

[1] 《章太炎讲学琐记》,《新无锡》,1933年3月14—15日。

[2] 《朴学大师章太炎昨日来锡讲学》,《锡报》,1933年10月22日。

[3] 唐文治《茹经堂文集》三编卷三《苏州国学会演讲录》,《民国丛书》第五编第95册,上海书店,1996年据1935年版影印。

[4] 钱基博《太炎讲学记》,《子曰丛刊》第2辑,1948年6月。

[5] 黄汉文《记唐文治先生》,《江苏文史资料选辑》第19辑,第117—118页。

经也严词批评。在担任国专沪校补习部教师期间,讲授中国经学史,主张"超经学的研究",即超越今古文经学、汉学宋学之争,而以"历史的眼光"看待经学、文学和传统文化,科学发掘"经典里沉埋的材料",开创中国现代新学术。他的讲课为多数同学所接受,但也有一些学生存有异议,曾有两位学生家长致信唐文治,希望唐校长制止周氏在课堂上"大放厥词"。唐文治在派人仔细了解情况后,认为周予同"博学多闻,敦善不怠……宗旨壹出于纯正,与余心心相印"①,并毅然表示:"我们学校正需要像周予同先生这样的教授。"②正是国专教师群体的这种独立思想和多元风格,形成学校和而不同的良好教风、学风,引领学生逐步拓宽视野,积累深厚的学养。

如同书院中诸生也可以登堂提问、讨论、讲说一样,国专也鼓励学生参加演讲。1923年12月,无锡国专第一届学生毕业,在正式的毕业典礼之前,分三次举行毕业生论文演讲活动。学生第一次在开放的场合进行演讲,都十分重视,"各种讲题,莫不挈纲提要,广博精深",体现了国专教学的高超水平。其中侯堮的《高忠宪易学》,王蘧常、毕寿颐的《〈诗经〉之社会进化观》,蒋庭曜的《左氏传礼学概论》,严济宽的《春秋外交概略》,吴其昌的《朱子一元哲学》,唐兰的《整理我国古代名学之方法》等,演讲者"滔滔不绝,若决江河",尤为引人瞩目。听讲者除本校师生外,尚有本邑学界诸君及耆绅名宿,总计有数百人之多。来宾还参观学生们自己布置的成绩室,包括出版部、成绩部、私人著作部三个部分,"四壁书画琳琅满目,美不胜收"③。这些演讲稿汇编成《无锡国学专修馆讲演集初编》,唐文治在序文中说到这样做的意义:"令诸生习为演讲,以资应用。……特嘱其于毕业前稍加肄习,复择其言之雅者著于篇。"④以后第二、三届学生毕业也都有讲演活动,并编印有《无锡国学专修馆讲演集二编》等。但1928年以后,国专教育逐步纳入国家教育体系,传统书院式的一些教学方式相应被淡化。

作为近代文科高等教育机构,无锡国专固然不可能完全采用传统书院那样的讲学、讲会方式,它的授课、讲演、讲评作业也相继被纳入学校教学范式,与学校的分科课程、教材体系、考核评价办法等相适应。但是在无锡国专,东林书院教育和学术的一些基本精神还是得到了不同程度的传承,主要是指讲学中理性思辨的精神、开放包容的精神、平等交流的精神。这在不少国专师生的回忆记述

---

① 唐文治《茹经堂文集》六编卷三《送周予同先生赴台湾序》,《民国丛书》第五编第95册,上海书店,1996年据1945年版影印。
② 黄汉文《记唐文治先生》,《江苏文史资料选辑》第19辑,第131—132页。
③ 《国学专修馆演讲记(一——三)》,《新无锡》,1923年12月31日,1924年1月1日。
④ 《无锡国学专修馆讲演集初编》,无锡美文印刷公司,1923年12月。

中都有反映。例如在冯其庸的回忆中,无锡国专的许多老师讲课都非常认真,春风化雨,点滴入微,并没有那种呆板酸腐、死气沉沉的情形。而不同的老师又风格各异:王蘧常讲《逍遥游》,逐句讲解,广征博引,一个学期连一篇都没有讲完;朱东润讲《史记》和杜甫诗,总是先朗诵,并且情韵十足,把学生带入特定的情境之中;童书业讲秦汉史,每节课几乎都先讲一段他与唐兰关于金文问题的辩论,不仅营造课堂上的学术氛围,而且引发关注,锤炼学生的思考辨析能力。[1] 国专重视因材施教,激发学生潜能;师生之间平等交流,学生随时提问,甚至登门求教,切磋讨论;教师则有问必答、有疑必释,还给予特别的指授,包括借给藏书、提供资料、指导作文和修改。国专师生融洽无间,教学多元开放,体现了传统书院人文精神的传承延续。

三、几点讨论

清代初年对书院采取抑制政策,特别是严禁假书院之名行结党立社之事。但不久后即放宽限制,转而恢复并提倡书院,但明确其职责为辅助科考、为国储才,这使书院在快速发展中呈现出官学化、科举化的趋向,书院讲学传统也逐渐名存实亡。清朝末年,因为科举制度日趋僵化腐败,遭到越来越多朝野人士的诟病,与废除科举、兴办新式学堂相配套,清廷下达谕令,将各地书院依照层级分别改成大学、中学和小学。民国初年,新文化运动兴起,传统儒学遭到唾弃,儒家文献基本被排除在学校教学之外。无锡国专正是在这一背景下开办,以讲授儒家经典、传承书院文化和精神为主旨,同时又争取与现代教育体制相衔接相兼容,这使它成为中国近代教育史上的独特标本。从儒学讲学和研习的角度,梳理从东林书院到无锡国专的传承关系和转型方向、路径,有助于人们认清有关中国传统文化扬弃发展若干值得关注的问题。

一是文化价值。东林讲学辟王崇朱,以研究、讨论和传播程朱理学、转移学术风气为己任。无锡国专的主持人团队,特别是核心人物唐文治,也是真诚地尊崇宋明理学,把"研究本国传统文化,明体达用,发扬光大"作为基本宗旨。[2] 不过,唐文治所处时代已完全不同于顾宪成、高攀龙那个时代,中华民族不仅陷于经济贫弱、社会困滞的重重矛盾,而且面临列强的欺凌和压迫。对此,唐文治、钱

---

[1] 唐景莉、钱晓鸣《冯其庸:人民学术为人民》,《中国教育报》,2010年1月8日。
[2] 《私立无锡国学专修学校组织大纲》,《私立无锡国学专修学校十五周年纪念册》,无锡民生印书馆,1936年,第1页。

基博等人坚定地认为孔孟儒学是"扶纲常,正人心,明礼仪,贱功利"的根本所在,据此提出"读经救国"的主张,强调:"经者,万世是非之标准,即人心是非之标准也。……经者,常道也,知常则明,明常道则明是非。"①1932年7月,上海地区各大学校长以复兴中国教育为主题,邀集各地教育专家共同进行研讨,钱基博受唐文治委托,代表无锡国专出席会议,在会上提出"中国复兴教育以中国文化为本位"的议题,高度肯定弘扬中国传统文化对于"正人心以拯民命,救中国以救世界"的意义,并就在小学、中学、大学讲读儒家经典拟定一整套教学方案,意在重构中国文化的价值体系。②基于此,无锡国专讲学、求学就不再局限于宋明理学的窠臼,而以全部儒家学说作为研习的对象,在课程设置和学问讲授上以开放的姿态对中国历史文化兼收并蓄,同时也不排斥对西方先进科学文化的内容和方法的学习、借鉴。从更深的思想层次来看,这样一种理念并不能简单地以"文化保守主义"视之,而要从其教育实践中的现实作为加以考察,从而认识唐文治等人批评新文化学者趋新鄙旧的本意所在,认识无锡国专借助讲学和著述推进文化教育、弘扬传统文化的本质意义。而这正体现了对东林讲学的时代超越。

二是经世理念。对于东林人士和东林讲学,唐文治十分推崇其气节。1946年,他为无锡二泉桥题写碑记,特别说到无锡"自有明东林以后,学术文艺代有传人;高、顾二贤,理学气节彪炳乾坤"。③ 1947年,地方人士倡议修葺东林书院,他撰写重修碑文,又说:"惟愿我乡邦人士景仰前徽,保气节于将坠。"④但是,学者陈平原特意指出,在具体讨论东林文化时,唐文治先生"或称赏'论学精粹处极多',或表彰高风亮节,就是从不直接提及'东林党人'的政治抗争",又说"可要说无锡国专的当务之急是恢复东林书院传统,则非唐先生所能认同"。⑤ 这就涉及唐文治办学理念的另一侧面。他从清政府的高层走出,深知官场的运行机制,当政者从来对在野人士的"裁量人物,訾议国政"采取排斥和压制的态度。他不愿意使自己所办的学校成为官方所忌恨的社团集会场所,成为"党争"的山头、阵地。另外,在当时学生运动风起云涌之时,他也不希望学生卷入政治旋涡,破坏书斋、课堂的宁静,影响他重建传统文化价值的根本目标。不过,唐文治办好无锡国专仍有其改良社会的积极指向。他主张弘扬优秀传统文化,是要"正人心,

---

① 唐文治《茹经堂文集》二编卷五《读经救国论序》,《民国丛书》第五编第94册,上海书店,1996年据1935年版影印。
② 《钱基博先生的意见》,龚鹏程主编《读经有什么用:现代七十二位名家论学生读经之是与非》,上海人民出版社,2008年。
③ 唐文治《茹经堂文集》六编卷五《无锡二泉桥记》。
④ 唐文治《茹经堂文集》六编卷七《重修无锡东林书院碑记》。
⑤ 陈平原《传统书院的现代转型——以无锡国专为中心》,《现代中国》第1辑,第207页。

救民命",同样包含着惩恶扬善、拯时救世的精神。他和国专同人讲授儒家经典,也是"抉其微言,标其大义"①,从中揭示诸如礼治、法治、地方自治、选举、行政、财政、兵政、外交等理念、方略,并且辨析成败得失,"指陈近世利弊"②,为治国理政提供历史的经验教训。而当外患加剧、民族危亡之际,无锡国专更是邀请学者和政界、军界人士到校演讲,分析国际形势,申述抗日战略策略,开设与抗战相呼应的历史、地理、文秘、救护、军训等课程,鼓励学生组织抗日救国会,上街、下乡作宣传,汇入全民族抗敌救国的洪流。③ 而这也正体现了与东林士子济世忧国相一致的情怀和气节。

三是治学能力。官学停办,书院改办新式学堂,确立了以学校为主体的近现代教育体系。但是不久以后,即有教育界和思想界人士提出,新式学校的分科教学方式和以传授知识为主的教学核心理念不利于学生道德的训育和通才的培养。一些学者表达了对传统书院重视讲学、研讨的教学方式的怀念,并提出"参合中国书院的精神和西方导师的制度",建立理性大学组织的设想。④ 一些信奉儒家学说的学者于是周游各地,热衷于讲学传道,也有一些志同道合的教育家则联手兴办以书院为名的私立教育机构,无锡国专即为同一时期书院、国学院、国学会中成立时间较早、持续时间最久的书院式学校。国专较多借鉴传统书院讲学、研讨的教学方式,把专门知识的传授与传统文化要义的讲解有机结合,重在提升学生读、讲、写和立身处世的能力。无锡国专的教学以学子的求学为出发点,以学生毕业从业的基本素质和实际能力为目标,提倡自主学习、独立思考,而不要求学生死读书、读死书。抗战中,国专内迁广西,唐文治因病回沪休养,校务由冯振代理主持。冯振延续了唐文治的治校风格,在课业教学上特别强调"知""能"二道,把品德修养、知识传授和实际能力的提升放在并重的地位;对学生学习以"读、背、解、通、证"作为基本要求,在博览群书的基础上融会贯通,做到"因类对比,互证参照,以突出宗旨,深化论题",而不是单纯地应付老师、应付考试。⑤ 学生在课堂学习之外,除了读书、著书、编印学术刊物外,还积极参与文体活动、军事训练、社会实习等,重在"人心""良知"和"技艺"的养成。因此在中华

---

① 《印光法师文钞》卷三《十三经读本序》,成都:巴蜀书社,2015年,第112页。
② 唐文治《茹经先生自订年谱》"癸亥五十九岁",无锡民生印书馆,民国二十四年(1935)三月,第91页。
③ 刘桂秋《无锡国专编年事辑》,北京:中国大百科全书出版社,2011年,第129—138页。
④ 任鸿隽、陈衡哲《一个改良大学教育的提议》,《现代评论》第2卷第39期,1925年9月,第154—157页。
⑤ 党玉敏《冯振心的治学精神与学术思想》、黄素芬《深深怀念吾师冯振心先生》,收入党玉敏、王杰主编《冯振纪念文集》,桂林:广西师范大学出版社,2000年,第112、248页。

人民共和国成立后,"大凡我国的文科大学或者是综合性大学文史哲专业科系中,基本上都有无锡国专的毕业生,而且多是某一学术领域的权威、专家"①。

四是学术流派。东林书院讲学成就了风格独标的东林学派,唐文治也曾作《东林学派论》,表明他对于东林学派的认可。那么唐文治主持的无锡国专是否也形成了可以以自己名字命名的学术流派呢?答案似乎是否定的。唐文治无疑是无锡国专的灵魂人物,他学问渊博、思想超卓,足称"当世大儒"。国专核心人物包括代表性的学生,也都学富五车、著作等身,并且在治学方向和学术见解方面基本一致。但这还不能称为"无锡国专学派",这是因为唐文治信守乃师南菁书院黄以周的教诲:"博文约礼,实事求是,道高而不立门户。"②在国专教学中,他倡导兼收并蓄,包容不同流派的学者前来讲学。唐文治特别教导他的学生要"审时知变",不必勉强追随他个人修习一个方面的学问,因而国专师生文史方面的成就固然不少,却没有一位跟随唐文治钻研宋明理学而有突出成就的大家。③而国专本身的师资队伍人数不多,以外聘任教为多,人员流动性相对较大,这就很难形成持续稳定的学术骨干队伍。国专前后持续三十年,正是中国社会急剧动荡的时期,军阀混战,强敌入侵,战争不断,无法形成和平安宁的治学环境。加上历届学生人数有限,且去向分散,一部分学生毕业后进入高校和研究机构从事国学教育和研究,一部分学生则加入了批判旧传统的新文化行列,更多的学生进入社会、经济、政务各个领域,还有如潘汉年、吴天石、郭影秋、姜铎、俞铭璜等人相继投身革命。更为重要的是,时代巨变使中国的学术传统出现巨大的转折和断裂,新的科学、文化的融入推动学术研究进入一个重构和再造的历史时期,原有的学问、学人、学派都面临全面革新,无锡国专本身也在巨大的转型中解体。不过,无锡国专作为20世纪前半期中国教育史上一个独特的文化现象,依然值得从更长的历史时段和更广阔的时代背景,对其加以深入剖视和研究。

---

① 吴湉南《无锡国专与现代国学教育》,合肥:安徽教育出版社,2010年,第229页。
② (清)缪荃孙《续碑传集》卷七五《中书衔处州府学教授黄先生墓志铭》,《清朝碑传全集》第3册,台北:大化书局,1984年,第2891页。
③ 黄汉文《记唐文治先生》,《江苏文史资料选辑》第19辑,第56页。

东林书院祭祀礼若干问题的研究与祭祀礼的当代恢复

李素洁[*]

摘 要: 本文以东林书院祭祀礼为研究对象,主要研究了这样几个问题:一是《东林书院志》所载祭祀礼的时间问题。通过对相关文献的梳理,考察出《东林书院志》中所载祭祀仪式反映的是明代顾宪成、高攀龙时期的祭祀状况。二是东林祭祀仪式与明代祭祀仪式的比较。通过比较发现东林书院祭祀仪式是在明代国家礼制基础上形成,又具有东林书院自身的祭祀文化特色。三是元明清时期东林祭祀礼的概况。从对入祠从祀人员的考察而知,东林书院祭祀礼在元明清时期一直没有中断过。本文还记录了新时代恢复东林书院释奠礼的历程、仪式、祭品等,为推进传统礼仪进校园提供理论和实践支持。

关键词: 东林书院;祭祀礼;释奠礼

东林书院自宋代杨时创建以后,屡毁屡建。明代顾宪成、高攀龙复建讲学,祭祀不辍。阉党祸后,东林惨成瓦砾,后又有清代诸学人奋起复兴东林。赖有《东林书院志》刊布流传,今人得见东林坎坷之貌。幸逢盛世,习近平总书记倡导坚定文化自信,千年东林古书院在新时代焕发新的生机。书院有讲学、祭祀、藏书几项功能,东林书院讲学功能很突出,祭祀也有自身的文化特点。东林书院释奠礼作为书院祭祀的典范,值得深入研究和恢复,可以为推动开展"传统文化进校园"提供理论和实践支持。

一、《东林书院志》所载祭祀礼的时间问题

东林书院祭祀礼主要保存在《东林书院志》中,想要理清《东林书院志》所载祭祀礼的时间问题,就须先了解《东林书院志》的版本时间问题。

---

[*] 作者简介:李素洁,女,上海师范大学哲学博士,江苏信息职业技术学院马克思主义学院讲师。

从北宋政和元年(1111)杨时创建东林书院开始,再历明末顾宪成、高攀龙等东林学人的血雨腥风,到清朝初年高世泰等人东林讲学,五百年时间里,东林书院先后经过了创建与荒废、再建与拆毁、复建的兴废历程。《东林书院志》的编撰也一样历经百般坎坷、几代人的积累,同样是一个漫长曲折的过程。

　　《东林书院志》共有四稿和三个现存刊本。第一稿《东林书院志》的编者为刘元珍(字伯先,号本孺),受顾宪成嘱托编纂,时间在"万历甲寅孟秋"①,即明万历四十二年(1614),可惜"稿成而未及刊布"②。明末清初,严毅有感于刘元珍《东林志》的"残缺"和"弗传",比较系统地编纂了《东林书院志》(第二稿)两卷,附录一卷,时人称"严志"。严毅过世后,"东林泰斗"高世泰承担"续梓"之责,辑补了他复建东林书院以后三十余年间东林讲学事迹、与师友唱和的诗文,作为"续卷"附在严志之后,此为第三稿。附录高世泰"续卷"的严毅《东林书院志》于清康熙九年(1670)刊刻行世,康熙五十二年高世泰子孙重印,并增加周蓼洲、熊敬修、陆稼书、吴徽仲、汪默庵、施虹玉、张菰川等七君子传以及江南常州府批复无锡县的东林祀典公文。当今所见康熙本皆为康熙五十二年刊刻本(下文简称"康熙本")。雍正十一年(1733),当时部分地方仕宦与东林学人"留心斯道,共襄盛举"③,由张师载、刁承祖、刁显祖鉴定,高隆、高柱、许献、高廷珍、高陛增辑,胡廷琦和胡慎参订,编撰刊印了二十二卷本《东林书院志》(简称"雍正本"),此为第四稿。清光绪七年(1881),重刻雍正本(简称"光绪本"),行款与雍正本一致,只有个别字词有异,流传颇广。康熙本、雍正本和光绪本皆有存世。康熙本现存于上海图书馆、国家图书馆,《无锡文库》《中国历代书院志》等丛书有影印本。雍正本藏于清华大学图书馆,《四库全书存目丛书》有影印本。光绪本存世最多,藏于上海图书馆、国家图书馆、无锡市图书馆及其他省市图书馆等,《无锡文库》《中国历代书院志》等丛书有影印本。

　　我们先来比较《东林书院志》三个刊本祭祀有关篇目的差异。康熙本上、下卷皆有与祭祀有关的内容。上卷"祀典"载有"释菜仪注""释奠仪注""释菜祭物""释奠祭物",对行礼的过程进行说明;下卷"典守"载"祭器""古乐器",记录了书院存有的祭器和乐器。雍正本、光绪本《东林书院志》与祭祀有关内容分载在卷十三"祀典"和卷十九"典守",篇目名称与康熙本同,但是内容略有不同,"祀典"

---

① (明)高攀龙《〈东林志〉序》,(清)严毅纂《东林书院志》卷首,《无锡文库》第二辑影印清康熙刻本,南京:凤凰出版社,2011年,第158页。
② (清)胡慎《〈东林书院志〉序》,(清)许献、高廷珍等纂《东林书院志》卷首,清雍正十一年刻本。
③ (清)任兰枝《东林志序》,(清)许献、高廷珍等纂《东林书院志》卷首。

篇载有与康熙本完全相同的"释菜仪注""释奠仪注""释菜祭物""释奠祭物",另外增补了"官祭缘起""配位缘起""添设牲牢缘起"。通过比较,发现康熙本和雍正本、光绪本俱有同一祭祀礼的保存,即"释菜仪注""释奠仪注"内容是一样的。

接下来再来考察康熙本保存的"释菜仪注""释奠仪注"的时间问题。康熙本许多内容完全遵从刘元珍所作第一稿,在《凡例》中,严毅对更改之处和保存之处都作了具体说明。严毅在《东林书院志序》中这样说明:

> 万历中载邑先辈顾端文公泾阳先生属刘本孺先生撰《东林志》,而高忠宪公景逸先生为之序。时方属稿未梓,且谋始则备,未及兴废大都也。余小子毅生最晚,既获睹沧桑陵谷之变,而又穷搜往牒,肃咨方闻,于是东林之详始粲以析,因为雠定原稿,附益成书。志二卷,附《两东林辨》暨《或问》,凡三卷。①

序中说明了严毅整理的《东林书院志》是在刘元珍(号本孺)原稿的基础上完成的。明万历年间,顾宪成嘱刘元珍编撰《东林书院志》。书成,未及刊刻。严毅经过"穷搜往牒,肃咨方闻"所编撰的二稿,收录了刘元珍所撰原志。康熙本中"释菜仪注",严毅在从祀人员后注:"已上从祀七先生,所谓谨仍志草原文者也。后来续进顾、高诸先生,司祝文者宜于临时一照此例宣读。"按照严毅的说法,从祀的七先生是遵照"志草原文",此"志草原文"在雍正本和光绪本中作了说明:"以上系刘本孺先生志草原文。"可见康熙本《东林书院志》记载的"祀典"所反映的是晚明顾宪成、高攀龙时代的祭祀礼状况。

雍正本、光绪本与康熙本相比较,既有保存,又有新的发展。雍正本、光绪本保存了康熙本"祀典"篇中的"释菜仪注""释奠仪注""释菜祭物""释奠祭物"部分,"典守"卷中的"祭器""古乐器"也是原文存录,没有任何变化。雍正本、光绪本另外增加了"官祭缘起""配位缘起""添设牲牢缘起"诸篇,根据篇后的时间标注"顺治十六年二月二十六日""康熙二十三年三月日""雍正十年七月二十三日"判断,所补入的篇目反映的应是清代祭祀礼的状况。

根据对《东林书院志》版本、作者和内容的梳理,可见现存的释菜、释奠仪注和祭物以及祭器、古乐器反映的是晚明顾、高时代的祭祀仪式状况,雍正本补入的篇目则反映的是清代的祭祀状况。

---

① (清)严毅《东林书院志》卷首,第151页。

二、东林祭祀仪式与明代祭祀仪式的比较

东林祭祀礼并非独创，而是在明代祭祀礼的基础上形成的。明代有国家制定的礼制，在《大明集礼》《大明会典》中有关于祭祀服饰、祭器、仪节等比较完备的记载。笔者经过与明代相关礼仪典籍比较，得出东林书院的祭祀礼仪有以下几个特点：

一是与国家礼制保持一致。康熙本所载释奠礼流程为：斋戒、省牲、陈设、排班、瘞毛血、迎神、初献、亚献、终献、饮福受胙、彻馔、送神、望瘞。《大明集礼》所载释奠礼流程为：斋戒、降香、陈设、省馔、正祭、迎神、奠币、进俎、初献、分献、饮福受胙、彻豆、送神、望瘞。虽然名称略有不同，但是内容和基本流程二者是一致的。经过比较，东林书院释奠礼与《大明会典》、《皇明太学志》、明《无锡县学志》中所载的释奠礼流程也基本一致，可见东林书院祭祀礼与国家礼制的一致。东林祭祀礼与国家礼制保持一致是非常符合顾、高等东林学人的身份、思想和对国家的情感的，反映出东林学派的爱国主义精神。

二是尚简。东林书院的祭祀要比明代国家礼制简略很多。东林书院的祭祀共有两种：一名"释菜"，一名"释奠"。释菜礼实际是释奠礼的简化，释奠礼为三献礼，释菜礼为一献礼。康熙本《东林书院志》载"古有释菜、释奠之礼。释菜行于孟春而礼简，释奠四时可行而礼烦"[1]。东林书院不仅施行简单的释菜礼，同时释奠礼的施行也很简化，只保留了流程中最基本的环节。比如《大明集礼》中的"初献礼"为：

> 赞礼唱："行初献礼。"赞引引献官诣爵洗位，搢笏，涤爵，拭爵，以爵授执事者（以下四位爵其涤拭皆同）。次引诣酒尊所。司尊者举幂，执爵者以爵进，酌牺尊之泛齐，以爵授执事者（以下四位进爵酌酒皆同），出笏。赞礼唱："诣文宣王神位前。"献官至神位前，跪，搢笏，三上香，三祭酒，奠爵，出笏。赞礼唱："读祝。"读祝官持版进于神座之右，北向跪，读祝文讫。赞礼唱："俯伏，兴，平身。"稍后，鞠躬，拜，兴，拜，兴，平身。次引至四配神位前，上香、祭酒、读祝，并如上仪。[2]

---

[1] （清）严毅《东林书院志》卷上《祀典》，第194页。
[2] （明）徐一夔等奉敕撰《大明集礼》卷一六《吉礼·降香遣官释奠孔子庙学仪注》，明嘉靖九年内府刊本。

东林书院释奠礼的"初献礼"为:

"行初献礼"。引赞唱:"诣盥洗所,诣酒尊所。"司尊者举幂酌酒。"诣至圣先师孔子神位前,跪,献爵,奠帛,俯伏,兴,平身,跪。"通赞唱:"陪祭者皆跪。"引赞唱:"读祝。"通引同唱:"俯伏,兴,平身,复位。"①

东林书院释奠礼中减少了"搢笏,涤爵,拭爵""司尊者举幂,执爵者以爵进,酌牺尊之泛齐""搢笏,三上香,三祭酒,奠爵,出笏"等环节。国家的官祭主要是在文庙,主祭为官员,而书院的祭祀主祭为学者,所以书院祭祀礼更加简化。东林书院祭祀礼最初是"私祭"性质,以讲学为核心,"本祠之祭,酌古准今,而权烦简"②。

三是东林书院祭祀对象的自我体系构建。东林书院的祭祀对象除了孔子及其从祀,还拥有自身的祭祀体系。随着时代更替,东林书院祭祀对象不断有从祀人员的补入,这种现象在书院中也是非常罕见的。

雍正本"官祭缘起"中记载了道南祠从祀的补入情况。道南祠祭祀"主位"为"宋文靖龟山杨先生",配位从祀人员——列出姓名、籍贯和入祠的时间。从元代至康熙二十三年补入了六十五位,分别为:罗仲素、胡德辉、喻玉泉、尤遂初、李小山、蒋实斋、邵二泉、顾泾阳、顾泾凡、钱启新等先生。从康熙二十三年至雍正七年补入了二十二人,配位从祀人员到雍正七年共达到了八十七位,可谓盛况空前。

为何这些人可以入祠呢?首先并不是籍贯的原因。配位从祀者在雍正本《东林书院志》中皆注有籍贯,并非都是"无锡人"或者寓居无锡者。彼时的无锡县还不包含宜兴,隶属于常州府,但是这些人都与东林书院有一定的联系。比如,罗仲素先生为"南剑人",任萧山令时听闻杨时在东林书院讲学,曾"徒步往学";胡德辉先生为毗陵人,也曾受学于杨时;其他非无锡人皆曾讲学于东林书院。另外,也不是将"东林党人"都纳入配位从祀者。与"东林党人"名录进行对比,发现只有极少数东林党人。最终东林书院的配位从祀者之所以可以入祠,皆是与东林书院有关的"气节"之士。雍正本《东林书院志》收录了每位从祀者的传记,开篇即说明:"东林诸贤,名在天壤四海之内,百世之下,莫不向往,而不知其立身行己、出处操履之详,后之闻风而起者安所仿焉?"可见东林书院配位的从祀者都是和东林书院有关并且与东林精神一致的学者。

---

① (清)严毅《东林书院志》卷上《祀典·释奠仪注》,第196页。
② (清)严毅《东林书院志》卷上《祀典》,第194页。

四是与讲学传统相结合。东林书院释奠礼与国家礼制还是存在一定的差异,国家礼制是以祭祀活动为主体,而东林书院的祭祀是书院学习活动的一部分,一定会与讲学传统相结合。"释菜仪注"所载祝文写道:"兹当东林书院一岁讲学之初,恭修释菜之礼。"实际上,释菜礼就是书院开学礼。东林书院是"洛闽中枢",为理学重镇,理学的学习非常重视"敬"。程颐将敬提到"人事之本"的高度,说:"诚者天之道,敬者人事之本,敬则诚。"①做到了敬,就达到了诚,就达到了天道。朱子也非常重视敬,他说:"'敬'字工夫之妙,圣学之所以成始成终者皆由此。""自秦汉以来,诸儒皆不识这'敬'字,直至程子方说得亲切。"②礼主敬,所以东林学人自然会将祭祀礼与讲学结合起来。

东林书院祭祀礼在明代国家礼制的基础上,又发展出自身的祭祀文化。曾经作为万历时期吏部主事的顾宪成对明代的各种礼制一定非常熟悉,定然不会私自制定东林书院自身的礼仪规制,而是根据国家礼制同时兼顾东林书院的书院特性,形成东林书院自身独特的祭祀文化体系。

三、元明清时期东林书院祭祀礼的概况

杨时创建东林书院后,几经兴废,也伴随着祭祀礼的兴废。明代顾宪成、高攀龙恢复书院,也同样恢复了祭祀礼,仪式保存在《东林书院志》中。阉党之祸后,高攀龙的侄子高世泰复建东林书院,"构讲堂,辟学舍,春秋释菜,自是俎豆依然"③。任兰枝年幼时也见过东林书院的释菜礼:

> 时童蒙,虽不识所谓学,而心窃向往之。嗣后时见先大夫与邑之荐绅先生春秋释菜,讲习论复于其间,益知道南之教泽实弘,而东林之源流亦远且长也。④

根据"祀典"篇的"配位缘起",更能完整地感受到元明清时期东林书院的祭祀不绝。最初配位的喻樗、尤袤、李祥、蒋重珍四先生,因为是龟山一脉相传,所

---

① 《河南程氏遗书》卷一《明道先生语一》,(宋)程颢、程颐著,王孝鱼点校《二程集》,北京:中华书局,1981年,第127页。
② (宋)朱熹《朱子语类》卷一二《学六·持守》,北京:中华书局,1985年,第207页。
③ (清)张师载《修东林志序》,(清)许献、高廷珍等纂《东林书院志》卷首。
④ (清)任兰枝《东林志序》,(清)许献、高廷珍等纂《东林书院志》卷首。

以作为配享,这是元代儒生虞荐发所定。明万历三十二年(1604),顾宪成重建道南祠时,补祀罗仲素、胡德辉、邵二泉、合喻、尤、李、蒋为七先生。天启六年(1626)二月,高攀龙又将顾宪成、顾允成、钱一本、薛敷教、安希范、刘元珍六先生入祠。高攀龙、叶茂才、陈幼学、许世卿、吴桂森、邹期桢、张伯可几位先生则是崇祯年间入祠。顺治六年(1649)、九年、十二年、十三年、十六年、十七年、十八年,高世泰、高世宁等人又将马世奇、华允诚、周仲驭、秦尔载等先生入祠。康熙九年(1670)、十一年、十二年、十三年、十五年、十七年、二十年、二十一年、二十二年、二十三年、二十五年、二十七年、三十年、五十二年、五十六年,高世泰、龚廷历、高昌生、高芷生等人将刁包、虞荐发、史孟麟、施旷如等先生送入祠。雍正三年(1725)、七年,最后补入了张孝先、姜志礼、高紫超几位先生。

以上可见,东林书院祭祀传统在元明清时期延续不绝,从未中断过。

四、新时代恢复东林书院释奠礼的历程

从 2015 年到 2019 年,东林书院由荣骏炎主任牵头,在东林文化研究会和清华大学礼学专家彭林教授的指导下,历时四年完成了东林书院释奠礼的仪式、礼乐、佾舞的整体恢复。东林书院释奠礼的恢复非几人之功,赖上千人参与,全国各方专家贡献自己的专业智慧,无锡市众多热爱传统文化的团体和个人还有许多大、中、小学生志愿者的热心投入,方成此功。

第一阶段:仪式恢复。

经过 2015 年的筹备,2016 年首先根据《东林书院志》"释菜仪注"对释菜礼进行了恢复。释菜礼是简单施行的释奠礼,为进一步恢复释奠礼积累了经验。又经过五个月的筹备,同年 9 月 10 日根据《东林书院志》"释奠仪注",并结合曲阜祭孔礼,第一次对东林书院释奠礼仪式进行了恢复。在燕居庙和道南祠同时演礼,上海、常州、无锡百人参加,国内诸多专家学者参礼,清华大学礼学专家彭林教授观礼后给予了肯定和指导。释奠礼之后,在同济大学柯小刚教授的支持下,又对东林会讲进行了恢复。

第二阶段:乐器恢复。

2017 年着手释奠礼中礼乐的恢复,得到了无锡籍中国艺术研究院音乐研究所王子初教授的大力支持。王教授专程来无锡考察,并根据提供的《东林书院志》以及《无锡县志》中有关礼乐的记载,制定了乐器恢复方案。在原无锡市文广新局的大力支持下,进行了古乐器的采买,编钟、编磬、鼓、瑟、箫、笙等定制古乐器也于同年到位。乐器解决以后,开始组织乐团,得到了无锡音乐专业人士和民

间爱好者的支持。在无锡道教非遗乐团、无锡民乐团和民间古乐器爱好者的共同支持协助下,于2018年9月第一次对东林书院的释奠礼乐进行了恢复。

第三阶段:佾舞复原。

2019年开始筹备佾舞的恢复。礼仪指导小生老师先到南京拜访了彭林教授推荐的佾舞专家米泥老师,不巧正赶上米泥老师腿受伤,没法现场示范教学,但她还是热心地将佾舞的原则和动作要领进行了详细讲解。小生老师查阅大量资料,与专家探讨佾舞复原动作,并指导凤翔教育集团的百位小学生志愿者不畏酷热进行反复练习,终将佾舞复原。

自2015年始,耗时四年,在诸多礼仪专家、古乐器专家、佾舞专家、无锡几所高校的学生志愿者、凤翔教育集团的大力支持下,终于在2019年完成了释奠礼的整体恢复,将仪式、服装、祭器、祭品、乐器和佾舞全部恢复。近200人的礼仪团队,百人观礼,智慧无锡平台全程同步直播,《无锡日报》《江南晚报》、腾讯国学等媒体专篇报道,中华人民共和国成立以来第一次完整恢复了东林书院的释奠礼盛况。

五、东林书院释奠礼恢复对推进传统礼仪进校园的启发

东林书院释奠礼主要是讲学之初的师礼,通过礼敬先师的诚意,表达学子对中国文化的敬意和传承的态度,这样的精神在当今学校教育中依然需要。今日的大、中、小学在开学之初可以将释奠礼的精神和仪轨融合进开学典礼中,树立传承中国优秀文化的志愿,传承中华尊师重道的传统美德。

在复原东林书院释奠礼的过程中,总结了这样一些原则,可以为释奠礼进高校提供一些借鉴。

第一是"诚"字。孟子说:"诚者,天之道也;思诚者,人之道也。"[①]任何一个参与者如果没有认识到中华传统礼仪的重要性,做不到对中国文化的正心诚意,那么整个恢复活动就是一个表演而已,起不到教化的作用。恢复传统礼仪的过程也是我们个人"意诚"的过程,"意诚而后心正,心正而后身修"[②],也是修身的过程。演礼人员无论是承担哪项职责,履行哪一个礼的环节,无不端正身心,不仅认真完成自己的职责,而且还要关照整个过程。整个仪式典雅和谐,观礼者身心和演礼者得到同样的感染,无不在一个"诚"字。

---

① 《孟子·离娄上》,(宋)朱熹撰《四书章句集注》,北京:中华书局,2012年第2版,第287页。
② 《大学》,《四书章句集注》,第4页。

第二是"敬"字。孔子讲"祭神如神在"①，程颢认为"敬者人事之本"②，我们无论礼敬至圣先师还是东林先贤，虽然已隔千百年，也要"如在"。比如"迎神"和"送神"环节，就如孔子从书院外亲临，中间的路所有人都要让开，而且同时行注目礼以示敬意。殿内行礼的人员转身也要注意不能马上转身背对圣位，而是要后退几步再转身。"敬"是表现在仪式的细节中。"敬"和"诚"是互为内外的关系，"敬则诚"，无内之诚则无外之敬，无外之敬也无内之诚。

第三是"静"字。整个仪式不管多少人演礼和观礼，还要呈现一个"静"字。"静而后能安，安而后能虑，虑而后能得"③，无"静"则无"得"。试想如果仪式过程充满了嘈杂之音，又如何能感受到中华礼乐文明的教化作用？

第四是"净"字。参与礼仪的过程也是身心得到净化的过程，"净"不仅表现在清晨打扫、祭器洁净、盥洗等方面，还有内心受到传统礼仪文化的净化和升华。

第五是"宜"字。传统释奠礼在当代的实施，要根据场所和对象的不同进行损益。新时代传统礼仪的恢复是不可能完全复原明清时代的仪式，因此很难做到真正的恢复。新时代所谓的复原，也只能是在尊重礼仪精神内涵的基础上，根据现有条件有所损益地呈现。比如在复原的过程中，按照《东林书院志》"释奠"仪注记载，"午后省牲，用羊豕各一，以全牲献"，这种用猪羊的全牲献在新时代是不合时宜的，就选用了糕点做的猪、羊头替代。传统释奠礼必须进行损益调整，以符合现代学校的需要，此项还需要进一步探索。

东林书院释奠礼作为传统书院释奠礼的典范，它的研究和恢复对推进传统礼仪进校园具有理论研究和实践探索意义。通过复原可以更加深入地了解传统释奠礼实施的原则，进一步推进中国优秀传统文化的新时代转化。

附恢复东林书院释奠礼的仪式、服饰、乐器清单、祭品，以供学人参考。

一、仪式

祭祀日清晨，洒扫场地，摆放祭器祭品，主祭官巡查祭器祭品、上香，之后与祭祀人员在书院门口列队。

通赞唱："请纠仪官纠察不如仪者。"

通赞唱："入庙。"（从书院门口至燕居庙前。）

通赞唱："执事官就位。"（执事人员各就位。）

通赞唱："乐正率乐工就位。"

---

① 《论语·八佾》，（宋）朱熹撰《四书章句集注》，第64页。
② 《河南程氏遗书》卷一一《明道先生语一》，（宋）程颢、程颐著，王孝鱼点校《二程集》，第127页。
③ 《大学》，（宋）朱熹撰《四书章句集注》，第3页。

通赞唱："分献官就位。"（分献官出列就位。）
通赞唱："正献官就位。"（主祭官出列就位。）
通赞唱："全体肃立。"
典乐唱："鼓初严。"
典乐唱："鼓再严。"
典乐唱："鼓三严。"
通赞唱："辟户。"（殿内执事，奉爵执事兼，打开大殿中门。）
通赞唱："迎神。"（献官等让开神道。）
典乐唱："乐奏咸和之曲。"
通赞唱："众官揖拜，兴。拜，兴。拜，兴。拜，兴。平身。"（献官以下向殿内跪拜，庭园中置拜垫或拜席。）
通赞唱："进馔。"（殿内执事打开祭品覆盖。）
通赞唱："行初献礼。"
典乐唱："乐奏宁和之曲。"
通赞唱："诣盥洗所。"（正献官、分献官随引导执事至盥洗所盥手帨巾如仪。）
通赞唱："诣酒尊所。"（献官随引导执事至酒尊所，司尊者举幂酌酒以俟。）
通赞唱："正献官诣至圣先师孔子神位前。"
通赞唱："分献官诣复圣颜子、宗圣曾子、述圣子思子、亚圣孟子神位前。"
（捧爵者三，各先行。奉先师者由中门入，奉四配者由东偏门入，正献官、分献官随引导执事亦由东偏门入，至各神位前。）
通赞唱："跪。"
通赞唱："奠帛。"（殿内执事由授左执事帛，执事转授献官，献官受，少举之，转授执事，再转殿内执事，置神位前。）
通赞唱："献爵。"（捧爵者由授左执事酒爵，执事转授献官，献官受，少举之，转授执事，再转捧爵者，置神位前。）
通赞唱："众官稽首拜，兴。拜，兴。拜，兴。拜，兴。平身。"（献官俯伏，兴，平身。）
通赞唱："读祝官诣读祝位。"（执事，酒樽执事兼，引读祝官盥洗后由东侧门入殿，至献官左侧。）
通赞唱："跪。"（献官以下俱跪先师位，执事由供案取祝文交读祝官。）
通赞唱："读祝。"（读祝毕，执事取祝文置供案。）
通赞唱："众官稽首拜，兴。拜，兴。拜，兴。拜，兴。平身。"（殿外众人俱行鞠躬礼。）
通赞唱："复位。"（引领执事引导正献官、分献官、读祝官由西侧门退回原位肃立。)

典乐唱:"一通鼓。"

通赞唱:"行亚献礼。"

典乐唱:"乐奏安和之曲。"

通赞唱:"诣酒尊所。"(献官随引导执事至酒尊所,司尊者举幂酌酒以俟。)

通赞唱:"正献官诣至圣先师孔子神位前。"

通赞唱:"分献官诣复圣颜子、宗圣曾子、述圣子思子、亚圣孟子神位前。"

(捧爵者三,各先行。奉先师者由中门入,奉四配者由东偏门入,正献官、分献官随引导执事亦由东偏门入,至各神位前。)

通赞唱:"跪。"

通赞唱:"献爵。"(捧爵者由授左执事酒爵,执事转授献官,献官受,少举之,转授执事,再转捧爵者,置神位前。)

通赞唱:"众官稽首拜,兴。拜,兴。拜,兴。拜,兴。平身。"(献官俯伏,兴,平身。)

通赞唱:"复位。"

典乐唱:"二通鼓。"

通赞唱:"行终献礼。"

典乐唱:"乐奏景和之曲。"

通赞唱:"诣酒尊所。"(献官随引导执事至酒尊所,司尊者举幂酌酒以俟。)

(捧爵者三,各先行。奉先师者由中门入,奉四配者由东偏门入,正献官、分献官随引导执事亦由东偏门入,至各神位前。)

通赞唱:"正献官诣至圣先师孔子神位前。"

通赞唱:"分献官诣复圣颜子、宗圣曾子、述圣子思子、亚圣孟子神位前。"

(捧爵者三,各先行。奉先师者由中门入,奉四配者由东偏门入,正献官、分献官随引导执事亦由东偏门入,至各神位前。)

通赞唱:"跪。"

通赞唱:"献爵。"(捧爵者由授左执事酒爵,执事转授献官,献官受,少举之,转授执事,再转捧爵者,置神位前。)

通赞唱:"众官稽首拜,兴。拜,兴。拜,兴。拜,兴。平身。"(献官俯伏,兴,平身。)

通赞唱:"祭官诣饮福位。"(执事领祭官至孔子像前饮福位,殿内执事奉福胙至祭官前侧。)

通赞唱:"饮福酒。"(执事持爵授主祭官、陪祭官,祭官举爵齐眉,一拜饮尽。)

通赞唱:"受胙。"(执事持胙授主祭官,主祭官举爵齐眉,一拜谢。)

通赞唱:"复位。"(执事领祭官复位。)
典乐唱:"三通鼓。"
通赞唱:"送神。"
典乐唱:"乐奏咸和之曲。"
通赞唱:"撤馔。"(殿内执事覆盖祭品。)
通赞唱:"众官揖拜,兴。拜,兴。拜,兴。拜,兴。平身。"
通赞唱:"献官各诣瘗所。"(执事领祭官、分献官至瘗所,殿内执事奉帛、祝文自殿西门出。)
通赞唱:"望瘗。"(执事投帛、祝文于炉中,众官望瘗。燃尽后,执事领众官复位。)
通赞唱:"执事人员引领观礼人员依次进殿行礼。"
通赞唱:"阖户。"
通赞唱:"礼毕。"

二、乐器清单

编钟1架,编磬1架,笙4个,埙4个,笛子2支,古筝4架,古琴4架,鼓1个。

三、仪式服饰

献官着襕衫,礼生着朱子深衣。(仪式服饰是根据书院祭祀礼的特征进行的搭配,不同于文庙祭祀服饰。佾舞生和乐器礼生不着朱子深衣,着其他种类汉服。)

四、祭品清单

燕居庙祭品丰,道南祠祭品简。以下为燕居庙祭品:

太羹(不加调料的肉羹,将肉剁成小块处理,做熟,可食用,一份),和羹(以盐、醋等调料制成的肉羹,把肉剁成小块处理,做熟,可食用,二份),笋菹(醋、酱腌过的笋,三份),韭菹(醋、酱腌过的韭菜,三份),菁菹(醋、酱腌过的芜菁,三份),芹菹(醋、酱腌过的水芹菜,三份),稷、稷米(高粱米,三份),黍(黄米,三份),粱(小米,三份),稻(稻米,三份),枣(红枣,三份),栗(栗子,三份),榛(榛子,一份),饼(圆形博饼,一份),菜菔(萝卜,一份),粉资(糕点,一份),柿(柿饼,一份),鱼(小鱼干,一份),猪、羊头状糕点(两个),香、烛。

清初东林书院修复原委及其影响探析

沈 恬*

摘 要：明天启六年(1626)，作为东林党发源地的东林书院被阉党矫旨全部拆毁。崇祯二年(1629)虽有东林学者吴桂森修复丽泽堂及来复斋，但书院大部分建筑均未修复。清初，随着对书院政策由抑制到解禁，地方大员纷纷捐俸并下令修复书院，东林书院迎来建筑上的全面修复，一度沉寂的东林讲学也得到文人士子的纷纷响应，成为清初理学传播的重要场所。春秋祭祀作为崇正理学、传承学脉的重要方式，在清初得以全面恢复。此外，作为综合记录书院建置沿革的《东林书院志》也在清初续修，为后人全面了解东林书院的兴衰历史提供了原始资料。

关键词：清初；东林书院；修复；影响

东林书院作为宋明时期的理学传播中心和明末东林党的发源地，向来受到学界的广泛重视，相关研究成果不断涌现，代表性成果有：赵承中总结了历年来东林是党非党问题的各种论述，指出如何界定"朋党"才是这一争辩的意义所在；刘中兴从舆论传播的角度认为东林的清议是以舆论为武器、以影响政局为目的的政治行为，并直接造成清代对舆论的监控；金奋飞立足书院本身，以东林讲会为线索纵向分析了书院的发展趋势。① 既往研究都把重点集中于东林书院在明朝鼎盛时期的学术与党派问题，但是关于书院进入清朝后的生存状况以及东林余绪对整个清代文化思想领域所产生的影响则较少谈及，因此本文拟就清初东林书院的修复经过、原因及影响进行尝试性探讨，以就正于方家。

---

* 作者简介：沈恬，女，无锡市东林书院管理中心馆员。
① 赵承中《东林是党非党问题研究综述》，《南京晓庄学院学报》，2009 年第 1 期；刘中兴《论晚明东林党的舆论活动及其影响》，《安徽史学》，2016 年第 6 期；金奋飞《东林书院与东林讲会探析》，《江淮论坛》，2006 年第 5 期。

一、清初书院修复经过

(一) 顺治年间基本修复

东林书院创建于北宋政和元年(1111),元代一度废为僧区,直至明万历三十二年(1604)顾宪成、高攀龙重建,开创一代"实学、实用、实益"的东林学风,才真正引起士子学人的广泛关注。但好景不长,东林书院于明天启六年(1626)被全部拆毁,东林学者惨遭迫害,讲学全面中断。虽在崇祯年间书院有过两三间学斋的简单修复,但毕竟社会动荡,人心犹疑,无人敢于或有能力修复书院,直至改朝换代,书院的修复才被提上日程。

清初的第一次修复是在顺治十二年(1655)春,主持者为东林学派代表人物高攀龙的侄子高世泰。高世泰从小跟随叔父至书院听讲:"少侍东林讲席,忠宪公(即高攀龙)即以道器许之。"①他深受东林学派思想的影响,谨守忠宪之道,在目睹书院被毁的全过程后,"重振东林"成为他毕生的信念和追求。崇祯十六年(1643),年仅四十岁的高世泰致仕归家。孝养父母之余,"无日不以东林先绪为己任"②。顺治十年(1653)秋,常州知府宋之普亲临书院讲学,由于书院荒芜已久,尚无学舍,只得于东林遗址上搭盖草棚举行会讲。宋之普临行之际,嘱咐高世泰:"此地急宜振兴,后死者不得辞责。"③顺治十二年(1655),在政治、经济及社会条件逐渐成熟后,东林书院得以基本修复,包括:重修丽泽堂、道南祠、燕居庙、典籍室、祭器室,并新建三公祠以及再得草庐,至此,除依庸堂外,书院主要建筑大体修缮完成。丽泽堂为主要讲学建筑,道南祠与燕居庙是纪念杨时与孔子的祭祀建筑,典籍室与祭器室则是保藏图籍祭器的重要场所。新建的"三公祠"是为纪念对修复东林书院及保护东林后裔作出重要贡献的三位地方父母官,即明常州知府欧阳东凤、继任知府曾樱以及无锡知县林宰。"再得草庐"因杨时诗作《此日不再得示同学》而得名,也是高世泰新建的讲学书斋。至此,书院主要建筑都得以修复,这为重开讲事、振兴书院打下了重要基础。

---

①② (清)熊赐履《高汇旃先生传》,(清)许献、高廷珍等纂《东林书院志》卷一一,《无锡文库》第二辑,南京:凤凰出版社,2011年据清雍正十一年刊本影印,第502页。

③ (清)许献、高廷珍等纂《东林书院志》卷二《高汇旃先生申订东林讲会规则》高廷珍按语,《无锡文库》第二辑,第353页。

(二) 康熙年间全面修复

康熙年间,东林书院曾进行过多次修复,其中出力最多者还是高氏家族。康熙八年(1669),因东林书院祭祀建筑道南祠为风雨所侵蚀,高世泰及其裔孙高善嘉捐银输粟,协助修复道南祠。高善嘉作为道南祠守祠人,数年内主持祭祀之事从未懈怠。① 康熙二十六年(1687),高世泰之子高菖生、高芷生集亲友之力,鸠工庀材,用时一个多月,再次修复讲堂学舍,学子得以像往常一样诵习功课,并延请大学士熊赐履作《重修东林书院记》②。

康熙三十二年(1693),在多位朝廷重臣的鼎力支持下,东林书院得以全面修复。当时出资捐银者,包括东阁大学士兼吏部尚书熊赐履、江苏巡抚宋荦、江南学政许汝霖等多位政府官员,并由无锡知县徐永言亲自督工承修。工程自当年十月至第二年二月,历时四个月,从而"木石坚致,丹垩有耀,崇堂修栏,复厥旧观"③。这次修复不仅将东林书院各厅堂建筑修葺一新,更重要的是恢复了书院学术领地的象征——依庸堂。此堂被明清学者奉为"南国杏坛",是讲学的标志性建筑。明天启五年(1625),以魏忠贤为首的阉党集团意欲拆毁全国书院,"但凡有书院处所,尽数拆改"④,最被他们所忌恨的东林书院首当其冲,而"依庸堂"便是全国第一个被毁的建筑。因此这是依庸堂拆毁六十八年后的首次重修,代表东林书院建筑意义上的全面修复。

(三) 雍正年间既坏继修

雍正年间,由于前期雍正皇帝对书院采取限制政策,因此书院发展又进入了一个相对缓慢的阶段。在地方层面,既然皇帝无明文支持,地方官员对书院的建设便不如康熙朝那样用心,兴文重教的政策甚至沦为一纸空文,"至国家兴贤育才之地,颁之制诏,布之令甲,每每视为缓图,应之亦不过文书之苟具"⑤。在这种背景下,无锡的文教发展却异常兴盛。雍正四年(1726),无锡东境析置金匮

---

① (清)许献、高廷珍等纂《东林书院志》卷一五《重修道南祠记》,《无锡文库》第二辑,第555页。
②⑤ (清)许献、高廷珍等纂《东林书院志》卷一五《重修东林书院记》,《无锡文库》第二辑,第558页,第560页。
③ (清)许献、高廷珍等纂《东林书院志》卷一五《重修东林书院碑记》,《无锡文库》第二辑,第559页。
④ 《明熹宗实录》卷六二,台湾"中央研究院"历史语言研究所据国立北平图书馆藏红格钞本影印,1962年,第2910页。

县,金匮县首任县令王乔林"在任日,作兴人文,尤亲礼朴"①。雍正六年,他改尼庵为义学,建怀仁乡社学和芙蓉山社学,并修葺学宫,使两县学子共同习业。东林书院当时属金匮县管理,虽无明文记载王乔林对书院的修复记录,但他对人文的重视确是毋庸置疑的。雍正九年二月仲丁日,东林书院照常举行一年一度的祭祀大典释奠礼,主祭人为无锡县令江日容,锡邑有名望之乡绅耆宿齐聚参礼。礼毕,则"自燕居庙而下,周览四顾,风雨飘摇,墙屋渐坏",可见当时东林书院建筑情况已不乐观。于是当年江日容便捐俸主持修缮,经过一个多月的鸠工庀材,墙面屋体均得到修复,并粉刷油漆,从而建筑焕然一新。事后,他还题有对联"夫谁升堂,夫谁入室,宫墙在望,且游圣人之门;何以明善,何以诚身,丽泽相资,庶友天下之士",期望天下学子互相切磋,求得正学以完善自身。② 此联现仍悬于书院丽泽堂,是地方父母官尚文重教的重要佐证。

二、清初书院修复的原因

(一) 政治背景的成熟

明末清初,百废待兴,统治政权需要强化,思想领域需要统一。因此顺治帝一方面推行崇儒重道政策,如重修拜谒孔庙,视察孔府,制定"表章经学,尊重儒先"的文化政策,顺治十年(1653)更将"崇儒重道"作为一项基本国策确定下来③;另一方面,又对曾经"妄议朝政""诋毁清廷"的书院心存疑虑,严加防范。顺治九年(1652)诏令"各提学官督率教官、生儒,务将平日所习经书义理著实讲求,躬行实践。不许别创书院,群聚徒党,及号召他方游食无行之徒,空谈废业"④。这其实是对书院发展强行压制。然而书院历史已有百年,非强令禁止所能控制。

康熙即位,随着国家的统一,社会的稳定,对思想文化意识形态领域的控制亟须提上议程,此时需要一套更加适合巩固封建思想、加强封建伦理观念的学说作为基本思想推行全国,程朱理学便承担了这一重任。正因为程朱理学完全满

---

① (清)韩履宠、齐彦槐修,秦瀛纂《[嘉庆]无锡金匮县志》卷一八《遗爱》,《无锡文库》第一辑据清嘉庆十八年(1813)刻本影印,南京:凤凰出版社,2011年,第 319 页。
② (清)许献、高廷珍等纂《东林书院志》卷一《建置》,《无锡文库》第二辑,第 344 页。
③ 林国标《清初理学的重建及其意义》,《湖南文理学院学报(社会科学版)》,2004年第 2 期。
④ (清)陈梦雷等奉敕撰《古今图书集成·经济汇编·选举典》卷一七《学校部汇考十一》"皇清·顺治九年",中华书局影印本,1934—1940 年。

足了统治者控制思想收买人心的目的,因此被大力提倡,并被定为官方正统。此时,作为传播理学的重要场所——书院,作为各级地方学校的必要补充,又被逐渐重视和兴复。江南学政李振裕曾提出:"今皇上首崇教化,兴学右文,通行直省,修葺学宫,清查祠宇。"①江苏巡抚汤斌也说:"本院所属先贤读书之所,未有重于东林书院者。"②在这种背景下,东林书院的修复自然得到了政府的大力支持。仅康熙一朝,就有四任江苏巡抚瞻拜并下令修复书院,其中汤斌、张伯行作为理学名臣,更是不遗余力地亲自参与讲学。

到了雍正时期,由于雍正帝对文化建设并不像他的父亲那样重视,因此雍正前期是禁止设立书院的。据《雍正朝起居注册》,雍正元年(1723)九月,雍正皇帝说:"若今之生祠、书院,不知始自何人。……究其实,不过该员在任之时,或系属员献媚,或系地方绅士逢迎","此事向曾禁止,而踵弊如故,应加严饬。"③他认为书院仅是官员间逢迎拍马之产物,往往成为官员游玩享乐之地,对书院全无好感。雍正四年四月,江西巡抚裴度上疏,白鹿洞书院已经修复,请各省荐举孝廉方正之人掌教,并请皇上钦赐匾额,雍正帝直接加以拒绝,理由竟然是这样的:"书院择一人为师,如肄业者少,则教泽所及不广,如肄业者多,其中贤否混淆。"④总之不管怎样,对书院都持怀疑态度。直到雍正十一年,书院政策才正式解禁,允许建立书院,倡导建设省会书院,并拨付专款资助书院膏火,东林书院也在这拨全国各地书院蓬勃发展的大潮中受益。

(二) 基地税粮的免除

由于东林书院从创建之初就是地方私学的性质,因此书院经费并不仰靠官资,即政府是没有专门的拨款给予东林书院的。明末书院修复之事,主要是依靠顾宪成、顾允成、高攀龙、安希范等人的个人捐资以及府县的一次性发银,此后书院的经费一方面来自无锡乡绅的主动捐资,另一方面就是书院200亩院田的田租收入。但是天启六年(1626)书院被全部拆毁后,院田也随之被变卖,仅剩16亩书院自身基地。因此,清初书院面临的是既无钱也无田的窘迫状况。

顺治十一年(1654)十月,无锡县生员高阳生、高永厚、高永清、高莲生、高菖

---

① (清)许献、高廷珍等纂《东林书院志》卷一四《整饬书院檄文》,《无锡文库》第二辑,第541页。
② (清)许献、高廷珍等纂《东林书院志》卷一四《修复书院宪牌》,《无锡文库》第二辑,第540页。
③ 中国第一历史档案馆编《雍正朝起居注册》"雍正元年九月",北京:中华书局,1993年,第108页。
④ 《雍正朝起居注册》"雍正四年四月",第709页。

生、高芷生等人联合上《请蠲书院基粮呈》:"为圣学重新,儒林同庆,恳恩永蠲书院基粮事。"①原来书院除去房基外,位于逐字号的十二亩基地一直是收取田租税的,且税粮长期在高攀龙户内输纳,历时已近三十年。此次高氏子孙合力上呈是有理有据的,除去经济贫弱、无力负担的客观情况,根据规定,凡记入县志的房屋皆可免税,佛寺道庙亦然。何况道南祠本身就是官祠,理应享受国家的免税政策。再加上当时其他土地可升科征税,以填补书院减免的税收。当时的常州知府宋之普曾是明朝重臣,其父宋鸣梧更被认为是东林党人,因此他对东林书院的修复可说尽心尽力。他于当月十五日批示:"书院地基,儒教攸关,乃不获与梵刹琳宫并邀国恤,良可慨叹。仰县速查别处升科,急议除豁,永著为例。"从而自顺治十二年(1655)起,书院基粮税被永久豁免,这最大程度缓解了东林书院修复的经济压力。

康熙四十一年(1702),政府清查开垦荒田,东林书院旧址周围荒废之地被邑人开垦种植,地方官府就作为新垦田地升科征税。后因无人完纳,县绅杨庆征等人就将此事上呈江苏巡抚宋荦。宋荦十分重视,命布政司查。前任无锡知县李继善接令后,详细作了说明答复,即照旧优免书院基粮税,但因无新升田粮抵补,他情愿捐出自己的俸禄代书院完税。于是,从康熙四十一年(1702)到康熙五十二年(1713),十一年间无锡两位知县李继善、林涛均捐俸代完。直到康熙五十二年七月二十六日,无锡知县涂钟俊接到呈报,批复现今既有新升田粮,应循例抵补书院基粮税,从而将书院基粮税再次免除②。

基粮税的免除意味着书院不需要向外再支付额外资金,但由于书院既无产业,又无官资拨付,因此书院修复的资金主要还是源自东林后人的积蓄、锡邑乡绅的筹款,以及地方官员的捐俸。

(三) 政府官员的支持

清初曾为东林书院的修复和保护作出直接指示的包括四位江苏巡抚和两位江南学政。

余国柱,康熙二十年至二十三年(1681—1684)任江苏巡抚。康熙二十一年(1682)九月二十四日,他为书院的兴复特意颁示《总宪檄文》,对书院如今讲席久空表示了担忧,担心良好的社会风气因此衰败,于是,他一方面重申地方官员应

---

① (清)许献、高廷珍等纂《东林书院志》卷一四《请蠲书院基粮呈》,《无锡文库》第二辑,第539页。

② (清)许献、高廷珍等纂《东林书院志》卷一四《请复行抵补书院基粮呈》,《无锡文库》第二辑,第542页。

对书院多加重视和守护,对书院的招生讲学及日常管理也提出了要求。告示无锡县邑有志于儒家学说的学者生徒可来东林书院讲习,对表现优秀者经府县上报,巡抚考核后将进行奖励。另一方面,明确规定非书院学子等闲杂人员以及往来兵丁都不许擅自进入书院,扰乱正常讲学,如有违反,书院负责人在禀告地方官后,立刻逮捕惩治。① 这是进入清代以后东林书院第一次有如此级别官员专门发文予以保护。

汤斌,康熙二十三年至二十五年(1684—1686)任江苏巡抚。汤斌本身具有极高的理学造诣,他身体力行,不遗余力地参与程朱理学的引导,对曾是江南地区理学传播中心的东林书院,他自是十分重视,甚至景仰。他认为书院"倡明正学,斯道如日中天,远近名贤同时相应,支拄国是,维持纲常,世道人心,匡扶实多"②。他曾先后三次到访东林书院,每次"至甬道,即步行而入"。康熙二十四年(1685)四月十七日,汤斌"驻节东林书院,先谒道南祠,悬'伊洛正宗'匾额,香案设供,行四拜礼。旋登讲堂,拜燕居庙,坐再得草庐"。关于这次讲学内容,亦有记载。当时官僚云集,府厅县学及远近绅士皆来观礼,可以想见当时讲学的盛况。③ 同年十一月初四日,他发出《修复书院宪牌》,要求遍视书院,"如垣墉有倾颓,门窗有损坏者,即设法修葺",务必坚固,轮换一新,并参仿顾、高遗规,定期举行讲学。很快无锡县便作出反应,于当月开始动工料理。东林书院康熙朝的正式修复正是从汤斌开始的。

宋荦,康熙三十一年六月至四十四年(1692—1705)任江苏巡抚,是清朝在任江苏巡抚最长的一位。抚吴期间,宋荦极力推崇文化建设,拜谒名贤祠,结交文人,编书撰序,并对一大批具有代表意义的文化建筑进行重修,包括东林书院、唐寅墓、沧浪亭、苏州府学等④,其中东林书院是他到任后第一个参与修复的文化建筑。宋荦上任当年,便到道南祠瞻拜。第二年,他捐俸重修东林书院,并撰《重修东林书院碑记》:"夫书院,固讲学之肆也。肆而不居,与无肆同。"⑤宋荦此言似乎是在表达书院仍应保持以往讲学传统,但此时的东林书院早已没有当初"吟风热血,洗涤乾坤"的勇气和底气,更不会有"讽议朝政,裁量人物"这种为当政者忌讳之举,传播的主要是"孝悌忠信,礼义廉耻"之类的忠君思想。此碑现存书院燕居庙前东侧的碑亭内,成为后人了解这段历史的重要见证。

---

① (清)许献、高廷珍等纂《东林书院志》卷一四《总宪檄文》,《无锡文库》第二辑,第541页。
② (清)许献、高廷珍等纂《东林书院志》卷一四《修复书院宪牌》,《无锡文库》第二辑,第540页。
③ (清)许献、高廷珍等纂《东林书院志》卷二一《轶事一》,《无锡文库》第二辑,第622页。
④ 刘万华《宋荦事迹征略(中)》,《商丘师范学院学报》,2009年第7期。
⑤ (清)许献、高廷珍等纂《东林书院志》卷一五,《无锡文库》第二辑,第559页。

张伯行,康熙四十八年至五十一年(1709—1712)、康熙五十二年至五十四年(1713—1715)先后两次担任江苏巡抚。张伯行是清朝前期著名的理学家,其为学宗尚朱子,力主程朱理学,以躬行实践为己任。据《东林书院志》卷二一《轶事》记载,康熙四十六年(1707),张伯行从江苏按察使升福建巡抚,无锡县令李继善准备了"百二十金"作为临别赠礼,他断然拒绝,并命令将这笔钱用于修葺东林书院。两年后,张伯行移抚江苏,首先修复东林书院,并延请高紫超先生主讲。康熙四十九年(1710)四月,他"躬谒东林道南祠,与诸生讲学依庸堂"①,"反复讨论朱陆异同,言厉而色和,学者有典型复见之叹"②。无锡绅士为感谢张伯行对东林书院的贡献,在他去世后三年,特从祀道南祠。其子张师载撰有雍正版《修东林志序》,并题"正学津梁"匾额,现悬道南祠前堂。

李振裕,康熙二十四年至二十七年(1685—1688)任江南学政。康熙二十五年(1686)正月,李振裕上任不久,东林书院也仅是刚有修复迹象,他便"为书院务急兴修,学徒尤宜整饬事",急下《整饬书院檄文》:"俟东林书院修葺告竣之日,务延真诚学道之儒,或任主持,或轮司掌,宁朴毋伪,宁质毋华。……凡在学徒,咸宜各备实心,扫除客气,但期真切。"③李振裕作为学政,更为重视的是书院作为教育机构是否真正发挥教化育人的功能,他绝不希望东林书院出现类似明末党同伐异、互相排挤倾轧的场景,为此他对掌教和学徒作出上述指示和规定,明确以朱子的"主敬致知"为唯一宗旨,无须也不得就所学内容讨论争辩,这就从源头上杜绝了学派纷争的可能性,当然也成为统治者思想控制的绝好借口。

许汝霖,康熙三十年一月至三十三年(1691—1694)任江南学政。他曾数临东林讲舍,两捐俸金更新堂室,延请耆宿重振讲席④。康熙三十二年,正是在许汝霖的积极助推下,东林书院才得以全面修复。同时,为了让书院得到政府的专门保护,他还下《整饬书院檄文》,要求"春秋享祀,务期丰洁豆笾。栋宇榱题,无使飘摇风雨。庭砌荒芜,须辟院门,锁钥宜严"⑤。对书院建筑、祭祀典礼和保护范围均作出指示,并要求县官、教谕等人小心恪守,防止酒徒土棍之类人士侵犯书院。

正是有了以上政府官员通过行政命令、带头捐资、亲赴讲学等方式,使东林

---

① (清)许献、高廷珍等纂《东林书院志》卷二一《轶事一》,《无锡文库》第二辑,第623页。
② 杨静如《紫阳书院志》,苏州:苏州大学出版社,2006年,第54页。
③ (清)许献、高廷珍等纂《东林书院志》卷一四《整饬书院檄文》,《无锡文库》第二辑,第541页。
④ (清)高隆《许时庵先生传》,(清)许献、高廷珍等纂《东林书院志》卷一二,《无锡文库》第二辑,第520页。
⑤ (清)许献、高廷珍等纂《东林书院志》卷一四《整饬书院檄文》,《无锡文库》第二辑,第542页。

书院在清初得以尽快修复。

三、清初书院修复之影响

（一）讲学的延续

东林书院于明天启六年（1626）被完全拆毁，讲学一度中断。崇祯时虽有短暂的恢复讲学，但毕竟建筑尚未修复，且人心惶惶，讲学更显冷淡，不久就因为无人主盟而停止。直到清顺治十二年（1655），一度沉寂的东林讲会伴随着书院的修复，再次迎来盛众盈庭的讲学场面。为了让讲学有章可循，根据当时的形势，高世泰对讲会规则稍加修订，规定讲学过程"勿乱威仪，勿私笑语，勿谈时事"，明确就学论学，不要掺杂时政。饭食提供午饭和茶点，但晚饭只为远客提供，并且仅有两荤两素，这与明朝为所有参会者提供六菜一汤、水果、干果的情况相比，明显简略很多①。

即便如此，东林书院在清初的修复依然激荡起诸多明朝遗老的讲学之心，"四方学者相率造庐问道"，云集相应。当时参与讲学的均是理学大儒，如太仓陆世仪、常州恽日初、关中李颙、祁阳刁包、休宁汪学圣与施璜、歙县吴徽仲与汪璲等。清初讲学一方面秉持着东林学派崇朱辟王的一贯学风，以徽州学者最具代表性。徽州作为朱子之乡，始终将朱学作为正流，其"讲学渊源，远自无锡之东林"②。天启元年（1621），还古书院便曾邀请高攀龙为主讲。清初，徽州人汪学圣、吴曰慎、汪璲、施璜相继游学东林，拜高世泰为师，虚心请益，析疑问难。高世泰曾教导说："后学宗派惟程朱，程朱宗派惟孔孟"，"世之谈性者，既荒唐于禅宗之徒，尤荒唐于援儒入禅之徒，必欲坚持三教一家之说，惜误用其精神矣。"③从而使徽州学子进一步明确了学宗程朱，不参异说，奉行"主敬""诚信"、穷理致知、躬行实践的讲学宗旨。返回故园后，他们讲学于紫阳、还古两书院中，更定《紫阳通志》，编著《中庸问答》，成为清初辟王崇朱的中流砥柱。另有北直隶祁州人刁包，先闻孙奇逢讲良知之学，十分向往，后读高攀龙《高子遗书》，顿觉"此圣学真

---

① （清）许献、高廷珍等纂《东林书院志》卷二《高汇旃先生申订东林讲会规则》，《无锡文库》第二辑，第353页。
② 钱穆《中国近三百年学术史》，北京：商务印书馆，2017年，第341页。
③ （清）熊赐履《高汇旃先生传》，（清）许献、高廷珍等纂《东林书院志》卷一一，《无锡文库》第二辑，第502页。

派也,吾尊之若天地,亲之若父母,敬之若神明",从此一心研读高子之学,推忠宪为朱子后一人。书院修复后,刁包与高世泰书信往来十余年,往复论道,时称"南梁北祁"①。

另一方面出现了更具时代性、更为适应明清社会变革需要的思想,即批判性地继承朱子理学和阳明心学,提倡"经世致用"的思想,如太仓陆世仪、关中李颙。顺治十五年(1658),受江南学政张能麟延聘,江南大儒陆世仪先后至江阴、无锡、常州等地讲学,东林书院也是他此行中的重要一站。他所提倡的"经世"理学,既是对晚明理学空疏学风的批判,也是适应明清之际社会变革的需要②。李颙为清初三大儒之一,孩童时便十分雅慕高攀龙。康熙九年(1670)冬,常州知府骆钟麟邀请他到常州道南书院讲学。第二年仲春,他来到无锡,展谒燕居庙、道南祠,并至"忠宪祠瞻礼遗像,徘徊故池,不觉泫然",随后便与高世泰会讲于东林书院。此次讲学贤达环集,讨论激烈,影响重大,解答了很多当时学术上的疑问。李颙既主张初学者"先观象山、慈湖、阳明、白沙之书,以洞斯道大原"③,又反对阳明后学的神妙玄论,"陆、王矫枉救弊,其言如药中大黄、巴豆,疏人胸中积滞,未可概施之虚怯之人"④,而是主张兼采朱、陆之所长,提倡实学,强调"躬体力践"。这种平实而有用的学问显然更符合当时的社会思潮,因此深受学者的喜爱。

此外,无锡本地学者也积极参与东林讲会,是讲学中的主要人物,包括施元征、胡时忠、严毅、张夏、钱肃润、钱仲选、秦松岱等,他们均是理学造诣深厚的大儒,如严毅受江南学宪张能麟欣赏,贻以额曰"力扶正学"。张夏则受汤斌与赵士麟两任江苏巡抚的邀请,至苏州学官讲授《孝经》《小学》,人们环桥观听,人人感动。他也是高世泰逝世后使东林讲学三十余年不废的关键人物。

(二) 祭祀的恢复

东林书院自北宋杨时创建,至明末重兴,再到清初重建,对洛闽理学的弘扬与传播是其始终不变的讲学主旨,祭祀先儒则是崇正理学、传承学脉的重要方式,具有"正道脉而定所宗""尊前贤励后学"的重要作用⑤。东林书院的道南祠是专门奉祀杨时及历代先儒之所,每年春秋讲会前都会进行释菜、释奠礼,且祀典由地方官员主持,是为"官祭"。明末魏珰拆毁书院,官祭一度中止。清朝官祭

---

①④ (清)高世泰《刁蒙吉先生传》,(清)许献、高廷珍等纂《东林书院志》卷一一,《无锡文库》第二辑,第 500 页。
② 武才娃《论陆世仪的经世理学》,《中华文化论坛》,2005 年第 1 期。
③ 梁启超《中国近三百年学术史》,武汉:崇文书局,2015 年,第 37 页。
⑤ 邓洪波《中国书院史》(增订版),武汉:武汉大学出版社,2012 年,第 168 页。

始于顺治十六年(1659),由无锡县生员呈请,经提督江南学政张能麟批示,得以恢复,自此东林书院祭祀活动历经整个清朝而无缺。

道南祠入祀标准向来有严格要求,"祠中诸从祀皆宋明以来大儒,或受业于及门,或私淑于后世,各有羽翼之功"①。据雍正《东林书院志》记载,截至清雍正七年(1729),道南祠共祭祀先儒88位,其中明代奉祀先儒21位,其余67位均为清代入祠。查阅《道南祠崇祀先儒主配位名单》,发现明代所从祀先儒均是以"道南一脉"作为准绳,或为杨时嫡传门人、或为东林主讲学者。顾宪成、高攀龙对入祠的把控是非常严格的,可以说是慎之又慎。入清后,从顺治六年(1649)到雍正七年(1729),80年间平均每年皆有先儒被增祀入祠,入祠原因也各有不同,既有东林门人,也有东林党人,既有理学大师,也有心学宗师,既有抗清忠烈,也有忠直之臣,总之崇祀已不仅仅以学脉的传承作为唯一标准。人数的剧增造成很多入祠者名不符实,违背了当初的崇祀原则,也给后人留下诸多争议和口实,甚至有东林后学提出撤出之前已经入祠的学者,如刁包、恽日初等。造成这样滥入的原因,均因"擅增者固阿狗""为交游之情面"②。

康熙二十四年九月,邑绅钱肃润、高菖生、孙绎武等请将周顺昌、左光斗、周宗建、姚希孟等十人崇祀道南祠,结果官府并未应允,最终只有胡时忠在康熙二十五年入祠,周顺昌则在康熙五十二年才批准入祠。汤斌抚吴,见当时东林后学"议出议入,各持己见,聚讼纷纷",特意发文指明东林书院是龟山先生杨时讲学之地,故当时从祀皆其门人,明天启以后号东林者虽然清正廉洁、品行高远,但只可称为"东林党人",而与书院无与也,因此续祀还应以"讲求龟山、端文、忠宪之学"为根本。③ 这是官府首次对道南祠的入祠标准作出明确规定。康熙三十三年(1694),宋荦对道南祠配祀人员再次作出规定,将东林党人与乡党善士者摒除在外,"自后毋得轻进一人,以干清议"。④ 为表慎重,宋荦还命令无锡知县徐永言将这份檄文楷书刻石置诸讲堂壁间,此碑现仍存东林书院丽泽堂前廊东壁。

(三) 志书的编辑

《东林书院志》第一次编辑是在明万历四十二年(1614),由刘元珍受顾宪成

---

① (清)许献、高廷珍等纂《东林书院志》卷一三《官祭缘起》,《无锡文库》第二辑,第527—528页。
② 朱文杰《东林书院丛谈》,北京:方志出版社,2013年,第293—294页。
③ (清)许献、高廷珍等纂《东林书院志》卷二一《轶事一》,《无锡文库》第二辑,第622页。
④ (清)宋荦《西陂类稿》卷三九《批允东林书院祀典檄》,清康熙五十年刻本。

所托编撰而成,"期与同堂共识本心,精求善脉,以仰窥羲画厥中之秘"①。高攀龙作序,曰:"堂室则志,什器则志,图书则志。"②希望后之君子见志后能不断续修以延续学脉。可惜此稿未梓,没有流传,且严毂评论此稿"谋始则备,未及兴废大都也"。③ 康熙初,经历明清兴替的东林后学严毂在刘元珍原稿的基础上,"穷搜往牒,肃咨方闻"④,编纂出了相对较有志书体例的版本。严志分上下两卷,附《两东林辨》《东林或问》,分列沿革、建置、先贤、祀典、公移、文翰、院规、灾详、典守、义输、轶事,共计十一个部分。姚宗典评价此志:"详列兴废事迹,并诸先贤传记,立朝在野不朽诸文辞,粲然成大观焉。"⑤差不多同时,康熙八年(1669),高世泰也对会规、诗文、轶事、传记等内容进行了搜辑,汇成《东林续志》一书,由无锡县令吴兴祚、高攀龙门人华允谊作序。⑥ 严毂《东林书院志》、高世泰《东林续志》因编纂时间均在康熙初年,故内容所述也都截止到顺治末年。

雍正九年(1731)冬十一月,刁承祖出任江苏按察使。刁承祖系"高子私淑第一人"刁包之孙,刁包崇奉高攀龙之学,并于康熙九年从祀东林书院道南祠,因此刁承祖"每临下邑,必展谒释奠"。念及东林旧志简略残缺,理应增辑,以正学光,因此雍正十年(1732)二月刁承祖刚到无锡,就将编纂事宜交托给高世泰的孙子高崔、高陞以及高陛、高廷珍、许献等高氏后人和无锡乡贤。他们搜采群书,参互考订,"胪列东林兴废之大概,诸贤卫道之巨功,为之志传记,辑遗规,东林之志始详且析"⑦。经过六个多月的努力,终于编成《东林书院志》二十二卷,再由金匮知县胡慎反复校订,于雍正十一年(1733)正式刻印成书。刁承祖、胡慎以及江南提刑按察司副使张师载均为刻印该书而捐俸。该书分建置、院规、会语、列传、祀典、公移、文翰、典守、著述、轶事十个条目,完整记录了从明万历至清雍正一百多年间东林书院的兴衰历史。雍正之后由于种种原因,此志再无续修,雍正版《东林书院志》成为后人了解、研究东林文化的主要参考资料。

清初东林书院的修复是在官府和乡贤的通力合作下完成的,因此其从一开始便夹杂了政府收拢人心、巩固统治的目的。正如康熙在汤斌上任前所交代的:

---

① (明)刘元珍《东林志序》,(清)严毂《东林书院志》卷首,《无锡文库》第二辑,第158—160页。
② (明)高攀龙《东林原志序》,(清)许献、高廷珍等纂《东林书院志》卷一六,《无锡文库》第二辑,第563页。
③④ (清)严毂《东林书院志》卷首《东林书院志序》,《无锡文库》第二辑,第151页。
⑤ (清)姚宗典《东林原志序》,(清)许献、高廷珍等纂《东林书院志》卷一六,《无锡文库》第二辑,第570页。
⑥ (清)严毂《东林书院志》续卷《东林书院志序》,《无锡文库》第二辑,第245—250页。
⑦ 高廷珍跋,(清)许献、高廷珍等纂《东林书院志》卷首,《无锡文库》第二辑,第331页。

"居官以正风俗为先,江苏风俗奢侈浮华,尔当加意化导。移风易俗,非旦夕之事,从容渐摩,使之改心易虑,当有成效。"①虽然书院经过改造,思想意识领域早已今非昔比,但书院的修复至少安慰了一大批文人士子压抑的内心,让人们在改朝换代以后重新找到了心理依托。

另一方面,清初东林讲学的确对整个清代的文化思想领域产生了深远影响。不仅"清初学风尽出东林","书院讲学之影响于清学者仍非浅也",包括明末清初著名的思想家王夫之也在高世泰督学湖南时,深受其影响,称高为"吾师","东林流风余韵,被及湖湘矣"。②

清代中后期,地方官员及乡绅同样对东林书院进行过多次修缮,江苏巡抚费淳、裕谦、文柱、李星沅、李鸿章等人也曾为书院专门捐资、拨款及题词,这才使书院在清代200余年间屡坏屡修,焕然不朽,也才能让东林900多年的文化命脉得以延续至今,成为全国学术文化与气节精神的丰碑,让后人得以瞻仰凝视。

---

① 中国历史档案馆编《康熙起居注》,北京:中华书局,1984年,第1194—1195页。
② 钱穆《中国近三百年学术史》,北京:商务印书馆,2017年,第21—22页。

东林学派学术渊源

杨时道学视域中的儒家末学及其文化意涵

包佳道*

摘　要：宋代道学极为突出儒家的道统观。杨时自二十九岁问道程颢,即笃守二程道学。杨时从道学视域对先秦以来儒门内部的末学歧出作了分判,认为主要有三。一、庄子之说。他以庄子为孔门子夏后学歧出,其思想和孔孟宗传虽有相似,然仍有距离;二、辞章之学。汉唐辞章之儒勤学博闻,志于圣人之道并力求,然其学支离蔓衍,终不能窥圣人之奥妙,未能倡明道学;三、章句之学。章句训诂之学,往往以自我肤见臆度分文析字,舍本逐末,离却圣人本旨更远。杨时的认定内在地体现出其道学凸显孔孟之学为儒学正统,贬斥汉唐以来的辞章、章句之学为儒家末学歧出的文化意涵,这也是二程及其他门人道学的整体文化倾向。

关键词：杨时;道学;庄子之说;辞章之学;章句之学

唐代韩愈提出了一个尧、舜、禹、汤、文、武、周公、孔、孟的儒家道统,后来这一道统观在宋代道学中得到传承[1]。作为承继二程洛学、开启朱子闽学的中介性的道学家杨时,其有着鲜明的儒学道统观。杨时自29岁问道程颢,接受道学熏陶,领悟到先前所学(荆公新学)之非。陈渊说:"杨时始宗安石,后得程颢师之,乃悟其非。"[2]自此杨时终生笃守二程学说,他曾自述"某自抵京师,与定夫从河南二程先生游,朝夕粗闻其绪言,虽未能窥圣学门墙,然亦不为异端迁惑矣"[3]。而且在杨时的道学视域中,笃守己学来排斥其他异端学术,并非是政治

---

* 作者简介:包佳道,男,南京大学哲学博士,江南大学人文学院副教授。
[1] 关于儒家道统观的含义及其形成发展,陈荣捷、陈来、蔡方鹿、姜广辉诸先生已有深入探察,此不赘言。
[2] (清)黄宗羲《宋元学案》卷三八《默堂学案(全祖望补本)》,北京:中华书局,1986年,第1264页。
[3] (宋)杨时撰,林海权校理《杨时集》卷一八《与陆思仲》,北京:中华书局,2018年,第2册,第487—488页。

党派性的意气之争,而是作为知道的道学学者可贵之处——能择别是非,审辨正邪。他说:"自守所学以排异端,即谓之立党尚气相攻,是必无择是非","夫所贵乎知道者,谓其能别是非、审邪正也。"①显然,杨时将自己所学(二程所传学说)加以笃守的同时,以此为标尺将先秦以来的学说作了是非、正邪的判别和衡量。正是从这个意义上言,在狭义上,杨时的道统观当指极力推重尧→舜→禹→汤→文、武(周公)、孔子→曾子→子思→孟子→程颢(程颐)的宗传②;在广义上,还包括大力鞑伐儒门之外的异端之学——杨、墨、管、商等诸子之学、佛老之说、荆公新学(杨时视荆公新学非儒学,而为兼管、商、佛、老于一身的异端之学)③,以及批判儒门之内的儒家歧出之学(庄子之说、辞章之学、训诂之学)。他有诗句说:"末流(按,指儒家末流)学多歧,倚门诵韩、庄(按,韩指韩愈,庄指庄子,此正是北宋熙宁以来科举考试的主要内容)。出入方寸间,雕镌事辞章。"④即将庄子之说和韩愈精于文辞雕镌的辞章之学认作儒家的末流歧出之学。正因北宋文化大发展时期的兼容并蓄,诸学"杂出而并传","异端"并逐,末流学说多歧出,使得绵延千年之久的儒家圣人之道隐没不传,离圣贤之世愈来愈远。杨时曾称:"宋兴百年,士稍知师古,诸子百氏之籍,与夫佛老荒唐谬悠之书,下迨战国纵横之论,幽人逸士浮夸诡异可喜之文章,皆杂出而并传。""驾异端而并逐兮,骈交毂乎多歧。亘千岁其泯泯兮,去圣远而遗真。"⑤可见,在杨时的道学视域中,正是儒门之外的异端之学和儒门内部的儒家末流歧出内外两面的影响而隐没了道学的真传。

杨时从其所笃守的道学出发,对先秦以来儒门内部的儒家末流歧出作了是非、正邪的分判和辨别。大体分而言之,在杨时那里,儒学末流歧出有三:一是庄子之说(杨时不将庄子认作老氏道家之学,而是认作儒家末流歧出),二是辞章之学,三是章句之学。

一、庄子之说

在杨时看来,儒家圣道之传、圣人之学到了孔子之后,因孔门弟子分处各诸侯国,各自皆以他们所闻见到的孔子学说传授于弟子,致使孔门儒学流衍分化,

---

① 《杨时集》卷一七《答吴国华》其一,第2册,第469—470页。
② 关于此儒家道统宗传,笔者另有专文论述,此不再论。
③ 关于杨时道学视域中的异端,笔者也有专文论述,此亦不论。
④ 《杨时集》卷三八《此日不再得示同学》,第3册,第929页。
⑤ 《杨时集》卷二八《哀明道先生》,第3册,第732—733页。

而这一分化早在战国时韩非就已经指出:"自孔子之死也,有子张之儒,有子思之儒,有颜氏之儒,有孟氏之儒,有漆雕氏之儒……"①而在这些分化的末流支派中,真正得孔子儒学真传者很少,比如孔子→子夏→田子方→庄子之传便是如此。这些儒学末流支派去圣道也远,未能得圣道之传,实际是孔子→曾子→子思→孟子宗传之外的歧出,他说:"孔子殁,群弟子离散,分处诸侯之国,虽各以其所闻授弟子,然得其传者盖寡。故子夏之后有田子方,子方之后为庄周,则其去本浸远矣。独曾子之后,子思、孟子之传得其宗。"②杨时将庄子之说看作孔子之末流后学,有孔子→子夏→田子方→庄子之歧出之传。

杨时不仅从师承谱系来论庄子为孔子之后学歧出,而且还在学说上揭示了庄子之说和孔门学说之间的相通性。他说:"余顷自京师得《元道》之书阅之,喜其言无益生之祥,窃谓行之,其几于道也。及来毗陵,闻道士严奉先得卫生之经,夜卧无出入息,其庶乎《元道》'兀然自止'者矣。造其室而问焉,听其言,殆将有意乎庄生所谓'息以踵'者也。"③指出严奉先养生的方法差不多接近道教《元道》的"兀然自止"的境界(按,此是一种自然养生观,而非延年益寿的炼养观),这种方法接近儒家圣人之道。严奉先修养生命大概追求庄子所谓"息以踵"(真气可以遍布全身的真人的境界)的自然澄明之境,肯定了庄子"息以踵"之说接近儒家圣人之道。而且杨时还认为庄子之说和儒学宗传的子思、孟子之说义理相通,只是与儒家圣人之说在言说方式上不同:儒家圣人所认为的寻常事,而庄子则夸大其词,曲譬广喻,张大其说。他说:"圣人以为寻常事者,庄周则夸言之。庄周之博,乃禅家呵佛骂祖之类是也。如《逍遥游》《养生主》,曲譬广喻,张大其说。论其要,则《逍遥游》一篇乃子思所谓'无入而不自得',《养生主》一篇乃孟子所谓'行其所无事'而已。"④在杨时道学看来,庄子的《逍遥游》在境界旨要上和子思《中庸》"无入而不自得"的从容中道的境界一致,《养生主》在工夫的旨要上和孟子"行其所无事"的顺性而行的方法也是一致的。

不过值得注意的是,虽然庄子学说在思想上有与孔孟宗传一脉相似之处,然其学说仍与孔孟宗传有不同处,这从杨时关于颜回"屡空"的论述中可以看出来。杨时认为,儒家所说的"空"是心胸中不留存外在一物,心不为外物所诱的一而不杂的境界,是忘物之境,而颜回"屡空"的状态还没有达到空的境界。《答胡德辉

---

① (周)韩非著,高华平等译注《韩非子·显学》,北京:中华书局,2010年,第724页。关于孔门儒学在孔子之后的流衍分化,尽管历来对韩非子所说颇有异议,对孔子身后各支派的具体人物及其传承众说纷纭,但对孔子身后孔门儒学的流衍分化,却是一致认同的。
② 《杨时集》卷二五《中庸义序》,第3册,第674页。
③ 《杨时集》卷二四《踵息庵记》,第3册,第634页。
④ 《杨时集》卷一〇《语录一·荆州所闻》,第1册,第229页。

问》载:"问:'"回也其庶乎,屡空",说者谓若庄周所谓忘仁义礼乐与夫坐忘之谓也。然下文言"赐不受命,而货殖焉",则所谓"空"者,非忘仁义之类也。然空必谓之"屡"者,何如?'答:'"其心三月不违仁",则盖有时而违也。然而其复不远,则其空也屡矣。空也者,不以一物置其胸中也。子贡货殖,未能无物也。孔门所谓货殖者,岂若世之营营者耶?特于物未能忘焉耳。'"①言下之意,儒家所说的"空"不是庄子超脱人事社会活动的忘弃"仁义礼乐"和"坐忘"("堕肢体,黜聪明,离形去知")的境界,而是在应事接物中物不留于胸次的状态。而且颜回只是"屡空",并未达到空的状态。杨时曾强调:"学至于圣人,则一物不留于胸次,乃其常也。回未至此,'屡空'而已。谓之'屡空',则有时乎不空。"②"屡空"是有时还不空,是颜回差不多接近空的状态,而学至于圣人,则自然会有一物不留于胸中而常空的境界,而颜回则尚未达到。需要特别强调的是,在杨时道学视域中,达至见体、得道的圣人境界,自然有空的境界,但学至于一物不留于胸次的常空的境界,仍还未达至见体、得道的境界。他说:"'屡空',有时乎不空。'三月不违仁',则有时乎违是也。以空为学之始,而仁之体未见。至于不违仁,则仁之体见矣。未知仁以何为体?不可谓有一'仁'字便谓仁之体见,则《论语》之言仁处多矣……"③在杨时看来,空之境界只是使得心不为外物所诱,一而不杂,这仅是为学之始,而未达到圣人之境界。圣人之境界则是见仁之体,即见仁体、得道,事事皆由自我本心仁性而行,无时无处都不违背人的本心仁性。这见仁体、得道的实质就是体悟到道我一体、物我为一,正如语录所载:"曰:'安得自然如此? 若体究此理,知其所从来,则仁之道不远矣。'二人退,余从容问曰:'万物与我为一,其仁之体乎?'曰:'然。'"④见仁体、得道实质即体究到万物与己一体,这也就是从容中道、从心不逾矩的状态。杨时曾言:"道固与我为一也,非至于'从心所欲不逾矩'者,不足以与此。"⑤只有心达到这样的状态,才有可能实现道与我为一,这不是一物不留于胸次的空所能达到的。可见,在杨时看来,庄子所说的超脱人事社会活动的忘弃"仁义礼乐"和"坐忘"("堕肢体,黜聪明,离形去知")与儒家境界有着相当的差异。儒家并不超脱人事活动,而是在人事活动之中作内在超越。

在杨时看来,秦以下,从汉至唐,圣道不明,圣学失传,儒者往往"务为辞章"而有辞章之学,"区区于章句之末"而为训诂之学,以应对科举考试,博取功名。

---

① 《杨时集》卷一四,第2册,第406页。
②④ 《杨时集》卷一一《语录二·京师所闻》,第2册,第294页,第283页。
③ 《杨时集》卷二一《答学者》其三,第2册,第568页。
⑤ 《杨时集》卷二一《答吕居仁》其二,第2册,第575页。

二、辞章之学

在杨时看来，汉唐之儒往往多致力于辞章之学。自秦以下，汉唐儒者贾谊、董仲舒、司马迁、司马相如、扬雄、韩愈、柳宗元以文驰骋古今，但从义理上考察，他们则终究并不能真正倡导阐明道学，窥探到儒家圣人思想的内在精髓所在，故杨时认为汉唐之士以多著文章而自我满足，着力精雕辞句篇章以惊世骇俗。他说："自秦焚诗书、坑术士，六艺残缺。汉儒收拾补缀，至建元、元狩之间，文辞粲如也。若贾谊、董仲舒、司马迁、相如、扬雄之徒继武而出，雄文大笔，驰骋古今。……积至于唐，文籍之备，盖十百前古。元和之间，韩、柳辈出。……自汉迄唐千余岁，而士之名能文者无过是数人。及考其所至，卒未有能倡明道学，窥圣人阃奥如古人者"，"区区于汉唐之士以多文自富，务为辞章以惊眩末俗，非善学也。"①杨时认为，为汉唐辞章的儒者学习之勤奋，所涉猎的书籍之广博，文章内容之宏大精妙，并非今天一般儒者后学所能达到的水平，不过从儒家圣人之道的传承看，则终究不被笃守儒家圣人之道的学者所称许，杨时甚至贬斥"区区汉儒不足学"，他说："汉之诸儒若贾谊、相如、司马迁辈，用力亦勤矣。自书契以来，简册所存，下至阴阳星历、山经地志、虫鱼草木，殊名诡号，该洽无一或遗者，其文宏妙，殆非后儒能造其域。然稽其道学渊源，论笃者终莫之与也。……区区汉儒不足学也。"②

杨时对汉唐儒者，以扬雄和韩愈的论述最多③。他对扬雄有很高的评价，认为汉唐名扬于世的大儒，只有扬雄而已，但扬雄仅接近于道，而没有做到尽道。他说："孟子没千有余岁，更汉历唐，士之名世，扬雄氏而止耳。雄之自择所处，于义命犹有未尽。"④"惟扬雄庶几于道，然尚恨其有未尽者。"⑤就其著述和学说的评价，也与此类似。杨时认为扬雄学识超过其他汉唐儒者，但并没有把握儒家性命论（不知《易》，也就是不知性命之理），未能窥圣学门墙。他说："性命之说，虽扬雄犹未能造其藩篱，况他人乎？"⑥"扬雄作《太玄》，准《易》，此最为诳后

---

① 《杨时集》卷二五《送吴子正序》，第 3 册，第 663—664 页。
② 《杨时集》卷二六《题翁士特文编》，第 3 册，第 706—707 页。
③ 这与扬雄、韩愈在当时思想界的影响有关（宋代欧阳修、司马光最为推重扬雄，而韩愈则为当时古文运动者尊崇的大儒），为了扫除这种影响，故着力批判。
④ 《杨时集》卷二八《哀明道先生》，第 3 册，第 732 页。
⑤ 《杨时集》卷二五《送吴子正序》，第 3 册，第 664 页。
⑥ 《杨时集》卷二〇《答胡康侯》其四，第 2 册，第 542 页。

学。……其实雄未尝知《易》。"①他还有具体的理论评述,语录载他批评扬雄博约之说:"扬雄云:'多闻,守之以约;多见,守之以卓。'其言终有病,不如孟子言'博学而详说之,将以反说约也'为无病。盖博学详说,所以趋约;至于约,则其道得矣。谓之守以'约''卓'于多闻多见之中,将何守?"②杨时认为扬雄强调在多闻多见中守卓、守约不妥,不如孟子"博学而详说之,将以反说约"之说,强调通过博学详说的手段和途径而反求简约、趋向简约,这样才得道而可以守,而扬雄在手段和途径上以多闻多见方法与守约、守卓并举,问题在多闻多见,学无所定,则怎能有所守?他批评扬雄性论说:"扬雄云:'学所以修性。'夫物有变坏,然后可修;性无变坏,岂可修乎?唯不假修。"③扬雄主张性善恶混,修其善者为善,修其恶者为恶,有"学者,所以修性也"的说法④,杨时就此批驳,认为只有物坏掉才可以说修,性没有变坏,不可说修,所以性不要借助于修。杨时将性作全善无恶并无变坏看,与扬雄性善恶混之说不同。对于韩愈,杨时虽看到其立志做孔子这样的圣人和极力排佛的功绩,但认为韩愈仍然不过是借雕章镂句的辞章之学获取当世名誉而已,其智慧还不足以明先王之道、传孔孟之学,所以其所操守不违背圣人之道的不多。他说:"岂当时之士卒无志于圣人耶?而卓然自立者何其少也!若唐之韩愈,盖尝谓'世无仲尼,不当在弟子之列',则亦不可谓无其志也。及观其所学,则不过乎欲雕章镂句,取名誉而止耳。"⑤"若唐之韩退之,今之孙明复、石守道、欧阳公之徒,皆其人也。然此数人者,其智未足以明先王之道,传孔、孟之学,其所守不叛于道盖寡矣。"⑥杨时有诗评价韩愈:"吏部文章世所珍,终惭无补费精神。"⑦即韩愈辞章之学虽为世间所珍爱,但终究未能得圣人之道补益世教,徒费人工夫而已。这个评价从杨时对韩愈《原道》"仁与义为定名,道与德为虚位"⑧的批判可以看出,他说:"韩子曰:'仁与义为定名,道与德为虚位。'……《中庸》曰:'天命之谓性,率性之谓道。'仁义,性所有也,则舍仁义而言道者,故非也。道固有仁义,而仁义不足以尽道,则以道德为虚位者,亦非也。孔子曰:'形而上者谓之道。'又曰:'一阴一阳之谓道,继之者善也,成之者性也。仁者见之谓之仁,知者见之谓之知。'则仁知者,乃道之一隅,果不足以尽道也。如仲敢所引'和顺道德而理于义',又引士'志于道,据于德,依于仁,游于艺'。某谓

---

① 《杨时集》卷一一《语录二·京师所闻》,第 2 册,第 292 页。
②③ 《杨时集》卷一二《语录三·余杭所闻二》,第 2 册,第 316 页,第 337 页。
④ (汉)扬雄《扬子法言·学行》,《诸子集成》第 7 册,北京:中华书局,1978 年,第 2 页。
⑤ 《杨时集》卷二五《与陈传道序》,第 3 册,第 666 页。
⑥ 《杨时集》卷一八《与陆思仲》,第 2 册,第 487 页。
⑦ 《杨时集》卷四一《安礼以宏词见勉奉寄》,第 4 册,第 1009 页。
⑧ (唐)韩愈《韩昌黎集》卷,北京:商务印书馆,1930 年,第 3 册,第 62 页。

若以道德为虚位,则士依于仁足矣,又奚必志于道、据于德?理与义足矣,又奚曰和顺道德?有可以和顺,有可以志据,则道德固非虚位也。"①韩愈认为道与德为虚位,道与德以仁义为实,杨时就此从两个角度作了批判:第一,依《中庸》"率性之谓道"和《易》"形上之道""继善成性"来疏解,性有仁、义、礼、智等多般善,"率性"为道,因此离开仁义言道不可取,而仁义不足以尽道(性还有礼、智等多般善),显然以道与德脱离仁义为虚位也不可取,即道德除仁义之外还有别的,并非虚位;第二,从"和顺道德而理于义"和"志于道,据于德,依于仁,游于艺"来看,如果认为道与德为虚位,则只要理于义就够了,不需要和顺于道与德,只要依于仁就够了,就不需要志于道、据于德。既然有可以和顺,有可以志和据,则道与德就不是虚位了。杨时因此强调道和德(仁、义、礼、智等多般善充足己)不是虚位,是一个实在。

杨时认为以三苏父子为代表的蜀学,即是此文章之学。他赞赏苏轼文章之成就,为当时儒宗,学人士子得其一言足以名扬天下。他说:"余窃谓东坡文妙天下,为时儒宗,士有得其一言者皆足以名世,况知之之深乎?"②然而又批评苏轼作诗多讥玩,无恻隐爱君情怀和温柔敦厚之气,故多得罪人。他说:"如子瞻诗,多于讥玩,殊无恻怛爱君之意","观苏东坡诗,只是讥诮朝廷,殊无温柔敦厚之气,以此人故得而罪之。"③并在学说上对苏辙的道论、性论作了批判。苏辙曾说:"道有不可以名言者,古之圣人命之曰一,寄之曰中。舜之禅禹曰:'人心惟危,道心惟微。惟精惟一,允执厥中。'圣人之欲以道相诏者,至于一与中,尽矣。……及孔子既没,曾子传之子思,子思因其说而广之曰:'喜怒哀乐之未发谓之中,发而皆中节谓之和。中者,天下之大本也;和者,天下之达道也。致中和,天地位焉,万物育焉。'子思之说既出,而天下始知一与中之在是矣。然子思以授孟子,孟子又推之以为性善之论。性善之论出,而一与中始枝矣。"④杨时则批判道:"则'一'也者,特道之有不可名言者耳。'中'亦非道也,道之寄而已。所谓道者,果何物耶?""夫子思之言,'中''和'而已,此道之可以名言者也,所谓'一'者安在哉?""夫性善之论出,而'一'与'中'何自而枝耶?是必有说也。学者更深考之,则孟子、苏氏之学是非得失必有不可诬者矣。"⑤如果我们仅从杨时所言看他的思想倾向,就可看到杨时的评述认为"一"是姑且指称道不可用名辞概念言说的道体,而"中"本身不是道体,只是道之所寄在(形容道体之所在的),不是道本

---

① 《杨时集》卷一七《答吴仲敢》,第 2 册,第 476—477 页。
② 《杨时集》卷二五《冰华先生文集序》,第 3 册,第 687 页。
③ 《杨时集》卷一○《语录一·荆州所闻》,第 1 册,第 232、270 页。
④ (宋)苏辙《古史》卷三二《孔子弟子列传第九》,曾枣庄、舒大刚主编《三苏全书》第 4 册,北京:语文出版社,2001 年,第 212—213 页。
⑤ 《杨时集》卷二七《杂说》,第 3 册,第 723 页。

身,不可以中称道,道本身是什么呢?子思说为"中和",此则是道可以用来言说的("中和"兼体用,则道体显用则可以言说),所谓"一"又何在?即道之体用不二,哪有"一"(道体)在"中和"之中,实质即"一"就是"中和"本身;孟子说"性善"则是将天道通于人性,并未使"中"与"一"由此发生支离。可见杨时认可从三圣一直到孟子这样一脉而来对道的言说。苏辙说:"孟子学于子思,得其说而渐失之,……然而性之有习,习之有善恶,譬如火之能熟与其能焚也。孟子之所谓善,则火之能熟者也,是火之得其性者也。孙卿之所谓恶,则火之能焚者也,是火之失其性者也,孙卿之失则远矣。"①杨时批判了苏辙关于性善恶问题的探讨,他说:"世儒之论曰:'性之有习,习之有善恶,譬如火之能热与其能焚也。孟子之所谓善,得火之能热者也,是火之得其性也。荀子之所谓恶,得火之能焚者也,火之失其性者也。'夫天地之间,有夫妇,而后有父子,此物之所同然也。故木以金克之而火生焉,木与火未尝相离,盖子母之道也。火无形,丽木而有焉,非焚之,则火之用息矣,何热之有哉?而谓热者火之得其性,焚者火之失其性,其察物也,盖亦不审矣。夫子思之学,惟孟子之传得其宗。异哉!世儒之论也,以为孟子道性善,得子思之说而渐失之,而轻为之议,其亦不思之过欤!"②杨时此处从对木与火母子相生之道、焚与热的一体不二关系批驳苏辙的比喻,以论证性不是如火之能热与能焚一样的生命活动之作用,而是如火无形、丽木而有的子母之道的这种生命本体本身,故焚与热并非是得性与失性、孟子性善与荀子性恶的差异,实质上孟子言性是就生命本体本身,性只是一个全善无恶的性,现实的善恶则关键在后天这个善性能否尽得尽不得,所以孟子说性善,并未偏离子思"天命之谓性"的说法。

而在杨时看来,为何辞章之学去道远,不能明圣人之道,传圣人之学,原因在于这些儒家学者虽能以道自任,有志于圣人,然其为学方法往往为深探博取、支离蔓衍,而不知慎择约守,所以用力越勤、志向越坚定,则离道越远,使得学者们茫然不知学习方向去路。他说:"世之任道者,日夜惫精劳思,深探博取,可为勤矣。然其支离蔓衍,不知慎择而约守之,故其用志益劳而去道弥远。使天下学者靡然趋之,如适诸夏而弃通衢大道,犯荆棘之墟,行苍崖之巅,眩然迷殆,而卒莫知自反者,其于世教何补哉?"③辞章之儒往往以通古今博学为文,或志于忠信愿悫,不为不义之事,然而不知闻道为根本。而在杨时看来,问道则为问学之根本,

---

① (宋)苏辙《古史》卷三四《孟子孙卿列传第十一》,曾枣庄、舒大刚主编《三苏全书》第4册,第238页。
② 《杨时集》卷二七《杂说》,第3册,第722—723页。
③ 《杨时集》卷二八《哀明道先生》,第3册,第732—733页。

强调"学而不闻道,犹不学也",他说:"今时学者,平居则曰:'吾当为古人之所为。'才有事到手,便措置不得。盖其所学,以博通古今为文章,或志于忠信愿悫,不为非义而已,而不知须是闻道故应如此。由是观之,学而不闻道,犹不学也。"①而在杨时看来,圣学和圣人之道,不是儒者笔舌、辞章所言所书能穷尽的,圣学和圣道旨归以"身体之,心验之"的亲身体验和实践而得,超越语言文字表层的形式和表达,而重在语言文字所承载的义理。不这样为学,则皆是辞章口耳诵数之学,背离道学,不得圣道之传。他说:"夫至道之归,固非笔舌能尽也,要以身体之,心验之,雍容自尽于燕闲静一之中,默而识之,兼忘于书言、意象之表,则庶乎其至矣。反是,皆口耳诵数之学也。"②

三、区区于章句之末

再者,在杨时看来,汉唐之儒往往"区区于章句之末",为训诂之学。汉唐以来,经传注疏盛行,无论是今文经学家,还是古文经学家,往往各守专经研治,各有擅长,而他们往往注疏各异,相互诟病指责。杨时说:"汉兴,诸儒守专门之学,互相疵病,至父子有异同之论。"③杨时认为,汉代以来为经传注疏的儒者很多,其中言论合乎道的也不少,但不能由此就统称他们为"知道者",因为他们言论中很多不切合事理,大多热衷于分文析字的章句之学。他说:"由汉而来,为传注者多矣。其言之合道者,亦自过半。然不可果谓之知道者,以不中理者多故也"④,"类皆分文析字,屑屑于章句之末。"⑤杨时就《易》和《诗经》的研习,批评了这种"区区于章句之末"的训诂之学。在杨时看来,汉魏以来以研究《易》而闻名的学者多达数十上百人,但他们的书不为士大夫批评讪笑、成为废纸用作覆盖酱瓿的却没有几个,原因就在于他们"区区于章句之末"。他说:"夫《易》于六经尤难知。自汉魏以来,以《易》名家者殆数十百人。观其用力之勤,盖自谓能窥天人之奥,著为成书,足以师后世。然其书具在,不为士大夫议评讪笑用覆酱瓿者无几矣","区区于章句之末,又安能免于讥评讪笑乎?"⑥又说:"大抵今之说《诗》者,多以文害辞。

---

① 《杨时集》卷一二《语录三·余杭所闻二》,第 2 册,第 352 页。
② 《杨时集》卷一七《寄翁好德》其一,第 2 册,第 480—481 页。
③ 《杨时集》卷二五《孙先生春秋传序》,第 3 册,第 677 页。
④ 《杨时集》卷一七《答吴国华》其一,第 2 册,第 469 页。
⑤ 《杨时集》卷二五《与陈传道序》,第 3 册,第 666 页。
⑥ 《杨时集》卷一八《谢程漕》,第 2 册,第 490 页。

非徒以文害辞也,又有甚者,分析字之偏傍以取义理,如此岂复有《诗》?"①

这些"区区于章句之末"的训诂之学,不曾精思力究经典之义,常常以粗浅意见和臆测,通过琐屑的文字分析与训诂,以求得圣人所言之隐微义理,自谓有得,实质距离圣人之道的本真更远。杨时说:"未尝精思力究,妄以肤见臆度求尽圣人之微言,分文析字,寸量铢较,自谓得之,而不知去本益远。"②杨时认为,这样的章句之儒,只是琐屑地专注文字辨析与训诂,以这种方式去求圣人之道,怎能求得圣人之道? 又怎能不为大方之家所耻笑? 他说:"章句之儒,辨析声病,为科举之文耳。以是而求道,几何不见笑于大方之家?"③在杨时看来,圣人之道不仅仅依赖语言而传,士人学者如想窥探圣学奥秘,如果执着于章句文字,就如同以千里马的外在形貌筋骨特征而求千里一样,终不可得,故要"视其所视而遗其所不视",不要执着于章句之末。他说:"余于是得为学之方焉。夫道之不可以言传也审矣,士欲窥圣学渊源而区区于章句之末,是犹以形容筋骨而求天下马也,其可得乎? 余以是书也,于牝牡有不知者盖多矣,学者能视其所视而遗其所不视,则于余言其庶矣乎!"④研习经典核心要把握经典的义理、精髓,而不在其外在形式,当得意而忘言,经籍文字如同糟糠,所谓"微言窥圣域,妙应期得髓。默坐筌蹄忘,斯文亦糠秕"⑤。

四、文化意涵

综前所论,杨时不但在道统人物谱系上,明确了尧→舜→禹→汤→文、武(周公)、孔子→曾子→子思→孟子→程颢(程颐)的宗传,凸显孔孟之学为儒学正统,贬斥庄子之说⑥、辞章之学、章句之学为儒家末学歧出,也在道学天道、心性、工

---

① 《杨时集》卷一〇《语录一·荆州所闻》,第1册,第272页。
② 《杨时集》卷一七《寄翁好德》其一,第2册,第480页。
③ 《杨时集》卷一七《寄俞仲宽》其二,第2册,第475页。
④ 《杨时集》卷二五《论语义序》,第3册,第671页。
⑤ 《杨时集》卷三八《江陵令张景常万卷堂》,第3册,第938页。
⑥ 关于庄子出于儒家的论说,唐代韩愈有论,清代章学诚和姚鼐也有相关论说。参见彭昊《论庄出于儒》,《湖南大学学报(社会科学版)》,2006年第3期,第49—51页。然而在二程及二程其他弟子那儿,虽对庄子之说也有所采,但并无庄子出于儒家的说法,这可能与杨时学术曾重点研习庄、列之学有关,而非二程及其门人道学的一般倾向,故我们下面仅就辞章之学与章句之学而论。

夫方法的理论阐释中体现出贬斥汉唐以来辞章、章句之学为儒家末学歧出①。在天道的阐释上，他批判了韩愈"道与德为虚位"和苏辙"寄之曰中""一和中之在是""孟子性善论出，一与中始枝"的说法。在心性论上，他批驳了扬雄"修性"说法和苏辙以热与焚、"得其性"和"失其性"的说法论孟子性善、荀子性恶。在工夫方法论上，他批判扬雄"多闻，守之以约；多见，守之以卓"之说和韩愈雕饰辞章的做法。不过值得注意的是，这种理论上对汉唐以来辞章、章句之学的贬斥，是与其对二程传承的孔孟儒学正统（道学）的凸显是一体的。综合学界研究成果来看②，大体认为，杨时道学凸显了二程所传承的三代授受、孔孟宗传的天道、心性、工夫和境界一体的一贯之道。在天道上，杨时将《易》"形上之道""继善成性"、《论语》的道和仁与子思《中庸》"中和""率性之道"以及孟子"性善"加以阐释凸显；在心性论上，杨时将《易》"继善成性"、子思《中庸》"天命之性"、孟子"性善"相贯通；在工夫论上，杨时注意到曾子《大学》"格物致知"、尧舜禹"执中"、子思《中庸》"已发""未发"、孟子"博学反约""反身而诚"的工夫。足见从道统人物谱系和理论阐释上，杨时道学内在地体现着贬斥辞章之学、章句之学为儒家末学歧出而凸显二程传承的孔孟之学为儒学正统的文化意涵。甚至杨时将汉唐以来的辞章之学、章句之学贬斥为徒增闻见知识、应付科举的功名利禄之学，而远非孔孟宗传的为己之学，他说："尝窃念圣人没，逮今千数百年，学士大夫皆外诱势利，鲜克为己者。"③"今之治经者，为无用之文，徼幸科第而已。"④在杨时看来，这些学术之蔽，非但存在于文化的中心和上层士人、大学者那儿，这种状况也深深影响了地方士人学子，他们也往往"诵六艺之文、百家之编"，为章句训诂之学、科举之文，应科举博功名。杨时曾言："吾邑距中州数千里之远……故后生晚学无所窥观，游谈戏论，不闻箴规切磨之益。……亦不过诵六艺之文、百家之编，为章句之儒，钓声利而已。"⑤总之，杨时在道学视域下将辞章之学、章句之学认定为儒

---

① 吴震先生说道统建立是出于哲学史、观念史的必要，旨在揭示孔孟所传之道为何，而非从学术史出发建构某种学术传承史。参见吴震《〈传习录〉精读》，上海：复旦大学出版社，2011年，第8页。这实质揭示了道统和道学理论之间的内在一体的关系。
② 张永隽先生、申绪璐博士对杨时的道论、心性论、工夫论、境界论作了较为深入的探讨，参见张永隽《二程学管见》书中《杨龟山思想述评》一文，台北：东大图书公司，1988年；申续璐《两宋之际道学思想研究——以杨龟山为中心》，复旦大学2011年博士论文。而笔者博士论文《杨时道学思想研究》（南京大学2013年）和期刊论文《杨时的道统观》（待发）则在此基础上就杨时道学阐释凸显二程传承的孔孟之学为儒学正统的意涵有深入探讨。
③ 《杨时集》卷一八《与陆思仲》，第2册，第487页。
④ 《杨时集》卷一〇《语录一·荆州所闻》，第1册，第266页。
⑤ 《杨时集》卷二四《求仁斋记》，第3册，第631—632页。

家内部末学歧出，内在地体现了杨时道学凸显孔孟之学为儒学正统、贬斥汉唐以来的辞章、章句之学为儒家末学歧出的文化意涵。而杨时的这种认定及其内在体现的凸显孔孟之学为儒学正统、贬斥汉唐以来的辞章、章句之学为儒家为末学歧出的文化意涵，也是二程及其其他门人的整体文化倾向。二程（主要是程颐）一方面凸显了一个尧→舜→禹→汤→文、武、周公→孔子→曾子→子思→孟子→程颢、程颐传道的统绪①，程颐说："孔子没，曾子之道日益光大。孔子没，传孔子之道者，曾子而已。曾子传之子思，子思传之孟子。孟子死，不得其传。至孟子，而圣人之道益尊。"②"周公没，圣人之道不行。孟轲死，圣人之学不传。……先生（程颢）生千四百年后，得不传之学于遗经，志将以斯道觉斯民。"③强调二程传承的孔孟之学为儒学正统。同时二程还指出，除了儒者之学（实质即孔孟之学）的正统外，还有文章之学（辞章之学）、训诂之学（此二者相当于儒家末流歧出），乃至异端之学。他说："古之学者一，今之学者三，异端不与焉。一曰文章之学，二曰训诂之学，三曰儒者之学。欲趋道，舍儒者之学不可。"④"今之学者有三弊：一溺于文章，二牵于训诂，三惑于异端。苟无此三者，则将何归？必趋于道矣。"⑤二程认为汉代经学事功于章句训诂，而不知经籍旨要，说："汉之经术安用？只是以章句训诂为事。且如解《尧典》二字，至三万余言，是不知要也。东汉则又不足道也。"⑥二程还就汉唐辞章之学的代表人物扬雄和韩愈的理论作了批判。二程认为扬雄性论有错，说："汉儒如毛苌、董仲舒，最得圣贤之意，然见道不甚分明。下此，即至扬雄，规模窄狭。道即性也，言性已错，更何所得？"⑦也认为韩愈"道与德为虚位"的说法不正确，说："（韩退之）只云'仁与义为定名，道与德为虚位'，便乱说。"⑧显然，作为笃守二程学说的杨时，其凸显孔孟之学为儒学正统，贬斥辞章、章句之学为儒家末学歧出的文化倾向当源自二程。与杨时一样，同事二程的程门弟子游酢、谢良佐、胡寅等人也承继了其师相似的凸显孔孟之学为儒学正统，贬斥辞章、章句之学为儒家末学歧出的文化倾向。游酢在人性论上，赞赏子思"天命之谓性"和孟子的"性善"论，而贬斥扬雄的"性善恶混"和韩愈的"性三品"说，他说："知天命之谓性，则孟子性善之说可见矣。或曰性恶，或曰善恶混，

---

① 参见蔡方鹿《程颢、程颐的道统思想》，《开封大学学报》，1997年第1期，第32页。
② （宋）程颢、程颐《河南程氏遗书》卷二五《畅潜道录》，《二程集》，北京：中华书局，1981年，第327页。
③ （宋）程颢、程颐《河南程氏文集》卷一一《明道先生墓表》，《二程集》，第640页。
④⑤ （宋）程颢、程颐《河南程氏遗书》卷一八《刘元承手编》，《二程集》，第187页。
⑥ （宋）程颢、程颐《河南程氏遗书》卷一八《刘元承手编》，《二程集》，第232页。
⑦ （宋）程颢、程颐《河南程氏遗书》卷一《端伯传师说》，《二程集》，第7页。
⑧ （宋）程颢、程颐《河南程氏遗书》卷一九《杨遵道录》，《二程集》，第262页。

或曰有三品,皆非知天命者也。"①"扬雄言人之性善恶混,韩愈言性有三品,盖皆蔽于末流,而不知其本也。"②而谢良佐指出秦汉以下,道学未能得以阐明(言下之意,即包括辞章和章句之学在内的汉唐学术未得孔孟真传),尽管秦汉以下志于道,求道而为善的人并不缺乏。他说:"然秦汉以来,学(按,指道学)虽不明,而为善者不绝于天下。天下若能志于大者远者,不为目前移夺,虽是非小有失中,大体固已立矣。不失此心可也。"③而胡寅也指出,孟子以下,汉唐即便是韩愈这样的大儒也未能得邹鲁孔孟之学的精髓,最多也只是佛教戒律讲论的宗派和佛家传心直超佛地之宗的关系,他说:"自韩退之而后,皆以爱命仁,则恐失之。子思传之曰:'仁者,人也。'孟子传之曰:'仁,人心也。'此心何处不备,独指以为爱可乎?汉、唐以来,名世儒学,往往工于训诂、度数、刑名,而未必知此,故曰轲之死不得其传。"④"惟邹、鲁之学,由秦、汉、隋、唐,莫有传授。其间名世大儒,仅如佛家者流,所谓戒律讲论之宗而已。至于言外传心,直超佛地,则未见其人。"⑤一言以蔽之,杨时与二程及游酢、谢良佐、胡寅等二程其他弟子有着凸显孔孟之学为儒学正统,贬斥辞章、章句之学为儒家末学歧出的共同的文化倾向。

(原载《深圳大学学报》2015年第1期,收入本书时文字有修改)

---

① (宋)游酢《游酢文集》卷四《中庸义》"天命之谓性节",延吉:延边大学出版社,1998年,第124页。
② (宋)游酢《游酢文集》卷三《论语杂解》,第114页。
③ (宋)谢良佐《上蔡先生语录》卷下,《丛书集成》初编本,北京:中华书局,1985年,第34页。
④ (宋)胡寅《斐然集》卷一八《寄张相》,《崇正辩 斐然集》下册,北京:中华书局,1993年,第382页。
⑤ (宋)胡寅《斐然集》卷一九《进先公文集序》,《崇正辩 斐然集》下册,第397页。

东林学派哲学思想研究

阎秀芝*

摘　要：东林学派哲学思想起源于邵宝，发端于顾宪成，经高攀龙发展至成熟与完善，再经孙慎行趋于精深。东林学派理论不同于程朱以"理"、王阳明以"心"为本体，而是以"性"以"善"为本体；不同于朱熹以理善说性善，东林学派由善体说人性善；不同于阳明以及阳明后学划分"格物"与"致良知"，东林学派以为"格物"即"致良知"，强调用格物穷理以致良知，东林学派突显了融合程朱理学与阳明心学的理论特征。

关键词：东林学派；哲学；融合

东林学派以救世安民为己任，匡正学风，融合程朱理学与阳明心学，其思想呈现出清晰的发展脉络：东林学派哲学思想起源于邵宝，发端于顾宪成，经高攀龙发展至成熟与完善，再经孙慎行趋于精深。东林学派亦有鲜明的理论特征：不同于程朱以"理"为本体、阳明以"心"为本体，东林学派以"性"以"善"为本体；不同于朱熹以理善说性善，东林学派由善体说人性善；不同于阳明以及阳明后学划分"格物"与"致良知"，东林学派以为"格物"即"致良知"，强调用格物穷理以致良知，东林学派突显了融合程朱理学与阳明心学的理论特征。本文按东林学派哲学思想发展历程上的先后，依次叙述邵宝、顾宪成、高攀龙、孙慎行四人的哲学思想。

一、敬慎结合：东林先驱邵宝的哲学思想

邵宝(1460—1527)，字国贤，别号二泉居士，人称"二泉先生"，无锡人，明天顺四年(1460)九月三日生于无锡南塘冉泾里。邵宝于正德五年(1510)回到家乡无锡，建立书院，讲经授徒。正德七年(1512)以后，邵宝归隐乡里，开始著书讲学

---

* 作者简介：阎秀芝，女，苏州大学哲学博士，无锡职业技术学院副教授。

的生涯,直到嘉靖六年(1527)去世。从地缘上来看,邵宝和东林诸人同属吴中地区;从学统上来说,他们都主张学宗程朱,且邵宝和东林之间存在密切的师承渊源:薛应旂弱冠(约1520年)跟从邵宝学习,且很可能到邵宝去世,不论是学术还是为人上都深受其影响。薛应旂兼容朱陆,以经世务实为要,注重实修工夫的治学精神有着邵宝的功绩。可以说,没有邵宝对程朱之学的推重,薛应旂很难在王学的包围中正视程朱学说,更不可能授之于学生顾宪成,后又在顾宪成的推动下形成东林学派。因此,上推东林之学的源头,实在邵宝,正如高攀龙所言:"吾锡故未有讲学者,有之自宋龟山杨先生始。今东林其皋比处也,自元以来芜废久矣,复之于邵二泉先生,王文成之记可考也。嘉、隆以来又芜废矣,复之于顾泾阳先生。"①描绘出"杨时—邵宝—顾宪成"的东林学脉。

邵宝学宗程朱:以纯粹至善的理为最高本体,以为纯粹至善之理下贯为人性,故人性善;倡导格物致知方法,反对当下顿悟;强调敬慎的修养工夫。

(一) 理气观与善恶论

邵宝在理气观上坚持理是万事万物的主宰,是宇宙敦化运行的根据,是超越现实存有的形上根据。对于理与气的关系,他认为理是气之所以为气的根本,理的具体实现要靠气的运行。天地间只有这个理,万物共有了这一纯粹形上之理而各有其自身的呈现:"天有天理,地有地理,人有人理,物有物理,盈天地间无无理者。"②邵宝的理气观明显是朱熹思想的映射,邵宝"万物共'理'而各具其'理'"的观点亦是对朱熹"理一分殊"思想的继承。

邵宝对理气关系的处理同样来自朱熹。理作为超越的形而上的根据,是先在的,有了这个根据,才有形而下的气,但理脱离了气,无法得到具体实现,两者是二元对立而又相互依赖的关系。邵宝继承了朱熹的理气观,并用此来解释善恶问题。他在《论性杂说》中说:"理之在天,气不得与焉。及夫各正性命而寂然不动,气亦不得而与焉。至于感动而发,则有与于气者矣。有与于气,而气得参焉,故有善有恶。"③邵宝认为理是纯粹至善的,当理未发之时,始终保持其纯粹至善的特性,气不得参与其间。一旦感发,理就要借助气来运行。气参与其间,就出现了善恶。但气在运行中因为偏胜导致的善恶现象,不能看作性之善恶。论性要从性之理、性之原上入手。邵宝推崇孔孟程朱以理言性、以命言性的思路,认为这是抓住了性的根本,而从性之本原上推导,必然得出性善之结论。

---

① (明)高攀龙《高子遗书》卷九上《东林会约序》,明崇祯刻本。
② (明)邵宝《简端录》卷三《易》,清文渊阁《四库全书》本。
③ (明)邵宝《容春堂集》续集卷八,清文渊阁《四库全书》本。

(二) 格物致知的方法论

在朱熹看来,外在的物理世界是客体性的存在,是人的认知对象,人要通过格物穷理的工夫,使物理世界和人的主体世界建立联系,以体认天理,建立人极,物理世界由此具有了价值意义。邵宝和其后的东林学者延续了朱学的这一传统,强调格物穷理的渐进式的进学方法。

邵宝的格物穷理之说大致有两个方面:一是认为格物的目的是穷理,邵宝认为盈天地间皆理,没有了理,万物就失去了存在的根据。学者正是通过格具体事物之理把握其背后的天理,从而达到格物穷理的目的。物有常变,变化多样的是表象,唯有看到表象背后的"常"或"一",才能体认到物之理。怎样才能做到这一点呢?邵宝给出的方法是遵从孔子之教,以澄明之心感于物,把握物之纷繁现象背后的"一",即理。这里保持澄明之心至为关键,为此,邵宝又提出格物的先务是恢复人心之明觉:"人心本无所不知,其有不知,气拘物蔽焉尔。"①保持主体之心的明觉本性,保持人心与天理的贯通,才能贴近天理,感知物之理。

二是主张理一定要从物上求。邵宝重视格物穷理的实在工夫,认为理是万物存在的根据,但理也要通过万物展现,"理无物不存",因此理、物不相离,理只能由物上求得。如果离开现实的物理世界求理,则容易落入老氏之虚无、佛氏之空寂。他把是否重视格物穷理渐进式的进学工夫看作是划分儒学正统与异端学说的分水岭,强调在研读儒家经典、关注现实物理世界中锤炼学者的使命感和担当精神,把天理和现实世界紧密联系在一起,主张在具体生活中体认天理。东林学人强调于日用常行中求高深之理,在书院讲学中讲研理学,反对"四无"之说,以躬行实践落实天理,当是重申格物穷理的实修工夫,正是对邵宝学说的继承。

(三) 敬慎的修养工夫

"敬"的思想源于中国人对天命的敬畏心理和面临重大事件呈现的戒惧谨慎的态度以及深切的忧患意识,后来逐渐演化为一种道德观念。但真正将"敬"作为一种重要的修养方法提出来的是二程。朱熹继承了二程的主敬思想,提出"敬通贯动静","主敬要贯穿在知与行、未发与已发的全过程",②敬贯穿未发、已发,无论处在动或静的状态都要持敬。持敬作为一种修养方法,其目的在于"穷理"。

邵宝的主敬思想亦是贯通内外与动静之间的,他在《曲礼毋不敬之简》中说:"此修己以敬之道也,安民其效也,不期而自得焉者也。安民哉!真古经之言哉!

---

① (明)邵宝《简端录》卷一一《大学》。
② 陈来《宋明理学》,上海:华东师范大学出版社,2004年,第139页。

简而旨毋不敬,总身心内外言之,容貌辞气乃其大者。"①他推崇孔子的修己以敬之道,认为保持严肃恭敬的修养工夫是培养君子人格的关键,也是治理政事,使百姓安乐的关键。持敬的修养方法不仅可以做到容貌辞气上的庄重严肃,还可以克制内心的种种杂念,保持心的本然状态。他的敬是总括身心内外而言的,即是通过克制欲望,洗涤俗念,使心静下来,达到物我感通的境界,专心致志体认天理。这个过程中,克制欲念、收敛身心的工夫就是静时之敬。而当我们处于纷繁复杂的各种事物之中,我们或者容易受到各种乱象的迷惑,迷失方向,或者会出现私心渐长、公心渐泯的局面,此时应以敬的工夫来提醒警觉,在洒扫应对、待人接物的具体事务中保持澄明之本心,此为动时之敬。

此外,邵宝还把敬与慎结合起来,提出独特的敬慎观。在《慎斋记》中,邵宝阐发了敬和慎的关系,强调敬慎戒惧工夫,慎于心才能不滞于物,始终保持谨慎戒惧,不任情肆意,就能杜绝不敬,做到严肃恭敬。在这一点上,慎与敬同旨而异名。对于慎的理解,有两种指向:一指外在的言行举止,二指人心。在邵宝看来,慎于心尤为重要。保持心的戒慎畏惧,可以摒除杂念,心思专注而不受外界干扰,心性坚定而不为外物迷惑,庄重恭敬而不骄矜自得。基于此,邵宝认为慎独即是专指慎于心而言。慎于心,自然能慎于事。若只在事上谨慎戒惧而舍弃心的敬慎专一工夫,未免舍本逐末,落入下乘了。

邵宝的为学特点,有着鲜明的尊朱特色,是对儒学正统的继承和延续。而这种自觉的继承,恰是为了反对当时的空虚学风,突显儒学经世致用的功能和务实、实修的精神,以挽救时弊。这种理念和精神到了明代中晚期的东林学派那里发展到高潮,反虚务实,扭转学风,挽救明朝危亡的呼声愈加高涨,并开启了清初的实学之风。

二、识性为本:顾宪成的哲学思想

顾宪成(1550—1612),字叔时,号泾阳,无锡人。万历八年(1580)进士,授户部主事,改吏部主事。万历十五年(1587)任职吏部稽勋司,因上疏语侵执政,谪桂阳州判官,历迁至吏部员外郎、文选郎中。万历二十二年(1594)以廷推阁臣忤旨,削籍归里。他留下了《小心斋札记》《东林商语》《南岳商语》《证性篇》《泾皋藏稿》等大量著作,后人统编为《顾端文公遗书》。他的学说要旨集中体现在性善本体和"小心"工夫上。

---

① (明)邵宝《简端录》卷一○。

(一) 性善本体

顾宪成认为阳明四句教的"无善无恶心之体"被王学左派衍伸发展为"四无"之说,不仅引发了学术上的震荡,还加深了社会危机。为正学术、救颓势,顾宪成不遗余力地驳斥无善无恶说,力主性善宗旨,他的性善本体思想在这一过程中彰显出来。在学术论辩中,主"性无善无恶"说最突出的代表人物是周汝登和管志道,尤以管志道和顾宪成论辩往来最多,涉及问题更为深入。

1. 论辩人性之原,突显性善本体。管志道(1536—1608),字登之,号东溟,苏州太仓人,师从耿定向,倡三教合一。他为"无善无恶心之体"寻找的本体论依据是《周易》和周敦颐的《太极图说》。他认为人性的源头推至极处,非《周易》和《太极图说》莫属。《周易》有"易有太极,是生两仪"之说,乃是说太极就是性善之原。太极无声无臭,不可形状、超越善恶,性体源自太极,因此也不着于善恶,不能以善恶名之,是无善无恶的。以太极作为性体之原是对孟子穷性善之原的深化、补充,阳明的"无善无恶"正合于周子的"太极本无极"。

管志道把《太极图说》作为"无善无恶"的理论依据,引起了顾宪成的强烈反驳:

其一,阴阳未分,不等于无阴阳,不能据此论证"无善无恶"。顾宪成认为两仪未立时,阴阳还未分化,但并不意味着阴阳不存在,正是因为阴阳的存在,太极的动静才能落实,因此不能说无阴无阳,更不能据此论证性无善无恶。同时顾宪成还质疑管志道和高攀龙的书信中二分太极、无极的观点,顾宪成指出"太极本无极",本作"原来如是"讲,意味着太极是不可穷极的,不能在太极之上再安一无极,把太极、无极作为两个不同的存在。

其二,以阴阳论善恶,不符合《太极图说》的本义。顾宪成认为天道流行,阴阳交合,才有万物化生,人同样是禀阴阳而生,太极中亦有阴阳,正是阴阳的相互作用、循环不已才有宇宙万物的生成。管志道以善恶配阴阳,会造成如下结果:如果说性是有善无恶的,则可以说太极是有阳无阴的;如果说太极有阴阳,则可以说性是有善有恶的。因此顾宪成认为管志道以善恶配阴阳的观点不能成立,至于他所言阳明之"无善无恶"合于周子之《太极图说》更是错误。

顾宪成的"性善论"建立在天地皆有善性,人接天地善脉这样一个逻辑上:乾元是万物生长的起始,代表阳刚,乾元是纯粹至善。元而亨、而利、而贞,贞而复元,天道运行即是善的流行,性善成己成物,这就是天地之大德。顾宪成不仅把性善提高到太极本体的高度,更从天地运行即是善的流行、人接天地善脉的高度突显性善本体,发展为善本论。

2. 统体之善与散殊之善。管志道将善作统体之善与散殊之善的区分,提出统体之善是善的总体,是至善,超越具体善恶。心之体即是统体之善,没有具体善恶,因此可以说"无善无恶心之体"。散殊之善指具体的仁、义、礼、智等道德规范,和统体之善没有关联。顾宪成从理一分殊的角度阐述自己的观点,驳斥管志道。

他说善是总名,具体的仁、义、礼、智是分殊之名,统体之善是至善,是心体的本然之善,通过散殊之善体现出来,散殊之善不是来自外在,而是来自至善,呈现至善全体,因此统体之善即散殊之善,散殊之善即统体之善,二者是本体与发用的关系。

顾宪成以"善"为最高理念,"总总只是一个善","善"统揽形上形下世界①。善为性之实,善存则性存,善亡则性亡。他把善拔高到本体论的地位,其意在说明心体至善,修养工夫要在心体(心之体为性)上用功。东林之学被称为性学,正源于此。由此,"无善无恶心之体"之说显然不能成立。

3. 揭"性无善无恶"说是援引佛教,阐明性善是儒释判别的标志。顾宪成还认为,"性无善无恶"是佛教的产物,儒学以太极为本体,生生不已,善道流行,必主张性善;佛教以虚寂空无为本体,只在无善无恶上翻弄,必主性无善无恶,儒释判然两截。

本体上的虚寂空无使得佛教混沌天地,斩断善字。善字破除,无善无恶流出,阳明"无善无恶心之体"正源于此,援佛入儒由此可见。"无善无恶"背离了儒家性善的立场,是佛教空无本体在人性论上的呈现,是否坚持性善,成为儒释判别的一大标志。

(二) 小心工夫——敬

顾宪成从性善本体出发,必然强调为善去恶的修养工夫,这个工夫就是"小心"。

1. 顾宪成的"小心"自有来处。顾宪成所说的小心是个敬,是他从程朱"敬"的思想体认来的,只是"小心"比较通俗简易,对普通人来说更容易理解,对于指导人们的行为更为直接,能起到较好的教化作用。顾宪成的"小心"还吸收了周敦颐的"主静"和程门的"静坐"思想。他对初学者开示说:

> 同志聚晤,往往论及初入门功夫,诚切务也。第此处亦难指定耳,才指定,便未免因药发病,故必从性地入方稳。无已则有二焉:一是周元公令程子寻孔颜乐处,所乐何事;一是杨龟山门下相传教人静坐,看喜怒哀乐未发

---

① (明)顾宪成《小心斋札记》卷三"丙申",《顾端文公遗书》,清康熙刻本。

作何气象。①

顾宪成开示初学入门要秉承周、程工夫,从性地入手。他认为周敦颐的"主静"是求合乎本体,指明工夫的方向;程子的"静坐"是要凝心息虑,告知具体的修养方法。两者的层次有高下:"主静"针对学问通达者探究本体,于静中仔细体认,达到心体合一,属于较高层次的安身立命工夫;"静坐"教初入门者以凝心静气,是调适身心的修养之法,是较低层次的入门工夫。无论是"主静"还是"静坐",都是实地修养工夫,都是"敬"的思想的显现。

2. 顾宪成重"小心"工夫亦有缘由。当时的学风轻视工夫,喜直承本体,士人"终日谈本体不说工夫,才拈工夫便以为外道"②,空谈习气大盛,造成了"以明心见性之空言,代修己治人之实学"的空疏玄谈风气。③ 学术上的偏执还对社会道德秩序造成了强烈冲击,士人"凭虚见而弄精魂,任自然而蔑兢业"④,造成了"以亲、义、序、别、信皆为土苴,以学、问、思、辨、行皆为桎梏"⑤的社会后果,社会伦理道德规范面临崩塌。作为具有强烈社会担当意识的正统儒者,顾宪成提出的救治方法就是重申朱子的工夫论,在他即是体现"敬"之精神的"小心"工夫。顾宪成认为这是医治世儒放胆的对症良药、挽救王学弊病的治病之方。

3. 顾宪成的"小心"工夫还强调了"无欲"二字。他曾说:

> 有欲低,无欲高;有欲垢,无欲净;有欲软,无欲刚;有欲烦,无欲简;有欲忙,无欲闲;有欲险,无欲稳;有欲牵缠,无欲撇脱;有欲凝滞,无欲圆通。个中妙处,难以言述。⑥

他通过有欲、无欲结果的对比,阐明欲望对主体的妨害,无欲带来的极妙体验。保持无欲,杜绝欲望的干扰,才能保证本体的发用流行。因为欲望对主体为善去恶会造成妨害,导致"人心惟危,道心惟微"的严重后果,所以顾宪成倡"小心"工夫,像圣贤一样兢兢业业、排除欲望的干扰与遮蔽,把握性善本体,此时才

---

① (明)顾宪成《小心斋札记》卷八"辛丑"。
② (明)顾宪成《证性编》卷六《质疑下》,《顾端文公遗书》,清康熙刻本。
③ (清)顾炎武《日知录》卷七"夫子之言性与天道",清乾隆刻本。
④ (明)顾宪成《小心斋札记》卷三"丙申"。
⑤ (清)许献、高廷珍等纂《东林书院志》卷二《顾泾阳先生东林会约》"四要",清雍正刻本。
⑥ (明)顾宪成《小心斋札记》卷一三"丙午"。

能做到"要为善便真能为善,要不为恶便真能不为恶"。①

顾宪成的性善本体是为善去恶工夫的逻辑出发点,为善去恶工夫是把捉性善本体的基本路向。反映在为学特点上,就是悟、修并重,本体、工夫合一,将人之道德修养的过程和人之生命本体显现的过程合为一体,把人性的完满实现融入现实的生活实际,体现了东林学派的实学色彩。

三、复性明善:高攀龙的哲学思想

高攀龙(1562—1626),字云从,后改字存之,号景逸,无锡人。万历三十二年(1604)与顾宪成重建东林书院,万历四十年(1612)顾宪成因病去世,高攀龙成为东林书院继任领导者。高攀龙信奉孟子的性善说,为学路向上强调由格物入,针对王学末流"无善无恶说"带来的流弊,他重申朱熹的格物要旨,融以阳明的致良知,借鉴李材的"止修",由格物而知本。

(一) 心与理为一的本体论

高攀龙在融合心与理的关系上走得更远:他把性上升到本体高度,以性连接心与理,认为学问贵在复性,知性即知本;他强调学要由格物入,以格物穷理而致良知;又主张以敬训心,主张悟修并重、静与顺乎自然等。

1. 天理观

高攀龙沿袭了程朱天理观的内涵,认为天理就是天然自有之条理,不容人为安排,天理之自然落实到人道,就成为人事之当然。

高攀龙还把理作为儒学与异端区别的根据,他认为佛教的弊病,一言以蔽之,即"无理",因"无理"废弃人伦,罔顾是非。儒家格物穷理,以理助于学和行,志在世道、人伦有序,是非判然。

另外,高攀龙还从本体与工夫的角度论述天理之自然和人事之当然。他认为识得天理之自然即是本体,尽人事之当然即是工夫,圣人下学而上达,正是即工夫即本体。这一点是程朱理学较少论及的。

高攀龙的天理观没有超出朱熹对理的规定,依然把理作为超越的绝对本体,但在为学方向上却着重强调"理"体现在人之主体性的落实上,即其为学重点落在究"性"上。

---

① (明)顾宪成《泾皋藏稿》卷四《答友人》,清文渊阁《四库全书》本。

2. 心观

高攀龙融合了朱熹和王阳明的心观。首先,他沿用了阳明对心所作的本体与发用的分疏,提出道心、人心说。他说:"心,一也。粘于躯壳者为人心,即为识;发于义理者为道心,即为觉。"①道心、人心本于一,官能之心为人心,义理之心为道心。道心是心体,人心是发用。道心决定人心,人心体现道心。

高攀龙对道心、人心的区分,实际上既把心看作意识活动的过程,即他所说的"识";又把心看作实体的存在,即他所说的"觉"。他的心观明显是受了朱熹和阳明的双重影响。人心会受到欲望的影响而偏离道心,陷入危境。道心植根于仁义礼智之性,澄明通透。但是道心的显现要通过人心的知觉来实现,而人心由于欲望的蒙蔽,不能使道心完全发越,这就需要精一工夫,去除遮蔽,呈现心的本然状态,达到人心、道心合一之境。

高攀龙虽然称心之本体为道心,但他的心之本体并不是阳明的最高实体,以为心体的实性来源于最高实体(理),不是自有的。他认为最高实体——理明于心,心涵有了本体之性,其道德明觉的过程就是最高实体通过心体的发越过程。他说的"心"是受到更高实体制约的"心",原因在于他认为心不可把捉,因而放它自由不得。这又明显引入了朱学的论证方式,以更高实体约束心体,避免心学的狂荡。

高攀龙在心观上的另一个特点是以仁说心。他认为视听言动等知觉活动因外在物欲的遮蔽,可能表现出不仁的状态,但其背后的本体——道心,为仁。孔孟等圣贤将仁看作善性的发端,落脚点在性而不在心。高攀龙却以仁说心,目的在于由心入性,以性束心。他的学说的着眼点不落在外在超越的天理上,而是落实在性上。

3. 性:心与理的连接

在高攀龙所架构的理论结构中,理是天理,是天然自有之条理,是最高本体,它是外在于心的客观实在。客观存在的天理如何与人的主体之心连接起来?高攀龙给出的答案是:"天理"通过"乘气"以动赋命与人,即成为性;性为心之体,是心的本质性规定,性因为蕴涵天理具有宇宙本体的特点,又因它是心的本质性规定而具有主观本体的一面,性既是主体,又是客体,它作为一个中心点把客观之天理和主体之心连接统一起来。这个统一并不会自动实现,要通过穷理尽性的工夫来完成。

高攀龙认为理是性的本原,心、气是性的发用,心、性、气、理是统一的。儒家把性与理作为心的根本,理通过气运行,理落实到人为性,性的驻着之地是心,性

---

① (明)高攀龙《高子遗书》卷八上《答念台三》。

是心的本体,养气、养心就是养性,识性就是识理。但是道家以道为最高实体,而其所谓道不具道德意蕴。在道家那里,道与气同,而性与心皆归于气。佛教则把心作为最高范畴,一切皆为心所幻,然佛教所谓"心"不具性理等内涵。

高攀龙强调,由心而性,由性而理,心、性、理同一,乃由于心、性统一于理。性为心之规约与本体,客观天理外在于心,但通过性进入主体之心,性成为客观世界与主观世界连接的中介,心与理为一。

(二) 以善为性的复性说

高攀龙坚持性善论,但他所说的性善没有沿袭理学以理为性善根据的思路,转而从《周易》寻找性善根据,提出以"善"为性的人性论。高攀龙对性的认识有两个方面,首先他认为性是人的本来面目,是人之本色,是人受习染影响之前已完全具足的状态。这个本色人人存在,人人具足,无论是对圣人还是对凡人来说,在本质上没有差别。

但人除了具有先天的完美至善之性,还有后天的气质之性。人有形体后,天地之性落实于人之形体就成为气质之性。因形体的不同,而有气质之性的差异。气质之性为理通过气而落于人的形体者,气有清浊,故它有善恶。人因气质之性习于恶而遮蔽了至善的本然之性,因此学以复性为要,这也是圣人为学之道。于是高攀龙说:"学问起头要知性,中间要复性,了手要尽性,只一性而已。"[①]这句话表明了高攀龙关于复性的为学层级的认识:由知性起头,进而复性,最终尽性。知性就是对性的认知,要认清人性至善的本质。知性后,就要在后天的学习中摒除外在的干扰和障碍,清除习染带来的不良影响,特别要消除因形体的阻隔造成的主体体认天地之性的隔阂,最后复归于至善的天地之性。这个过程就是"复性",而"复性"乃为学的重要目标。如何做到复性呢?那就需要格物工夫的辅助。

另外他还提到"敬"的工夫在复性上的重要作用,"性以敬知,性以敬复,性以敬尽,只一敬而已"。[②]复性就是通过摄心、养心的工夫把向外驰的心收回来,把它置于性的管束之下。敬的工夫还可以变化气质,去除气质之性带来的偏私,扫除气质之性对天然本性的遮蔽,显露清净本体。这是工夫所至复性后达到的完美状态,称为"尽性"。

(三) 融合朱、王的工夫论

东林学派以性连接心与理,以性体融合心学和理学,他们的工夫进路也体现

---

①② (明)高攀龙《高子遗书》卷八下《与许涵淳》。

了对朱、王的融合。高攀龙在两派融合的道路上更加深入,主要体现在三个方面:

1. 格物穷理以致良知

高攀龙的格物,指格事物透出的天理,并穷究到极处,直达至善,格物即是知本。格物所致之本,即至善,作用于人的心性修养的过程,落实到人心,为心体之原。他格物的过程就是涵养心性、加持修身工夫的过程。在这一过程中,主体之心和格物所致的天理始终同在。心体涵养时,没有消解理的存在;格物时,没有消弭心的主体性,主体之心的涵养和格物工夫得到融合,既避免了支离之病,又免除了虚见之害。

他的格物范围亦扩宽了许多。首先,他认为天地万物都体现了至高的天理,无论多么渺小细微的事物都同等地蕴含天理,都应该是格物工夫落实的对象。其次,高攀龙将格物范围扩展,还体现在他把心之所起的念头纳为格物的对象。即念头一起,意味着心与物相接相应,就进入了格物的范畴。当高攀龙把念头也纳入格物的范围,把正心的过程也称为格物工夫时,表明他的学术旨向在性体。性体承接天理而不外驰,涵养心体而不纵心,由性的连接,外在的天理落入主体之心。他的格物更多地表现为朱熹与阳明的融合,通过融合性体,天理转化为性理,其焦点仍在对主体的关注,对天理体贴于身之境界的追求。格物而致知,知即是性体的发露,同阳明的良知,格物穷理,究到极处,即是致良知。高攀龙把格物工夫指向性体的发露,把朱子的格物和阳明的致良知融合起来,让理学(按,指狭义的理学)和心学通过性体完成了学理上的结合。

2. 悟修并重

高攀龙以"格物穷理以致良知"为学问路向。格物,是扎实的修持工夫;致良知,重心之体悟,因此他的工夫是悟修并重的。他重视"修",缘于他对性的认识,他认为人生来清净无染,完备具足,但后天受到气禀的拘弊、欲望的遮蔽,本性不能呈露,只有踏踏实实地做好实修工夫,才能去除外染,性体呈现,因而他强调修的工夫。但只修不悟却也容易陷入迷昧,局限于下学,不能上达,因而他重视修的同时,亦提倡悟。他说:

> 学必须悟,悟后方知痛痒耳。知痛痒后,直事事放过不得。……迷悟一关,圣凡千里,其要在一念之破不破耳。①

悟能够使性地透彻,破除迷昧,察知学问上的病痛,促成境界的提升。何为

---

① (明)高攀龙《高子遗书》卷八上《与罗匡湖》。

悟？何为修？接下来他对此作了说明："默而识之曰悟，循而体之曰修。"①默记在心，突然有得，心地豁然开朗是悟。在所得的基础上，持循序渐进的养护工夫是修。高攀龙对悟修分离的方法极力反对："不悟之修，止是装饰；不修之悟，止是见解。二者皆圣人所谓文而已。"②因此，修要在悟之得的基础上持踏实渐进的工夫，悟要经过工夫的持续积累才成。本体、工夫不可分离，离开工夫谈本体，本体落入空寂；离开本体谈工夫，工夫则陷入支离。

高攀龙强调悟修并重、即本体即工夫，是对朱学与王学的融合，也是针对其流弊作出的应对。

3. 主静：回归龟山指诀

周敦颐最早提出"主静"说，认为经由静默澄心的主静工夫，可以除去物欲的遮蔽和干扰，恢复心体原来本色，主静既是修养工夫，又是澄心体验本体的状态。高攀龙赞同周敦颐的说法，认为通过主静工夫可以实现主体心体澄明，进而达于性体的过程，静在这个过程中应该是贯彻始终的。因此，他区分了静的三种状态，提出静有"境静""念静"和"理静"。"境静"指因幽静超然的环境，心有所感，从而产生的一种宁静的、超脱世事的心理状态。一旦重入喧闹的世间，没有了环境的辅助，将于动中失去平静的心理状态。"念静"指念头上处于平静状态，然而念头本身会造成对本体的遮蔽，在动中无法准确把捉本体。"境静""念静"都属"气静"，只是暂时使心气澄静，却不能照见本体。真正的静是"理静"，"理静"指心体与天理贴合，心体澄明，心中廓然无事，不容丝毫欲望，此时为真静。因天理已体贴到身上，心与理为一，因此主体无论动静，都能得到本体的时时观照，保持心体的明觉和充沛。

为学进程中，应把主静的工夫贯彻其中，并时时验证是否能够把握本体，做到天理和心体的贴合，达到真静。故高攀龙提出"学必以静为本"的主张，③并提供了更具有实际操作性的静坐之法，认为这是为学者的入门之法，静坐的最终目的是通过收敛身心，体验未发气象。静修以体验未发时气象，是杨时最早提出的，杨时传给罗从彦，罗从彦再传给李侗，李侗也以此教导学生朱熹，朱熹曾说："李先生教人，大抵令于静中体认。大本未发时，气象分明，即处事应物自然中节，此乃龟山门下相传指诀。"④

高攀龙将心体作未发，此时思虑未萌，要体认本体就需要静坐工夫。他说："龟

---

① （明）高攀龙《高子遗书》卷九上《重锲〈近思录〉序》。
② （明）高攀龙《高子遗书》卷八上《答萧康侯》。
③ （明）高攀龙《高子遗书》卷八下《与邹荆玙》。
④ （宋）朱熹《晦庵集》卷四〇《答何叔京》，《四部丛刊》景明嘉靖本。

山门下相传静坐中观喜怒哀乐未发前作何气象,是静中见性之法。要知观者即是未发者也,观不是思,思则发矣。此为初学者引而至之善诱也。"①思是察识,是已发,要把握本体,就要以静坐的工夫扫除所有起念思虑,这就是杨时推崇的静修要诀。高攀龙在分析朱熹的旧说、新说后,又中和阳明之说,再次回到杨时"静坐中观喜怒哀乐未发前作何气象",认为它是"静中见性之法""摄心复性"之法。

高攀龙对格物穷理与致良知的关系、悟与修的关系、主静说等都有独到的见解,学力深厚。他不囿于门户之见,在道统传承的大视野中融合朱学与王学,凸显性体,以性连接心与理,合心理为一,关注最高天理在性体的落实,展现了其独特的性学特色。

四、戒惧慎独:孙慎行的哲学思想

孙慎行(1565—1636),字闻斯,号淇澳,江苏武进人。万历二十三年(1595)进士,授翰林院编修,累官至礼部侍郎。其主要著作为《玄晏斋文抄》《玄晏斋诗选》《玄晏斋奏议》《玄晏斋困思抄》《止躬斋慎独义》。他同当时的学者一样批判王学流弊,亦不遗余力地批判宋儒,反对宋儒理气二元的思想,倡导一元论,他在本体论、人性论、工夫论上都有独到的见解,而关于慎独的见解是其核心,最具特色。

(一) 性气一元论

在本体论上,孙慎行始终坚持性一元论的立场,他对理义与气数的理解不同于宋儒:认为天理之流行即气数之流行,天理至善,性是天命所注,皆是善;反对把性分为气质之性和义理之性,以"义理之性"为善、"气质之性"为恶的观点,认为性在气中,性善,气质亦善。

1. 理义与气数

自程朱以来,理气二元论占据主流,对此孙慎行有不同的见解。在孙慎行看来,朱熹以"性即理"诠释"天命之性",是符合孟子性善说学脉的,并赞叹朱子是"上接孔孟,下折衷诸儒"的集大成者。②但是按照朱子理气二分的思想,理在而不有,不是现实具体的存有,而是现实存有的形上根据,所以理在现实世界的实现要依靠形下之气。在这一点上,孙慎行和朱子开始分道扬镳。

---

① (明)高攀龙《高子遗书》卷一《语一百八十二则》。
② (明)孙慎行《玄晏斋困思抄》卷一《气质篇》,《玄晏斋集》,明崇祯刻本。

孙慎行明确指出"理义"与"气数"非为二物，变化流行依据于理义之主宰，理义不能外乎气而显现，世间万事万物正是在"理义"这个本体和"气数"这一具体表现方式"于穆不已"的运动中而得以化生的。由此，他自然会反对在"气"之上有独立的"理"的存在，反对朱子"理在气先"的观点。他认为，理与气是并存的，无先后产生的顺序的问题，"理义"与"气数"虽然可从不同层面分说，但实为一体两面的关系，"阴阳""理气"等概念也是如此。"理义"就是天道本体，气数是此本体之日新而又变化无穷的作用与表现，天理流行即气数流行。

2. 天理流行即气数流行

"理义"与"气数"是一体之两面，不可为二。因此，不论是形上的"理义"，还是形下的"气数"，都只是万物在这个真实世界中的不同面向，并非截然二物。如此一来，"理义"虽为超越的天道本体，但并非与现实世界隔绝开来，"夫理之流行即气数，元无二也"①。孙慎行更强调作为本体的"理义"是理气的辩证综合。就存在界而言，则一切存在所蕴涵之理，即万事万物存在之性或内涵，皆应只是"理义"，因此无论是那些"天命之命"与"气运之命"、"理义之性"与"气质之性"还是"理义之心"与"形气之心"的分别其实是"异名而同病"，是为世间种种不善的现象推脱、辩解。在孙慎行的观念中，"天之气运之行，无不齐也"②。超越的天道本体是天地万物创生不已的源头，为一切存有所共有，不可能有不齐之命、不善之性存在的。从天道至善的观点出发来理解，义理流行即气数流行，是直承《易传》以"善"说天道本体，天地万物皆为善的流行的思路。由本体至善的价值立场，孙慎行的思想架构中必然会具一天人贯通之"本体为善"的理路，天命之理、理义落于人之具体生命时亦必为善，从而走上彻底的一元论。

3. 性气一元

孙慎行坚持性气一元的立场，他强调的"从性言生，虽生亦性"③的说法，即认为以"理义之性"（天命）言人性时，就已涵盖"生之谓性"的内涵。他认为，后儒（主要指宋儒）虽然尊奉孟子的性善论，但实际上却以"性恶说"杂于其中，分割义理之性（天命之性）与气质之性，曲解了孟子的性善原旨。事实上，孟子的"形色，天性也"④是把"气质"也纳入"天命之性"的范畴。他这一观点是一种包括"生之谓性"之意涵在内的"性气一元"论。孙慎行认为气质之性与义理之性（天命之性）不可分，此"性"即是"理"，而理是至善的，因而此性在气中固自善，其所在之

---

① （明）孙慎行《玄晏斋困思抄》卷一《知命解》。
② （明）孙慎行《玄晏斋文抄》卷一《合说（九月二十九日）》，《玄晏斋集》，明崇祯刻本。
③ （明）孙慎行《玄晏斋困思抄》卷一《生说》。
④ 《孟子·尽心上》，（宋）朱熹《四书章句集注》，北京：中华书局，2012年，第368页。

气质亦与此性俱善。他强调气质中有性,是要把此性之善扩充于气质之中。因此孙慎行赞同孟子"形色,天性也"的观点,目的在于把气质之性也视为"天命之性"。他认为人的形体既然是天生本具的,就应当被纳入"天命之性"的范畴,它就具备天命(性)之真实,不能视"形色"或"气质"为粗。孙慎行进一步指出:在可以被感性知觉(耳闻目睹)所察觉到的形色身躯、自然生命中存有一不睹不闻之"戒慎恐惧之真心",这个"真心"的落实则有待于人们率性修道的过程,这个过程也就是孟子所言的"践形"。即依性而行,通过持续的道德践履工夫,就能够使人的性体在具体的形色躯体中呈现出来,进而体认落实于性体中的天道,天命之性亦同时在具体的生命和时空中得以证成,这就是"形随性以立,命随形以成"的意蕴。

孙慎行强调对身的重视,认为"心""性"虽然是超越经验层面的范畴,但如果不以具体的身体为出发点,不仅"超越"层面的探讨将落入玄虚,"工夫"的践行也将无所依从。他的这一观点,与之前的学者有很大区别。之前的大多数学者把身仅视为心的容纳场所,而孙慎行所说的"性善"之"性",它是超越的、具有终极意义的本体,它又是下贯落实到人的具体生命中的主体之性。因此,孙慎行强调自然生命的展现是人性的一个层面,也强调圆融境界下形色与天性的一体、一本关系。

由"性气一元"出发,孙慎行必然反对分理义之性与气质之性为二,并以理义之性为善、气质之性为恶的论调;反对把心分为道心、人心的观点,也必然反对工夫与本体的割裂。这些将在他的心性论和慎独论中具体展现。

(二) 孙慎行的性善观

在孙慎行的思路中,以善为体,在他天人一贯、本体至善的本体论思路下,由天命之善可直言人性之善,天道本体之为至善是一切论点的前提。他对"无善无恶"说的驳斥、对义理之性和气质之性二元对立的辩难即是以此为前提展开,他的性善观也在这一过程中彰显出来。

1. 对阳明后学和宋儒的批评,对性善的坚持

他首先把阳明后学倡言的"性无善恶"和"现成良知"与告子的"生之谓性"、以材质之性为性的观点加以比较,指出王学"无善无恶"说的两种流弊。他说告子所言"生之谓性,生其活机""食色性也,食色其实用",表面上看,"现成良知说"是"宜人情"者,能使庸常之人顺其情而行,日见吾心之感应;"性无善恶说"是"超人情"者,能"使贤智者知之,而默见吾性之流行"。但是上述说法实际上只是"以圆活教人",自以为见性极为真切,却不知误导天下人更甚。阳明说"无善无恶"是从超绝的终极本体立说,这一超绝本体不着于善、不着于恶,超越善恶对待。

孙慎行认为这种过度强调终极本体,忽视本体和现实的善恶对待之间的关联问题,在现实社会中极易造成或陷入迷惘,不知所宗,或流于狂荡,无所归著等诸多的社会弊端。① 因而,孙慎行坚持性善观,从社会现实层面看,是对道德秩序的坚守,对社会颓败风气的反思;从学术立场来看,"舍善无性,舍明善无率性"是他立论的根基,亦是他思想的立足点。②

此外,孙慎行也反对宋儒将性分为"气质之性"与"义理之性"的做法,认为两者都是"荀、扬之说",将恶杂入性中,使人性变得混杂,令人无所宗。

孙慎行以种子为喻,说明性的流行过程如同种子的成长过程,使种子具备生长的能力是性的作用,其成长过程则属于气的作用,最后从胚胎之发芽、茁壮以至开花结果之现象是质的一面,这三者是不可分割的整体。因此,他反对将性与气、质割裂,以性为善而气质为不善的做法。在孙慎行的理路中,性气一元,凡性都是天命之性,都是善。慎行强调性气一元,主张"性善,气质亦善"的见解接续《易经》之"继善成性"的思想,由宋儒转向了先秦时期。③

2. 善为性之本,不善乃习

在孙慎行的思想中,"天之气运之行,无不齐也",即就天道的一面而言,是不能有不齐之命、不善之性存的,故性体在人而言亦全幅为善,自无疑问。④ 但是就人性论的角度而言,对于恶的起源问题或为什么会有不善的现象,必须给出合理的解释。孙慎行直接采纳了孟子的解释,认为这是后天外在环境的习染所造成。后天习染容易遮蔽人之性善本体,对人们的"识性"会造成一定障碍。他强调人们因受后天的习染而有不善的行为,并不妨害其本性为善的事实,相反,人性善的力量的扩充,正可以去除习染的不良影响,呈现性善本体,这就是孟子倡导"性善"宗旨的意义所在。如果既以"性善"为宗,又将"理义""气质"并分为二性,把气质之性看作不善的根源,这样就会陷入"有性善,有性不善"和"可以为善,可以为不善"的混杂困境中而不自知,而且将"真性来做两件",会造成本体论上的更大矛盾。⑤ 因此孙慎行认为,不善绝不能从"性"(气质之性)上解释,这会使人产生"性有善有恶"的想法,反而丧失了"性"作为纯然至善之本体的本色和意义。

小人并非因性有不足而不能为善,只是因为他们看低了自己,所以自暴自

---

① ② (清)黄宗羲《明儒学案》卷五九《东林学案二·文介孙淇澳先生慎行》引《困思抄》中《告子》篇,北京:中华书局,2008年,下册,第1455页。

③ (清)黄宗羲《明儒学案》卷五九《东林学案二·文介孙淇澳先生慎行》,第1449页。

④ (明)孙慎行《玄晏斋文抄》卷一《合说(九月二十九日)》。

⑤ (清)黄宗羲《明儒学案》卷五九《东林学案二·文介孙淇澳先生慎行》引《困思抄》中《气质辨》,第1453页。

弃，进而自私自利，最终无所顾忌而为恶，这都是他们"自小其性"、以习为性的结果，并不是他们本性如此。君子能成其为君子，是他们能遵循中庸之道，进而成己成物。他们在成己成物的过程中，无时不防检、不自省，做任何事都有节度和分寸，重视戒惧慎独的工夫。天既无不遍之命，而人亦无不善之性。小人禀受天性、天命与君子无任何不同，两者的差别在于坚持戒慎恐惧、自我反省的道德修养工夫。通过持续的修养工夫，性善本体在主体之心中完美呈现。

3. 慎独思想

孙慎行的"慎独"思想和他的一元本体论密切相关。"独"即是一，在他的一元理论架构中，心、性、道、善都只是"一"，需要慎守之。他的"慎独"观独具特色，它不是悬空静坐，而是在日用行常间谨慎戒惧、彻头彻尾的修身工夫，它不仅关涉修身，还指向对本原的慎守。"慎独"思想在实践工夫上坚持本体、工夫合一，在实践理境上走向动静合一、内外合一。我们将通过梳理孙慎行"慎独"思想形成的过程，挖掘其内在意蕴。

"慎独"之说主要根源于《中庸》《大学》两部经典。《大学》把"慎独"和"诚意"结合起来，从"诚意"工夫的"毋自欺"做起，到"恶恶，好好"，达到"诚于中，形于外"之境地的过程，就是"慎独"工夫。《中庸》所说的"慎独"似乎更近于朱子所言的谨慎于"己所独知之地"[①]之意。君子在不可睹闻的内心隐微之处保持戒慎，不能松懈，否则容易萌生恶念邪欲，下贯于主体的天命本体将被遮蔽而无法呈显，导致人与道渐行渐远。"慎独"在《中庸》中，更强调道体与"慎独"工夫之间的关联。

孙慎行也非常重视道体与"慎独"的关联，他说：

> 夫君子之戒慎恐惧，有事无事无不尽然。……至诚立大本，夫焉有所倚？言其功用，总不出尽性、本心所者。戒慎恐惧之所也，即天地化育之所，是所原无可倚者处，此之谓慎独。[②]

孙慎行指出，在道德修养的过程中，不论何时何地都要做慎独工夫，目的就是使化育天地的创生本体得以呈露。儒家倡导的学问思辨行之种种工夫，无不是为了明吾性之善而诚吾人之身。而此"诚之"的工夫就人而言，则只是"戒慎恐惧"而已，即从"戒惧"于天命之善开始，扩充吾人之善性，最终达到"成己成物"的理想，这也是《大学》所言以诚修身的目的。

孙慎行的"慎独"思想，更多地是以《中庸》蕴含之意义为依归而作的进一步

---

① （宋）朱熹《中庸章句》，《四书章句集注》，北京：中华书局，2012年，第18页。
② （明）孙慎行《玄晏斋困思抄》卷二《顺亲》。

发展,既指戒慎恐惧的终身修养工夫,又指慎守独一无二之本体(独体),并尽力通过持续的戒慎恐惧之工夫使独体呈露。在他的"慎独"思想中,既重视本体,亦重视工夫。

孙慎行的哲学,以"慎独"思想为核心,贯穿了其他本体论、人性论和工夫论等所有层面,并连成一体。他以"独"为体,坚持彻底的一元论、性善论,摆脱了宋儒理气二元的窠臼和其理论困境,在学术观点上直接先秦道统,意味着学术体系的新开端。

(本文系据阎秀芝苏州大学2018年博士学位论文《东林学派哲学思想研究》删改而成)

东林学风与明清苏南望族

蒋明宏[*]

摘　要：本文主要论述东林学风的区域源流，东林学派代表人物与明清苏南望族的交往，东林学风与明清苏南望族的教育及文化的关系。文中提出东林学风的核心是务实经世，当东林后人表达手段"灰色"化，逐渐放弃在野抗争的情况下，务实经世的特色却一直保持着，成为苏南社会近代变迁的一大特征。这一切可以从东林代表人物与苏南望族之间的关系上得到解释。

关键词：东林学风；明清时期；苏南望族；家族教育；家族文化

关于东林学风渊源、流变及其历史影响的研究，学术界历来多有成果。但是在东林学风和苏南望族关系的研究上，至今仍存在着一些空白点。这可能和我们以往重点关注东林党与新兴市民阶层间的关系有关。在学者们将很多主观期望或解释赋予东林党人的时候，难免会忽略它与望族这一"灰色"社会阶层间的联系。笔者期望通过本文为研究东林学派及其学风提供一个新的视角，以利寻求更全面的价值判断和历史启示。

一、东林学风源流的区域背景与苏南望族

东林学风其源深远，其流悠长，学术界对此久有研究。一般认为是宗奉程朱理学，或云出入王氏心学，而以程朱理学为归。还有学者考证，东林学派虽与张居正的新政时有矛盾，但在实学致用特点上是一样的，开了明清实学之先河。[①] 这些见解都是十分深刻的，但应该注意的是，东林学风不仅具有全国性背景，也

---

[*]　作者简介：蒋明宏，男，南京大学历史学博士，江南大学人文学院教授。

[①]　参见：黄兆《建国以来明末东林党研究述评》，《中国史研究动态》，1991年第10期；王赓唐、赵承中《晚明东林党研究综述：1991—2004》，《东林书院重修400周年全国学术研讨会论文集》，长春：时代文艺出版社，2004年，第314—319页。

有其区域背景,笼统的"程朱理学"等未必能概括苏南区域的历史、社会和学术源流,而且在时间上也显得不够准确。

东林学派学风渊源的区域背景,具体而言,可以概括为如下三点:

其一,北宋初年苏南就有经世致用之风。早在北宋庆历年间,范仲淹提出"天下"观以及范仲淹、胡瑗当年在吴中地区实行"分斋教学"时,这一思潮就已形成了相当的社会基础。这应当是东林学风可考辨的最早区域渊源。前者指范仲淹"先天下之忧而忧,后天下之乐而乐"的思想,这是人们所熟知的。所谓"分斋教学",指的是由著名学者胡瑗所创行的一种教学制度,以培养经世人才为目的,针对科举制下学校教育萎缩、人才多不敷实用的积弊进行改革,以革除当时流行的诵经试帖的应举教学模式。胡瑗要求学生读儒经要能够"明体达用",学知识要以"经世治事"为宗旨。① 范仲淹先是将该制度引入苏州、湖州府学(故又称"苏湖教法"),后又在庆历新政中将其引入太学教学中,一时颇为轰动。正如研治思想史的学者们所言,这种反映在教育中的思想是非常实际、作用也最深远的思想,对后来的历史进程有着至关重要的影响。这样一种孕育于苏南的教学制度,这样一位生养并终老于苏南的政治家、思想家,尤其又是一位最早在家族内创立义庄、义学,被明清许多苏南望族视为效法典范的家族教育倡行人——范仲淹②,其反映的思想比"程朱理学"更早(范、胡都早于程、朱)。东林学派主要领袖与骨干多出于斯地的望族,不可能不受其影响。

其二,明代程朱理学与苏南务实致用风气的融合。自杨时讲学无锡、常州诸地,经历长期战乱的影响后,已经很难分辨其传人为谁,也无人声称继承其学脉。但如明代毗陵唐氏、庄氏、薛氏等著名望族的代表人物(如唐顺之、薛应旂等)倡导以经术用事、以文章应世的主张,又形成了新一代经世致用思想。唐顺之是明代嘉靖年间常州人,长于治经学。罢官回乡后,他又着重研治数学、地理、天文、历法、兵法和医学等实学,尤其精通三角术,是当时最著名的数学家之一。其文学观也以载道应世而著称,主张在现代文人生活中重构古代智慧,与好友昆山人

---

① 参见孙培青主编《中国教育史》(修订版),上海:华东师范大学出版社,2001年,第196页。所谓"分斋教学",即在教学中分设"经义斋""治事斋",分别培育较高级统治人才和有专长的技术及管理人才。"经义斋"教学注重掌握儒经的根本大义,以"可任大事"为追求;"治事斋"则分置治兵、治民、水利、算数等实用学科,学生在主修某科之外还可另选副修学科,以能治实务为目标。胡瑗还组织学生走出书斋,考察民俗风情和社会实际,以利于培育经世人才。

② 无锡泾里顾氏、高氏、江阴东兴缪氏、常州唐氏等许多家族在创办义(仁)庄、义学时,都追溯范仲淹的义举与范例,甚至在治学、择业上也引用范仲淹"不作宰相,定作良医"之语。值得注意的是,这些都是东林领袖与骨干或密友所属的家族。

归有光同为古文运动的倡导者。他与薛应旂相善,常一起致力于经世之学,同为常州经世之学的举旗人。庄氏也是常州的著名望族,盛产经学名家,与唐氏关系密切,在思想与学术上深受唐氏的影响。虽然很难找到他们与程、朱间的师承关系,但他们的思想与范、胡当年所倡行的经世之学以及变革实践有着精神上的继承和发展关系,其中也融合了杨氏之学即程朱理学的入世传统,从而具有超出笼统经学意义的文化价值。当然,这与逐渐形成的苏南不拘泥成规、务实重功之民风是不可割裂而视之的,在商品经济发达的苏南,这也是一种很自然的精神产物。

其三,"东林党祸"将东林学风导向了更加务实的轨道。东林党祸震惊了亲睹其惨烈景象的苏南人,也令东林党人、同情者及其后人对经世致用的形式作了多种反思。徐光启关于"党与二字,耗尽士大夫精神才力,而于国计民生毫无干涉"①的观点便反映了这一点,他同情东林党、复社却不入"党争",最终在农业科学实验中找到了归宿。东林党成员黄道周关于"(徐)霞客兄翱翔以来,俯视吾辈,真鸡鹜之在庖俎矣"②的叹羡也是典型之例。徐霞客与徐光启殊途同归,黄道周的评论更耐人寻味,是对东林党祸后东林学风新动向的颇为准确的形容。无锡荡口华氏家族则在教导子弟"顾、高之乡可不勉乎"的同时,③走上了研治实学、投身近代工商业和创办新式学校的道路。思想的武器何必与武器的思想争锋?经世之路很多也很活,这应当是东林务实学风的新内涵。苏南地区后来不乏实业救国、教育救国、科学救国的经世形式,可是却极少出现革命家、军事家。为什么东林志士的后人们一方面强调继承"顾、高之学",一方面却在后来苏南的历史上描写出这样的特点?谜底在于对"东林党祸"的反思。这不啻是东林学风的实践渊源。当东林学风经过血与火的洗礼和反思似乎变得"灰暗"时,恰恰正是它发展的时候。

以上所述,都清晰地反映了东林学风渊源和流变的区域性背景和趋势,辨明这一点,能为下文论述提供许多启示。同时,作为渊源的宋初经世之风是通过教育形式反映出来,通过书院讲学传播开去,又在苏南家族的教育和文化的传承中进一步发展的,这就很自然使握有教育优势的苏南望族成了影响这一学风的重要社会力量,并深深影响了相当长时间里以东林学派为代表的苏南学风的流变。

---

① (明)徐光启撰,王重民辑校《徐光启集》卷一〇《复周无逸学宪》,上海:上海古籍出版社,1984年,第474页。
② (明)徐弘祖著,褚绍唐、吴应寿整理《徐霞客游记》卷一〇下"附编·书牍"黄道周《狱中答霞客书》,上海:上海古籍出版社,1987年增订本,第1184页。
③ (清)华希闵《理奇府君述略》,(清)华文汇纂修《华氏传芳集》卷四,清光绪三十二年(1906)木活字本。

物质上的优势决定了教育上的话语权和主导权,宋明以来苏南的历史证明了这一点。

二、东林学派代表人物与明清苏南望族的交往

要理清东林学风与明清苏南望族的关系,必须了解东林学派代表人物与明清苏南望族的交往。交往是基础,密切的交往背后必然存在某种内在的思想上的联系。类似事例很多,这里列举一些最典型的例子。

与毗陵唐氏的交往。东林书院创始人、东林学派主要领袖顾宪成与毗陵唐氏有着非常引人注目的密切关系。常州府志中唐顺之及其父亲唐瑶二人的传记都是东林领袖顾宪成撰写的,这两篇传记都收入了《毗陵唐氏家谱》。① 顾宪成与唐顺之之子唐鹤徵更是密友,唐鹤徵曾"日与同郡龚道立、顾宪成辈讲学东林书院"②,是东林学派骨干成员之一。在顾宪成所著《泾皋藏书》中,还收有他为唐鹤徵第三子唐效纯撰写的墓志铭。③除唐鹤徵外,唐鹤徵的女婿孙慎行也是东林党人。东林骨干钱一本也与毗陵唐氏关系相当密切,唐氏家谱中就收有钱一本为该族人物所撰写的传记。④

与毗陵薛氏的交往。顾宪成、顾允成兄弟与毗陵薛氏的关系更不同一般。据记载,顾氏兄弟少时曾"问业"于常州经世之学举旗人之一的薛应旂门下,与薛应旂之孙薛敷教有同窗之谊。薛敷教甚至在祖父撮合下,与顾氏兄弟缔有"兄弟交"。⑤ 顾宪成对此曾有记述,称"少受业于方山先师(即薛应旂)之门",而且还受其子薛近鲁"引掖"。⑥ 顾氏兄弟问学于薛应旂,并与薛氏家族连续三代皆有密切的交往,这无疑说明常州经世之学与东林学风具有直接的渊源关系。不仅如此,薛敷教后来也"从东林讲学"⑦,是东林学派的重要成员之一。通过薛敷

---

① 参见顾宪成撰《唐瑶传》《唐顺之传》,民国唐肯纂修《毗陵唐氏家谱》"宗"册卷一"志传碑表状事略",民国三十七年(1948)铅印本。按,两篇传记都标明了出自"郡志传"。
② (清)于琨修、陈玉璂纂《康熙常州府志》卷二四《人物三·唐鹤徵》,清康熙三十四年(1695)刻本。
③ (明)顾宪成《泾皋藏书》卷一六《明故翰林院庶吉士完初唐叔子暨配蒋孺人合葬墓志铭》,文渊阁《四库全书》本。
④ (明)钱一本《唐母蒋安人墓志铭》,唐肯纂修《毗陵唐氏家谱》"宗"册卷一"志传碑表状事略"。
⑤ (明)高攀龙《高子遗书》卷一一《光州学政薛公以身墓志铭》,文渊阁《四库全书》本。
⑥ (明)顾宪成《泾皋藏书》卷一六《薛母刘太孺人墓志铭》。
⑦ (明)毛宪《毗陵人品记》卷一〇"国朝·薛敷教",明万历刻本。

教,东林学派与毗陵薛氏的关系从学术渊源更升华成了盟友关系。东林学派另一位领袖人物高攀龙与毗陵薛氏的关系也相当密切,他与薛敷教同年中举,一度曾"无日不相过从,交相励勉"。薛敷教去世后,高攀龙为之撰写了墓志铭。①

与无锡华氏的交往。华氏是无锡望族之一,其中尤以荡口华氏更为突出。东林领袖高攀龙与荡口华氏的关系非常深。华贞元曾从高攀龙受业,其族子华允谋、华允谊、华允诚三兄弟都曾"闻其教",甚至还曾"立家会,邀高攀龙、吴桂森诸公开讲席",荡口华氏由此"始兴起于学"。② 其中,进士出身的华允诚与高攀龙关系最为密切。在华氏从学期间,高攀龙曾赞其"整齐严肃,殆若性成"③。在投水自尽前,高攀龙曾写有《别允诚书》,"明以后死绝学之系属"。④ 这是一份见证,也是一种殊遇。除高攀龙外,东林骨干之一的毗陵钱一本与荡口华氏也多有交往。华贞元、华允谊、华允诚等都先后从钱一本学《易》。⑤

与江阴梧塍徐氏的交往。梧塍徐氏是江阴望族,旅行探险家、地理学家徐霞客即出于该族。值得注意的是,在徐霞客为祝贺母亲八十寿诞而请人题赠、镌刻的《晴山堂石刻》上,收录了众多东林著名人物的诗文作品,包括高攀龙、钱一本、文震孟、孙慎行、黄道周、陈仁锡、钱谦益等人的作品。其中高攀龙所题贺的《题秋圃晨机图》诗写道:"吾闻东海有贤母,不艺春园艺秋圃。凡木虽阴不耐霜,独爱离离豆花吐。菽水由来展孝思,于今更可添慈谱。白首晨兴课女工,勤俭为箴自千古。风前有子进霞觞,更挟文孙共斑舞。手授遗书禅冶弓,杼声似写丸熊苦。异日昼锦煌煌辉彩衣,亦知功自断机能作祖。"⑥这是一条十分珍贵的历史资料,是东林领袖与徐氏家族交往的见证。诗中"菽水"里的"孝思"和"秋圃"间的"晨机"、"风前"的"霞觞"与"昼锦"下的"白首"相映成辉,展示了一种奇情异趣,体现了东林领袖与徐霞客的某种精神交会。另据缪昌期曾孙回忆,徐霞客与东林骨干缪昌期也"以文章道义相交好",还为子孙缔结了联姻关系。⑦

婚姻是一种更深层的交往关系,传统的联姻往往能反映思想及学术授受,甚

---

① (明)高攀龙《高子遗书》卷一一《光州学正薛公以身墓志铭》。
② (清)于琨修、陈玉璂纂《康熙常州府志》卷二四《人物三·华允谊、华允谋》。
③ (明)高攀龙《高子未刻稿》数部《东吴觐华》其二,清抄本。
④ 《节愍公年谱》卷首附录《〈东林书院志〉轶事一则》,(清)华鸿模纂修《华氏通四三省公支宗谱》附,清光绪八年木活字本。
⑤ (清)于琨修、陈玉璂纂《康熙常州府志》卷二四《人物三·华贞元、华允谊》。
⑥ (明)高攀龙《题秋圃晨机图》,(明)徐弘祖著,褚绍唐、吴应寿整理《徐霞客游记》卷一〇下"附编·石刻",第1242页。
⑦ (清)缪诜《廪彦范中公传》,徐聘莘重修《梧塍徐氏宗谱》卷五三"传文",民国三十五年木活字本。

至反映了道义和政治的结盟。东林学派代表人物及其子孙与苏南望族的联姻便是如此。常州的孙慎行、唐鹤徵、薛敷教等都是东林骨干，他们不仅本身都出自当地著名望族，且都与本地或邻近望族有着联姻关系。如，孙慎行娶毗陵唐氏（为唐鹤徵女婿），唐鹤徵的妹妹出嫁毗陵庄氏，薛敷教之女则入无锡华氏之门（华察之妻）。无锡高氏与邹氏、朱氏，顾氏与华氏、秦氏、杨氏，华氏与顾氏、朱氏之间的联姻也是如此。其中邹氏、华氏等族都有子弟挂名东林，如邹氏家族中有邹期桢、邹期相兄弟二人，华氏家族中更有华允谋、华允谊、华允诚兄弟三人上榜，他们都有从顾宪成、高攀龙讲学东林的经历。这些联姻行为往往具有多次性、相对稳定的特点，从明代中期甚至延续到清代，无锡华氏与顾氏间的联姻便是如此。最为典型的要数江阴梧塍徐氏徐霞客与江阴东兴缪氏缪昌期子孙间的联姻，徐霞客与许多东林党人关系密切，不过联姻关系则是后来缔结的。在党祸发生、缪昌期惨死后，为人极重情谊、生死不易的徐霞客却缔结了徐氏与缪昌期子孙连续数代的婚姻关系。徐霞客长子徐屺妻室缪氏为"故翰院文贞公（即缪昌期）孙女"，徐霞客的两位曾孙女也嫁给了缪昌期的重孙。①这种联姻显然更多地是出于道义目的了。

从上述事例可见，东林领袖及骨干与苏南望族有着密切的交往，其中既渗透了学术和思想上的渊源授受，也体现了心灵上的交会和精神上的同气相求。

三、东林学风与明清苏南望族教育

东林学派的生命力和影响力源于苏南社会，又作用于苏南社会，且生生不息，这些都可以从望族教育体现出来，大致反映在三个层面上。

首先，望族家训中的东林志节影响。东林学派精神财富中一个很重要的部分，是十分注重做人的志节。明末东林党人的志节感染了世人，也影响了许多苏南望族，强调做人志节成为明清时期苏南望族家训的特点之一。东林学派代表人物所在家族自然更是如此，《高忠宪公家训十九条》将"吾人立身天地间，只思量做得一个人是第一义"作为第一条②，无锡顾氏家族《乾隆谱训约八条》也将

---

① 徐聘莘重修《梧塍徐氏宗谱》卷三《世系表·徐屺》。另据上引缪诜《廪彦范中公传》，徐霞客长孙徐建极之女嫁给了缪昌期的一个重孙；"世系表"还显示徐霞客仲孙徐建枢的长女嫁给了缪昌期重孙缪敬孚。
② 无锡《高氏大统宗谱》卷一之一"家训"，民国十五年木活字本。

"治家以清白为世守"列为第一条,①缪昌期后人还将此写进了训子诗:"满眼乌珠看汝身,文章切要着精神。残骸不似南山久,赖尔昂昂做个人。"②东林志节深深影响了那些与东林学派代表人物关系密切的望族,如毗陵唐氏就强调:"读书变化气质,即资性愚钝,多识几字,习他业亦觉高人一等。"③其他苏南家族,包括一些著名的工商家族也深受影响。如无锡《荣氏家训》"蒙养当豫"条写道:族中子弟接受教育,"他日不必就做秀才、做官,就是为农、为商、为工、为贾,亦不失为纯谨君子"④。所谓"变化气质""纯谨君子"和高、缪的"做得一个人""做个人"是同一个意思。东林志节具有重要的教育价值,重视育人的传统在明清久已被科举所误所废,重视人格教育也就显得格外可贵。这种志节对苏南望族和其他家族的追求影响深远,近代苏南的工商实业家族(如无锡荣氏、毗陵迁锡的唐氏等)在发展经济的同时,注意资助社会慈善和教育事业,保持爱国情操,与此不无关系。

其次,望族教育中的东林学术传承。东林学风包含许多进步的成分,有在野清议、抗争意识,有经世致用、强国富民以及与此相关的其他主张。在东林党祸之后,其中有些成分(如在野清议、抗争等)逐渐边缘化,变得"灰暗"了,但客观来说,那原本就属于手段、形式问题。作为东林学风核心的经世致用、强国富民及有关思想,经过历史的选择,依旧被保留了下来,在苏南望族教育中传承发展着。清代前期,无锡荡口华氏家族内部曾出现过这样一段对话,父亲华汝修曾对儿子华希闵说:"前明一代理学,薛、胡开其始,顾、高集其成,顾、高之乡可不勉乎?"⑤"顾、高"是众所周知的,"薛"则指薛瑄,"胡"就是胡居仁,几位都是明代以研治经学见长的学者,宗奉程朱理学。时多以程朱理学为经世之学,以顾宪成、高攀龙为代表的东林学风为其集大成。很显然,无锡荡口华氏家族在教育中自觉地将东林经世学风作为家学传承了下来。还有许多不作声言,却将东林学风渗透教育并加以实践的许许多多苏南望族以及其他家族,如后来既产生学术大师又涌现近代实业巨子的无锡钱氏(钱锺书家族)、薛氏(薛福成家族)、荣氏,毗陵唐氏(含唐顺之及迁锡支家族)、盛氏(盛宣怀家族)和庄氏(庄存与家族)等等。如毗

---

① 无锡《顾氏宗谱》卷三"家训",民国八年刻本。这顾氏家族就是顾宪成、顾允成兄弟所属的家族。
② (清)缪宏仁《丁卯除夕示诜儿》,江阴《东兴缪氏宗谱》卷三七"文存",清同治十年衍泽堂木活字本。按,缪宏仁是缪昌期曾孙。
③ 《毗陵唐氏西分支家训》,唐肯纂修《毗陵唐氏家谱》附录。
④ (清)荣汝宁纂修《梁溪荣氏宗谱》卷一"家训",清嘉庆十五年三乐堂活字本。据民国宗谱家训跋称,该家训"尚属明人手笔"。
⑤ (清)华希闵《理奇府君述略》,《华氏传芳集》卷四。

陵庄受祺"每谓汉人之学能见其大"的治学气度①，钱锺书伯祖钱熙元"援古证今，有所取法"的学术理念②，伯父钱基成精通经、史、地、兵、医学乃至"重力、汽机之学"的广博学养③，无锡近代实业家唐骧廷祖父唐懋勋"不屑屑于章句之末"④的价值倾向等等，无不涌动着东林学风的活力。

再次，书院实学氛围中的东林学风浸润。在明清苏南望族教育中有一种常见的模式，当子弟结束族塾或家塾的学业后，往往就进入当地的书院深造。毗陵的庄氏，无锡的华氏、尤氏，吴县的潘氏、彭氏，以及常熟的翁氏家族等等，都是如此。书院的学业对望族子弟来说是教育的关键阶段，通常决定着一生的发展方向。而明末以降苏南的书院充满了实学氛围，纷纷讲求经世之学。比如，乾隆时期的苏州紫阳书院，讲习时"于明理之外，务期实用，凡水利、农田、兵刑、备荒诸政必悉心讲求"⑤；光绪初年，江阴南菁书院更"专课经学古学，以补救时艺之偏"，在"古学"课考的内容中包括天文、算学、舆地、史论等实学内容。⑥这种与科举教育全然不同的氛围，可以从顾亭林实学、常州学派作追溯，但追下去却必然溯及东林学风的影响。东林学派借助书院讲学来传播其经世学说与改革主张的形式，给苏南书院刻下了深深的烙印。苏南望族子弟在书院中受到的实学浸润，必然会影响苏南社会，清代尤其是近代以来苏南的实学人才优势与此不无关系。

知识就是力量，但教育是力量之源，而强调育人、培育可用之人的教育，其力量才真正惊人。家族是社会的缩影，社会是家族的放大，苏南望族教育所受东林学风的影响为苏南的持续发展和近代领先积蓄了巨大的能量。

四、东林学风和明清苏南望族的文化

如上所述，东林学派代表人物与苏南望族关系密切（自身也出自其中），其学术也通过望族教育得以传承，因而对这些家族的文化与学术产生影响也是很自

---

① （清）庄怡孙《先考卫生府君行述》，庄清华纂修《毗陵庄氏增修族谱》卷一二下"事述"，民国二十五年铅印本。
② 钱基厚《〈衣钵集〉序》，钱基厚辑《孙庵幼年塾课选辑》卷首，1961年手稿。
③ 钱基博《大哥述略》，钱基博纂修《堠山钱氏丹桂堂家谱》卷三"行述"，民国三十七年铅印本，第15—17页。
④ （清）唐锡晋《从父景溪翁暨配葛太恭人家传》，唐肯纂修《毗陵唐氏家谱》卷三"志传碑表状事略三"，第32页。
⑤⑥ 柳诒徵《江苏书院志初稿》，赵所生、薛正兴主编《中国书院志》第1册，南京：江苏教育出版社，1995年，第59页，第65页。

首先，推促苏南望族的文化成就呈现辉煌。东林学派在汲取苏南文化养分的同时，又辐射社会和苏南望族的文化。徐霞客在科学探险和地理学上的杰出贡献，就是一个十分典型的例子。徐霞客从对山水自然的好奇发展到以科学探险、地理考察为归宿，不能仅从家族影响下的个人选择去解释，东林学派的思想也从多个方面给了他影响和帮助。一种是精神上的鼓励，高攀龙诗中的"菽水孝思""风前霞觞"也好，黄道周的"乃欲搜剔穷真灵，不畏巉岩不避死"①也罢，都表达了一种知音式的赞赏和鼓励。一种是具体指点和帮助，诸如陈仁锡为徐霞客指点自关外返京师的见闻和奇观，钱谦益力促刻印《徐霞客游记》等等。②徐霞客的成就与东林学派的实学就这样联结到了一起。此外，荡口华氏家族在近代涌现出华蘅芳、华世芳兄弟数学家，并以强大的辐射力培养出徐寿、徐建寅父子化学家和钱穆、钱伟长叔侄等大师级的人才，与东林学风传承的作用也是分不开的。

其次，为苏南望族的学术整合提供灵魂。望族文化是东林学风的重要来源，而东林学风也为望族文化与学术注入了内涵和活力。华汝修对儿子所说的"顾、高之乡可不勉乎"之语，是荡口华氏家族对高攀龙"后死绝学之系属"嘱托的落实，也是一个很好的注脚。而常州学派学术体系的灵魂可以说就是来自东林学风。一方面东林学风是联结唐顺之、薛应旂经世之学与常州学派的纽带，另一方面它也是明后期以降常州文化的灵魂。顾宪成、顾允成、薛敷教、唐鹤徵、孙慎行、钱一本等作为东林学派的代表人物和骨干成员，彼此之间诚有学术授受、联姻之谊，一旦入了东林，并活跃于其中，他们所代表的都已经不仅仅是原来的家族及其文化了。比如，唐顺之、薛应旂等的学术传统通过联姻扩大到了毗陵庄氏，而庄氏家族则对创立常州学派作出了重要贡献。清代中期的庄存与继承唐顺之"研经求世用"的学术宗旨，对数学、医学、天文、历法等实学也广泛研究，成为常州学派的创始人和代表人物。庄存与等人这种对常州经世之学的重新整合与发展，其实就如同东林学风的"灵魂转世"，二者的精神是相一致的。

再次，对苏南望族的价值取向产生作用。东林学风重视经世致用，主张发展工商业、强国富民，这一进步理念对明清时期苏南望族的价值取向影响很大。这包括两层含义，一层指的是对人生价值取向的影响。当许多地区依然盛行科举

---

① （明）黄道周《七言古一首赠徐霞客》，（明）徐弘祖著，褚绍唐、吴应寿整理《徐霞客游记》卷一○下"附编·题赠"，第1161页。
② 陈仁锡为黄道周《七言古一首赠徐霞客》所题之跋，钱谦益《嘱徐仲昭刻游记书》《嘱毛子晋刻游记书》，分别见《徐霞客游记》第1162、1186页。

之风的时候,许多苏南望族受经世学风的影响,已经注意将实学视为更有价值的学问,把务实济世而不是科举中式视为人生的追求。明末江阴人徐霞客就是实践的这一人生追求,清代荡口华翼伦对儿子华蘅芳、华世芳兄弟实施的教育、为其选择的人生方向也是如此。毗陵唐氏家训"读书"条在"读书变化气质"之语后面,又云"(读书)非止拾青紫、取荣名已也",①这不只是对读书目的也是对人生价值取向的一种解释。另一层指对职业价值取向的影响。毗陵迁锡唐氏、无锡城中薛氏、钱氏等族或出入儒贾,或致力工商实业,均视如寻常之事,与徽商发迹后仍固执于科举的归宿迥然不同。这一现象可以从无锡《荣氏家训》(明后期)②、武进《龙溪盛氏宗规》(清代)的"职业当勤"训条中"士农工商所业虽不同,皆是本职"的话语得到解释。③很显然,它们出入儒贾,或以工商实业为归宿,都是得益于"四业皆是本职"的职业价值取向的影响。苏南望族及其他家族在择业观上的机敏灵活特点与东林学风在精神上是相通的,这一突破的意义重大,打破了传统重农抑商的观念,为我们揭开苏南近代实业领先的谜底提供了一把钥匙。价值观是文化的核心内容,没有价值观的突破,就不可能有实践的突破,苏南许多家族就是从这里起步向近代化迈进的。应当指出,在价值取向的两个层面中,前者是基础,而这正是东林学风的核心内容。可以说,正是东林学风为苏南人提供了近代腾飞的坚实基础。

综上所述,东林学风的源流与苏南望族有着密切的关系,它的形成与发展更与苏南望族文化的发展和繁荣相得益彰。它在明清苏南望族文化中汲取了养分,又影响了苏南望族教育和文化,进而再辐射到更多苏南家族和整个苏南社会。而它之所以会具有那保守的伦理观,那后来的虽然务实、却"政治抗争"退化的变化,或许也可从这一点找到一些解释。当然,"务实"才是东林学风最核心的内容,形式或手段的颜色不能改变这一点,否则就无法解读苏南近代化了。

(原载《西北师范大学学报(社会科学版)》2006年第1期,收入本书时文字有修改)

---

① 《毗陵唐氏西分支家训》,唐肯纂修《毗陵唐氏家谱》附录。
② 无锡《梁溪荣氏宗谱》卷一"家训"。
③ 常州《龙溪盛氏宗谱》卷首"家训、宗规",民国三十二年敦睦堂木活字本。

东林学派学术思想

黄宗羲论东林三君子

朱光磊*

摘　要：黄宗羲以顾宪成、高攀龙、孙慎行三人思想总括东林学术。顾宪成之学在于借助理学以弥补阳明后学空谈本体之不足，但又不善解王阳明"无善无恶"之说。高攀龙之学近于阳明，但杂有禅学影响。孙慎行之学则与刘宗周、黄宗羲一系相似。黄宗羲认为三人思想有一递进之势，故而有"泾阳导其源，景逸始入细"、孙慎行"集其成"之说。

关键词：黄宗羲；顾宪成；高攀龙；孙慎行

黄宗羲对东林学人颇有敬意，他说："数十年来，勇者燔妻子，弱者埋土室，忠义之盛，度越前代，犹是东林之流风余韵也。一堂师友，冷风热血，洗涤乾坤，无智之徒窃窃然从而议之，可悲也夫！"[①]东林人物众多，学术宗旨驳杂，不易逐一考察，好在黄宗羲总结道："东林之学，泾阳（顾宪成）导其源，景逸（高攀龙）始入细，至先生（孙慎行）而集其成矣。"[②]我们以此为线索，以顾宪成、高攀龙、孙慎行三人为代表而作一番义理梳理。

一、顾宪成

顾宪成（1550—1612），字叔时，号泾阳，明代思想家。黄宗羲叙述顾宪成行

---

* 作者简介：朱光磊，男，南京大学哲学博士，苏州大学政治与公共管理学院哲学系副主任，教授，博士生导师。

① （清）黄宗羲《明儒学案》卷五八《东林学案一》，《黄宗羲全集》第8册，杭州：浙江古籍出版社，2005年，第727页。

② （清）黄宗羲《明儒学案》卷五九《东林学案二·文介孙淇澳先生慎行》，《黄宗羲全集》第8册，第814页。

履、语录颇详,由于顾宪成对王阳明"无善无恶"之说颇有微词,故黄宗羲在评论处只为"无善无恶"作辩护,并不评价顾宪成之学。我们只能就顾宪成的语录将他的学术宗旨作一定位。

其一,顾宪成论人心道心。

> 《书》言"人心惟危,道心惟微",直是八字。打开《太极图说》,言"无极之真,二五之精,妙合而凝,即人心道心",又不是截然两物也。《孟子》之论性命,备发其旨。"性也,有命焉",盖就人心拈出道心,以为舍无极没处寻二五也;"命也,有性焉",盖就道心摄入人心,以为舍二五没处讨无极也。所谓"妙合而凝",盖如此。①

> 道者,纲常伦理是也。所谓天叙有典,天秩有礼,根乎人心之自然,而不容或已者也。②

依以上两段文意来看,顾宪成不将人心、道心分作两截,认为人心不离道心,道心不离人心,道根于人心之自然。这仿佛与黄宗羲一贯坚持的"流行不离主宰,主宰不离流行""流行不失其则即见天理"类似,颇有"以心著性"之意。这与王阳明、刘宗周等人的观点一致。但结合下文来看,则又有所滑转。

其二,顾宪成论未发之中。

> 周子主静,盖从无极来,是究竟事。程子喜人静坐,则初下手事也。然而静坐最难,心有所在则滞,无所在则浮。李延平所谓看喜怒哀乐未发气象,正当有在无在之间,就里得个入处,循循不已。久之气渐平,心渐定,独居如是,遇事如是,接人如是,即喜怒哀乐纷然突交于前,亦复如是,总总一个未发气象,浑无内外寂感之别,下手便是究竟处矣。③

顾宪成将周敦颐、程伊川、李延平等人之学理解成求未发之中,并且认为下手即是究竟处。其实,求得未发之中后,尚要扩充而至已发之和。逆反未发之中为下手处,扩充已发之和为究竟处。顾宪成将已发之和收拢到未发之中上说,只讲主宰,不论流行,已失其偏。

---

①② (明)顾宪成《小心斋札记》,(清)黄宗羲《明儒学案》卷五八《东林学案一·端文顾泾阳先生宪成》引,《黄宗羲全集》第8册,第741页。

③ (明)顾宪成《小心斋札记》,(清)黄宗羲《明儒学案》卷五八《东林学案一·端文顾泾阳先生宪成》引,《黄宗羲全集》第8册,第741—742页。

其三，顾宪成论识性。

> 吃紧只在识性。识得时，不思不勉是率性，思勉是修道；识不得时，不思不勉是忘，思勉是助，总与自性无干。①

不思不勉出于《中庸》。"诚者，不勉而得，不思而中。"原义是指人心不思不勉（如孟子勿助勿长之意），则天道自然而然就在人心流露。因此，不思不勉即是心体流行之自然处，即是尽心，尽心则天理自然流露，即是率性，如孟子所言："尽心知性则知天。"没有在不思不勉之前，先去识个性理之体。盖顾宪成虽将不思不勉看作心之流行，但他仍旧如朱熹一样将心之觉性看作狭义的流行之气。故气心（人心）先要识性，方为道心。道心则以道统气之不思不勉，故为率性；而气心（人心）则无道统之，则不思不勉与性无干。在心学系统中，不思不勉本为心体之自然，顾宪成反在自然之外识性理之体，则性理不在人心上，明矣！由此可知，顾宪成对于心学未有真切的认识。

其四，顾宪成论"心即理"之艰难。

> 阳明先生曰："求诸心而得，虽其言之非出于孔子者，亦不敢以为非也。求诸心而不得，虽其言之出于孔子者，亦不敢以为是也。"此两言者，某窃疑之。夫人之一心，浑然天理，其是天下之真是也，其非天下之真非也，然而能全之者几何？惟圣人而已矣。自此以下，或偏或驳，遂乃各是其是，各非其非，欲一一而得其真，吾见其难也。故此两言者，其为圣人设乎？则圣人之心虽千百载而上下冥合符契，可以考不谬，俟不惑，无有求之而不得者。其为学者设乎？则学者之去圣人远矣，其求之或得或不得，宜也。于此正应沉潜玩味，虚衷以俟，更为质诸先觉，考诸古训，退而益加培养，洗心宥密，俾其浑然者，果无愧于圣人。如是而犹不得，然后徐断其是非，未晚也。苟不能然，而徒以两言横于胸中，得则是，不得则非，其势必至自专自用，凭恃聪明，轻侮先圣，注脚《六经》，无复忌惮，不亦误乎？阳明尝曰："心即理也。"某何敢非之？然而言何容易！孔子七十从心不逾矩，始可以言心即理，七十以前，尚不知如何也！颜子其心三月不违仁，始可以言心即理，三月以后，尚不知如何也！若漫曰心即理也，吾问其心之得不得而已。此乃无星之秤，无寸

---

① （明）顾宪成《小心斋札记》，（清）黄宗羲《明儒学案》卷五八《东林学案一·端文顾泾阳先生宪成》引，《黄宗羲全集》第8册，第744页。

之尺,其于轻重长短,几何不颠倒而失措哉!①

　　这段文字较长,但总体上的意思是说,圣人之心非常人所能达到。顾宪成表面上赞成王阳明的"心即理",但认为这不切实际。因为在顾宪成的理解中,人心本来是"无星之秤,无寸之尺",先要去识得性理之体,方由人心变为道心,方能无思无勉率性而行。由此可知,顾宪成之学,偏向程朱理学一路。其类似"以心著性"之语,并非真能切实理解心学之义理框架,而是就人心识得性理之体后的道心状态而说人心道心非截然两物。顾宪成所谓"人心之自然"亦是指人心顺从天理之自然,非如心学系统中人心中自有道心的不思不勉之自然也。

　　从以上文字可以看出,固然顾宪成意在磨合理学与心学,但其义理形态近朱而远王。正如劳思光所说:"顾氏原习王学,然未能彻悟其要旨,后因见王门后学之弊(其中以'无善无恶'之说为最著),遂又转而取程朱之说。在态度上,顾氏确欲调和双方;在理论上,则顾氏对双方立说理据之精微处皆有未察未解。"②

　　然而黄宗羲在晚年所作《移史馆论不宜立理学传书》中,曾对顾宪成评价如下:

> 以程、朱一派为正统,是矣。薛敬轩、曹月川、吴康斋、陈剩夫、胡敬斋、周小泉、张枫山、吕泾野、罗整庵、魏庄渠、顾泾阳、高景逸、冯少墟十余人,诸公何以见其滴骨程、朱也?……唐仁卿以从祀议阳明,泾阳谓之曰:"夫《学》言'致知',文成恐人认识为知,走入支离,故就中间点出一'良'字;孟子言'良知',文成恐人将此'知'作光景玩弄,走入玄虚,故就上面点出一'致'字,其意最为精密。"若使阳明之学可疑,则泾阳皆可疑矣。……不从源头上论,徒以补偏救弊之言视为操戈入室之事,必欲以水济水,故往往不能尽合也。③

　　从上文来看,似乎史馆原本有意将薛敬轩、曹月川、吴康斋、陈剩夫、胡敬斋、周小泉、张枫山、吕泾野、罗整庵、魏庄渠、顾泾阳、高景逸、冯少墟等十余人列入《理学传》。黄宗羲认为,史馆的评判标准并不从源头上立论,只是以儒者的补偏救弊之言来划分派别。笔者推论,史馆的态度可能是凡是反对程朱的或赞同陆

---

① (明)顾宪成《论学书》,(清)黄宗羲《明儒学案》卷五八《东林学案一·端文顾泾阳先生宪成》,《黄宗羲全集》第8册,第751页。
② 劳思光《新编中国哲学史》卷三下,桂林:广西师范大学出版社,2005年,第411页。
③ (清)黄宗羲《移史馆论不宜立理学传书》,《黄宗羲全集》第10册,第219—220页。

王的,都不入《理学传》,于是《理学传》中就只剩下一味赞同程朱、反对陆王的人,这就成了黄宗羲所说的"以水济水"。事实上,有些儒者学术根源为心学,他只是赞同程朱某些观点,并指出王学的问题,以救王学之弊,就容易被误判为理学派;有些儒者学术根源为理学,他只是赞同陆王某些观点,并指出理学的问题,以救理学之弊,就容易被误判为心学派。史馆将这些"补偏救弊"之论当作"操戈入室之事",而"不从源头上立论",就容易误判好多儒者的派别。

在笔者看来,黄宗羲在这段文字上用了反证法。黄宗羲假设就承认程朱一派为正统,他依照史馆以"补偏救弊"之论当作"操戈入室之事"的分判方法,分析了史馆所确定为理学派的十多位儒者。黄宗羲举例,罗整庵有反对朱子的言论,顾宪成、高攀龙有赞成阳明的言论,其余几位亦有类似反对程朱赞同陆王的言论。如果依照史馆一贯的划分方法,这些人都不属于程朱派,都不应该列入《理学传》。我们也应该看到,黄宗羲之发论,其着意之处并不在于教史馆诸公辨别心学、理学的"源头",而是用反证法证明史馆诸公分判心学、理学的荒谬性。黄宗羲真正的用意是兼容并包、博采众长,这与他编撰《明儒学案》的用意相一致。

由于黄宗羲采用反证法来证明史馆评判标准的荒谬性,所以不能简单地认定黄宗羲以为上述十余人皆是心学家而非理学家,不然就要犯和史馆以"补偏救弊"之论当作"操戈入室之事"一样的毛病。譬如,黄宗羲评价薛敬轩"复性为宗,濂洛为鹄"①,接近理学而非心学。其实,这些人物具体为何种义理形态,都需重新作具体分析,因此仅凭黄宗羲指出顾宪成赞同王阳明的"致良知",并不能简单划分顾宪成的归属,其实顾宪成反对王学"无善无恶"更为激烈。②

晚明的儒者对于部分类似"狂禅"的阳明后学都持批评态度。这些批评都强调心之觉性通达本体的艰难,注重工夫践履。此中又可分作两派:一派以程朱派为代表,认为心之觉性属于狭义之气,故没有通达本体的必然性,需要注重工夫;一派以邹守益、刘宗周等人为代表,认为心之觉性属于理,具有通达本体的潜在必然性,但由潜在转化为显在,需要注重工夫。顾宪成早年曾习王学,后深感"无善无恶"之流弊,故转而强调工夫,其学说摇摆于两派之间而不自明。其实,顾宪成赞成王阳明"致良知",既可作"以心著性"解,从而类似于邹守益、刘宗周;也可作程朱派的解法,即从朱熹之道心上立说而言"良",从朱熹之格物上立说而言"致"。笔者认为,从顾宪成的义理形态来看,更接近于后者。顾宪成猛烈抨击王

---

① (清)黄宗羲《明儒学案》卷七《河东学案上·文清薛敬轩先生瑄》,《黄宗羲全集》第7册,第121页。
② 参看步近智、张安奇《顾宪成高攀龙评传》,南京:南京大学出版社,1998年,第233—242页。

阳明"无善无恶",以朱子之学救阳明之弊。刘宗周曾评价道:"顾宪成之学朱子也,善善而恶恶,其弊也必为申、韩,惨刻而不情。"①此语见于黄宗羲所作《子刘子行状》,黄宗羲亦知其师对顾宪成学术之评价。在《明儒学案》评论顾宪成的章节中,黄宗羲虽不直接批评顾宪成之学,但转而为王阳明作大段辩护,可知黄宗羲对顾宪成不善解阳明有所不满。

二、高攀龙

高攀龙(1562—1626),字存之,又字云从,号景逸,明代思想家。黄宗羲对高攀龙的主要评价如下:

> 先生(高攀龙)之学,一本程、朱,故以格物为要。但程、朱之格物以心主乎一身,理散在万物,存心穷理,相须并进。先生谓"才知反求诸身,是真能格物者也",颇与杨中立所说"反身而诚,则天下之物无不在我"为相近,是与程、朱之旨异矣。先生又曰:"人心明,即是天理。穷至无妄处,方是理。"深有助乎阳明"致良知"之说。而谓"谈良知者致知不在格物,故虚灵之用多为情识,而非天则之自然,去至善远矣。吾辈格物,格至善也,以善为宗,不以知为宗也",夫善岂有形象?亦非有一善从而知之,知之推极处,即至善也。致良知正是止至善,安得谓其相远?总之,致知格物,无先后之可言。格物者申明"致"之一字,格物即在致之中,未有能致而不谓之格物者。先生谓有不格物之致知,则其所致者何事?故必以外穷事物之理为格物,则可言阳明之致知不在于格物。若如先生言,人心明即是天理,则阳明之致知即是格物,明矣。先生之格物,本无可议,特欲自别于阳明,反觉多所扞格耳。②

黄宗羲认为,高攀龙之学表面上本于程朱,但在论心方面,却是心内求理而非心外求理。高攀龙论致良知,以格至善而言格物,并批评不格物之致知为虚灵之用,多为情识。在黄宗羲看来,王阳明之致良知即是止于至善,致良知与格物即为一事,认为"忠宪以阳明之学攻阳明,不过欲为朱子之调人耳,其实忠宪之格

---

① (清)黄宗羲《子刘子行状》卷一〇,《黄宗羲全集》第1册,第211页。
② (清)黄宗羲《明儒学案》卷五八《东林学案一·忠宪高景逸先生攀龙》,《黄宗羲全集》第8册,第759页。

物与阳明之格物无有二也"①。

其(高攀龙)言释氏之学,"其精微,吾儒具有之,总不出'无极'二字","其弊病","总不出无理二字",以为分别之精矣。然忠宪之所谓理者,求之人生而静以上,则未免"言语道断""心行路绝"相去不远。即其正命之语曰"心如太虚,本无生死",先师谓先生心与道一,尽其道而生,尽其道而死,是谓"无生死",非佛氏之无生死也。高子之阑入禅门者不过如此,亦何碍乎其为圣学乎?②

张应鳌问曰:"今日先生(刘宗周)与高先生(高攀龙)丙寅事相类,高先生曰'心如太虚,本无生死',先生印合如何?"先生曰:"微不同。非本无生死,君亲之念重耳。"③

高攀龙以无极之精微为儒佛之共有,又以佛为无理、儒为有理而分别异同。但黄宗羲认为高攀龙仍旧夹杂禅学,原因有二:其一,高攀龙所谓理,是求人生而静以上,与禅学"言语道断,心行路绝"一层不远。其二,高攀龙正命之语"心如太虚,本无生死"与刘宗周正命之语"非本无生死,君亲之念重耳"不同。高攀龙之语,类似阳明"无善无恶"之作用层以言心体;刘宗周之语,以"至善无恶"之创生层言心体。虽然刘宗周辨之,以为高攀龙正命之语非佛氏之生死,然黄宗羲仍以之为禅语。不过黄宗羲从整体上仍旧肯定了高攀龙之学,认为不碍其为圣学。

三、孙慎行

孙慎行(1565—1636),字闻斯,号淇澳,明代思想家。黄宗羲赞叹孙慎行集成东林之学,主要表现在以下四个方面:
其一,太和之气。

世说天命者,除理义外,别有一种气运之命杂糅不齐,因是则有理义之性、气质之性,又因是则有理义之心、形气之心,三者异名而同病。先生谓:

---

① (清)黄宗羲《与顾梁汾书》,《黄宗羲全集》第10册,第213页。
② (清)黄宗羲《与顾梁汾书》,《黄宗羲全集》第10册,第212页。
③ (清)黄宗羲《子刘子行状》卷下,《黄宗羲全集》第1册,第248—249页。

>"孟子曰：'天之高也，星辰之远也，苟求其故，千岁之日至，可坐而致也。'是天之气运之行无不齐也，而独命人于气运之际顾有不齐乎哉？盖一气之流行往来，必有过有不及，故寒暑不能不错杂，治乱不能不循环。以人世畔援歆羡之心，当死生得丧之际，无可奈何而归之运命，宁有可齐之理？然天惟福善祸淫，其所以福善祸淫，全是一段至善。一息如是，终古如是，不然则生理灭息矣。此万有不齐中一点真主宰。"先生之所谓齐也。①

孙慎行反对理义之性、气质之性，认为天地只有一气之运行。人只在过与不及处看，以为不齐，其实万有不齐，有一点真主宰，此为齐也。孙慎行持太和之气的观点，以此太和之气的主宰为天理。

其二，性气一体。

>先生谓："性善，气质亦善。以麰麦喻之，生意是性，生意默默流行，便是气；生意显然成象，便是质。如何将一粒分作两项，曰性好，气质不好？盖气禀实有不齐，生而愚知清浊较然分途，如何说得气质皆善？然极愚极浊之人未尝不知爱亲敬长，此继善之体不以愚浊而不存，则气质之非不善可知。"先生之所以为善也。②

孙慎行反对性与气两分，认为性善，气亦善。性善是创生的根源，扩充而有气质，而达到一体之仁。

其三，人心即道心。

>先生谓："人心、道心，非有两项心也。人之为人者心，心之为心者道，人心之中，只有这一些理义之道心，非道心之外别有一种形气之人心也。盖后人既有气质之性，遂以发于气质者为形气之心，以为心之所具者。此些知觉，以理义实之，而后谓之道心，故须穷天地万物之理，不可纯是己之心也。若然，则人生本来只有知觉，更无理义，只有人心，更无道心。即不然，亦是两心夹杂而生也。"此先生之说长也。③

---

① （清）黄宗羲《明儒学案》卷五九《东林学案二·文介孙淇澳先生慎行》，《黄宗羲全集》第8册，第812—813页。
②③ （清）黄宗羲《明儒学案》卷五九《东林学案二·文介孙淇澳先生慎行》，《黄宗羲全集》第8册，第813页。

孙慎行反对人心、道心的两分,认为人心之中即有道心。
其四,理在心中。

> 阳明门下,自双江、念庵以外,总以未发之中认作已发之和,谓工夫只在致和上,却以语言道断、心行路绝上一层唤作未发之中。此处大段着力不得,只教人致和着力后,自然黑窣撞着也。先生乃谓从喜怒哀乐看,方有未发。夫人日用间,岂必皆喜怒皆哀乐?即发之时少,未发之时多,心体截得清楚,工夫始有着落。自来皆以仁义礼智为性,恻隐羞恶辞让是非为情。李见罗《道性编》欲从已发推原未发,不可执恻隐羞恶辞让是非之心而昧性,自谓提得头脑,不知有恻隐而始有仁之名,有羞恶而始有义之名,有辞让而始有礼之名,有是非而始有智之名,离却恻隐羞恶辞让是非,则心行路绝,亦无从见性矣。先生乃谓孟子欲人识心,故将恻隐之心指为仁之端,非仁在中而恻隐之心反为端也。如此,则见罗之说不辨而知其非矣。①

孙慎行反对李见罗等人求天理于人生而静以上,认为天理就在人生的四端之心上。

以上第三、四点为一个意思,其实归纳起来,即:以太和论气,未发之中扩充已发之和,即心而求理。此三点为孙慎行和黄宗羲所共同持有。

泾阳(顾宪成)之学在于借助理学以弥补阳明后学空谈本体之不足,但又不善解王阳明"无善无恶"之说。景逸(高攀龙)之学近于阳明,但杂有禅学影响。孙慎行之学则与刘宗周、黄宗羲一系之说相似。如果按照黄宗羲的思想判别,高攀龙、孙慎行之学属于"心内求理",而顾宪成之学左右于"心内求理"与"心外求理"之间,不期然而滑至"心外求理"之窠臼。这三人的关系,颇与朱熹、王阳明、刘宗周相一致。在黄宗羲看来,儒学思想的发展,王阳明救朱熹之弊而超越朱熹,刘宗周救朱熹、阳明后学之弊而超越朱熹、阳明,故而黄宗羲有泾阳导其源,景逸始入细,孙慎行集其成之说。

如果严格按照黄宗羲的思想判别,高攀龙、孙慎行应在"回护与赞许"之列,顾宪成思想摇摆于理学与心学之间,而"源头"处更倾向理学,应在"简别与批判"之列。在笔者看来,或许由于黄宗羲对东林学人颇有敬意,故讳言顾宪成之学矣。

---

① (清)黄宗羲《明儒学案》卷五九《东林学案二·文介孙淇澳先生慎行》,《黄宗羲全集》第8册,第814页。

略论黄宗羲编著《东林学案》之旨趣

雷天籁*

摘　要：钱穆和沟口雄三的思想史著述对后学理解东林学派提供了助益,但并未分析黄宗羲编著《东林学案》之用意。从整部《明儒学案》的编著来看,《东林学案》明确将东林定位成一个思想学派,是历史上严肃对待东林思想的首次努力尝试。其独特的思想依据在于通过与《蕺山学案》对比,实现《明儒学案》的"一本""万殊"之辨。黄宗羲试图在阳明学自身发展的脉络中定位东林学派,通过对顾宪成、高攀龙、孙慎行三位学者的介绍和评价,指出三人的一致性在于,立足于阳明学之内在理路,对阳明后学在工夫论问题上的流弊进行清理。顾宪成开启了这一进程,高攀龙初步完成了工夫论的辨析,并为东林学者的气节奠定思想基础,孙慎行完成了最后的理论建构。

关键词：东林学派；明儒学案；黄宗羲

一、学术与政治：东林诸面向之省思

近代论东林者,钱穆(宾四,1895—1990)先生在其学术思想史意义上发挥最多,可谓情有独钟。宾四之《中国近三百年学术史》以东林上承宋学而下启汉学,所论凡四：一曰"宋学重经世明道,其极必推之于议政,故继之以东林","宋元明三朝六百年讲学史者,亦以东林为殿";[①]二曰清初两大家顾炎武(亭林,1613—1682)和黄宗羲(梨洲,1610—1695)"导源东林",而亭林、梨洲又为清代学术之开端;[②]三曰东林已开清初理学之绪,如刘宗周之理学(蕺山,1578—1645)与东林

---
*　作者简介：雷天籁,男,北京大学哲学系博士研究生。
①　钱穆《中国近三百年学术史·自序》,《钱宾四先生全集》第16册,台北：联经出版事业公司,1998年,第15页,第9页。
②　钱穆《中国近三百年学术史》,第22、38页。又按,宾四实际上认为清代考据学的兴起还可以追溯至亭林之前(见氏著第167页),不过这并不妨碍宾四对东林的界定。

"无甚分别",孙奇逢(夏峰,1584—1675)、陆世仪(号桴亭,1611—1672)仍是"东林以来旧辙";①四曰乾嘉之经学、史学亦受东林学风和书院讲学影响②。

东林之所以在宾四先生书中扮演如此关键的角色,则不外乎两点,一曰"讲学",二曰"清议",又或谓"实学"和"实行"、"明道"和"经世"。所谓"讲学"者,并非一般的聚众授学,而是明代中后期特有的活动,宾四将其归纳为"私人讲学之第三期",称其"完全脱离学校气味",而东林讲学"由名士清议所激起",功能不再限于教学。③换言之,"清议"其实构成东林"讲学"定义中之关键一环,无论"实行"还是"经世",如阙一者,另一者辄不可立。由此,"东林"或可谓宾四撰著此书时一个潜在的问题意识,若宋学的核心和趋势在于"经世"和"明道"之合一,则东林这种"讲学"和"清议"共存的结构正符合宾四心中宋学的最终理想形态。同时借此观照清代学术,由于东林和明亡的关联,以及清廷的政治高压,那么无论是学术还是政治,汉学都不再可能企及东林的高度,而这种看似与东林意趣相悖的学术形态却又与东林的消亡息息相关。④

有趣的是,沟口雄三(1932—2010)先生尽管有着与宾四完全不同的旨趣,但也尽可能地扩大了东林的历史意义。沟口先生明言:"本文把在这种时代背景下朝着共同的方向寻求变革、摸索新的体制和模式的人士的思想潮流都看作本文的研究对象,称之为所谓东林派人士的思想。"⑤故举凡政治、乡村、经济、社会、思想和哲学诸层面在明清鼎革时的变动皆可属之东林。不过,这并非意味着任何明末的士人都可归于东林一派。如其认为梨洲之《东林学案》只是凭其"思想谱系"而挑选,同时亦不完全认可《东林党人榜》以及清人编撰的《东林列传》中的人物,后两者不免由于政治因素牵涉过多。⑥沟口先生对东林的界定自有其一番用心,在明末清初的时代剧变中,东林意味着"新的政治和道德秩序的担当者",其与梨洲、亭林甚至李贽(号卓吾,1527—1602)一脉相承。⑦

---

① 钱穆《中国近三百年学术史》,第17页。
② 钱穆《中国近三百年学术史》,第23页。又按,然关于东林与乾嘉学术之关系,宾四的态度颇为微妙,详后。
③ 钱穆《国史大纲》,《钱宾四先生全集》第28册,第907、911页。另参陈来《明嘉靖时期王学知识人的会讲活动》,《中国学术》第4辑,北京:商务印书馆,2000年。
④ 参见钱穆《中国近三百年学术史》,第23页;钱穆《顾泾阳、高景逸学述》,收入《中国学术思想史论丛(四)》,《钱宾四先生全集》第21册,第319—320页。
⑤ [日]沟口雄三《所谓东林派人士的思想》,《中国的历史脉动》,北京:生活・读书・新知三联书店,2013年,第180页。
⑥ [日]沟口雄三《所谓东林派人士的思想》,《中国的历史脉动》,第10页,第14页。
⑦ [日]沟口雄三著,龚颖译《中国前近代思想的屈折与展开》,北京:生活・读书・新知三联书店,2011年,第343页。

宾四和沟口先生之探索或可总结为两条针锋相对之路径，如宾四侧重思想之延续，不仅在宋学中定位东林，可谓汇通朱子（1130—1200）和阳明（1472—1529），更将其视为清代学术之导引，借此平汉宋之是非。而沟口先生则首言思想之变革，认为东林所代表的"中坚地主阶层"于明末采取了一系列政治斗争和社会变革，故其思想虽采用了理学话语，然背后已经蕴含了对时代不同以往的认知，在宋学的脉络中划分其为朱子学还是阳明学意义不大。① 沟口先生还借此提醒不得强行"从名称上区分考证学、经世致用之学与阳明学"，考证和经世并非专属于东林之课题。②

宾四和沟口先生着眼于长时段的思想史致思，为后学理解东林提供了极大的助益，但二位先生的见解不免有过分夸大之嫌。宾四以宋学和东林为始，纵览清代学术，无奈于文字狱兴起后宋学之式微，那么东林和清初诸儒身上便寄寓着其个人理想。然若将多种学术传统同时附之东林，则反而淹没了东林之为东林的思想史意义，泛泛而谈恐流于粗疏，更何况东林能否成为宋学之殿军、汉学之导引亦不无疑问。而沟口先生尝试在政治、经济等非思想层面上凸显东林之意义，并借此窥见东林思想之内涵。暂且不论东林是否能代言整个时代变革，只要论及思想，这一努力的要害有二：其一，由于吸纳了过多的人士，顾宪成（泾阳，1550—1612）和高攀龙（景逸，1562—1626）等东林人士之思想能否同样概括整个时代？这样的殊荣在明代或许只能归之阳明；其二，将东林之思想从宋学中割离出来，过于强调变革和概念的时代性，忽略了宋学的内在脉络，此处之旨趣恰好与梨洲之《明儒学案》相反。

二、《东林学案》之于《明儒学案》的意义

对比宾四和沟口先生之论述，梨洲之《东林学案》或许对于今人把握东林思想仍有不可忽视的意义。如《明儒学案发凡》（以下简称"《发凡》"）所示，梨洲此著有意与《圣学宗传》和《理学宗传》二书对话。③ 然《圣学宗传》并未著录与东林相关的内容，《理学宗传》则将泾阳、景逸分卷论述，虽认为不得以党争视东林，但

---

① ［日］沟口雄三《所谓东林派人士的思想》，《中国的历史脉动》，第179—181页。
② ［日］沟口雄三《所谓东林派人士的思想》，《中国的历史脉动》，第179—181页。另参杨念群《"经世"观念史三题》，《文史哲》，2019年第2期。
③ （清）黄宗羲《明儒学案》卷首，《黄宗羲全集》第13册，杭州：浙江古籍出版社，2012年。

亦未将其明确定位成一个思想学派（详后）。① 而既然时人言及东林皆难以摆脱党争和明亡之前见，很难真正从思想上理解东林，那么如宾四尝试在思想之延续性上勾连东林和清代学术则不免缺乏明确的文本依据，更多体现为一种思想史洞见。故《东林学案》或可谓历史上严肃对待东林思想的首次努力尝试，梨洲之用心颇值得深究。

就整体意义上的《明儒学案》而言，已有论者深入阐述了梨洲撰述是书之用心。如朱鸿林先生指出，此虽为《圣学宗传》和《理学宗传》同类著作，然已展现出不同于"宗统式教法"之性质，不分主次，不定一尊。②陈畅老师则认为梨洲批评《理学宗传》等书并非因为其不够客观，而是在兼收并蓄的同时欠缺"组织性"，由此深入地揭示了《明儒学案》内在的问题意识是如何将众多学说组织起来以展示其政教意义，建立合理的公共社会。③ 二说鞭辟入里，拙文以下试图结合《自序》《发凡》以及《东林学案》继续探讨这一问题。梨洲曰：

> 盈天地皆心也，变化不测，不能不万殊……夫先儒之语录，人人不同，只是印我之心体变动不居……羲为《明儒学案》，上下诸先生，深浅各得，醇疵互见，要皆功力所至，竭其心之万殊者而后成家……于是为之分源别派，使其宗旨历然……间有发明，一本之先师，非敢有所增损其间。④

> 从来理学之书，前有周海门《圣学宗传》，近有孙钟元《理学宗传》，诸儒之说颇备……且各家自有宗旨，而海门主张禅学，扰金银铜铁为一器，是海门一人之宗旨，非各家之宗旨也。钟元杂收，不复甄别，其批注所及，未必得其要领，而其闻见亦犹之海门也。⑤

按陈畅老师所言，此处之要旨有二。其一，以"心体"与"心"之间的"一本""万殊"之辨阐明著述性质。那么哲学史中用以概括梨洲思想的名句"盈天地皆心也"首先回答的其实是《明儒学案》的编排问题。梨洲虽主张分源别派、宗旨分明，然亦不止于朱鸿林先生所言各自罗列，平面类比，仅用作学习资料。其二，尤其强调谨遵其师刘宗周之说，那么《明儒学案》的价值不仅在于展现出"知识平台

---

① 参见（清）孙奇逢《理学宗传》卷一一《顾端文公》，清康熙六年刻本。
② 朱鸿林《为学方案——学案著作的性质与意义》，收入《〈明儒学案〉研究及论学杂著》，北京：生活·读书·新知三联书店，2016年，第18—25页。
③ 陈畅《〈明儒学案〉中的宗传与道统——论〈明儒学案〉的著述性质》，《哲学动态》，2016年第11期。
④ （清）黄宗羲《明儒学案》卷首《自序》，《黄宗羲全集》第13册。
⑤ （清）黄宗羲《明儒学案》卷首《明儒学案发凡》，《黄宗羲全集》第13册。

的客观公共性",而且体现为"一部'以师学为尊'的心性之学著作"。① 因此,《明儒学案》虽力图展现不同学派、学者之宗旨,但这些宗旨仍需"深浅各得""醇疵互见",那么"万殊"和"变化不测"的内涵就不仅在于差异、多样之显现,或者说,分辨不同宗旨尚不足以呈现"变动不居"之"心体",毕竟《圣学宗传》和《理学宗传》亦可谓"诸儒之说颇备",却仍为梨洲批评以一己私意独断诸儒。所以"一本""万殊"之辨并不能单单限于对蕺山、梨洲思想之分析,《明儒学案》不同于大多数语录、文集的地方就在于梨洲将试图在不同学案中具体呈现这种张力。

《东林学案》之撰著或许极为微妙地表现了这一点,梨洲于其开篇写道:

> 今天下之言东林者,以其党祸与国运终始,小人既资为口实,以为亡国由于东林,称之为两党……嗟乎!此巵语也。东林讲学者,不过数人耳,其为讲院,亦不过一郡之内耳。②

若仅措意于此,看似梨洲编著该学案的缘由是反对时人以党争论东林,并强调明末的忠义之风导源于东林之学。然只要对比《理学宗传》评价泾阳的相关文字,夏峰业已表达过近乎一致的立场:

> 予弱冠赴京师时,东林之名甚著。……予询学士年长者:"东林人果如何?"长者云:"东林君子也,未必人尽君子。"……晚得泾阳诸集读之,开豁洞达,晰义甚严,而持论甚正,评人处不徇不刻,自是迩来诸儒之冠。……《宗传》一编已就绪,而及门人仍有疑泾阳者。曰:"子何疑?"曰:"疑其人。万历年之党局始自泾阳,国运已终,而党祸犹未已也。"……曰:"子谓'无偏无党,王道荡荡。无党无偏,王道平平',尚可望于今之世哉?"……则泾阳之气魄精神度越诸子远矣。③

言东林而必先清除党争成见,此为夏峰和梨洲作为思想家之敏锐。然二先生最大的不同在于,只有梨洲在此明确将东林定位成一个思想学派。东林非党,亦可有学哉?从《自序》《发凡》主张的分源别派来看,真正使得东林之为东林是清晰显明的论学宗旨。换言之,不以党争论思想只是基本门槛,尚不足以成为东

---

① 陈畅《〈明儒学案〉中的宗传与道统——论〈明儒学案〉的著述性质》;陈畅《个体性与公共性之间——论〈明儒学案〉的形上学结构及其当代意义》,《中国哲学史》,2019年第5期。
② (清)黄宗羲《明儒学案》卷五八《东林学案一》,《黄宗羲全集》第17册,第1497—1498页。
③ (清)孙奇逢《理学宗传》卷一一《顾端文公》。

林单独编为学案的哲学依据,那么梨洲编著该学案的用意恐怕另藏他处。

梨洲又在《蕺山学案》开篇写道:

> 今日知学者,大概以高、刘二先生并称大儒,可以无疑矣。然《高子遗书》初出之时……先师时摘其阑入释氏者以示羲……忠宪固非佛学,然不能不出入其间,所谓大醇而小疵者。若吾先师,则醇乎其醇矣……然观日初《高刘两先生正学说》云:"忠宪得之悟,其毕生黾勉,祗重修持,是以乾知统摄坤能;先师得之修,其末后归趣,亟称解悟,是以坤能证入乾知。"夫天气之谓乾,地质之谓坤,气不得不凝为质,质不得不散为气,两者同一物也……岂有先后? 彼徒见忠宪旅店之悟,以为得之悟,此是禅门路径,与圣学无当。①

忠宪为景逸之谥号,而景逸又名列梨洲《东林学案》中。梨洲认为景逸足以与其师蕺山并列当时之两大儒者,而在其同门看来,二先生并称乃因其宗旨各异,故将"悟""修"分属景逸、蕺山之学。梨洲显然已经认可了二先生之宗旨有别,景逸既然能与先师并称,并受到蕺山重视,那么必然自有其为学之宗旨,列入学案足矣。至于具体有何差异,梨洲当即不赞成同门的总结。不仅"悟""修"分属有误,二先生之学亦非等同互补之关系,而是蕺山之学"醇乎其醇",景逸之学"醇而小疵"。这不仅合乎梨洲《自序》中"醇疵互见"之用意,亦初步符合梨洲所记载的蕺山之判断,此又《明儒学案》"一本之先师"的体现。然而值得注意的是,这绝非意味着《东林学案》之编著就是为了尊奉师说,彰显蕺山之学的纯正,从而借以判析他学,如此则与夏峰之书无异。进言之,作为《明儒学案》中在思想、时代、师承等方面与梨洲关系最为切近的蕺山和东林,二者既是梨洲个人治学的源泉,又应是此书"一本""万殊"之辨的集中体现。在此意义上,"醇而小疵"更多的只是遵照师说的一种表达,而梨洲实际上给予了东林极高的思想评价,最重要的一句便是"数十年来,勇者燔妻子,弱者埋土室,忠义之盛,度越前代,犹是东林之风流余韵也"②,蕺山亦言"自东林之以忠义著,是非定矣"③,此或许是蕺山都未曾企及的对时人的影响力。总之,"醇而小疵"之重点或非"疵"而在"醇",而要真正做到"醇疵互见",正有必要进一步探源梨洲编著《东林学案》之宗旨。

---

① (清)黄宗羲《明儒学案》卷六二,《黄宗羲全集》第17册,第1643—1644页。
② (清)黄宗羲《明儒学案》卷五八《东林学案一》,《黄宗羲全集》第17册,第1498页。
③ (清)黄宗羲《明儒学案》卷六二《蕺山学案·忠端刘念台先生宗周》,《黄宗羲全集》第17册,第1644—1645页。

三、梨洲论《东林学案》之宗旨

不过,《蕺山学案》开头所见梨洲对于景逸的叙述仍有一个潜在的问题,既然只有蕺山、景逸二先生并称于世,但梨洲并未单列景逸为学案,而是包括景逸在内共收录十七人,这便是今日所见《东林学案》。换言之,梨洲以为景逸之学并非孤例,而是可以在一个名为"东林"的脉络中得以把握。这其实已经大不同于时人和蕺山的认知,时人如其同门并称景逸、蕺山;而蕺山认为景逸近佛,又评价泾阳称"顾宪成之学,朱子也,善善恶恶,其弊也必为申、韩,惨刻而不情。佛、老之害,自宪成而救,臣惧一变复为申、韩……",那么泾阳、景逸之旨自当各异。① 梨洲不仅认为景逸非佛,更将泾阳、景逸、孙慎行(淇澳,1565—1636)三人之学归纳为一种内在理路:"是故东林之学,泾阳导其源,景逸始入细,至先生(按,淇澳)而集其成矣。"② 因此,梨洲不仅如前所述第一次在严格意义上定位并归纳了东林之学,且由此可见蕺山、梨洲师徒二人对东林的理解并不完全一致。陈畅老师曾以此为线索分析了东林之学的工夫论、本体论,将其定位为"新型的心学",谓之"从救正阳明后学流弊一步一步发展出的新的形上学形态",显现出东林哲学的独特意义。③ 然而,若翻检《东林学案》,梨洲对泾阳、景逸的关键评价却是,"(泾阳)今错会阳明之立论"④,"(景逸)深有助乎阳明致良知之说","先生(按,指景逸)之格物,本无可议,特欲自别于阳明,反觉多所扞格耳"。⑤ 今人可能大多注意到东林对朱子学之借鉴,以及相对于阳明学之革新,但自梨洲的视角而言,泾阳、景逸虽自认为有别于阳明,实际上却助益于阳明之旨,那么,梨洲编著《东林学案》的目的之一恰恰是指出泾阳、景逸与阳明之内在

---

① (明)刘宗周《修正学以淑人心以培国家元气疏》,刘宗周著,吴光主编《刘宗周全集》第 4 册"文编上",杭州:浙江古籍出版社,2012 年,第 18 页。
② (清)黄宗羲《明儒学案》卷五九《东林学案二·文介孙淇澳先生慎行》,《黄宗羲全集》第 17 册,第 1577—1578 页。
③ 陈畅《东林学派的"新心学"建构——论明清之际哲学转向的一个新视角》,《中山大学学报》(社会科学版),2020 年第 3 期。
④ (清)黄宗羲《明儒学案》卷五八《东林学案一·端文顾泾阳先生宪成》,《黄宗羲全集》第 17 册,第 1503 页。
⑤ (清)黄宗羲《明儒学案》卷五八《东林学案一·忠宪高景逸先生攀龙》,《黄宗羲全集》第 17 册,第 1527—1528 页。

关联。①因此,亦正由于前辈学者们对朱子学、阳明学的理解本就千差万别,暂且抛开定位东林理学立场的复杂问题,重新审视梨洲定位泾阳、景逸、淇澳之言,厘清其《东林学案》之宗旨,可能不无意义。拙文以下亦借梨洲之言为线索,从泾阳、景逸、淇澳三个方面具体分析《东林学案》之宗旨。

1."泾阳导其源"

由上述所引可见,梨洲对东林之定位与其对阳明后学之思想史理解息息相关,并且在评价泾阳时又提到了王畿(龙溪,1498—1583):"当时之议阳明者,以此为大节目(按,指无善无恶之说),岂知与阳明绝无干涉?呜呼!天泉证道,龙溪之累阳明多矣!"②不过这并非表明其在阳明后学分歧中所处之立场以及严格意义上对龙溪之批评,对比梨洲在《浙中王门学案》中的相关论述:

> 夫良知既为知觉之流行,不落方所,不可典要,一著功夫,则未免有碍虚无之体,是不得不近于禅;流行即是主宰,悬崖撒手,茫无把柄,以心息相依为权法,是不得不近于老……然先生亲承阳明末命,其微言往往而在……以学术之盛衰因之……先生疏河导源,于文成之学固多所发明也。③

此处讨论的应是龙溪的"现成良知"说。④ 虽言及"虚无之体",梨洲显然着重从工夫的角度进行批评:既然良知本体无时无处不发用流行,那么就很难从具体的工夫上把握,从哲学史上说自非独创。然此处的重点并非梨洲等人对龙溪的评价是否公允,而是梨洲注意到龙溪之学虽不无流弊,但的确是阳明学未来盛衰变化中的一个必然动向。因此,梨洲在评价泾阳时重提龙溪,便是为了泾阳对阳明的误解作初步辩护。进而,东林学者虽自视不同于阳明,然在梨洲看来,泾

---

① 如日本学者冈田武彦先生指出东林是"遵从在心之体即内在的性中求理的朱子学",并认为东林在明末反对阳明学是理所当然之事,见氏著,吴光等译《王阳明与明末儒学》,上海:上海古籍出版社,2000年,第367页。张学智老师则认为泾阳、景逸是对朱子学、阳明学的调和,见氏著《明代哲学史》,北京:北京大学出版社,2000年,第399、416页。
② (清)黄宗羲《明儒学案》卷五八《东林学案一·端文顾泾阳先生宪成》,《黄宗羲全集》第17册,第1504页。
③ (清)黄宗羲《明儒学案》卷一二《浙中王门学案二·郎中王龙溪先生畿》,《黄宗羲全集》第13册,第253页。
④ 如吴震老师解释称:"所谓'现成良知',旨在强调良知对于每个人来说都是先天具足,同时,良知又必然在日常生活的每时每刻'发见流行'。"复旦大学哲学系中国哲学教研室编《中国古代哲学史》下册,上海:上海古籍出版社,2006年,第705页。

阳实际上开启了阳明学在明末的复归。这一复归的实质在于,东林学者立足于阳明学之内在理路对阳明后学在工夫论问题上的流弊进行清理,此之谓"泾阳导其源"。

2. "景逸始入细"

接下来,工夫论亦是梨洲辨析景逸之学时的主要角度。《困学记》中记载景逸为学工夫多番徘徊于静坐与否,终称:"顾泾阳先生始作东林精舍,大得朋友讲习之功,徐而验之,终不可无端居静定之力……学者神短气浮,须数十年静力,方得厚聚深培。"①那么,正是跟随泾阳在东林讲习之后,景逸确定了自己的工夫路径。其不仅讲求静坐,亦肯定程朱格物之旨,甚至以静为主旨来把握。如:"彦文问:'静中何以格物?'先生(按,指景逸)曰:'格物不是寻一个物来格,但看身心安妥。……安妥便要认,认即是格物。"②因此,今人认为景逸之学更偏向朱子,的确有明确的文本依据,甚至梨洲亦云:"先生之学,一本程朱,故以格物为要。"③

然而关键恐怕在于,即便如此,梨洲仍认定景逸之学只是表面上推崇程朱,实际上仍是阳明学。简单来说,梨洲以为程朱的格物说是心内物外,理在外物之上,故需"存心"和"穷理"两头并进之功;而阳明学主张万物一体,天下之物俱在我,故无需外求,这种倾向正可见于景逸的静坐工夫中。④ 事实上,若翻检梨洲于《东林学案》中论及钱一本(启新,1546—1617)、史孟麟(玉池,1559—1623)之语,亦在工夫论上有相近表述:

> 总之,致知格物,无先后可言……先生(按,景逸)谓有不格物之致知,则其所致者何事?故必以外穷事物之理为格物,则可言阳明之致知不在于格物。若如先生言"人心明即是天理",则阳明之致知即是格物明矣。⑤

> 先生(按,指钱启新)之学……惩一时学者喜谈本体……此言深中学者之病。至谓"性固天生,亦由人成,故曰成之者性",夫性为自然之生理……

---

① (明)高攀龙《高子遗书》卷三《困学记》,清文渊阁《四库全书》本。此句亦为梨洲《明儒学案》所引。

② (明)高攀龙《高子遗书》卷五《会语—百则》。

③ (清)黄宗羲《明儒学案》卷五八《东林学案一·忠宪高景逸先生攀龙》,《黄宗羲全集》第17册,第1527页。如陈畅老师则从未发、已发之辨分析景逸"大致上是朱子诠释的工夫论范式",《东林学派的"新心学"建构——论明清之际哲学转向的一个新视角》,第104页。另参萧如敏《东林学派与晚明经世思潮》,台北:花木兰文化出版社,2009年,第91—95页。

④⑤ (清)黄宗羲《明儒学案》卷五八《东林学案一·忠宪高景逸先生攀龙》,《黄宗羲全集》第17册,第1527页,第1527—1528页。

以成亏论性,失之矣。①

> 先生(按,指史玉池)师事泾阳,因一时之弊,故好谈工夫。夫求本体即是工夫,无工夫而言本体,只是想象卜度而已,非真本体也。……其时杨晋庵颇得其解,移书先生,谓错会阳明之意是也。②

既然致知、格物并非两事,朱子强分为二,而阳明总括为一,那么朱子异于阳明,阳明却可以容纳朱子。梨洲这种判析带有比较明显的心学色彩,不见得会为所有学者接受,但是,其并非没有注意到东林学者对阳明学的批评。只要景逸等人有不假外求的倾向,那么就很有可能只是在工夫论上的一种纠偏,不可简单地将其宗旨归纳为朱子学。事实上,景逸等人的文集、语录中虽有推崇朱子之语,这无异于梨洲提醒后学,《高子遗书》虽推崇朱子,而所言则未必相合。

此外,梨洲论景逸之学亦不限于判析朱子、阳明。《东林学案》除泾阳、景逸、淇澳三人外,另载十余人,一半之人仅有传略,梨洲则多在其中称颂其气节,此亦与景逸相关。梨洲云:

> 其后涵养愈粹,工夫愈密,到头学力,自云:"心如太虚,本无生死。"子刘子谓:"先生心与道一,尽其道而生,尽其道而死,是谓无生无死。"非佛氏所谓无生死也。③
>
> 先生(按,指华允诚,号凤超,景逸弟子)师事高忠宪,忠宪殉节,示先生以末后语云:"心如太虚,本无生死。"故其师、弟子之死,止见一义,不见有生死,所以云"本无生死"。若佛氏离义而言生死,则生也为罔生,死也为徒死。④

这不仅仅说明景逸对待生死与佛氏有别,而是指出东林人士不惧生死之气节的某种哲学依据。若按此处佛氏之理解,其正是因为纠结于人之生死,从而借

---

① (清)黄宗羲《明儒学案》卷五九《东林学案二·御史钱启新先生一本》,《黄宗羲全集》第17册,第1564页。
② (清)黄宗羲《明儒学案》卷六〇《东林学案三·太常史玉池先生孟麟》,《黄宗羲全集》第17册,第1604—1605页。
③ (清)黄宗羲《明儒学案》卷五八《东林学案一·忠宪高景逸先生攀龙》,《黄宗羲全集》第17册,第1527页。
④ (清)黄宗羲《明儒学案》卷六一《东林学案四·郎中华凤超先生允诚》,《黄宗羲全集》第17册,第1634页。

助"无生无死"超脱生死,否定此世之价值,更无所谓气节。而理学家言生死并非完全否定生与死的意义,而是借助"心与道一"和"义"统合生死,已有论者分析,"通常意义上的生死,往往是就个体生命的生灭而言。但如果从一气聚散和原始反终以及万物一体的观点来看,个体生命的生灭不过是生死之念的结果"①。拙文于此认为,梨洲专门提及景逸、蕺山二人论生死,虽二先生与之前的阳明后学之宗旨并无巨大差别,但仍可能展现出不同的用意。此"无生无死""本无生死"的句式和思路实际上非常接近阳明学之"无善无恶",因此,正如"无善无恶"引发的争议一样,龙溪等人谈论生死的方式依旧有近禅的风险。而蕺山在此特别强调,"无生无死"的内涵反而是"尽其道而生,尽其道而死"。对于东林而言,"尽其道"并不只是对"朝闻道,夕死可也"(《论语·里仁》)的一种文本解释,而是真正落实于梨洲笔下诸东林学者在明末作出的生死抉择。

3. 至淇澳而集其成

相对于泾阳而言,景逸在静坐和格物上之工夫论已经初步展现了东林宗旨,可谓"景逸始入细"。然梨洲论泾阳、景逸及其弟子之学的最大特点,便是诸先生虽力排阳明后学之弊,却不免矫枉过正。如在梨洲看来,阳明学本主张工夫即本体,而泾阳、景逸等人抓住部分阳明后学只谈本体的倾向,刻意与之立异,仅言工夫。那么正是在淇澳这里,东林之宗旨得以完整呈现。如梨洲云:

> (先生之学)每从忧苦烦难之境心体忽现,然先生不以是为得,谓:"儒者之道,不从悟入。君子终日学问思辨行,便是终日戒惧慎独,何得更有虚间?……故舍学问思辨行,而另求一段静存察养工夫以养中和者,未有不流于禅学者也。"②

仅从表面上看,景逸讲求静坐,而淇澳尤为反对静悟,梨洲将景逸、淇澳等人统合成《东林学案》,本就让人难以理解。但梨洲恰恰注意到,虽然景逸、淇澳二人在工夫上有不同的倾向,但二先生其实并没有本质差异,梨洲又云:

> 其发先儒所未发者,凡有数端:世说天命者,除理义外,别有一种气运之命,杂糅不齐。因是则有理义之性、气质之性,又因是则有理义之心、形气之

---

① 彭国翔《良知学的展开——王龙溪与中晚明的阳明学》,北京:生活·读书·新知三联书店,2005年,第480页。
② (清)黄宗羲《明儒学案》卷五九《东林学案二·文介孙淇澳先生慎行》,《黄宗羲全集》第17册,第1576页。

心,三者异名而同病。……阳明门下,自双江、念庵以外,总以未发之中认作已发之和,谓工夫只在致和上。……此处大段,著力不得。①

淇澳虽反对静悟,但并非不认可"未发之中",反而认为"即发之时少,未发之时多"。②在这个意义上,景逸和淇澳都是在反对阳明后学中将"未发"全认作"已发"之说,只是泾阳、景逸等人之学过犹不及,而淇澳在理论上的表述最为圆融得当。淇澳在意识到阳明后学的理论危机时,反而继续清理了涉及理气、心气相关概念的杂糅。阳明学看似取消了"未发""已发"的区隔,将"未发"皆认作"已发",试图全在"已发"上做工夫,但这恰恰导致了一种"未发""已发"断然二分的理论倾向,使得"未发"单独成为一个完全不可触碰的领域,忽略了人在日常生活中并非时时刻刻都在"喜怒哀乐",故而难以在"未发"上用力。这一论述直指《东林学案》之后的《蕺山学案》。③

四、余论:东林学派与明清思想之转型

尽管梨洲竭力将东林之宗旨定位在阳明学的范畴中,但毕竟与泾阳、景逸等人自身的定位完全相左,这种思想史洞见可谓孤例,难以得到当时的东林学者以及后学相附和。如熊赐履(敬修,1635—1709)、张伯行(孝先,1651—1725)等人推崇东林,亦自我定位为朱子学,故言思想史者很容易注意到清初理学与东林的关联。虽有如张履祥(杨园,1611—1674)和陆陇其(当湖,1630—1692)站在朱子学的立场认为东林学派仍无法摆脱阳明学之流弊,这种理解方式看似与梨洲相近,实则旨趣大相径庭。自理学而论,不同学者因对朱子、阳明之分歧理解各异故而有不同的认知,自然有待细辨,但梨洲的洞见在于深刻指出了《东林学案》内在的阳明学复归的宗旨。那么,面对《东林学案》和《蕺山学案》中本就存在的学者对朱子、阳明的吸收和批评,以及当时学者的千差万别的对自我、他者的定位,试问,当理学发展到东林学派时,"朱子学""阳明学"这样的标签对于理解理学到底有多大意义?至少梨洲提示后学,这并不是一个简单的工作。倘若如此,即便朱子、阳明之名始终为学者所聚焦,但自东林以后,理学自有其独特的问题意识、

---

①② (清)黄宗羲《明儒学案》卷五九《东林学案二·文介孙淇澳先生慎行》,《黄宗羲全集》第1576—1577页,第1577页。
③ 参见陈畅《自然与政教:刘宗周慎独哲学研究》(上海:上海人民出版社,2016年)一书中与淇澳、蕺山相关的论述。

论说方式和思想脉络,所谓"清初朱子学"反倒是画地为牢之名。另一个可能的佐证在于,梨洲此处只在论及其父黄尊素(1584—1626,白安)提及经学,可以说,后来的学术形态完全不在梨洲编著《东林学案》的视野中。因此,若论及经学发展背后的理学背景,宾四追求明末清初思想之延续性的做法恐怕正值得警惕,因为这恰好忽略了清代理学自身的理路。

东林学派的"新心学"建构

——论明清之际哲学转向的一个新视角

陈　畅*

摘　要：对于明清之际的思想转型，学术界有不同的诠释。其中，钱穆、余英时的"内在理路"说回归思想自身源流，具有更好的解释力。通过对东林学派"新心学"建构过程的分析，能够将明清思想转型从"学术转向"视野推进到"哲学转向"的视野，更好地挖掘"内在理路"范式的思想潜力。东林学派思想发展的三个阶段，完整地展现了明清之际哲学转向的思想历程。从理学义理核心——理气论、心性论、工夫论的角度揭示东林学派思想发展的内在机制，厘清其源流，是探讨明清之际哲学转向的一个新视角。

关键词：东林学派；未发工夫；哲学转向

关于明清之际"自性理转向经史"的学术转向，学术界的诠释存在诸多分歧。依研究者的总结，相关研究大致有四种类型：一是梁启超、胡适的"理学反动"说；二是钱穆、余英时的"每转益进"和"内在理路"说；三是侯外庐、萧萐父的"早期启蒙"说；四是现代新儒家的"清学为理学之余绪"说。① 其中，钱、余师徒的"内在理路"说回归思想自身源流，具有更好的解释力。

本文以晚明东林学派为例探讨明清之际哲学转向，主要是受到钱穆观点的启发。例如，梁启超和钱穆先后写了两部同名著作《中国近三百年学术史》，梁启超认为这种转向是对宋明理学"主观的冥想"的厌倦和反动；钱穆则从学术变迁与社会历史发展结合的角度，指出理学与清代汉学是一个整体，其间存在着"如绳秩然，自有条贯"的内在关联。

有趣的是，梁启超认为晚明最后二三十年间出现的诸种"理学反动"现象孕

---

*　作者简介：陈畅，男，中山大学哲学博士，同济大学人文学院哲学系教授。
①　参见吴根友、孙邦金等著《戴震、乾嘉学术与中国文化》，福州：福建教育出版社，2015年，上册，第1页；黄燕强《"理学反动"说与清代学术思想研究》，《学习与实践》，2019年第11期，第122—134页。

育了清代学术，并指责黄宗羲的《明儒学案》完全没有展现其中的消息。钱穆则以《明儒学案·东林学案》为基础，论证"清初学风尽出东林"，明确指出东林学派的虚实之辨与本体工夫之辨正是清初学术新趋势的开端。①

梁启超的"理学反动"说过于外在，不足以涵括与诠释明清学术中的诸多复杂细节；而钱穆将东林学派视作承前启后的枢纽，由此提出明清之际学术转向的诠释，更好地展现了明清思想发展的内在逻辑。概言之，钱穆有两个重要的洞见：一是指出东林学派思想在明清之际学术转向研究上具有重要的意义；二是指出黄宗羲《明儒学案》对明清之际学术转向问题有清晰的论述，绝非毫不涉及。

然而，钱穆的研究主要是基于学风描述和观点的对比，进而勾勒出东林学派与清初学风之间的关联，我们有必要在哲学视野中进一步推进其思路。因为宋明理学的内核是心性论形上学，仅仅从学风的关联来说明学术转向是不够的，必须从"学术转向"进入"哲学转向"的视野，亦即从理学义理核心——理气论、心性论、工夫论的角度揭示转向的内在机制，才是最为根本的诠释，才能更好地挖掘"内在理路"范式的思想潜力。

职是之故，本文将借助黄宗羲在《明儒学案·东林学案》中的指引，进一步揭示东林学派的哲学成就及其蕴涵的明清之际哲学转向内在机制。

一、未发工夫：虚实之辨

本文讨论的东林学派，是黄宗羲在《明儒学案·东林学案》中提出的以顾宪成、高攀龙、孙慎行为核心的哲学学派，区别于作为晚明政治派系的东林党。黄宗羲以其深刻的思想史洞察力指出："是故东林之学，泾阳（按，指顾宪成）导其源，景逸（按，指高攀龙）始入细，至先生（按，指孙慎行）而集其成矣。"②黄宗羲的观点具有丰富的思想蕴涵，极富启发意义。下文将沿着黄宗羲的指引，系统探讨东林学派的哲学贡献。

如前所述，从学术思想史的层面观察，东林学派重视工夫实践、由虚（虚灵知觉）返实（实知实践）的风格与清初学风存在内在关联。若要详尽考察明清之际"自性理转向经史"的哲学转向何以可能，还需要深入东林学派工夫论的内核。

---

① 参见梁启超《中国近三百年学术史》，北京：东方出版社，2004年，第1—11页；钱穆《中国近三百年学术史》，北京：商务印书馆，1997年，上册，第9—22页。
② （清）黄宗羲《明儒学案》卷五九《东林学案二·文介孙淇澳先生慎行》，《黄宗羲全集》第8册，杭州：浙江古籍出版社，2005年，第814页。

质言之,东林学派的工夫论是江右王门未发工夫的延续和发展,并且作出了极富创造性的推进。

何谓江右王门未发工夫? 这要从阳明良知教谈起。阳明论良知称:"盖良知只是一个天理自然明觉发见处,只是一个真诚恻怛,便是他本体。"①这句话很好地表现了阳明"心即理""心外无理"命题的义理基础。"自然明觉"是指本心良知之虚灵不昧,原本不能用来形容天理。

牟宗三精辟地指出,阳明所说的"天理"不是外在的抽象之理,而是由真诚恻怛之心自然地呈现,因此良知明觉可以关联着"天理"、关联着"行"说。阳明著名的"知行合一"命题就是这个思维的产物:行动得明觉精察而不盲爽发狂,意味着明觉之知就在"行"之中。在这一意义上,良知之知不是对客观外在之理的认知,而是内在地、自主地决定一个应当如何行事之原则(天理)。良知明觉的对象不是外在的理,而是它自身所决定所呈现的理。②

总之,良知之发见流行处自然契合于事物自身秩序(天然自有之中),具有绝对自由、当下具足的内涵。这两个内涵在阳明的未发已发说和无善无恶论中得到充分的说明。阳明认为:"未发在已发之中,而已发之中未尝别有未发者在;已发在未发之中,而未发之中未尝别有已发者存。"③

事实上,阳明的未发已发说是围绕良知而立论,并非严格按照《中庸》文本针对喜怒哀乐而言。其理论效应是否定了任何先验的、高于良知心体之上的存在,确保了良知"决定"事理的充分权限。良知这种绝对自由、不受拘束的特质,意味着将任何既成的标准都"虚无"化了。因为良知必须保持无是无非、自在无碍的存在状态,方能发真是真非、知善知恶,这也就是四句教首句"无善无恶心之体"的内容。④

然而,人心无所拘束的必然后果就是追求人心之现成(良知当下具足)、情意的自然发散,阳明学者一旦过于强调现成良知,就容易令良知陷于放荡无耻的危险之中。针对阳明良知教的可能流弊,江右王门聂豹认识到理论源头就在于阳明"未发即已发"说。

聂豹提出的解决方案是重新将良知分拆为已发与未发,"心"由此被区分为

---

① (明)王守仁《传习录中·答聂文蔚二》,《王阳明全集》第 1 册,上海:上海古籍出版社,2014年,第 95 页。
② 参见牟宗三《从陆象山到刘蕺山》,《牟宗三先生全集》第 8 册,台北:联经出版公司,2003年,第 180—181 页。
③ (明)王守仁《传习录中·答陆原静书》,《王阳明全集》第 1 册,第 72 页。
④ (明)王守仁《传习录下》,《王阳明全集》第 1 册,第 133 页。

类似于朱子学心统性情结构的二重构造：未发之中和感发之用。① 在江右王门看来，"未发已发一体化"的良知只是在已发、用的层面，其"知"自然没有达到"良"的境地；真正的致良知工夫是未发工夫："工夫在于致中，而和即应之。"②

聂豹提出救正方案时，良知现成说和无善无恶论尚未引发严重的社会问题；而晚明时代的东林学派则是在其已经造成严重的社会政治问题、"孟子以后之变局"③的状况下寻求解决方案。晚明大儒刘宗周指出："无善无恶，语虽双提，而意实寄于无善。"④

这是因为良知学、"无善无恶"论鼓励主体从既成的价值观中解放出来，追求无拘无束的自我，容易走向片面否定社会道德，甚至"恁是天崩地陷，他也不管"⑤。这种把探究性命之学与社会伦理、经世致用对立起来的道德观，造成了儒家伦理与政治的危机。东林学派以解决这一危机为职志，其解决途径是沿着江右王门未发工夫所开辟的方向推进。概言之，东林学派的未发工夫建构分为三个步骤：

第一，由顾宪成确立东林学派未发工夫的基调。当学生问及如何评价江右王门的未发工夫，顾宪成认为这是江右王门恐人执用而忘体，故而特地拈出未发工夫以救治。顾宪成强调，阳明良知学说是即体即用、体用兼顾的全面论述；阳明并没有遗忘"未发之中"，无善无恶论是阳明在《大学》致知论域中讲良知学的弊病。⑥ 这也说明，虽然东林学派强烈批评阳明无善无恶论，但他们对于阳明良知学说是基本认同的，其目标是建立一个新理论体系，保留良知学说积极意义的同时，祛除流弊。

第二，由高攀龙作出细致的理论辨析，奠定了东林学派未发工夫的基本格局。如前所述，在阳明那里，良知发见流行的秩序就是物的秩序。在这一意义上，致良知即格物，不再有独立的格物工夫。但是，良知之创造性与一心之滑落，

---

① （明）聂豹《聂豹集》卷一一《答王龙溪》，南京：凤凰出版社，2007年，第401页。
② （清）黄宗羲《明儒学案》卷一七《江右王门学案二·文庄欧阳南野先生德》，《黄宗羲全集》第7册，第413页。
③ （明）顾宪成《东林会约》，《顾端文公遗书》，《四库全书存目丛书》子部第14册，济南：齐鲁书社，1995年，第362页。
④ （明）刘宗周《会录》，《刘宗周全集》第2册，台北："中央研究院"中国文哲研究所，1997年，第643页。
⑤ （清）黄宗羲《明儒学案》卷六〇《东林学案三·主事顾泾凡先生允成》，《黄宗羲全集》第8册，第838页。
⑥ （明）顾宪成《小心斋札记》卷一八，《顾端文公遗书》，《四库全书存目丛书》子部第14册，第354页。

只是一线之隔，由此不可避免会出现无视客观事物秩序，一切以虚灵知觉为事的流弊。高攀龙主张格物说"以善为宗，不以知为宗"①，就是要将格物重新树立为具有独立意义的工夫，以具有客观意义的善为格物工夫内核。

高攀龙实现这一目标的方式是回归《中庸》未发之旨。他认为，阳明的未发已发说是针对"心之生机流行不息"（良知）立论，并非《中庸》本旨；按《中庸》文本，未发已发都是指"喜怒哀乐"而言："夫人岂有终日喜怒哀乐者？盖未发之时为多……未发一语，实圣门指示见性之诀。静坐观未发气象，又程门指示初学者摄情归性之诀。"②未发已发说自宋代以来备受理学家重视，然而大多数相关论述都是针对思、知觉来谈论未发已发，而非依照《中庸》文本针对"喜怒哀乐"来说。

不过高攀龙的意图并非纠正宋儒，而是以日常喜怒哀乐情绪显而易见的未发与已发阶段划分，进而来批驳阳明的未发已发一体化论述。因此，高攀龙所说的《中庸》未发之旨，大致上是朱子诠释的工夫论范式。朱子的《中庸》诠释将戒慎恐惧与慎独确立为两种工夫，前者存天理之本然，后者遏人欲于将萌，其实质是在人心中树立客观规范意识，对"心"的种种活动作出检查。

这种规范意识是作为工夫前提的先导意识：有此前提，方能将人心生机与人欲区别开来，方能摆脱繁杂事项的牵引以把握先机。高攀龙回到朱子工夫论范式的目的，正是树立起"性"的工夫论先导意识，以限制"心""情"的自由发散，此即"摄情归性之诀"。与此同时，高攀龙着重弱化了工夫论规范意识的外在强制性。而这种弱化，是基于其对"静坐观未发气象"新解的理论效果。

高攀龙的新解表现为一体两面的两个基本原则：一是主静（体认），二是循理（格物，各还其则）。他把静观未发工夫称为体认之法，按冈田武彦的解释，这是令未发之体自我判明、令心体积极活动的工夫。③ 而格物工夫则是主静工夫的另一面，高攀龙认为"默坐之时，此心澄然无事，乃所谓天理也"④。

因为天理是人人本有，人欲是后来添加上去，减去一分人欲，就是复得一分天理。格物的工夫就是把人欲减至于无，天理善性自然恢复，由此便实现物还其则，物各付物。显然，这两个原则近于阳明良知学中的"心体之自然开展"以及

---

① （明）高攀龙《高子遗书》卷八上《答王仪寰二守》，《景印文渊阁四库全书》第1292册，台北：台湾商务印书馆，1986年，第499页。
② （明）高攀龙《高子遗书》卷三《未发说》，第364页。
③ ［日］冈田武彦《王阳明与明末儒学》，上海：上海古籍出版社，2000年，第382页。
④ （明）高攀龙《高子遗书》卷一《语—百八十二则》，第337页。

"为善去恶"工夫,亦难怪黄宗羲会认为"深有助乎阳明致良知之说"①。

第三,孙慎行在高攀龙的基础上对未发工夫作出全面改造,在保持其基本格局的同时,解决其内在困境。高攀龙未发工夫的问题在于,无法将"性体"的工夫论先导意识与"心体"的自然开展融合一体。因为在阳明心学的视野中,心体的自然开展不需要超越于心体的先导意识作为工夫论前提。黄宗羲评价江右王门的理论困境时指出:"双江、念庵举未发以救其弊,⋯⋯然终不免头上安头。"②高攀龙面临与江右王门一样的难题。孙慎行沿着高攀龙未发已发说的思路,作出了极富创造性的诠释:

> 夫人日用间,岂必皆喜怒皆哀乐? 即发之时少,未发之时多。⋯⋯今无论日用间,即终日默坐清明,无一端之倚着,有万端之筹度,亦便不可谓之发也。但所谓未发者,从喜怒哀乐看,方有未发。夫天地寥廓,万物众多,所以感通其间而妙鼓舞之神者,惟喜怒哀乐。③

这篇文字要与前引高攀龙《未发说》对照解读。孙慎行、高攀龙两人对于必须回到《中庸》文本,紧扣喜怒哀乐谈论未发已发的观点,完全一致。两人不同的地方在于,高攀龙反对阳明以心之生机谈论未发已发,而孙慎行则将喜怒哀乐诠释为贯通天地万物的生生之机。

正是这个小小的诠释变动,产生了巨大的理论效应。首先,人作为天地万物中的一份子,喜怒哀乐就是贯通于未发已发之间、无片刻不存的生机本身,其未发已发之间的关系是一体而有分。未发时多,已发时少;未发是生机潜藏,已发是生机开展出的无穷景象。这种关系将阳明学的一体化模式和朱子学的体立而用自行模式完美地融合在一起。其次,围绕贯通天地万物的生机谈论,未发已发便具有宇宙论意义,而非局限于虚灵知觉为事。再次,喜怒哀乐是人的情感,同时也是生机本身,由此便成为即情即性的存在。而喜怒哀乐的自然开展,则表现为在日常的学问思辨行之中。

孙慎行指出:"《中庸》工夫,只学问思辨行。⋯⋯君子戒惧慎独,惟恐学问少

---

① (清)黄宗羲《明儒学案》卷五八《东林学案一·忠宪高景逸先生攀龙》,《黄宗羲全集》第8册,第759页。
② (清)黄宗羲《明儒学案》卷二〇《江右王门学案五·太常王塘南先生时槐》,《黄宗羲全集》第7册,第539—540页。
③ (明)孙慎行《玄晏斋困思抄》卷二《未发解》,《玄晏斋集五种》,《四库禁毁书丛刊》集部第123册,北京:北京出版社,2000年,第353页。

有差迟,便于心体大有缺失。"①学问思辨行中的默坐清明、万端筹度、格穷物理,即此便是未发工夫。在这一意义上,主静与循理便彻底融合为一个工夫。综上可知,孙慎行的创造性诠释既解决了从江右王门到顾宪成、高攀龙的理论困境,也将未发工夫彻底落实为实知实践之学。

二、性体:"反求之中"与"扩充之端"之辨

宋明理学的本体与工夫密不可分,而阳明心学更是以良知心体笼罩一切,即本体即工夫,没有脱离本体的工夫,也没有脱离工夫的本体。东林学派未发工夫对虚实之辨的推进,反映在本体论层面,则是"反求之中"与"扩充之端"之辨。事实上,正是东林学派三位代表人物对未发工夫的推进,逐渐开展出一种新型的形上学,由此表现出从强调"反求"到强调"扩充"的转变。

宋明理学形上学探讨事物之间普遍存在的内在关联,而这种探讨亦是对于成德之学与政教秩序的奠基。顾宪成批评无善无恶论称:"无善无恶四字,就上面做将去,便是耽虚守寂的学问,弄成一个空局,释氏以之;从下面做将去,便是同流合污的学问,弄成一个顽局,乡愿以之。"②无善无恶论的弊端是造成空局和顽局,亦即或扫除或混同善恶伦理标准,对人伦秩序和晚明政局构成严重的冲击。从形上学的角度看,这是内在结构的局限或形上学的不当应用遮蔽了人类精神对于事物间真实关联的认知,进而对人类共同体造成破坏,故而有必要回到各家形上学体系内部作出考察。

质言之,阳明心学视野中万物内在联系,是情感的关联一体;正是这种真实的情感关联,开显万物并育而不相害、道并行而不相悖的一体性。阳明把这种关联称为感应之几,亦即良知。致良知的目标是将这种真诚恻怛之情扩充出去,建构万物一体的公共社会,令万事万物各得其所,各遂其性。这种政教思路建立在良知灵明的基础上,由作为感应之几的良知激发人物之间的内在联系和活力。

然而,良知生发于个体心层面,无所拘束(无善无恶)的个体心当下呈现的未必是良知,可能是情欲恣肆,也可能是脱离现实基础的虚幻价值。正是这种形上学特质导致无善无恶论容易造成空局和顽局流弊。东林学派顾宪成的对治方

---

① (明)孙慎行《止躬斋慎独义·博学》,《玄晏斋集五种》,《四库禁毁书丛刊》集部第123册,第417页。
② (明)顾宪成《证性编》卷三《罪言上》,《顾端文公遗书》,《四库全书存目丛书》子部第14册,第445页。

案,是将朱子学性善论引入并改造良知教。

顾宪成认为朱子学性即理学说"以无不同者为性",亦即以天地万物公共之理为性。① 其意在以人所公共的性理为基础统合不同的个体。然而正如顾宪成自己所指出的,强调公共之理的朱子学存在拘执流弊,阳明学则有荡越流弊,他的选择是"与其荡也,宁拘"。②

但是他面临的问题是,在社会急剧变化的时代,个体如何能信服拘执之理,进而建构富有活力的共同体?不从情感入手,一味强调公共之理,会导致什么状况?晚明大儒黄道周对此有洞见:"甚哉!理之难明也。……上下交争理而欲乃乘之,不夺理不止。……非圣人则未之能明也。"③当不同的利益主体以理相争,将加剧欲望的冲突,从而导致理欲夹杂,失去是非标准。

这也说明,如果说无善无恶论的流弊在于无法从根源上调节人与人之间的正确关系,造成空局与顽局,拘执之性理在这一问题上同样也无法恰当调节。事实上,从形上学的角度看,当性理流为僵化拘执的观念,解决的途径在于改造心性结构,缩小性与情、形而上与形而下之间的差距,这正是高攀龙的形上学思路。

高攀龙主张"心性非一非二,只在毫芒眇忽间"④,在其对寂感问题的论述中最能体现这种特殊的心性结构。高攀龙称:

> 天下岂有心外之物哉?当其寂也,心为在物之理,义之藏于无朕也;当其感也,心为处物之义,理之呈于各当也。心为在物之理,故万象森罗,心皆与物为体;心为处物之义,故一灵变化,物皆与心为用。⑤

寂感问题是宋明理学本体工夫论的核心议题之一。"寂感"源自《周易·系辞上》:"易无思也,无为也。寂然不动,感而遂通天下之故。非天下之至神,其孰能与于此?"寂然是无声无臭、寂静肃然之意,在此处是对于形上本体自然而然状态的描述。天下无心外之物,是因为物在心之寂感状态中确立其存在。高攀龙说的"当其寂也,心为在物之理"云云,是指在寂然的本体状态,心与物内在关联、各各自在,以纯粹天理的一体状态存在,没有掺杂人欲干扰,寂即天。"当其感也,心为处物之义"云云,则是指在人与万物互相感应的状态,心主乎物,以义应

---

① (明)顾宪成《小心斋札记》卷一六,第347页。
② (明)顾宪成《小心斋札记》卷三,第266页。
③ (明)黄道周著,翟奎凤等整理《黄道周集》卷一三《人主之学以明理为先论》,北京:中华书局,2017年,第2册,第574页。
④ (明)高攀龙《高子遗书》卷八上《复钱渐庵二》,第489页。
⑤ (明)高攀龙《高子遗书》卷三《理义说》,第366页。

物而人物各得其所，物各付物。这种论述方式通过对心之寂然状态的诠释，在"心"上确立天理（性）的本体地位。但是其确立的方式是通过工夫的中介，而非本体论上的心性合一。

高攀龙认为，只有在工夫的意义上才能说"理者，心也"：未穷之心，不可谓理；未穷之理，不可谓心。这是因为高攀龙对于格物工夫有其独特的理解：格物是在心上做减法。在他看来，善和性是人生而静，不可言说，不可执为一物；人欲是在人有知识以后添加出来的，非其本然。这种人生而静的"性"和"善"，就是"物则"。而格物工夫是把后天添加来的人欲减之又减，最后到减无可减，人心湛然无一物时，就是天理。① 虽然高攀龙只是在工夫论的意义上将心与性（理）合一，但是由于其将格物工夫诠释为在心上做减法，由此产生了类似于陈白沙心学的效果。

在白沙那里，寂感一如是万物各有其性而又相通一体的状态，是宇宙大化生生不息、自然而然的存在样态。现实世界中的个体时刻处于束缚与桎梏之中，是由于个体私欲与造作导致。白沙主张以"觉"放下一切私欲与理智造作，打开封闭的自我，重新契入"寂"所代表的自然秩序。② 对比可知，高攀龙的寂感论述在一定意义上回到了白沙所代表的明代心学致思进路：通过自我的觉醒，唤醒万物一体的感应机制。而这也就是高攀龙主张"悟"的理论根源。

在高攀龙之前，顾宪成也主张"悟"，其所谓的"悟"是朱子意义上的"悟"理之所以然。朱子对天理概念的界定是："至于天下之物，则必各有所以然之故，与其所当然之则，所谓理也。"③这种定义既包括当下事物之变化的个别性之理，也包括超越个别性限定的根源之理、结构之理，天下万事万物因此而被纳入相互通达、彼此相与的贯通状态。④ 顾宪成把"下学而上达"解释为"下学"以识事之当然之则，"上达"以悟理之所以然，由此主张"重修所以重悟也，夫悟未有不由修而入者"⑤。这是顾宪成从朱子对天理的解释中得到启发，通过区分不同层次的理，解决"以理相争"的问题。高攀龙则称："悟者，虚灵之偶彻，本体之暂现也。

---

① （明）高攀龙《高子遗书》卷三《为善说》、卷八上《复念台二》，第362、479页。
② 参见陈畅《良知与恕道——心学伦理的内在张力及其克服》，《道德与文明》，2019年第5期，第59—66页。
③ （宋）朱熹《大学或问·上》，《四书或问》，上海：上海古籍出版社，合肥：安徽教育出版社，2001年，第8页。
④ 进一步的分析论证，参见陈畅《理学道统的思想世界》导论与第一章，上海：上海书店出版社，2017年，第1—57页。
⑤ （明）顾宪成《泾皋藏稿》卷一一《虎林书院记》，《景印文渊阁四库全书》第1292册，第141页。

习心难忘,本真易昧,故非真修,不足以实真悟。"①高攀龙所说的悟,是真实自我穿透人欲遮蔽的"暂现"。其主张以真修实现真悟,唤醒万物一体的感应机制。与顾宪成相比,高攀龙这个思想方法更接近于心学。

《明儒学案·东林学案二》记载孙慎行之言曰:"儒者之道,不从悟入。君子终日学问思辨行,便是终日戒惧慎独,何得更有虚闲,求一漠然无心光景?"②这个观点与顾宪成、高攀龙主张的"顿悟渐修"形成鲜明的对比:顿悟是向内反求"中",学问思辨行则是在事上扩充日新。

与前文喜怒哀乐说的诠释变化一样,孙慎行的观点源于对高攀龙寂感思想的一个策略性调整。在宋明理学中,寂感与涵养省察工夫论密切相关。例如在朱子学,寂然未发时存养其浑然之性,此为静存工夫;心已感发时省察微心之动,此为动察工夫。高攀龙的"体认之法"和做减法的格物工夫都是未发时静存工夫。孙慎行在高攀龙的基础上,将静存工夫与动察工夫彻底合一:作为纯粹天理状态的寂然,是在气质的开展过程(感)中的条理,寂感合一;由此,静存工夫表现为学问思辨行中的求理、循理,静存与动察工夫均统一于学问思辨行之中。

正是这种诠释变动,结合孙慎行的喜怒哀乐说,产生了"反求"与"扩充"之辨。如前所述,孙慎行所说的喜怒哀乐是人心中的生意。他主张:"生意是性,生意默然流行便是气,生意显然成象便是质。"③人心与草木一样,其仁其根生意潜藏,后来的无穷景象都由此包含与开展。孙慎行把这个观点贯彻于四端之心的诠释:

> 孟子劈头说"人皆有不忍人之心",欲人识心,故将恻隐之心指为仁之端。非仁在中,而恻隐之心反为端也。孟子又说"仁义礼智根于心"。若仁在中,而恻隐之心反为端,是应言心根于德,不应言德根于心也。……若仁在中,而恻隐之心反为端,是应言反求,不应言扩充也。④

"在中"与"端"之辨,源于朱子对"四端之心"的诠释:"心,统性情者也。端,绪也。因其情之发,而性之本然可得而见,犹有物在中而绪见于外也。"⑤在中者,是内在完美的先天预成之性体。由此便产生了作为理学主流的向内返本——悟

---

① (明)高攀龙《高子遗书》卷八上《与刘云峤二》,第490页。
② (清)黄宗羲《明儒学案》卷五九《东林学案二·文介孙淇澳先生慎行》,第812页。
③ (明)孙慎行《玄晏斋困思抄》卷一《气质辨》,《四库全书存目丛书》经部第162册,第20页。按,前引《困思抄》版本中没有这条内容。
④ (明)孙慎行《玄晏斋困思抄》卷二《四端》,《四库全书存目丛书》经部第162册,第35—36页。
⑤ (宋)朱熹《孟子集注》卷三,《四书章句集注》,北京:中华书局,1983年,第238页。

道之思想方向。孙慎行基于其性气合一思想,认为孟子性善论是将恻隐之心指为仁之端,这就引出向外扩充的工夫论,与理学主流的向内反求形成鲜明对比。

"生意是性,生意默然流行便是气,生意显然成象便是质"的命题表明,心性的扩充是在历史人事中逐渐展现其性状,最后以最完备的条理形态显现。端绪形态与完备形态是同质的存在,可以通过经验及理性的方式认知。由此,孙慎行建构的形上学拆除了以往形上学中的"超经验性的证悟"向度,将向内返本的工夫改造为追求向外结合历史与人事之客观性。①

三、哲学转向:东林学派新心学的源流及其意义

对于政治领域的东林党人,历史上或许有不同的评价和定位。但是,哲学领域的东林学派毫无疑问是一个有着重要思想创见的成熟学派。由上文分析可知,东林学派顾宪成、高攀龙、孙慎行三人的思想是继承和推进关系,其间思想脉络一以贯之,从救正阳明后学流弊一步一步发展出新的形上学形态。笔者曾著文论述,孙慎行思想是新型的心学形态,并且对刘宗周、黄宗羲师徒的思想建构产生了重大影响,由此亦可说东林学派思想是一种新型的心学。②

近代以来的东林学派研究有几个特点:一是集中于顾宪成、高攀龙,较少涉及其余思想家;二是由顾、高思想出发,认定东林学术是兼采朱王、由王返朱的形态。例如钱穆、劳思光、冈田武彦等学界大家均持此论,认为东林学派是由王返朱的转折点,是程朱与陆王两支思想的调和者,或者说是经由王学的新朱子学。③

与此构成显著反差的是清初朱子学者陆陇其的评价,陆氏认为东林学派仍然是阳明学的分支:"高、顾之学,虽箴砭阳明多切中其病,至于本源之地,仍不能出其范围。"④日本学者沟口雄三也有近似的看法:东林学派虽然拥护朱子,但其

---

① 更详尽的分析,参见陈畅《明清之际哲学转向的气学视野——以黄宗羲〈明儒学案〉〈孟子师说〉为中心》,《现代哲学》,2019年第5期,第153—160页。
② 关于作为东林学术完成形态的孙慎行思想及其对刘宗周、黄宗羲师徒的重大影响,参见陈畅《自然与政教——刘宗周慎独哲学研究》第二章、第三章及附录,上海:上海人民出版社,2016年,第81—131页、第345—357页;陈畅《明清之际哲学转向的气学视野——以黄宗羲〈明儒学案〉〈孟子师说〉为中心》,第153—160页。
③ 参见钱穆《顾泾阳、高景逸学述》,《中国学术思想史论丛》第7册,台北:东大图书出版公司,1979年,第246页;劳思光《新编中国哲学史》第3册下,台北:三民书局,2009年,第496页;[日]冈田武彦《王阳明与明末儒学》,第350页。
④ (清)陆陇其《三鱼堂文集》卷二《学术辨中》,《景印文渊阁四库全书》第1325册,台北:台湾商务印书馆,1982—1986年,第17页。

理气一元、性之气质本然合一的主张对朱子学造成的破坏比阳明还要彻底。①这种定位的分歧足以说明东林学术的复杂性。而黄宗羲所建构东林学脉的优胜之处就在于:能够融汇这种复杂性于一炉,揭示其中一以贯之的思想特质。

质言之,清初朱子学者的批评以及近代以来的诸多研究,其共同点在于均把东林学术看作是一种调和、过渡、不成熟的思想形态。黄宗羲则不同,他是从一个动态发展的哲学建构过程来定位东林学术,这个学派有其开端(顾宪成)、发展(高攀龙)以及完备甚至是完成形态(集大成之孙慎行)。

这并不是沟口雄三所说的"黄宗羲带着个人思想滤色镜挑选出来的",②而是有着深刻的哲学洞见。基于孙慎行所取得的思想成就及其对刘宗周、黄宗羲师徒的重大影响,东林学术就不再是一种不成熟的理论调和形态,而是完备、成熟且具有其真正特出思想意义的创造性体系。

本文沿着黄宗羲的指引,系统探讨东林学派的哲学贡献,即说明:考察东林学术,不能仅仅局限于顾、高二人,而应从开端、发展和完成三个阶段的整体出发,应从心性之学的层面细致考察梳理其思路的连续性与突破点所在。由本文的论述亦可知,东林学派思想发展的三个阶段,完整地展现了明清之际哲学转向的思想历程,是明清之际学术转向的重要枢纽。

近代川籍史家刘咸炘指出:"南雷(按,指黄宗羲)虽衍蕺山(按,指刘宗周)之传,而经史之业特勤。……史学传之万、邵,下开谢山、二云、实斋,为二百年所独。昔之叙儒林者,多类之汉学,有以也。"③万、邵,是万斯大、万斯同与邵廷采;谢山、二云、实斋,则是全祖望、邵晋涵与章学诚。

这是学术界所熟知的:由刘宗周、黄宗羲师徒思想开展出的清代浙东学派,构成了清代学术中非常独特且重要的组成部分。由于孙慎行对于刘宗周、黄宗羲师徒的思想建构产生过重大影响,这也意味着东林学派所建构的新心学实际上得到了深入的拓展。至于东林学派新心学在清代的思想衍化及其意义,显然有待进一步的研究。

(原载《中山大学学报(社会科学版)》2020年第3期,收入本书时文字有修改)

---

①② [日]沟口雄三《所谓东林派人士的思想》,《中国前近代思想的演变》,北京:中华书局,1997年,第480页,第346页。
③ 刘咸炘《清学者谱叙录》,《推十书(增补全本)》丙辑,上海:上海科学技术文献出版社,2009年,第1450页。

喜怒哀乐与性情之辨
——晚明东林儒者对"未发之中"的省思

崔　翔[*]

摘　要：在程、朱以"性—情"分释"中—和"的理论架构中，"喜怒哀乐"被笼统地视为形下之"情"而遭遇贬斥，更具本体意味的已发、未发与中和问题则成为讨论的焦点，这种选择性忽略从侧面凸显出其体系内部可能具有的困境。以顾宪成、高攀龙、孙慎行、刘宗周等人为代表的晚明东林儒者逐步意识到"未发之中"问题对《中庸》文本的游离性及"喜怒哀乐"自身在心体结构中的根源性，并自觉从多种维度对后者进行本体诠释与义理建构，以期消解性情对峙。这种以"喜怒哀乐"四气在经验世界中之具身流行为情感实存的中和一体说，事实上为消解理学内部的困境提供了现实的解决方案。

关键词：喜怒哀乐；性情；未发之中；中和；东林学派

中和问题是理学史上不可忽视的重要问题之一，但旧有的讨论往往聚焦于程、朱与阳明，对晚明儒者则有所忽视。由于地缘亲近与学统认同等因素，晚明东林儒者对龟山杨时所承继的濂溪—明道—道南一脉具有某种特殊的情感。在多种因缘综合作用的结果下，作为道南指诀的"观喜怒哀乐未发前气象"重新进入他们的论域。与以往论争不同的是，以顾宪成、高攀龙、孙慎行、刘宗周等人为代表的东林儒者逐步意识到理学"未发之中"问题对《中庸》文本的游离性及"喜怒哀乐"自身在心体结构中的根源性，并主动从气化维度对后者进行本体诠释与义理建构。因之，本文拟从东林学者对旧有中和说的省思与调适着手，以其对"喜怒哀乐"的提摄为线索，重新探讨已发未发问题及其背后反映的对性—情关系的异质理解，以期发见晚明东林学者新中和说的独特价值。

---

[*]　作者简介：崔翔，男，北京师范大学哲学学院硕士研究生。

一、问题之引入：朱子性—情架构之内在困境

中和体系是朱子在程子中和论说的基础上最终建构完成的。即便是阳明，也只是对这一系统进行了部分的调整，并未从根本上动摇。因此，后世学者对中和说的讨论主要就是在朱子中和说的基础上进行的。当今学界一般认为，朱子有中和旧说和中和新说之分。晚明东林学者也明确认识到了朱子中和说的转变，如高攀龙曾言：

> 昔朱子初年，以人自有生即有知识，念念迁革，初无顷刻停息。所谓未发者，乃寂然之本体，一日之间，即万起万灭，未尝不寂然也。盖以性为未发，心为已发。未发者即在常发中，更无未发时也。后乃知人心有寂有感，不可偏以已发为心。中者，心之所以为体，寂然不动者也，性也。和者，心之所以为用，感而遂通者，情也。①

高攀龙所论大体不差。根据朱子的中和旧说，性为未发，为体，心为已发，为用，已发、未发浑然一体，"只一念间已具此体用，发者方往，而未发者方来，了无间断隔截处"，"无分段、时节、先后之可言"。② 而中和新说则认为"人心有寂有感"，"方其静也，事物未至，思虑未萌，而一性浑然，道义全具，其所谓中，是乃心之所以为体，而寂然不动者也。及其动也，事物交至，思虑萌焉，则七情迭用，各有攸主，其所谓和，是乃心之所以为用，感而遂通者也。"③这是以事物未至、思虑未萌时为未发，事物交至、思虑萌焉为已发，即根据心体流行的不同时间阶段区分未发、已发④。不难发现，朱子的上述观点实际上是将《礼记·乐记》"人生而静，天之性也；感于物而动，性之欲也"、《易·系辞》"易，无思也，无为也，寂然不动，感而遂通天下之故"、《中庸》"喜怒哀乐之未发谓之中，发而皆中节谓之和"三种观点融合起来。在这里，未发、已发已经脱离了《中庸》的文本，变成了融摄静—动、寂—感、体—用、性—情等多种内涵的哲学范畴，而工夫论层面戒惧—慎

---

① （明）高攀龙《高子遗书》卷三《未发说》，"中华再造善本"影印明崇祯五年刻本。
② （宋）朱熹《晦庵先生朱文公文集》卷三〇《与张敬夫四》，朱熹撰，朱杰人、严佐之、刘永翔主编《朱子全书》第21册，上海：上海古籍出版社，合肥：安徽教育出版社，2010年，第1316页。
③ （宋）朱熹《晦庵先生朱文公文集》卷三二《答张敬夫》，《朱子全书》第21册，第1419页。
④ 陈来《朱子哲学研究》，上海：华东师范大学出版社，2008年，第174—175页。

独、涵养—省察的分判也是根据未发—已发的时段。用陈来先生的话来说,"朱子所有对动静修养方法的区分都是建立在他对未发、已发的这种区分之上的"①。在这一意义上,我们甚至可以将未发、已发视为朱子哲学根本的生发结构。

单从义理上说,朱子这一理论构建无疑是成功的,而就对经典文本的阐释而言,则不无问题。与中和旧说相比,中和新说最大的特点在于加入了"情"的范畴,如此则将以往心—性对举的二元结构转为"心统性情"的三元结构,而性体心用则变成心以性为体、以情为用。"情"范畴的加入固然是对日常情感的重视,但这一概念的模糊性同时也成为朱子性情架构不得不面对的困境之一。陈来先生指出,在朱子的哲学体系中,"情"字至少有三种用法:一种是"作为性理直接发见的四端";一种是泛指七情;一种是与思虑有关的部分。② 可见,朱子所谓的"未发之中"实际上是一种知、意、情尚未分化的心体之本然状态,是精神生命整全之统体,绝非一般意义上的喜怒哀乐之情感尚未发动。

具体到《中庸》文本上。当朱子用"喜怒哀乐,情也;其未发,则性也"解释"喜怒哀乐之未发,谓之中"时,其背后的支撑者是"性"发为"情"的理论架构。用"情"这个具有更大张力的概念解释"喜怒哀乐"固然有其方便性,但是朱子又延续程子"思与喜怒哀乐一般"的思路,在"思"的层面理解"情",认为"未发"是思虑还没有产生的状态,这在后世招来很多非议。譬如,徐复观先生就曾断言:"伊川把'思即是已发'混到'喜怒哀乐之未发'里面去,这是对《中庸》上的中和的最大误解。一切纠葛,皆由此来。"③

事实上,在程、朱以"性—情"释"中—和"的理论架构中,由于心灵情感自身所固有的不确定性,《中庸》中的"喜怒哀乐"其实是被笼统地视为形下之"情"而遭到贬斥了,由此产生的以理驭情的思想在实践层面难免造成本真人性的压抑。阳明心学兴起后,在诸如"制欲非体仁"的呼声之下,如何消解性情之间的二元对立而又不至于破坏基本的社会伦常与价值体系成为新的时代课题。我们接下来将会看到,晚明东林儒者希望跳出程、朱框架来重新思考这一问题,并进行了相当积极的尝试。顾宪成、高攀龙希望通过回归周子主静及道南指诀的思路来疏解阳明和朱子之间的矛盾,而孙慎行则另辟蹊径,直接对朱子将思虑归属未发的做法予以批判,要求重视未发之喜怒哀乐的生机意味。作为东林学者的余绪,理学殿军刘宗周从根本上反对朱子的性情架构,并试图从气化角度重新诠释喜怒哀乐,进而消解性情对峙。

---

① 陈来《有无之境——王阳明哲学的精神》,北京:北京大学出版社,2013年,第62页。
② 陈来《朱子哲学研究》,第210页。
③ 徐复观《中国人性论史·先秦篇》,北京:九州出版社,2014年,第117页。

二、"本体"与"时间":东林派对未发诸说的衡定与调适

《中庸》之"未发""已发"以时间言？抑或以本体言？几百年来，学者莫衷一是。盖朱子中和新说以思虑未萌为未发、思虑已萌为已发，其"未发""已发"更多是指心体流行的不同时间阶段。而阳明则反对将未发、已发一分为二，认为"良知即是未发之中，即是廓然大公，寂然不动之本体""无前后内外而浑然一体者也"①，强调良知作为"未发之中"的本体含义。从表面上看，这似乎是与朱子的中和旧说殊途同归了。② 阳明没后，关于未发、已发问题，王学内部即分化为两派：王畿等众多王门学者皆认为未发之中是良知之体，已发之和是良知之用，因而主张"未发非时"；而以聂豹、罗洪先为代表的江右王门则认为喜怒哀乐有未发之时，因而要严辨未发、已发。双方论战旷日持久，莫衷一是。③ 然而至东林之时，双方差异之所在已日渐明晰。顾宪成云：

> 或问："《中庸》云'喜怒哀乐之未发谓之中'，说者以为未发之时盖指本体而言也，此说似与朱子不同，何如？"
>
> 曰："朱子原有两说，此说即其前一说，《章句》所用乃其后一说也。朱子以后说为定，遂以前说为误，而近世学者又率以其后说掩其前说，则亦考之不详矣。愚尝平心体究，窃以为两说不妨并存，非必执一而病一也。"④

顾宪成认为，朱子对于已发、未发原有两种说法，中和旧说是以本体为未发之中，而中和新说则以时间而言，《中庸章句》采用的恰是后说。由于朱子本人认为新说是正确的，旧说"所论尤乖戾，所疑《语录》皆非是"⑤，因此世人皆认为中

---

① （明）王阳明《传习录中·答陆原静书》，吴光等编校《王阳明全集（新编本）》上编一卷二，杭州：浙江古籍出版社，2010年，第1册，第68—69页。
② 牟宗三先生也有相似见解，他在论述中和旧说时认为："若顺此旧说第一书发展下去，既可合于胡五峰，亦可契于陆象山。"参见牟宗三《从陆象山到刘蕺山》，《牟宗山先生全集》第8册，台北：联经出版事业有限公司，2003年，第84页。
③ 详参林月惠《良知学的转折》，台北：台湾大学出版中心，2005年，第406—437页。
④ （明）顾宪成著，李可心点校《小心斋札记》卷二"乙未"，北京：中国社会科学出版社，2020年，第16页。
⑤ （宋）朱熹《晦庵先生朱文公文集》卷三〇《与张钦夫》第四书自注，《朱子全书》第21册，第1316页。

和旧说是错误的,中和新说才是正确的。然而,在顾宪成看来,中和旧说与中和新说可以并存于世,后世学者不应当以新说、旧说互相攻讦。据《虞山商语》记载,有弟子问顾宪成:"'喜怒哀乐之未发谓之中'所云'未发',以时言乎？以本体言乎？"顾宪成的回答是:"两说都有个至理在,不必执定。往尝与晋陵徐徽弦先生论及此,徽弦曰:'道无动静,而心有寂感,须要分合看。'此义甚圆。"①按照这种说法,则是心之已发未发以时间言,道之已发未发以本体言。从表面上看,顾宪成似乎是在强调朱子思想的连续性,要求在旧说与新说之间保有客观的态度。但事实上,这恰恰从侧面反映了顾宪成在义理系统上对中和旧说所内涵的本体诠释路线的某种接受。

无独有偶,同为东林领袖的高攀龙亦对上述两种观点抱有相似的态度。据《高景逸先生东林论学语》记载：

> 台文曰:"发与未发,说者有云自开辟以来,于穆不已者,是无一息之停也,所为万古常发、万古常不发,何如？"先生曰:"所为万古常发、万古常不发者,是言性体如此也。《中庸》言未发,不言不发。所谓未发,指喜怒哀乐而言。若性体,说得不发,说不得未发。中者,性体也。万古常发、万古常不发者,中也。喜怒哀乐未发之时,正是万古常发、常不发之中也。如此看来,两说皆通。"②

高攀龙在这里区分了对"未发"的两种理解：即《中庸》所谓"喜怒哀乐之未发"是就喜怒哀乐的发动而言,故是以时间说,可言喜怒哀乐未发,而不可言喜怒哀乐不发；阳明所谓的"发而不发"是就性体之"中"而言,性体无动静可言,故只能说性体发而不发,不可言性体未发。这实际上是将流行之心体与无动静之性体分疏开来,如此则两说互不矛盾。然而高攀龙立即意识到,在作为心灵情感的喜怒哀乐尚未发动之时,此心保有的正是那万古常发、常不发的性体之"中","《中庸》正指喜怒哀乐未发时为天命本体,而天命本体则常发而不发者",③因此下文才会说"喜怒哀乐之未发,谓之中"。如此,便将朱子与阳明对未发之中的两种解释综合起来。这种思路与顾宪成所谓的"道无动静,而心有寂感""心之已发未发以时言,道之已发未发以本体言"是一致的。但是,高攀龙并不认为阳明之

---

① (明)顾宪成《虞山商语》卷上,《顾端文公遗书》,清康熙刻本。
② (清)高廷珍等纂,《东林书院志》整理委员会整理《东林书院志》卷六《高景逸先生东林论学语下》,北京：中华书局,2004年,第156页。
③ (明)高攀龙《高子遗书》卷三《未发说》。

说与朱子的中和旧说相同。在他看来,阳明之说"与朱子初年之说相似,而实不同",两者的区别是:"朱子初年,以人之情识逐念流转,而无未发之时。文成则以心之生机流行不息,而无未发之时。"①朱子中和旧说与阳明虽然都认为心无未发之时,但两者的立论根源并不相同:朱子因为人心固有的逐物倾向与不稳定性而断定心皆为已发,而阳明则认为作为心体的良知生机不已、流行不息,故而万古常发、万古常不发。在朱子,心属已发,故要求未发之中;在阳明,心体良知万古常发,所以要在"和"上用功。高攀龙虽然较为支持朱子之说,而认为阳明之说不符合《中庸》本旨,但却仍然得出了"两说皆可"的结论,这其实也反映了他对心体流行的重视。

值得注意的是,虽然从哲学理论来说,"未发"之主语既可以是"心",也可以是"道",但就《中庸》本文的阐释来说,"未发"却是"喜怒哀乐之未发"。高攀龙说的"所谓未发,指喜怒哀乐而言",乍看之下好像并无高深之处,但其背后却隐含着对程朱中和说的某种批判。在程朱看来,《中庸》所谓的"喜怒哀乐之未发"并不是真的就经验层面的"喜怒哀乐"而言中,在现实生活中,人固然有无喜怒哀乐之时,但这种"未发"既不可以说是不偏不倚的"中",也不可以称之为"天下之大本",因而程子才认为"思与喜怒哀乐一般",将喜怒哀乐泛化为一般的精神思虑,"既思即是已发"。②但是,常人怎可达到无思虑之状态?如此则难免得出"凡言心者,皆属已发"的错误结论,从而无法寻得"未发之中"。在高攀龙看来,所谓"未发"正是就日用常行的喜怒哀乐而言。"夫人岂有终日喜怒哀乐者?盖未发之时为多。"③人们哪能终日有喜怒哀乐之情?因此,就时间层面而言,当然是未发之时多于已发。既然人们不能终日有喜怒哀乐之情,就时间层面而言,当然是未发之时多于已发,这使得"观喜怒哀乐未发前作何气象"成为可能。

从道南指诀的文本来看,似乎"观"的对象就是"未发"时的"气象",即某种精神境界的外显。大体而言,理学家所言"气象"有三种:一种是彰显于天地的"天地生物气象";二是体现于人格的"圣贤气象";三是内在于心性的"未发气象"。④虽然种种"气象"都是以气的感通,即存有的连续(并不预设主客对立)为基础,但"观物""观天地生意"与"观圣贤气象"之"观"毕竟是偏于外在的"观",有一个虽然无形但却是具体的、可以用感性直观把握的,而"观未发气象"则是一种深层

---

① (明)高攀龙《高子遗书》卷三《未发说》。
② 《河南程氏遗书》卷一八《伊川先生语四》,(宋)程颢、程颐著,王孝鱼点校《二程集》,北京:中华书局,2004年,第200页。
③ (明)高攀龙《高子遗书》卷三《未发说》。
④ 杨儒宾《论"观喜怒哀乐未发前气象"》,《中国文哲研究通讯》第15卷第3期,台湾"中央研究院"中国文哲研究所,2005年。

的、内在反思性的"观"。由于指诀本身是一个类似疑问的语气,它并没有预设一个现成的、可以依靠的答案,因而"观未发气象"似乎也是如人饮水,冷暖自知。陈来先生曾指出,道南一脉这种诉诸直觉的静中体验工夫具有极大的偶发性,需要个体较长时间的体认自得,而不能加以普遍化的规范,因而他们的描述都相当模糊。朱子正是由于无法从中获得切己、受用的体验,才走上另一条理智化的工夫道路。[①] 但高攀龙似欲自别于朱子,他说:"朱子曰:'当因其所发而遂明之,此四端之说也,《孟子》之法也。'吾则曰:'又当因其所未发而遂明之,此大本之说也,《中庸》之法也。'"[②]"因其所发而遂明之"是朱子注释《大学》"明明德"时提出的。人心之明德虽然有时会因后天的欲望、气质而变得昏聩,但本体之明却未曾熄灭,所以要因顺明德发用时显现的端倪存养扩充,以回复心之本体,而无法直接用功于未发之时。朱子之主敬工夫诚然是贯穿动静,但他实际上并不喜欢体验未发之类的词汇。而这一观点还意味着,朱子以性—情架构建立的未发—已发说其实更适合于孟子的四端之情,而非《中庸》的喜怒哀乐之情。

通过对主流"未发"说的调和与衡定,顾宪成、高攀龙实际上借由道南指诀回归了周敦颐的主静说,然而这一思路却难免过于严毅。刘宗周早年曾说:"王守仁之学,良知也,无善无恶,其弊也必为佛、老,顽钝而无耻。顾宪成之学,朱子也,善善恶恶,其弊也必为申、韩,惨刻而不情。"[③]在顾宪成、高攀龙对中和说的调适过程中,性情之间的二元对立非但没有得到解决,反而被加剧了。如何较为妥帖地消解性情、静动、未发已发之间的张力,从而建立一种新的中和学说,成为东林后学的现实问题。

三、"思属未发":孙慎行对"喜怒哀乐"的提摄

孙慎行(1565—1636),字闻斯,号淇澳,常州武进人,官至礼部尚书,后因红丸案辞官还乡,讲学东林书院。就学术传承而言,孙慎行可以说是晚明东林学派的第二代学人。《明儒学案·东林学案二》云:"东林之学,泾阳导其源,景逸始入细,至先生而集其成矣。"[④]意思是说,东林学派发端于顾宪成,至高攀龙才开始

---

① 陈来《朱子哲学研究》,第159—160页。
② (明)高攀龙《高子遗书》卷九上《〈桐川会续记〉序》。
③ (明)刘宗周《修正学以淑人心以培国家元气疏》,吴光主编《刘宗周全集》第3册《文编一·奏疏一》,杭州:浙江古籍出版社,2007年,第20页。
④ (清)黄宗羲著,沈芝盈点校《明儒学案(修订本)》卷五九《东林学案二·文介孙淇澳先生慎行》,北京:中华书局,2008年,第1450页。

得以细密,而孙慎行则是东林学术的集大成者。然而,在《明儒学案》的另一版本中,此评语则为:"东林之学,泾阳导其源,景逸始入细,至先生而另辟一见解。"①冈田武彦先生曾论东林整体学风,云"东林讲性学,尤以体认躬行、静定自得为宗旨"②,但孙慎行"反对主静之学","因而以静之体认自得为宗的东林学风,可以说在他那里发生了一个转折"③。从这一角度看,后一版本可能更得其实。

孙慎行之学特重生机流行,而就中和说而言,其最大的特点则在于对"喜怒哀乐"的提点与重视。《明儒学案》载:

> 阳明门下,自双江、念庵以外,总以未发之中认作已发之和,谓工夫只在致和上,却以语言道断,心行路绝上一层,唤作未发之中。此处大段,着力不得,只教人致和着力后,自然黑窣撞着也。先生(按,指孙慎行)乃谓从喜怒哀乐看,方有未发。夫人日用间,岂必皆喜怒,皆哀乐?即发之时少,未发之时多,心体截得清楚,工夫始有着落。④

王门后学大抵遵循阳明"良知即是未发之中""和上用功"的教义,但在何为"中节之和"以及如何"致中和"的问题上,聂双江、罗念庵则与王门一众亲炙弟子展开了论辩。⑤ 在梨洲看来,双江、念庵以外诸人均将未发之中认作已发之和,而在言语说不得、心知思不得处寻未发之中,如此则必然沦为释氏之空虚。与之相对的聂豹、罗洪先之中和说大抵遵循道南一脉体验未发时气象之路数⑥,以归寂为宗,虽有偏静之弊,其学风却较为稳健。

道南一系体验未发气象固然是一入手工夫,但慎行对何为"未发"有不同看法:

---

① 如紫筠斋本。关于此两版本的文献学区别及优劣,此处不作详论。
②③ [日]冈田武彦著,吴光、钱明、屠承先译,钱明校译《王阳明与明末儒学》,重庆:重庆出版社,2016年,第356页,第349页。
④ (清)黄宗羲《明儒学案》卷五九《东林学案二·文介孙淇澳先生慎行》,第1449页。
⑤ 黄宗羲云:"当时同门之言良知者,虽有浅深详略之不同,而绪山、龙溪、东廓、洛村、明水皆守'已发、未发非有二候,致和即所以致中',独聂双江以'归寂为宗,功夫在于致中,而和即应之',故同门环起难端,双江往复良苦。"见(清)黄宗羲《明儒学案》卷一七《江右王门学案二·文庄欧阳南野先生德》,第359页。
⑥ 黄宗羲又云:"按阳明以致良知为宗旨,门人渐失其传,总以未发之中认作已发之和,故工夫只在致知上,甚之而轻浮浅露。待其善恶之形而为克治之事,已不胜其艰难杂糅矣。故双江、念庵以归寂救之,自是延平一路上人。"见黄宗羲《明儒学案》卷一九《江右王门学案四·郎中陈明水先生九川》,第457页。

如世说戒惧是静而不动,慎独是未动而将动,遂若学问思辨行外另有一段静存动察工夫,方养得中和出,不知是何时节?又不知是何境界?只缘看未发与发都在心上,以为有漠然无心时,方是未发,一觉纤毫有心,便是发。故说才思即已发,曾不于喜怒哀乐上指着。实不知人生决未有漠然无心之时,而却有未喜怒、未哀乐之时。……是则未发时多,发时少。①

如果认为戒惧是静中的存养工夫,而慎独是未动将动之际研几的工夫,是遏人欲于将萌,如此则在学问思辨行之外另多了一层静存动察工夫,不知何时才能达到中和境界。根据朱子的中和新说(即己丑之悟),思虑未萌、事物未至之时即为喜怒哀乐之未发,是则思虑既萌、事物已至即为已发,为情,漠然无心时方是未发,为性,如此人生自是已发时多,未发时少,如何体验得无思虑之未发之中?阳明虽然强调已发未发体用一源,却也认为"不可谓未发之中常人俱有"②,可见其未发之难寻。事实上,所谓漠然无心不过是枯木寒岩之涅槃,如此之中和常人当然不可能具有。这是因为他们以心来判断已发未发,而看轻了喜怒哀乐。按照程朱的思路,思虑既起便属于"情"(心统性情之情,非今日所说之情感)。但慎行将心之思虑与喜怒哀乐相区分,已发未发只能指可表现于外的喜怒哀乐,而不是单纯内心思虑(未必是感情)之有与无,因此慎行强调:"今无论日用间,即终日默坐清明,无一端之倚着,有万端之筹度,亦便不可谓之发也。"③筹度即是思维之谋划、运转。即便人之思虑运转万般,只要喜怒哀乐之经验情感没有发动,仍然不得谓之已发。由于人不可能处于没有思虑的状态,如果能以学问思辨为未发之中,自然动亦定、静亦定,不必另寻静存动察。由于人喜怒哀乐时少,未喜怒、未哀乐时多,故而未发时多,发时少。这一看似平实的转变却有着相当特殊的意义:"知觉思虑之未发指示了一种隔绝于日常生活的情境,而喜怒哀乐之未发则是一种常见的日用情境。前者可与独立于形而下之情的超越本体相呼应,后者则指向与'情'同质、同层次的存在。"④换言之,喜怒哀乐之未发是人日常之生存

---

① (明)孙慎行《止躬斋慎独义·博学》,《玄晏斋集五种》,明崇祯刻本,《四库禁毁书丛刊》集部第123册,北京出版社,2000年,第417页。

② 王阳明说:"不可谓'未发之中'常人俱有。盖'体用一源',有是体,即有是用,有'未发之中',即有'发而皆中节之和'。今人未能有'发而皆中节之和',须知是他'未发之中'亦未能全得。"见吴光等编校《王阳明全集(新编本)》上编一卷一"语录一"《传习录上》,第1册,第19页。

③ (明)孙慎行《玄晏斋困思抄》卷二《未发解》,《玄晏斋集五种》,《四库禁毁书丛刊》集部第123册,北京出版社,2000年,第353页。

④ 陈畅《孙慎行慎独学的义理结构》,《中国哲学史》,2009年第2期。

状况,作为天下大本的"未发之中"本身亦即在日用常行之中,而不是什么人生而静以上,更不必说到言语道断、心行路绝之境上,如此则工夫便落在了喜怒哀乐之发而皆中节上,这其实是反对守静寻空而要求动中求中和。

在中和问题上,尽管历来学者都主张体用一源、显微无间的理想状态,但其工夫却无非是在未发之中上用功(朱子)或已发之和上用功(阳明),难以真正做到中和一体,其原因在于将致中和工夫一分为二。慎行曾以天平为例说明致中和工夫:天平两头无物,自然平衡,此即是喜怒哀乐未发时之气象,是中;而添加砝码无有不小心谨慎、斟酌去取,以达到平衡状态,此即是喜怒哀乐发而皆中节之气象,是和。① 如此则中和工夫只在经验生活中那添加砝码时的小心谨慎、斟酌去取上,没有什么玄远高妙之处,更不必将其强分为两层存有。因此慎行指出:"中和之名可分也,而中和之实不可分也,即致中和之功更无可分也,总归之一戒惧慎独。"②从本体上说,"中"为体,"和"为用,但言"中"则"和"在其中,言"和"则"和"亦蕴"中",如此则"中"与"和"名虽可分而实不可分。从工夫上看,《中庸》只说"致中和",而未曾将其分为"致中"与"致和",故"致中和"之功不可一分为二,其用力之所在戒惧慎独,即要时时保持精神状态之高度集中。可见,孙慎行之以经验心灵之喜怒哀乐为基础的中和之架构是事实上的中和一体。

有学者业已指出,蕺山晚年学问之转折受孙慎行影响甚大。③ 诚然,就学问关注的重心而言,刘宗周与孙慎行有着高度重合的论域,如对喜怒哀乐、慎独的提点与重视。就具体的中和问题而言,二人对未发—已发中和一体之结构的理解也高度相似。所不同的是,刘宗周显然更加明确地意识到了"喜怒哀乐"本身在心体结构中的根源性,并从气化角度主动对其进行本体诠释与义理建构。

---

① "中和尚可分说,致中和之功必无两用。未发一致中和,已发也一致中和。辟如天平有针为中,两头轻重钧为和,当其取钧,非不时有斟酌,到得针对来,煞一时事。且钧631相对,是已发时象。如两头无物,针元无不相对,更是未发时象。看到此,孰致中?孰致和?何时是致中?何时是致和?君子只一戒惧不忘,便中和,嘿嘿在我,便知致字无两条心路。"参见孙慎行《玄晏斋困思抄·致中和》,《玄晏斋集五种》,明万历年间刻本,《四库全书存目丛书》经部第 162 册,第 24 页。
② (明)孙慎行《止躬斋慎独义·中和》,《玄晏斋集五种》,第 394 页。
③ 陈畅《刘宗周中晚年思想差异与分期问题研究》,收入陈畅著《自然与政教——刘宗周慎独哲学研究》,上海:上海人民出版社,2016 年,第 111—119 页。

四、刘宗周对"喜怒哀乐"的气化诠释

刘宗周说：

> 心体本无动静，性体亦无动静，以未发为性、已发为情，尤属后人附会。喜怒哀乐，人心之全体，自其所存者，谓之未发；自其形之外者，谓之已发。寂然之时，亦有未发已发；感通之时，亦有未发已发。中外一机，中和一理也。若徒以七情言，如笑啼怒骂之类，毕竟有喜时，有不喜时，有怒时，有不怒时，以是分配性情，势不得不以断灭者为性种，而以纷然杂出者为情缘，分明有动有静矣。①

此段文字透显出蕺山中和说的三个要点：一、不可以未发为性、已发为情；二、已发未发以表里言，不以时间之前后论；三、喜怒哀乐不可以七情言。兹分述如下。

首先看性情关系。朱子诠释《中庸》"喜怒哀乐之未发谓之中"一句时说："喜怒哀乐，情也。其未发，则性也。"如是则情为已发，性为未发。理学各派虽然对中和的理解千差万别，对此种分判却并未有太大的异议，蕺山为何要劈头说上一句"尤属附会"呢？这就涉及蕺山对性情关系的理解。蕺山曾说："朱子曰'心统性情'，张敬夫曰'心主性情'。张说为近，终是二物。曷不曰'心之性情'？"②在朱子"心统性情"的架构之中，"性对情言，心对性情言"③，心以性为体，性发则为情，如此心、性、情为各为一物。张栻"心主性情"之说较为融贯，但终究还是以为性情之外仍然有一个心去做主宰，将心与性情分判二物。刘宗周认为，最圆融的说法是"心之性情"，性与情本就属于心，不能看作二物。他进一步说："凡所云性，只是心之性，决不得心与性对。所云情，可云性之情，决不得性与情对。"④又说："心与意为定名，性与情为虚位。喜怒哀乐，心之情；生而有此喜怒哀乐之谓心之性。好恶，意之情；生而有此好恶之谓意之性。盖性情之名，无往而不在

---

① （清）黄宗羲《明儒学案》卷六二《蕺山学案·忠端刘念台先生宗周·语录》，第1535页。
② （明）刘宗周《学言下》，《刘宗周全集》第2册"语类十二"，第471页。
③ （宋）黎靖德编，王星贤点校《朱子语类》卷五《性理二·性情心意等名义》，北京：中华书局，1986年，第1册，第89页。
④ （明）刘宗周《学言下》，《刘宗周全集》第2册"语类十二"，第465页。

也。"①林月惠先生指出,就字义而言,蕺山所说的"情"并非指"情感",而是作"情实"解释;就义理而言,"情"不是一个独立的概念,而是"虚位词",是"形而上"之"情"。② 按照这种理解,"性"只是用来描述一种生而有之的属性,③而"情"也不过是用来强调某种本来内蕴的情实,因而心有心之性情,意有意之性情,性情之名可以用在各种地方,"无往而不在"。就"心之性情"而言,喜怒哀乐是心固有之情实,人生即有此喜怒哀乐便是心之属性,如此则取消了"性"与"情"的实体性,自然不能说未发为性、已发为情,更不能说因已发之情见未发之性。

当然,刘宗周对朱子以未发为性、已发为情的中和架构的批判不仅是基于二人对性情关系的不同分判,也跟他对已发未发的理解密切相关。在蕺山看来,未发并不是还没发动,而是还没显现于外;已发并不是已经发动,而是显现于外。这就是"已发未发以表里对待言,不以前后际言"。④ 那么,这种解释根据如何?在蕺山看来,《中庸》既言"喜怒哀乐之未发",则已发、未发的主语便是喜怒哀乐,这分明是在有一喜怒哀乐存在的前提下讨论其发动、显现与否,而不是说有一个其他的东西生成了喜怒哀乐。因此,就喜怒哀乐存在于心中而言,称之为未发;就喜怒哀乐表现于外而言,称之为已发。人之心灵虽然可以按照时间分为寂然不动、感而遂通两个阶段,但是喜怒哀乐却是一直存在于人心之中(因此称为心之情实),随时可以表现于外,无论心之寂感。就这一点,我们可以将喜怒哀乐视为心灵的基础存有。值得注意的是,蕺山更进一步认为,喜怒哀乐是"人心之全体",这似乎不符合一般人的心理认知。毕竟喜怒哀乐只是经验心灵对外在境遇之回应的四种表现,即便仅用来描述人的情感,也似乎是不太全面的,又如何能成为"人心之全体"?作为"人心之全体"的"喜怒哀乐"到底是何种涵义呢?

一般学者都将《中庸》首章之"喜怒哀乐"当作人的经验情感的一部分,甚至将其理解为泛化的七情,而刘宗周则断言:"后人解中和,误认是七情,故经旨晦至今。"⑤要求不能将喜怒哀乐视为泛指人之七情。事实上,蕺山将"喜怒哀乐"与七情分为了两个层次,并将前者理解为人心固有之"四气""四德"。因为在蕺

---

① (明)刘宗周《商疑十则,答史子复》,《刘宗周全集》第2册"语类十一·问答上",第344页。
② 林月惠《从宋明理学"性情论"考察刘蕺山对〈中庸〉"喜怒哀乐"的诠释》,《中国文哲研究集刊》,第25期。
③ 蕺山这种观点与其理气论是一致的。在蕺山看来,"理"只是"气"之条理,因而"性"也只是"心"之条理,"理""性"都不具备实体性。
④ 黄宗羲在《子刘子行状》中总结了蕺山"发先儒之所未发者"四条,此为第二条。见黄宗羲《子刘子行状》,收入《刘宗周全集》第6册"附录一",第39、41页。
⑤ (清)黄宗羲《明儒学案》卷六二《蕺山学案·忠端刘念台先生宗周·语录》,第1521页。

山看来,"盈天地间一气也"①,盈天地间只是一气贯通,既然天地有春夏秋冬四气循环往复,那么人心也应该有"喜怒哀乐"四气流行不息。他说:

> 天有四德,运为春夏秋冬四时,而四时之变,又有风雨露雷以效其用,谓风雨露雷即春夏秋冬,非也。人有四德,运为喜怒哀乐四气,而四气之变,又有笑啼哂詈以效其情,谓笑啼哂詈即喜怒哀乐,非也。故天有无风雨露雷之日,而决无无春夏秋冬之时;人有无笑啼哂詈之日,而决无无喜怒哀乐之时。知此,可知未发已发之说矣。②

天有四德,即元亨利贞,四德往复于天地之间,即为春夏秋冬四时,而四时变化便有风雨露雷等自然现象表现于外。同样,人亦有四德,即仁义礼智,四德流行于人心之内,即是喜怒哀乐四气,而四气变化便有笑啼哂詈表现于外。正如人能够经验到的只是风雨露雷等自然现象,人对人心的把握也只能通过笑啼哂詈等外在的表现。在这个类比之中,现象界的风雨露雷、笑啼哂詈便是已发的表现,但心体结构内喜怒哀乐的四气流行则是未发之中,是作为基础存有而存在于内的。

当然,这种类比背后体现了一种天人同构、天人合一的连续存有观。表面上看,将人心之喜怒哀乐与四时之春夏秋冬相比附似乎有凑泊之感,但在"盈天地间一气也"的存有根据下,天之春夏秋冬与人之喜怒哀乐"分明一气之通复,无少差别"。③从这一意义上说,蕺山所论的"喜怒哀乐"是"大造生生之内在的'节点''节气''节律',是一元生气所展示的四种不同的形态"④,它既是心体流行的内在节奏,也是天地大化的自然节律。

五、结语

王夫之曾说:"喜怒哀乐之未发谓之中,是儒者第一难透底关。"⑤诚非虚言。在程朱以"性—情"释"中—和"的理论架构中,"喜怒哀乐"被笼统地视为形下之

---

①② (明)刘宗周《学言中》,《刘宗周全集》第 2 册"语类十二",第 408 页,第 420 页。
③ (明)刘宗周《圣学宗要》,《刘宗周全集》第 2 册"语类七",第 259 页。
④ 陈立胜《刘蕺山"喜怒哀乐"与"春夏秋冬"比配说申辩》,《中国现象学与哲学评论》,2015年第 1 期。
⑤ (清)王夫之《读四书大全说》,北京:中华书局,2011 年,第 79 页。

"情"而遭遇贬斥,更具本体意味的已发未发与中和问题则成为讨论的焦点,而这种选择性忽略从侧面凸显出其体系内部可能具有的困境。经典的诠释固然可以作为义理建构的重要方式,但也应当与文义保持在一定的张力内。晚明东林儒者逐步意识到聚讼数百年的"未发之中"问题对《中庸》文本的游离性,因而希望跳出旧有的中和框架来重新思考这一问题。以顾宪成、高攀龙为代表的第一代东林学者通过对朱子中和说的调适来疏解阳明和朱子之间的矛盾,实际上借由道南指诀实现了对周敦颐主静说的复归,但并未解决性情之间的二元对峙。而第二代东林学者孙慎行则直接批判朱子以心灵之思虑解释未发的诠释方式,提点出"喜怒哀乐"中的生机流行意义,以扭转东林偏主于静的严毅学风。作为东林学派的余绪,刘宗周从根本上反对朱子的性情架构,并从气化角度重新诠释"喜怒哀乐",最终建立了以喜怒哀乐四气流行为基础的中和说。这种以"喜怒哀乐"在经验心灵中之流行回环为基础存有的中和一体说不仅为晚明学人打开了崭新的时代论域,也为消解理学内部存在的困境与对立提供了有效的现实方案。

东林学派的实学思想及其经世理念

张永刚*

摘　要：晚明实学思潮的高涨以东林学人纠弊和修正程朱理学与阳明心学为端绪和旨归，呈现为学术层面的"反之于实"以及政治层面的"治国平天下"，掀起了晚明学术与政治变革的高潮。

关键词：东林学派；实学；程朱理学；阳明心学；反之于实；治国平天下

历史上的晚明是一个天崩地裂的时代，万历以后，社会的急剧危机引发各种思潮纷至沓来，千疮百孔的帝国大厦摇摇欲坠。为了挽救覆亡的命运，统治阶级中开明的知识分子力主社会变革，提倡救世之道。张居正的改革虽然取得了一定的实绩，但在思想禁锢不化的现实境况下，犹如昙花一现，瞬间便幻灭了。这使有志于改革的知识分子认识到社会的变革首先要从思想上入手，阳明心学的空疏流弊不利于救世，进而提出"救弊之道在实学，不在空言"，[①]要摒弃"明心见性之空言"，代之以"修己治人之实学"。[②] 可见，实学的兴起是应时代要求而产生的，是对明中后期阳明心学的反驳与修正。

明中期，王阳明创立心学，倡导"致良知""知行合一"之说。心学创立不久，即风靡天下，以至于"门徒遍天下，流传逾百年"。[③] 王阳明所谓"知行合一"，起初并非如后来所发展之"空谈心性"。他说："夫问思辨行皆所以为学，未有学而不行者也。如言孝，则必服劳奉养，躬行孝道，然后谓之学，岂徒悬空口耳讲说而遂可以谓之学孝乎？学射则必张弓挟矢，引满中的；学书则必伸纸张笔，操觚染

---

* 作者简介：张永刚，男，华中师范大学文学博士，复旦大学文学博士后，镇江高等专科学校教授，硕士生导师。

① （清）颜元《存学编》卷三《性理评》，上海：商务印书馆，1936年，第38页。
② （清）顾炎武《日知录》卷七《夫子之言性与天道》，《景印文渊阁四库全书》第858册，台北：台湾商务印书馆，1982—1986年，第542页。
③ （清）张廷玉《明史》卷二八二《儒林传》序，北京：中华书局，1974年，第7222页。

翰。尽天下之学,未有不行而可以言学者也。"① 由此可知,王阳明创立心学之初衷与后来王学之流弊大相径庭。阳明之后,王学产生了分化,以其学术宗旨和修行方法而言,可分为"尊德性"、主"顿悟"的王学左派和"道问学"、主"渐修"的王学右派。"双江、念庵使王学向右发展","龙溪、心斋使王学向左发展"。② 王学左派在当时影响很大,黄宗羲说:"阳明先生之学,有泰州、龙溪而风行天下。"③ 听其讲学者"不下千余","牧童樵竖,钓老渔翁,市井少年,公门将健,行商坐贾,织妇耕夫,窃履名儒,衣冠大盗"等社会各个阶层皆宗其说。④ 左派王学成为当时相当流行的思潮,其提倡个性解放,对程朱理学造成了强烈的冲击。虽如嵇文甫所言:"王学和禅学内部未尝没有现实主义倾向。……左派王学和右派王学各有其现实主义的一面。"⑤ 但其所造成的空谈流弊却也是客观存在的:"自文成而后,学者盛谈玄虚,遍天下皆禅学。"⑥ 以顾宪成、高攀龙等为首的东林学人志在世道,对置国艰民危于不顾,弃儒入禅,空谈心性而不务实学的王学末流极为不满。他们适应时代的要求,大力倡导实学,从而对王学末流进行修正。其中所引发的最为有名的是万历二十年前后心体为"无善无恶"的论争,论辩双方一方是以管志道、周汝登为代表的倡导王阳明"无善无恶是心之体"之说的学者,一方是以顾宪成、许孚远为代表的东林学人以及关学学者冯从吾、泰州学派学者方本庵等。东林学人"力阐性善之旨,以辟无善无恶之说"⑦。据《顾端文公年谱》万历二十六年(1598)、二十七年记载:"时太仓管东溟(志道)以绝学自居,一贯三教,而实专宗佛氏,公(按,指顾宪成)与之反复辩难,积累成帙。管名其牍曰《问辨》,公亦名其编曰《质疑》,于'无善无恶'四字驳之甚力。……毗陵二三君子皆力主公之说。"⑧ 刘宗周在万历四十一年的《修正学以淑人心以培国家元气疏》中说:"王守仁之学,良知也,无善无恶,其弊也,必为佛老顽钝而无耻。……佛老之害,自宪成而救。"⑨ 黄宗羲在《明儒学案·泰州学案》中也明确指出:"先生(按,指周

---

① (明)王守仁《王文成公全书》卷二《传习录中》,《四部丛刊》初编重印本,上海:商务印书馆,1922年,第10页。
② 嵇文甫《晚明思想史论》,北京:东方出版社,1996年,第16页。
③ (清)黄宗羲《明儒学案》卷三二《泰州学案一》,北京:中华书局,1986年,第703页。
④ (明)李贽《焚书》卷三《罗近溪先生告文》,《焚书续焚书》,北京:中华书局,1975年,第125页。
⑤ 嵇文甫《晚明思想史论》,第170页。
⑥ (明)刘宗周《刘子全书》卷四〇上附录二《年谱上》"万历四十年"正月,清刊本。
⑦ (清)胡慎《东林书院志序》,(清)高廷珍《东林书院志》卷首,清光绪刊本。
⑧ (明)顾宪成《顾端文公年谱》卷下,《续修四库全书》第553册,上海:上海古籍出版社,2002年,第387—388页。
⑨ (明)刘宗周《刘子全书》卷一四"文编一·奏疏"。

汝登)之无善无恶,即释氏之所谓空也。后来顾泾阳、冯少墟皆以'无善无恶'一言排摘阳明。"①东林学人强调"道性善",以补"无善无恶"之说。"性善发于孟子,孰不谓老生常谈？然自'无善无恶'之说炽行之后,忽拈此二字以正告天下,遂岂乎有回澜障川之功"②,"顾泾阳先生与先忠宪公(按,指高攀龙)讲学宗旨,全在揭出'性善'二字,以砥'无善无恶'之狂澜"③。顾宪成抨击"无善无恶"所带来的危害:"以为无善无恶只是心之不著于有也,究竟且成一个混。……混则一切含糊,无复拣择,圆融者便而趋之。……以任情为率性,以随俗袭非为中庸,以阉然媚世为万物一体,以枉寻直尺为舍其身济天下,以依违迁就为无可无不可,以猖狂无忌为不好名,以临难苟免为圣人无死地,以顽钝无耻为不动心者矣。"④顾宪成认为"无善无恶"之说的严重危害,还在于"埋藏君子,出脱小人",他说："'无善无恶'四字最险最巧。君子一生兢兢业业,择善固执,只著此四字,便枉了为君子。小人一生猖狂放肆,纵意恣行,只著此四字,便乐得做小人。语云:'埋藏君子,出脱小人',此八字乃'无善无恶'四字膏肓之病也。"⑤关于这场心体为"无善无恶"的论辩,实际上是明代社会危机严重恶化的产物,是崇尚实学和空谈心性之间的思想论争,也是以顾宪成、高攀龙为首的东林党人同以魏忠贤为首的阉党之间的政治斗争在思想学术领域的反映,这场论争成为实学思潮高涨的思想先导和保障。

　　对于程朱理学空洞的教条已不适应济世救民的需要,东林学人进行了重新阐释和修正,力图弘扬儒学经世的传统。顾宪成等人以"忠恕"这一道德原则来概括《大学》的"治国平天下"的政治学说,把"诚意、正心、修身"概括为"忠",把"齐家、治国、平天下"概括为"恕"。强调只有"诚意、正心、修身"的个人道德修养完善了,才能"恕己及物",达到"齐家治国平天下"的最高理想。因此东林名士黄尊素提出"以开物成务为学,视天下安危"的治学主张,十分鄙视"志不在弘济艰难,沾沾自顾,拣择题目以卖声名"的小人。⑥ 高攀龙甚至提出"无用便是落空学问,……立本正要致用"⑦"学问通不得百姓日用,便不是学问"的观点。⑧ 这种以

---

① (清)黄宗羲《明儒学案》卷三六《泰州学案五·尚宝周海门先生汝登》,第855页。
② (清)严毂《东林或问》,(清)高廷珍《东林书院志》卷一七"文翰三"。
③ (清)高廷珍《东林书院志》卷六《补录未刻稿东林会语一则》高陛识语。
④ (明)顾宪成《证性编》卷三《罪言上》,《顾端文公遗书》,清光绪三年泾里宗祠刊本。
⑤ (明)顾宪成《还经录》,《顾端文公遗书》,清光绪三年泾里宗祠刊本。
⑥ (清)黄宗羲《明儒学案》卷六一《东林学案四·忠端黄白安先生尊素》,第1490页。
⑦ (清)高廷珍《东林书院志》卷六《高景逸先生东林论学语下》。
⑧ (明)高攀龙《高子遗书》卷五《会语一百则》,《景印文渊阁四库全书》第1292册,台北:台湾商务印书馆,1982—1986年,第411页。

能否治国平天下作为衡量学问之"有用"或"无用"的尺度,表明了东林党人倡导经世实学的强烈愿望。高攀龙明确指出,首先须"格物",其次归于"治国平天下",然后"始为有用之学":"事即是学,学即是事,无事外之学、学外之事也。然学者苟能随事精察,明辨的确,处处事事合理,物物得所便,是尽性之学。若是个腐儒,不通事务,不谙时事,在一身而害一身,在一家而害一家,在一国而害一国,当天下之任而害天下。所以《大学》之道,先致格物,后必归结于治国平天下,然后始为有用之学也。不然,单靠言语说得何用?"①如何由程朱与阳明之虚入实学之实,高攀龙认为必须通过"格物",否则儒学即"入于禅",而"虚其实"。他说:"圣人之学,所以与佛氏异者,以格物而致知也。儒者之学,每入于禅者,以致知不在格物也。致知而不在格物者,自以为知之真,而不知非物之则,于是从心逾规,生心害政,去至善远矣。"②"二先生(按,指陆象山、王阳明)学问俱是从致知入,圣学须从格物入。致知不在格物,虚灵知觉虽妙,不察于天理之精微矣。"③进而,高攀龙认为"今日虚症见矣,吾辈当相与稽弊而反之于实。"④高攀龙的"反之于实"的观点,是在对程朱理学与王学末流空虚之弊批判的基础上总结出来的,是实学高涨的指导性思想。

东林学人的实学思想体现在学术层面的"反之于实",取决于其对于王学与程朱理学空疏学风的纠弹,以及君子论学"与世为体"的宗旨。以实学为指导思想,力图建立起重实践与实证的新学风。

作为东林学派领袖的顾宪成和高攀龙于万历三十二年(1604)在无锡重建东林书院,提倡经世救国的务实之学,成为"一时儒者之宗"。⑤时人对二人评价甚高:"隆、万以来,则有顾泾阳先生于邑之东南辟道南精舍,以鼓舞善类、讲明正学,士蒸蒸向往,几与白鹿、紫阳鼎立宇内。维时与泾阳先生相左右,继先生为主盟而集其成,高先生存之也。"⑥以顾、高为首,包括钱一本、顾允成等人在东林书院讲学,"讽议朝政,裁量人物"⑦,一时影响颇为深远,"远近名贤,同声相应,天下学者,咸以东林为归"⑧。黄宗羲在评论顾宪成时说:"先生(按,指顾宪成)论

---

① (清)高廷珍《东林书院志》卷五《高景逸先生东林论学语上》。
② (明)高攀龙《高子遗书》卷五《会语一百则》,第548页。
③ (清)高廷珍《东林书院志》卷六《高景逸先生东林论学语下》。
④ (明)高攀龙《高子遗书》卷四《四书讲义》"知及之"章,第397页。
⑤ (清)张廷玉《明史》卷二四三《高攀龙传》,第21册,第6314页。
⑥ (明)叶茂才《(高攀龙)行状》,(清)高廷珍《东林书院志》卷七。
⑦ (清)张廷玉《明史》卷二三一《顾宪成传》,第6032页。
⑧ (清)裴大中等《光绪无锡金匮县志》卷六"学校",南京:江苏古籍出版社,1991年,据清光绪七年刻本影印,第106页。

学，与世为体。尝言：'官辇毂，念头不在君父上；官封疆，念头不在百姓上；至于水间林下，三三两两，相与讲求性命，切磨德义，念头不在世道上，即有他美，君子不齿也。'"①顾氏以"君子所不齿"否定了为学的空疏之弊，将学问落到了实处。针对王学末流的儒学空无理论完全背离了儒学的经世宗旨，东林学人尖锐地指出这是"以学术杀天下后世"，②并认为"学术之邪正，关系治乱甚大"，③"学术者，天下之大本也。学术正，政事焉有不正？"④对于王学影响而造成的空虚学风，顾宪成有着明确的认识："当士人桎梏于训诂词章间，骤而闻良知之说，一时心目俱醒，恍若拨云雾而见白日，岂不大快！然而此窍一凿，混沌几亡，往往凭虚见而弄精魂，任自然而藐兢业，陵夷至今，议论益玄，习尚益下，高之放诞而不经，卑之顽钝而无耻。"⑤由于"学术之邪正，关系治乱甚大"，东林学人倡导实学，就要拨正空虚的学风，而"反之于实"。顾宪成在《东林会约》中就明确强调讲学的目的务在"躬行"⑥，钱一本也指出："学不在践履处求，悉空谈也。"⑦顾宪成赞同邹元标论学强调"躬行"的主张，认为这是"今日对病之药"⑧，在他所订立的《东林会约》中，标其宗旨"躬修力践"，强调"先行后言，慎言敏行之训"。⑨顾宪成等人在讲学中强调"讲""习"结合，认为过去讲学的缺陷在于"所讲非所行，所行非所讲"。⑩因此，顾宪成强调要"讲以讲乎习之事，习以习乎讲之理"⑪，高攀龙则强调东林讲会"每有所疑，各呈所见，商量印证，方有益进。不然，会时单讲几章书义，只是故事而已。虽有所闻，亦不过长得些闻见，还不是会之正格"。⑫可见，他们讲学侧重形成重实践和实证的新学风。

东林学派倡导实学还同时体现在政治层面的"治国平天下"，这与其学术层面的"反之于实"、提倡实践和实证的新学风是一致的。东林讲学往往"讽议朝政，裁量人物"⑬，足见其宗旨并不单纯在于讲学。东林党领袖顾宪成凡事以"国

---

① （清）黄宗羲《明儒学案》卷五八《东林学案一·端文顾泾阳先生宪成》，第1377页。
② （明）顾宪成《泾皋藏稿》卷二《与李见罗先生书》，《景印文渊阁四库全书》第1292册，台北：台湾商务印书馆，1982—1986年，第22页。
③ （清）高廷珍《东林书院志》卷二二《轶事二·诸贤轶事·华凤超先生》。
④ （明）叶茂才《（高攀龙）行状》，（清）高廷珍《东林书院志》卷七。
⑤ （明）顾宪成《小心斋札记》卷四，《顾端文公遗书》，清光绪三年泾里宗祠刻本。
⑥ （清）高廷珍《东林书院志》卷二《顾泾阳先生东林会约》。
⑦ （清）黄宗羲《明儒学案》卷五九《东林学案二·御史钱启新先生一本》，第1439页。
⑧ （明）顾宪成《泾皋藏稿》卷五《简邹孚如吏部》，第55页。
⑨⑩ （清）高廷珍《东林书院志》卷二《顾泾阳先生东林会约》。
⑪ （清）高廷珍《东林书院志》卷三《丽泽衍》。
⑫ （清）高廷珍《东林书院志》卷六《高景逸先生东林论学语下》。
⑬ （清）张廷玉《明史》卷二三一《顾宪成传》，第6032页。

家"为念,"立朝居乡,无念不在国家,无一言一事不关世教"。① "且夫入山惟恐不深,入林惟恐不密,恝然置安危理乱于不顾,以自便其身,固臣之所大耻也。"② 高攀龙云:"随事必为吾民,此士大夫实事也。"③为达到"治国平天下"之目的,他们"至于削夺不足为辱,刀锯不足为畏"。④ 东林党人"慨然以天下自任"的做法,在朝野上下引起了轰动,"当是时,士大夫抱道忤时者,率退处林野,闻风响附,学舍至不能容"⑤。东林党目睹朝政羸败,内阁形同虚设,而国家权力尽入宦官之手,表现出强烈的愤慨:"天下即乏才,何至尽出中官下!"⑥要求"政事归六部,公论付言官"。⑦ 钱一本甚至提出:"大破常格,公天下以选举。"⑧在万历三十八年(1610)召开的东林大会上,顾宪成公开宣称:"是非者,天下之是非,自当听之天下,无庸效市贾争言耳。"⑨高攀龙要求东林同志,"君子之所作所为,直要通得天下人才行得。……不能通天下而欲行一己之独见,不要说天下人不从,即同志中也不从"⑩。他甚至公开对封建君主的专制提出了挑战:"有益于民而有损于国者,权民为重,则宜从民。"⑪东林党人最可贵的政治表现是领导市民在各地开展了轰轰烈烈的反矿税的斗争,代表了市民阶层的愿望和要求。东林党人以叶向高为首,包括魏允贞、冯琦、田大益、王元翰、萧近高、朱吾弼、温纯、金士衡、吴达可、汪应蛟、张问达、汤兆京、王纪、张养蒙等纷纷上疏请罢矿税,一时间,"中外争矿税者无虑百十疏"。⑫ 叶向高在疏中表达了对矿税的忧虑:"臣等窃惟矿税之扰,中外皆言其不可,而陛下坚欲为之。群言不能争,群怨不能动。度皇上之心,必曰:'国家之威灵甚张,小民之力量甚微,即有狂图,何渠能逞?'不知三代以来,

---

① (明)章嘉桢《祭文》,(明)顾与沐记略,顾枢初编,(清)顾贞观订补《顾端文公年谱》卷首,第363页。
② (明)顾宪成《泾皋藏稿》卷一《恳乞休致疏》,第11页。
③ (明)高攀龙《高子遗书》卷八上《答朱平涵》,第486页。
④ (明)高攀龙《高子遗书》卷八下《柬周来玉侍御》,第516页。
⑤ (清)张廷玉《明史》卷二三一《顾宪成传》,第6032页。
⑥ (清)高廷珍《东林书院志》卷九《刘念台先生传》。
⑦ (清)张廷玉《明史》卷二三一《史孟麟传》,第6045页。
⑧ (清)高廷珍《东林书院志》卷八《钱启新先生传》。
⑨ (明)顾与沐记略,顾枢初编,(清)顾贞观订补《顾端文公年谱》"万历三十八年"八月"刻《以俟录》"下引,第403页。
⑩ (清)高廷珍《东林书院志》卷五《高景逸先生东林论学语上》。
⑪ (明)高攀龙《高子遗书》卷八下《四府公启汪澄翁大司农》,第508页。
⑫ (清)张廷玉《明史》卷二三七《包见捷传》,第6170页。

危亡之祸接踵见矣。"①东林党重要成员凤阳督抚李三才是反矿税中最得力者,他在上疏中一针见血地指出:"陛下爱珠玉,民亦慕温饱;陛下爱子孙,民亦恋妻孥。奈何陛下欲崇聚财贿,而不使小民享升斗之需;欲绵祚万年,而不使小民适朝夕之乐?自古未有朝廷之政令,天下之情形一至于斯,而可幸无乱者。今阙政猥多,而陛下病源则在溺志货财。臣请焕发德音,罢除天下矿税。欲心既去,然后政事可理。"②同时他采取有力措施除掉了权使陈增及其爪牙,得到了市民的广泛称颂。此外,东林党人福建推官周顺昌、湖广佥事冯应京、陕西巡按余懋衡、咸阳知县满朝荐、襄阳推官何栋如等都直接参与领导了地方的反矿税的斗争。由于东林党人的一系列政治运动代表了市民阶层的利益,因此,当东林党人遭到镇压时,激起了多次民变。最著名的就是复社领袖张溥《五人墓碑记》中所描写的苏州民变,此外还有常州民变和浙江民变。天启四年(1624),东林党人杨涟、左光斗、袁化中、魏大中、周朝瑞、顾大章诏逮入狱致死,史称"六君子"。六年,七君子除高攀龙投水自沉外,其余六君子周起元、周宗建、缪昌期、周顺昌、李应升、黄尊素被逮入狱惨死,真正做到了"一堂师友,冷风热血,洗涤乾坤"③,实践了其学术与政治相统一的实学精神和理念。

(原文载《江淮论坛》2006年第1期,收入本书时文字有修改)

---

① 《明神宗实录》卷三三二"万历二十七年三月",台湾"中央研究院"历史语言研究所校印《明实录》本,1962年,第6149页。
② (清)张廷玉《明史》卷二三二《李三才传》,第6062页。
③ (清)黄宗羲《明儒学案》卷五八《东林学案一》,第1375页。

"实学"概念刍议

——从顾宪成的"实学"概念说起

贾庆军*

摘　要：通过对顾宪成"实学"概念的考察，我们会发现，我们通常所谓的实学概念是相对狭隘的。要理解宋明清"实学"概念的内涵，须厘清宋明清士人在两个层面的虚实概念：一是关于心性或天道之虚与实之概念；一是在一性之内的虚与实之概念。如此，实学的内涵也就包含两层：一是性体或道体之实学；一是一性之内的实学。而第一层是最根本的，其真实性决定了第二层的真实性。在已有的研究中，大多只触及"实学"概念的第二层含义，对于实学的第一层含义以及这两层含义之间的辩证关系描述不太清晰。通过顾宪成等士人"实学"概念的整理，我们可能会较清晰地看到实学观念的内涵。最终我们会看到，按照我们所考察的实学概念，儒学其实一直就是实学。

关键词：顾宪成；实学；心学；儒学

一、关于"实学"概念的讨论

关于实学的概念，人们仍在争论中。一般学者认为，"实学"就是形而下之功利之学。[①] 而细心的学者会看到，"实学"不仅包括形而下之功利建树，也包括形

---

* 作者简介：贾庆军，男，南开大学史学博士，宁波大学人文与传媒学院副教授。

① 其他学者提出的也是类似的观点，如周文玖《实学思潮与明清之际的史学》，《史学史研究》，2008年第2期；朱康有《"实学"研究方法述评》，《孔子研究》，2007年第2期；吴光《从阳明心学到"力行"实学——论黄宗羲对王阳明、刘宗周哲学思想的批判继承与理论创新》，《中国哲学史》，2007年第3期；李志军《实学与西学的互释——西学东渐的学术范式转换》，《孔子研究》，2007年第1期；黄长义《经世实学与中国学术的近代转型》，《江汉论坛》，2005年第12期；商原李刚《曹植与张载的实学比较——兼论"实学"之"实"的相对性》，《社会科学辑刊》，2004年第5期；王杰《中国实学思想的特征》，《哲学动态》，2001年第1期。

而上之道德实践。在最近的研究中，葛荣晋先生和涂可国先生对实学概念的清理较为系统。

在《论中国实学》一文中，葛荣晋先生说，"实学"既包括元气实体之学、道德实践之学，又有经世实学和实测实学，还有考据和启蒙实学等，但是在这多层涵义中有一个主流与核心，就是经世实学。①

经世实学的外在表现就是，在揭露和批判田制、水利、漕运、赋税、荒政、兵制、边防、吏治、科举诸方面社会弊端的同时，提出与实施各种旨在改革时弊的救世方案。而实体之学和道德实践之学则是经世实学的哲学思想基础；实测实学则是经世实学的科学内容和重要手段；考据实学则是经世实学在经学领域的一种表现方式；启蒙实学虽有些新内容，但总体上还是受传统经世实学思想影响。可以说，经世实学是实学中的集大成者。但如果仅仅从上述列举的几种外在表现来理解经世实学的范畴，就会形成对它的误解。要理解它，就要将它的理论基础、具体内容、表现形式等各个层次都考虑进来，所以葛先生提醒人们要考虑"经世"的三层含义：一是入世的人生价值取向，这是经世思想的基石；二是治体或治道，即经世的指导思想和基本原则；三是治法，即在治道思想的指导下提出各种具体的经国治人之法。但是在现实中，经世之学并不总是均衡地表现这三层涵义，而是有所侧重地表现出某一种倾向。在入世这一总的基础上，经世之学往往表现为内圣型经世实学或外王型经世实学。内圣型经世实学侧重于性命之学，即治体；外王型经世实学则侧重于功利之学，即治法。所以无论是程朱理学或陆王心学的性命之学，还是陈亮、叶适、黄震、黄宗羲、顾炎武等的功利实用之学，皆是经世实学。而一般人只将功利之学，即田制、水利、赋税、兵制等"治法"看作经世实学，就忽视了性命道德之学的经世意义。这样，我们就得到一个印象，葛荣晋将实学约略为经世之学，而经世之学则可大致归纳为性命道德之实学和功利实学。从某种意义上说，实学仍然是儒家"内圣外王"思想的表现，虽然它有时偏向内圣，有时偏向外王。不过，葛先生说，实学继承发展了儒家的"内圣外王之学"，它从"体用不二"的新的思维角度，将"内圣外王之学"升华为"实体达用之学"。在葛先生的研究中，不难看出，他想要将儒学和实学区分开来，从而赋予实学一种特殊的地位。

而涂可国先生对"实学"的定义和对"实学"的定位，都与葛先生有所不同。在《儒学与实学》一文中，涂先生写道，葛氏将"实学"定义为"实体达用之学"稍有不妥，而是应该定义为"通实致用"之学，这样就不仅能够突出实学的实证、实行、

---

① 葛荣晋《论中国实学》，中国实学研究会编《浙东学术与中国实学——浙东学派与中国实学研讨会论文集》，宁波：宁波出版社，2007年，第1—10页。

实事等内涵,还可以突破体用思维模式,彰显实学的特征。在对实学进行定位时,他认为,实学还没有达到独立的程度,它不过是儒学的一种次生文化样态。儒学同实学的关系是既对立又统一的:儒学包含实学,孕育促动了实学,同时又在一定程度上限制了实学;反之,实学既发展了儒学,又在某种意义上瓦解了儒学。① 将他上述观点综合起来,我们得到的印象是,他虽然承认实学具有"形而上"和"形而下"两大方面的内涵,但他却侧重于其"形而下"的范畴。因为唯有愈来愈"形而下"的实学,才对儒学"形而上"的范畴形成冲击,继而冲击整个儒学大厦。

因此,综合来看,葛荣晋先生对实学的定义似乎较为恰当,而涂可国先生则对实学的定位较为恰当。如此,对"实学"的内涵我们也大致清楚了,它应该包含"形而上"和"形而下"两方面的内容:一方面是道德性命之学,就是性理探究与道德实践之学;一方面是功利之学,就是政治经济制度和实测技术之学。

但是,在笔者看到顾宪成等明清士人关于"实学"概念的论述后,觉得既有的"实学"概念虽然触及了宋、明、清士人所持有的"实学"概念的几乎全部内涵,但是对它的论说仍然不是很清晰。② 当我们以现在理解的实学概念去解读宋、明、清士人关于虚或实的思想时,仍然会有困惑,所以对实学概念的分析仍有待进一步澄清,对实学和儒学的关系也有必要重新思考。

二、顾宪成的"实学"概念

顾宪成是通过批判阳明心学来提出其实学概念的。东林学人是在继承心学的基础上批判心学的,心学到了东林学人这里,有了较大的转变。这其中,尤以顾宪成、高攀龙的思想最具代表性。顾氏、高氏明显表示对阳明至善学说不满,指责阳明"无善无恶"是释禅空学,败坏了儒家实学风气。顾宪成并不是不同意道体之至善,而是不同意至善为无善无恶。就此他提出了道体的实与空的概念,进而形成其实教概念,由此也就展示了他的实学观。

他说:"喜怒哀乐之未发谓之中,是所空者喜怒哀乐也,非善也。上天之载无

---

① 涂可国《儒学与实学》,中国实学研究会编《浙东学术与中国实学——浙东学派与中国实学研讨会论文集》,第16—31页。
② 在广为人知的《明清实学简史》一书中,并没有对实学概念作立体而有条理的分析,只是约定俗成地将其归结为"利用厚生、经世致用及其实事求是、实学实用",其偏重点仍然是有形之实学。参见陈鼓应、辛冠洁、葛荣晋编《明清实学简史》"前言",北京:社会科学文献出版社,1994年。

声无臭,是所空者声臭也,非善也。夫善也,内之不落喜怒哀乐,外之不落声臭,本至实,亦本至空也。又欲从而空之,将无架屋上之屋,叠床下之床也!"①

在这里,我们看到,顾宪成是将善和实联系起来谈的。在他看来,善一定是实的。善可以说是这个世界所有事物的本质,没有善,世界将不存在或没有意义,所以说它是"至实"的。但它又是"至空"的,因为善可以生万物,却不由万物所生。可以说,所有的有形天地万物都不是善本身,即善"内之不落喜怒哀乐,外之不落声臭"。所以,无论是喜怒哀乐的未发还是已发、万物的无形还是有形,都不是善本身。在万世万物中找不到善,在这个意义上,善又是"至空"的。

在顾氏眼中,阳明则是在喜怒哀乐未发已发中去寻找善,并将未发之中视为"无善无恶",已发视为"有善有恶",如此的善恶都是虚假的。在真正的善面前,喜怒哀乐的未发和已发都会被否定,用不着阳明再用"无善无恶"再来否定一遍,如此做不过是画蛇添足,"架屋上之屋,叠床下之床"。问题是,阳明的否定并不彻底,他只否定了已发的喜怒哀乐,却将未发的喜怒哀乐视为"至善"(即"无善无恶")。由此,阳明就还是停留在喜怒哀乐的层面来定义善,没有去肯定那个不依赖于喜怒哀乐的本质之善。而停留在喜怒哀乐层面的善,无论是无(即喜怒哀乐之未发,"无善无恶")还是有(即喜怒哀乐之已发,"有善有恶"),都是虚假的。

所以,关于善之含义,顾氏显然又拔高了一层。如果说阳明还将喜怒哀乐未发之中视为良知至善本体②,顾氏则是在超越喜怒哀乐未发已发的层面来谈善的。到了这样一个层面,善就具有一种辩证特性,即至实又至空。虽然说善至实又至空,但其主要特征还是实。对顾氏来说,善是万物主宰,有衷有则,是至实的。他说:"古之言性者出于一,今之言性者出于二。出于一,纯乎太极而为言也;出于二,杂乎阴阳五行而为言也。《书》曰:'惟皇上帝降衷于下民。'《诗》曰:'天生蒸民,有物有则。'皆就阴阳五行中拈出主宰。所谓太极也,以其浑然不偏曰衷,以其确然不易曰则,试于此体味,可谓之无善无恶乎?可谓之有善有恶乎?可谓之能为善亦能为恶乎?是故以四端言性,犹云是用非体,即以四德言性,犹云是条件,非统体,其善还在可疑可信之间。惟知帝衷物则之为性,不言善而其

---

① (清)黄宗羲《明儒学案》卷五八《东林学案一·端文顾泾阳先生宪成》引顾宪成《商语》,沈善洪主编、吴光执行主编《黄宗羲全集》第 8 册,杭州:浙江古籍出版社,2005 年,第 748 页。
② 如阳明说:"良知即是未发之中,即是廓然大公,寂然不动之本体。"见(明)王守仁撰,吴光、钱明、董平、姚延福编校《王阳明全集》卷二《传习录中》,上海:上海古籍出版社,1992 年,上册,第 62 页。

为善也昭昭矣。"①顾氏说得明白，万物生于太极（或者是皇上帝、天），而太极只有一性，即善。此至善之太极生养万物，有衷有则。这样一个天然至善的本体，怎能说它无善无恶、有善有恶或能善能恶呢？能够用无善无恶、有善有恶或能善能恶描述的，只是具体的有形万物或表象，而不是性本体。如人们看到的心之四端、人之四德，这都是性本体的具体表现，而不是性体。所以从人的四端、四德所看到的无善无恶、有善有恶或能善能恶，并不代表性本体。这样从性体的发用所归纳出来的性，无论其是善还是非善，都是可疑的。但是，太极或皇上帝本体之善，却并不由于这些从表象归纳出来的非善特性（无善无恶、有善有恶或能善能恶）就不是善了，"惟知帝衷物则之为性，不言善而其为善也昭昭矣"。在顾氏看来，喜怒哀乐也是性体之发用，而阳明从喜怒哀乐之未发或已发、无或有来谈性，本身就没有找到真正的性体，而其从喜怒哀乐之未发或无之状态所归纳出来的"无善无恶"之性，以及从喜怒哀乐之已发或有之状态所归纳出来的"有善有恶""能善能恶"之性，就都是虚假的了，所以言性就要追溯到先天之本源，而不是后天之发用。这种超越有形万物之性体乃是天然至善的，而善就是至实的。不如此，言心言性言天，就是虚而不实，"心之所以为心，非血肉之谓也，应有个根柢处，性是已。舍性言心，其究也必且堕在情识之内，粗而不精。天之所以为天，非窈冥之谓也，应有个着落处，性是已。舍性言天，其究也必且求诸常人之外，虚而不实"②。言心之本体或本性时，一定是在超越现实有形的血肉之心的基础上进行的，如此之性才是真性，而真性必然为善。言天也是如此，一定是在超越有形天地万物的基础上进行，如此才得天之真性。而天人乃同此一性，即善。如此，此心或天才是真实存在的或有意义的。而舍去此超越之性来言心或天，其所得必然是虚而不实。

这样，我们就看到了顾宪成的部分实学思想，在他看来，真正的性及其善即为实，而虚假的性和非善则为虚。这样一来，是否为实的标准就并不在于是否承认性善，而在于是否是真正的性和善。在顾氏看来，儒家所说的性和善乃真正的性和真正的善，此性善之教就是实教。由此，我们可以推论，在儒家士人眼中，真、善、实乃三位一体的。若人们对万物本体的认识是真确的，那么其一定是好的善的，也一定是实的。在儒家看来，人之为人的本质就是知礼，而礼乃根据对天地本源和本性的认知建立的，所以知礼必须知性知天。如此，对于宇宙的真理大道的认知就是优先的。真知必然是善，也必然为实，而真和善乃实的前提保障。顾氏所继承的实学思想，正是这样一种逻辑的产物。在他们看来，儒家所探

---

①② （清）黄宗羲《明儒学案》卷五八《东林学案一·端文顾泾阳先生宪成》引顾宪成《商语》，《黄宗羲全集》第8册，第749页，第750页。

索的性才是真性,其善才是真善,如此,其学才是实学、实教。

顾氏正是在此基础上批判阳明的。阳明的"无善无恶"描述的乃喜怒哀乐等有形层面的未发状态,并不是超越的本源之善的真实体现。而且,阳明所谓的"无善无恶"则是使性为空,否定了善。也就是说,阳明"无善无恶"的性本体思想在两个层面都是虚假的:一是其"无善无恶"是对未发之中的描述,这是以用言体,没有通达真正的性本体;二是其"无善无恶"否定了善,使性为空。因此,阳明无善无恶心体之学与儒家实教大相径庭。

在顾氏看来,阳明的无善无恶和佛教崇空学说是一样的,都是对儒家实教的败坏。顾氏写道:"佛学三藏十二部,五千四百八十卷,一言以蔽之,曰:'无善无恶。'第辨四字于告子易,辨四字于佛氏难。以告子之见性粗,佛氏之见性微也。辨四字于佛氏易,辨四字于阳明难。在佛自立空宗,在吾儒则阴坏实教也。夫自古圣人教人为善去恶而已,为善为其固有也,去恶去其本无也,本体如是,工夫如是,其致一而已矣。阳明岂不教人为善去恶?然既曰'无善无恶',而又曰'为善去恶',学者执其上一语,不得不忽其下一语也。何者?心之体无善无恶,则凡所谓善与恶,皆非吾之所固有矣。皆非吾之所固有,则皆情识之用事矣。皆情识之用事,皆不免为本体之障矣。将择何者而为之?未也。心之体无善无恶,则凡所谓善与恶,皆非吾之所得有矣。皆非吾之所得有,则皆感遇之应迹矣。皆感遇之应迹,则皆不免为本体之障矣。将择何者而去之?犹未也。心之体无善无恶,吾亦无善无恶已耳。若择何者而为之,便未免有善在;若择何者而去之,便未免有恶在。若有善有恶,便非所谓无善无恶矣。阳明曰:'四无之说,为上根人立教;四有之说,为中根以下人立教。'是阳明且以无善无恶扫却为善去恶矣。既已扫之,犹欲留之,纵曰为善去恶之功,自初学至圣人,究竟无尽,彼直见以为是权教,非实教也,其谁肯听?既已拈出一个虚寂,又恐人养成一个虚寂,纵重重教戒,重重嘱咐,彼直见以为是为众人说,非为吾辈说也,又谁肯听?夫何故欣上而厌下,乐易而苦难?人情大抵然也。投之以所欣,而复困之以所厌,畀之以所乐,而复撄之以所苦,必不行矣。故曰惟其执上一语,虽欲不忽下一语,而不可得;至于忽下一语,其上一语虽欲不弊,而不可得也。罗念庵曰:'终日谈本体,不说工夫,才拈工夫,便以为外道。使阳明复生,亦当攒眉。'王塘南曰:'心意之物,皆无善无恶。使学者以虚见为实悟,必依凭此语,如服鸩毒,未有不杀人者。'海内有号为超悟而竟以破戒负不韪之名,正以中此毒而然也。且夫四无之说,主本体言也,阳明方曰是接上根人法,而识者至等之鸩毒;四有之说,主工夫言也,阳明第曰是接中根以下人法,而昧者遂等之外道。然则阳明再生,目击兹弊,将有摧心扼腕,不能一日安者，何但攒眉已乎？"①

在这里，顾氏批判的还是"无善无恶"使性为空这一倾向。顾氏将"无善无恶"理解为没有善也没有恶，只是一片虚寂，这和佛家的空无学说是一样的。按照这个逻辑，心体既然无善无恶，那么该做什么又不该做什么呢？人们将无所适从。按照一般人的观念，一定是觉得哪些事情和行为是善的才会去做，哪些是恶的而不去做。如果心不再区分善恶，那么人必定是寸步难行。如顾氏所言，无善无恶的极端结果就是否定人们所有的行为。人们通常所说的一切善恶行为就可以都被视为虚妄的。因为如果本性是无善无恶的，一切区分善恶的行为就都是违反本性的，这些善恶行为都会被视为非本性的"情识之用事"或"感遇之应迹"，是"本体之障"，应该予以彻底地清除。如此，就只剩下一个虚寂的本体。

但是，本体虽然是虚寂，阳明又说在工夫层面又要有善有恶。这在顾氏看来是自相矛盾的，按照体用合一的逻辑，不可能本体是无善无恶而工夫却是有善有恶的。所以，本体之无已经取消了工夫之有，"是阳明且以无善无恶扫却为善去恶矣"。而且，阳明还将"无善无恶"与"有善有恶"视为不同的境界，智慧超群的"上根人"会直接达到无善无恶的本体境界，资质一般的"中根以下人"则处于有善有恶的工夫层面。这样，对于不同的人群，就又给分配了不同的本性，这与万物一性的逻辑又是矛盾的。所以，无论是"上根人"还是"中根以下人"对此都不会满意。"上根人"轻轻松松获得的是一个虚寂之心，而"中根以下人"辛辛苦苦做功得来的却是一个低级的境界。如此的上下不一、区别对待和自相矛盾，就不是"实教"，而是"权教"，即权衡、权宜之教。分裂的结果是，"上根人"嘲讽"中根以下人"是外道，而"中根以下人"则批评"上根人"中了虚寂之毒。

所以，无论是阳明的"无善无恶"还是"有善有恶"，都不得要领，都未得真正的性体。对顾氏来说，真正的性体一定是善的，不论是本体还是工夫，都是此一性，这就是儒家实教。而圣人教人所做的，就是为善去恶。善是本心所固有的，去发扬即可；恶则是本心所不应有的，去掉即可。为善去恶，保持真性，即为实。虽然阳明也讲为善去恶，但其本体之空寂使善恶都没有了根据，就成了一句空话。所以，阳明"无善无恶"之性体与佛家空宗一样，是"阴坏实教也"。

综上所述，在顾氏眼中，实与性体或道体的真、善密切相关。只要性体为真，其也必为善，也就无论本体还是工夫，皆无所不实。这就是实教，就是实学。于是崇尚道、性为真为善的儒家思想在整体上就是实学。在性善体系中，无论是有

---

① （清）黄宗羲《明儒学案》卷五八《东林学案一·端文顾泾阳先生宪成》引顾宪成《论学书》，《黄宗羲全集》第 8 册，第 751—753 页。

形之物,还是无形之物,无论是体还是用,都将是实,而不是虚。如此,顾氏下面这段虚实辩证法就好理解了,他说:"形有方所,是极实的物事,易于凝滞。要其所以为形,本之天命之散而成用也。其亦何尝不虚也? 耳顺,则有方所者,悉归融化。实而能虚,不局于有矣。心无方所,是极虚的物事,易于走作。乃其所以为心,本之天命之聚而成体也。其亦何尝不实也? 从心所欲,不逾矩,则无方所者悉归调伏。虚而能实,不荡于无矣。"①他在这里所作的虚实之分,不过是在性善实学体系内作的区分。这里的虚指的是无形之物,实则是有形之物。这样区分,无疑是为了论述方便。其实无论是有形之用还是无形之体,都来自一性之善,也就都是实。在性善一体之内,有形无形之虚实可以随意转换。在这个意义上,顾氏才会说实而能虚、虚而能实。这里的虚实就不是性之转换,而是一性之形体的转换。这里的虚,这是还未成形,是虚灵之存在,但其并不为假,仍是真性的体现,所以依然属于实学。

如此,实学的概念就有了两层含义:第一层是关于道、性的实学,即性不能为空、无,必须为真为善;第二层是关于一性之内的具体之实学。也就是说,一种思想体系是否为实学,首先要保证其根本的性体为真为善,其次才是此思想体系的体用合一、内圣外王、知行合一。而通常学者们关注的多是实学的第二层含义,如将儒家实学分为形而上和形而下两部分,②对于第一层含义则很少涉及。③ 然而,第一层正是实学的根本和基础,它保证了所有层面的实。如果不考虑第一层含义,就无法恰当理解第二层含义,也无法准确理解明清思想家学说之本质。因为我们会看到有些思想家崇尚经世致用,同时又沉溺于道学、性学,如黄宗羲;有些思想家批判空谈心性,但同时又接受了体用一源的心学思想,如顾炎武。仅仅用形而上和形而下之实学区分法,就无法理解他们的思想,因为这会使实学观念仅仅停留在实效之含义上,不能从性之层面进行深层理解。

---

① (清)黄宗羲《明儒学案》卷五八《东林学案一·端文顾泾阳先生宪成》引顾宪成《商语》,《黄宗羲全集》第 8 册,第 749 页。
② 如前文所述葛荣晋《论中国实学》、涂可国《儒学与实学》二文。
③ 有些学者谈到了实学的这一层含义,如韩东育《两种"实学"的相遇与江户日本的"去中华"由绪》(《社会科学战线》2008 年第 8 期)、张学智《中国实学的义涵及其现代架构》(《北京大学学报(哲学社会科学版)》2003 年第 6 期)、陈义海《中西"实学"之辨——明清间来华耶稣会士对中国文化的影响》(《上海师范大学学报(哲学社会科学版)》2003 年第 1 期)、郑晓江《论陆学即实学》(《文史哲》2004 年第 5 期)等,但是对于这一层含义以及两层含义间关系的论述,仍有待深入。

三、"实学"概念的历史考察及其与儒学的关系

东林学人对阳明心学的批判使我们对实学的整体概念有了清晰的认识,也使我们对宋明儒学的本质有了进一步的理解。如果按照东林学人的实学观点来进行考察,宋以后的儒学基本上都是实学。因为宋儒就开始强调儒学的实学特征,即真性、真善之实学。这一现象与当时的思想文化环境有很大的关联。

宋儒面临着佛老尤其是佛家的巨大挑战,为了同其对抗,宋儒于是开始强调儒家思想的实学特征,[①]这一倾向一直延续到明清。无论是程朱理学,还是阳明心学,都强调理或道的"实"。如程子曾说:"理者,实也,本也"[②],"实有是理,故实有是物;实有是物,故实有是用;实有是用,故实有是心;实有是心,故实有是事。是皆原始要终而言也。"[③]这里的实也是与理之真相对应的。程子认为道体或性体为理,这对他来说是真实不虚的,理之善也是自然而然的,因此其理学也就是实学。

心学奠基者陈献章持自然之道的思想,而他的自然之道也是"实学"。在其题跋《书漫笔后》中,他说道:"文章、功业、气节,果皆自吾涵养中来,三者皆实学也。惟大本不立,徒以三者自名,所务者小,所丧者大,虽有闻于世,亦其才之过人耳,其志不足称也。学者能辨乎此,使心常在内,到见理明后,自然成就得大。"[④]在此,我们不难看出陈氏实学的内涵:自人的涵养中成就的文章、功业、气节就是实学。他其实说到了实学的两层含义。文章、功业、气节,这就是先儒所说的立德、立言、立功,它包含了形而上之道德和有形之功业,这一范畴就几乎包含了人类行为的所有领域。但是这仍是第二层面的实学,它受制于第一层面的实学,即人之涵养。人之涵养就是"大本",如果"大本"不立,即使人们在文章、功业、气节这三个领域建树颇多,也"不足称也"。那么"大本"是什么呢?那就是自然之"道"或"心"。[⑤] "道"或"心"之自然状态就是至善。[⑥] 它同禅学的最高状态"空"或"无"就有了显著的区别,"道"或"心"体现的是天地万物的自然状态和自

---

① 任剑涛《敬畏之心:儒家立论及其与基督教的差异》,《哲学研究》,2008年第8期,第51页。
② 《河南程氏粹言》卷一,(宋)程颢、程颐著,王孝鱼点校《二程集》,北京:中华书局,2004年,第1177页。
③ 《河南程氏经说》卷八,《二程集》,第1160页。
④ (明)陈献章著,孙通海点校《陈献章集》卷一,北京:中华书局,1987年,上册,第66页。
⑤ 《陈献章集》卷一《论前辈言铢视轩冕尘视金玉三则》,上册,第54—55页。
⑥ 陈来《有无之境——王阳明哲学的精神》,北京:人民出版社,1991年,第203—204页。

然秩序,而禅学的"空"或"无"却是对天地万物的否定。因此陈氏心学表达的是对自然宇宙之追求和维护,在这里,自然就是至善。禅学体现的则是对宇宙的一种刻意雕琢和塑造,在这里,善在于人为。这样,陈氏心学所表现的仍然是儒学的万物分明、各司其职的等级秩序,而禅学却表现出一种消除万物差别、否定万物自然本性的倾向,所以陈氏才坚持称自己的学说是圣学传统,并坚决和禅学划清界限。①

这样一来,陈氏自然会认为自己的自然之道乃宇宙的真理大道,此道既为真也为善,也必然为实,所以不仅仅遵循自然之道的文章、功业、气节等是实学,其中的万事万物皆是实学。在"道"或"心"这一"实"之总体下,才又分出第二层面的形而上之"虚"和形而下之"实"的辨证。在《复张东白内翰》一文中,陈氏说道:

> 夫学有由积累而至者,有不由积累而至者;有可以言传者,有不可以言传者。夫道至无而动,至近而神,故藏而后发,形而斯存。大抵由积累而至者,可以言传也;不由积累而至者,不可以言传也。知者能知至无于至近,则无动而非神。藏而后发,明其几矣;形而斯存,道在我矣。是故善求道者,求之易;不善求道者,求之难。义理之融液,未易言也,操存之洒落,未易言也。夫动,已形者也,形斯实矣;其未形者,虚而已,虚其本也,致虚之所以立本也。戒慎恐惧所以闲之,而非以为害也。然而世之学者不得其说,而以用心失之者多矣。②

在这里,陈氏作出的虚学和实学之区分,仍然是第二层面的的区分:"藏而后发"之"道",就是"虚学",是不由积累而至和不能言传的、未发无形之学;"形而斯存"之道,就是"实学",是能够积累的和言传的、已发而有形之学。这一层面的"虚学"和"实学"不过是"道"这一总体之"实"的不同表现形式。③ 这里的"虚"就

---

① 能够体现其心学思想之儒家本质的例子还有许多,如他说儒家之"礼"是"道"之藩篱,即是维护自然秩序的手段(参见黄宗羲《明儒学案》卷五《白沙学案上·文恭陈白沙先生献章》,沈善洪主编,吴光执行主编《黄宗羲全集》,第7册,第90页);在其《与张廷实主事》中体现了儒家中庸思想,既保证思想之道德性,也不失其现实性(参见《陈献章集》卷二,上册,第164页)。
② 《陈献章集》卷二,上册,第131页。
③ 如陈氏说:"夫道无动静也,得之者,动亦定,静亦定,无将迎,无内外。苟欲静,即非静矣。故当随动静以施其功也。善学者主于静,以观动之所本;察于用,以观体之所存。"参见(清)黄宗羲《明儒学案》卷五《白沙学案上·文恭陈白沙先生献章》,《黄宗羲全集》,第7册,第92页。

不是假,而只是虚灵之真本体。所以第二层面的"虚"和"实"就都是实,这是由第一层的道体、性体之实保证的。

王阳明也赞同儒家道体或性体乃实的主张。他专门就儒、道、释本体的虚实问题进行过讨论,他说:

> 仙家说到虚,圣人岂能虚上加得一毫实?佛氏说到无,圣人岂能无上加得一毫有?但仙家说虚,从养生上来;佛氏说无,从出离生死上来,却于本体上加却这些子意思在,便不是虚无的本色,便于本体有障碍。圣人只是还他良知的本色,便不着些子意在。良知之虚,便是天之太虚,良知之无,便是太虚之无形。日月风雷,山川民物,凡有象貌形色,皆在太虚无形中发用流行,未尝作得天的障碍。圣人只是顺其良知之发用,天地万物俱在我良知发用流行中,何尝又有一物超于良知之外,能作得障碍?①

王阳明在这里所说的虚,就是没有任何人为色彩的自然状态,而这个自然状态就是儒家所说自然之善,其内容就是孝悌、亲亲、仁民等儒家自然伦理。因此,在阳明看来,真正的虚就是实,就是有,它是儒家自然伦理之体现。而道家、佛家却强行将自然状态说成虚或无,实际上就是对自然状态的否定,"佛氏不着相,其实著相;吾儒著相,其实不着相。佛怕父子累,却逃了父子;怕君臣累,却逃了君臣;怕夫妇累,却逃了夫妇,都是著相,便须逃避。吾儒有个父子,还他以仁;有个君臣,还他以义;有个夫妇,还他以别,何曾著父子君臣夫妇的相?"②因此,对于佛家否定一切的无来说,儒家就是肯定自然伦理的实。

于是,同在陈白沙那里一样,在王阳明这里,儒学就是实学。在《与陆原静》中,他说:"使在我果无功利之心,虽钱谷兵甲,搬柴运水,何往而非实学,何事而非天理,况子史诗文之类乎?使在我尚有功利之心,则虽日谈道德仁义,亦只是功利之事,况子史诗文之类乎?一切屏绝之说,犹是泥于旧闻,平日用功未有得力处。"③在《寄薛尚谦》中,他还说:"数年切磋,只得立志辨义利。若于此未有得力处,却是平日所讲尽成虚话,平日所见皆非实得。"④在这里,我们初步了解王阳明实学概念之含义了。他所说的实学就是天理,而天理是无所不包的。王阳明曾说:

---

①② (清)黄宗羲《明儒学案》卷一〇《姚江学案》引《传习录》,《黄宗羲全集》,第 7 册,第 237 页,第 235 页。

③④ (明)王守仁撰,吴光、钱明、董平、姚延福编校《王阳明全集》卷四,上册,第 166 页,第 170 页。

圣人无所不知，只是知个天理，无所不能，只是能个天理。圣人本体明白，故事事知个天理所在，便去尽个天理，不是本体明后，却于天下事物都便知得，便做得来也。天下事物，如名物度数草木鸟兽之类，不胜其烦，虽是本体明了，亦何缘能尽知得？但不必知的，圣人自不消求知，其所当知者，圣人自能问人。……圣人于礼乐名物不必尽知，然他知得一个天理，便自有许多节文度数出来。不知能问，亦即是天理节文所在。①

天理包含了天地万物，在天理流行下，圣人的所有作为皆是合理，皆是笃实。而天理与功利之心、功利之事是水火不容的，按照王氏观点，一旦义利不分，尚存功利之心，为功利之事，那么一切便非实学、实得。"义"就是良知上自然的条理，而良知就是天理；②"利"就是人之私欲，是阻碍人走向天理的魔障。因此，义利之辨就是天理人欲之辨，而实学也就是"存天理，去人欲"之圣学，这也正是王氏一生学问所归。

后来，阳明将天理称为良知。对阳明来说，良知就是宇宙的真本体，良知本身也是至善或善的，此为真为善之良知心学，就是实学。而且阳明将实学的第二层面（即体和用、形上形下、知和行等）的逻辑关系推向了前所未有的高峰。阳明的良知心学真正实现了体用合一、心物一体、内外合一、知行合一、万物一体。③而这种圆融合一的良知实学也是最高境界的实学，这在其所归纳的另一种四句教中有集中体现。这是在阳明和王畿对话时谈到的，其言如下：

先生曰："有心俱是实，无心俱是幻。无心俱是实，有心俱是幻。"汝中曰："有心俱是实，无心俱是幻，是本体上说工夫；无心俱是实，有心俱是幻，是工夫上说本体。"先生然其言。洪于是时尚未了达，数年用功，始信本体、工夫合一。④

在这里，阳明以接近佛家的语言诠释了良知天理之真和实的本质。"心"在

---

① 《王阳明全集》卷三《传习录下》，上册，第97页。
② 王氏说："惟是道理，自有厚薄。比如身是一体，把手足捍头目，岂是薄手足？其道理合如此。……《大学》所谓厚薄，是良知上自然的条理，便谓之义；顺这个条理，便谓之礼；知此条理，便谓之智；终始这条理，便谓之信。"（《王阳明全集》卷三《传习录下》，上册，第108页）义就是天理或良知的自然条理、自然秩序。亲疏、厚薄之分就是"义"，也就是"天理"。
③ 贾庆军《王阳明天学初探——以四句教为中心的考察》，北京：中国社会科学出版社，2018年，第38—43页，第76—78页。
④ 《王阳明全集》卷三《传习录下》，上册，第124页。

这里指的就是良知天理。此天理既为万物之始源（或曰太虚），又是人心之良知本体。如果说没有此良知天理的话，或者在万事万物中体悟不到良知天理的话，已发状态中的一切都将是无意义的，会失去其实存之价值。所有发用中事物之实存皆来自良知本体。如果不依循良知本然之则、天理本然之道而存在，终会导致整个宇宙分崩离析、尔倾我轧、自取灭亡。此所谓"有心俱是实，无心俱是幻"。这是从良知本体（未发）的角度来看具体事为工夫（已发）的，揭示了良知天理之本源性和真确性。这个真实的本体是如此重要，在已发中体悟和践行良知本体就是最为迫切之任务。然而这时就要特别小心了，万万不能把良知天理想象成一种抽象的存在或实体，即一个虚寂的心。将良知本体看成是与万物分离的虚寂之心，恰恰是误解了其本质。良知天理化生为万物，与万物为一，它并不在万物之外，因此不要脱离万物悬空想一个心，误认其为良知天理，而是要在万物中或已发中切实用功，体悟已经融入其内的本然自然之理。此所谓"无心俱是实，有心俱是幻"。如王畿所言，这是从已发中来看本体。本体并不是脱离工夫的抽象存在，而是与工夫本来就是一体的，因此从工夫中才能体悟切实的良知天理，离开工夫悬空想象的抽象心体定为虚幻之理。

　　这里所说的良知之实，就是在真和善的意义上使用的。阳明自然会认为自己所探索到的无比圆融合一的良知心学体系乃为真为善的实学，而且其将实学的境界推到了最高，真正实现了万物一体、天人合一、体用合一、知行合一。以此为标准，那些分裂天人、体用、内外、心物、性气的学说反而不是实学了，如程朱理学、功利之学等，它们皆为"幻"。这里的"幻"就是虚假的意思。在阳明看来，只有此圆融的良知天理为真为实，其他对性体的分裂领悟则皆为虚为幻（假）。

　　综上所述，无论是程朱，还是顾宪成、陈白沙、王阳明，他们都有一个根本的实学逻辑，即只要在性体上被认为是真和善的学说，就都是实学。如前所述，他们在实学的第一层含义上是一致的。不同的只是，他们在处理第二层实学内容中各组成部分之间的关系时出现了差异。如程朱理学中的理和气、体和用、心和物、知和行等都是两分的，但这并不妨碍程朱将分裂的内圣（本体）和外王（工夫）都看成实学。而陈白沙虽然试图打通本体和工夫，却没有彻底完成，所以其实学主要体现在居敬修心上，对于外王工夫则很少涉及。真正将本体和工夫、心和物、知和行彻底打通的是阳明，所以其实学是彻头彻尾的实学，代表着实学的最圆融、最高的境界。

　　阳明的一生就是践行知行合一实学的典范，此时没有人会否认良知心学是实学。但正因为其境界太高，践行也更难，一般人难以驾驭，若领悟或践行的能力不够，就会将心学扭曲为两种极端的变体：要么是去悬空顿悟一个虚寂的本体；要么在枝节工夫里迷失。而这恰恰是阳明最反对的。但这种扭曲还是出了,就像罗念庵、王塘南、顾宪成所看到的那样。这本来是理解力的问题,却被顾氏等认为是阳明学说的问题,即"无善无恶"之性体的问题。但这本身是个误解,阳明所说的"无善无恶"其实是自然至善,并非不分善恶,①而顾氏却将"无善无恶"理解为性空。作出这样理解的另一个原因,是顾氏认为阳明是将喜怒哀乐未发之中当作性体,这是误将工夫发用视为本体了。所以顾氏便将性体拔高了一步,使其超越喜怒哀乐未发与已发,保持其绝对性、真确性和至善性。这似乎使其性体更真更善,进而更实了。但这看似高明的实学,其实反而是降格了。因为这样一个超高的性体更接近程朱的理,这反而会导致其第二层面的实学逻辑更加分裂,而不是圆融了。虽然顾氏保证了性体之实,但是其实学体系中的关系反而是分裂的,远不如阳明实学体系的圆融。因为其性体的超越性使其不必依赖于已发万物,喜怒哀乐之未发和已发都不影响性体之独存,那么这个性体其实和万物就是分离的,如此就又回归了程朱理学的天人两分、性气两分、本体工夫两分之实学境界。这样的实学体系中,相应的范畴就都是分裂的,其合一也是先天分裂的两部分的勉强粘合。而阳明的良知性体是喜怒哀乐未发之中,其与已发其实是一个存在,即体用一源。这样的性体才会与整个宇宙浑然一体,实现性气、天人、知行的圆融。

　　误解阳明的还有刘宗周、黄宗羲师徒。对阳明的误解和错误的批判,导致晚明和清代实学向程朱理学之实学回归。

　　尽管如此,在最根本的原则上,即实学第一层含义上,即以道体或性体为真为善作为基础,所有的实学都是一致的。在第二层实学的具体范畴的圆融程度上,它们才有区别:圆融程度较欠缺的,就要么提倡修心养性之实学,如陆九渊、陈白沙等;要么提倡实践功利之实学,如陈亮、泰州学派等;要么提倡内圣与外王之粘合的实学,如程朱理学、顾宪成之超性实学等。虽然他们也强调内外合一、体用合一,但其还是将其分成了两段,然后再粘合起来。圆融程度较好的是阳明良知心学实学,其真正实现了体用合一、心物一体、知行合一。

　　如果我们把眼光放长远点,会发现儒学从古至今都是实学。因为儒家一直提倡的就是性天之学,且性一定为真为善。只是在宋之前,儒学受到的挑战并不大,法家、道家都成了其手下败将,所以它不必刻意称自己为真实之学,其他乃虚假之学,它只称自己为圣学或正统之学。而到了宋代,佛家的影响越来越大,其在思想的深度、思想体系的缜密完善度和思想的革命性上,远非本土的法家、道家可比。儒家与佛家论战的过程中,为了区分彼此,才产生了一个实学的概念,即将儒家性体为真为善称为实学。与此相对的佛家思想则被称为"虚寂之学"

---

① 贾庆军《王阳明天学初探——以四句教为中心的考察》,第61—64页、第80—82页。

"空宗"。因此,在很大程度上,实学就是宋明清儒家的另一个称呼。吊诡的是,在佛学的刺激和启发下,还产生了新型的儒学,即心学,也是新的实学,而此新实学更加圆融完善。

四、余论

通过对顾宪成"实学"概念的考察,我们有机会得以一窥"实学"概念的奥秘。在顾氏这里,"实学"概念分为两层:第一层是关于宇宙本源或本体的实,这就是道体或性体的真、善、实;第二层是此一性之内实学,如形而上的道德性命之实学和形而下的践履功利之实学等。第一层的实保证了第二层所有层面的实。在这样的实学概念或标准下,我们会看到,儒学其实一直就是"实学"。而宋代以后"实学"概念的产生,在很大程度上是儒家性善学说在遇到挑战后的一次本能反应和自我凸显。在与其他学说尤其是佛学的对抗中,儒士们看到了儒学不同于佛学的显著特征,便给了它这个看似新奇的名字——"实学"。

所以尽管儒学流派层出不穷,但在实学概念的第一层含义上,他们都是一致的,也即无论何种流派及其学说,一定是先抛出自己对道体或性体的看法,然后再具体去实践。所以在所有的实学中,皆是理论或思想先行。这是由儒家对人的定义决定的,即人首先是一个思考性体的人,这才使人与禽兽区别开来。即使那些强调人性恶的,如荀子和法家,也要先提出其性论。因此就出现了这一悖论,实学皆从理论开始。而能够把实学从理论优先这种尴尬中稍稍挽救出来一点的,就是阳明的知行合一、体用合一的圆融的良知实学。因此,所有实学在第一层面都是一致的,皆强调自己所探寻的性体为真为善,不同的只是他们在处理第二层面各种具体实学范畴的关系上,有的处理得较圆融,有的则稍欠融通。

在已有的研究中,大多只触及"实学"概念的第二层含义,即认为实学既包括形而上道德性命之学也包括形而下功利之学。但是对实学的第一层含义,即道体、性体之真和善未曾深究过,对第一、第二层含义的关系也没有明确辨析过,其结果必然导致对古人思想的曲解。正是这种不明晰,才导致学者们要么认为实学是相对于儒学的一种独立存在,要么认为实学是儒学的一种次生品。而通过顾宪成的"实学"概念这一个引子,我们稍微接近了"实学"的本来面目,并据此推断出儒学一直就是实学。

而将明清实学区别看待,并认为其是儒学向现代世俗科学转型的表现,则可能欠妥。因为现代实学体系已经是一套完全不同的系统,其代表就是现代自由主义或资本主义的功利实学,而其典型表现就是科技。现代功利实学或科技实学已经不再追求终极的道德本源如性体或道体,它反对任何的道德权威以及在此基础上产生的任何知识权威。由此,宇宙就失去了其权威感和神秘感,任何人都可以自由地对其进行探索,如此就产生了前所未有的各种知识的大爆发。这些知识的分门别类,就是科学。而科学的一个主要特性就是反对权威,这就注定了其不断地翻新和自我否定,如波普尔所说,可证伪的就是科学。这反而促进了科学的真确性和客观性,它要不断接近万物的本相。如果说儒家实学更多的是道德意义上的,现代科技实学则更多的是现实本相意义上的。

由于需要终极道德权威,儒家建立的必然是精英等级社会,治理社会的各种知识都要由性体来统摄,这是一个相对静态的社会;现代人拒绝了终极道德权威后,只能建立契约共治社会,其统治的知识就是各种科学知识,而知识是不断翻新的,这就是一个相对动态的社会。但是现代实学也不是不要道德,只不过与儒家终极道德自上而下无所不至不同,其将对终极道德的探索和实践视为现代科学中的一种,它失去了其终极权威的地位,不再强加于所有人。终极道德知识只存在于个体私人领域,而能够成为公共道德的只是一种最初级的道德,即互相尊重各自的生命财产安全,这就是契约道德或公民道德。所以儒家实学体系提倡的是以一种终极道德来统摄所有的知识及其实践,现代实学体系提倡的是在初级道德基础上的对科学知识的自由探索,其区别是显而易见的。

顾宪成之性命论

李可心*

摘 要：本文主要讨论顾宪成对于性、命二者关系的看法。"天命"思想在顾宪成的思想中很是重要，他认为这是学问的"大头脑"，是源头所系。他论性命主要依托对孟子"性也有命焉""命也有性焉"二条进行阐发。然他论性命于孟子原意甚相反，主张性、命交关，孟子则主张区别性、命。顾宪成思想中性、命的含义与孟子不同，与程朱也不同，特别是命的含义差别最大。孟子犹以命为命数之命，为在外者；而程朱则逐渐转向以气质论命，把在外之命归于在人身之气质；顾氏之命则为先于性者，为"天命"之命。他的性、命二范畴在其思想中有着特殊的界定和重要性。

关键词：顾宪成；天命；性；命；命数；气禀

顾宪成（1550—1612），字叔时，号宪成，著有《小心斋札记》十八卷等，明代后期著名的学者和社会活动家，主持兴复东林书院，勤于讲学，关心世道，具有重大的社会影响。顾宪成讨论性命，于著作中甚突出，按其所本，则由《孟子》"性也有命焉""命也有性焉"，《中庸》"天命之谓性"及《论语》"五十而知天命"数条之讲习而来，较之以往的论说，多发精义。性命之论，实乃顾宪成先天、后天与理（性）气关系之延续，但所论愈细密，愈深切。

一、天命之谓性

《中庸》首提"天命之谓性，率性之谓道，修道之谓教"，为理学中论性之总纲。朱子《中庸章句》解释"天命之谓性"曰："天以阴阳五行化生万物，气以成形，而理亦赋焉，犹命令也。于是人物之生，因各得其所赋之理，以为健顺五常之德，所谓

---

* 作者简介：李可心，男，清华大学哲学博士，兰州大学哲学社会学院副教授。

性也。"①此乃从头讲起,顺而下之,从天命而到人物之性,一方面说明性本自"天命",一方面说明性为"天命"之具体。顾宪成对天命如何而为人性,不甚感兴趣,他分析"天命之谓性",乃反而溯之,即由性讲回"天命"。这一思路,于他重视"先天"的追溯,同一用意,皆为其重视根源问题的表现。

顾宪成说:"天命之谓性","这是吾人一个大头脑所在,应细入理会。"②可见"天命"问题对顾宪成来说至关重要,对此的理解,他应当下过很大的功夫。对于"天命"的领会,他自言当其少时便已受《论语集注》中"禘"说的启发。《集注》中引唐人赵匡之说:"王者既立始祖之庙,又推始祖所自出之帝,祀之于始祖之庙,而以始祖配之。"③顾宪成由此觉悟到,世间之人无不有所自出,其所自出有近有远,始祖其远也。然此不过为书契记载所知,记载之前,仍有所自出,"禘之说直要透到这里"④。天命之义,正如"禘"说,"欲识天命二字,须如此反复体取,方才有些端绪。"⑤"反复体取",也即要极本穷源,进而又进,不能止于相似。但就寻求始祖来说,有着时间的推移,对于"天命"之追寻来说,却并不存在间距,"及识得时,又只在眼前,不隔丝毫"⑥。

顾宪成认为,《中庸》首章乃至全篇"吃紧处只在天命二字"⑦。首先,从《中庸》的结构上来判断,该篇起句便是"天命之谓性",结句又为"上天之载,无声无臭",中间也讲到"知天""配天""如天""其天"等一些关系"天"义的文字,用意"深切著明",因此"天命"在《中庸》一文里的地位便十分重要。这是就著作的形式来判断。就著作的思想义蕴来判断,子思尤有深意。顾宪成认为,子思之作是篇,乃针对其时诸子百家论道之肤浅混乱而发。诸子百家,各有宗旨,类举说,有未见道者,有见道而不见性者,有见性而不知源头者,有路向不差而株守者。总的来说,不知源头者多,所以终是"各从自己意见揣摩"。以杨、墨为例,墨氏有见于"兼爱",故"以兼爱为道""以兼爱为教";杨氏有见于"为我",故"以为我为道""以为我为教"。顾宪成认为:"这个都不是性之本色,纵竭尽一生精神,成就了一个家当,亦只是阴阳五行活计。"⑧就这些学说来说,未必无是处,但以其与儒家之正统见解有差距,也自然被认为属于道理之偏而非道理之正,也即不合于理(性)之本然,所以顾宪成目之为"阴阳五行活计",统属于"后天"。

---

① (宋)朱熹《四书章句集注》,北京:中华书局,1983年,第17页。
②④⑤⑥ (明)顾宪成《仁文商语》,《顾端文公遗书》,《无锡文库》第四辑据清康熙刻本影印,南京:凤凰出版社,2011年,第391页。
③ (宋)朱熹《论语集注》卷二《八佾第三》,《四书章句集注》,第64页。
⑦⑧ (明)顾宪成《虞山商语》卷上,《顾端文公遗书》,第342页。

诸子一一之弊,根本言之,"皆由源头上含糊未了"①,因此引发了各家意见分歧不正的可能。子思之作《中庸》,正要揭示论性之正鹄,"天命之谓性"是也。这一命题的意义有二:一者,对于未识性的人,可以作为认性的指导,使之直入真理,不必作盲目、错误的摸索,冥心独造,自误误人,"以学术杀天下";一者,对那些于性已有正确认识的人而言,可在知性之然的基础上,进而知"性之所以然",把握住性之"大来历",既知有此来历,遂不敢怠慢其物,而努力寻求一相应之"大结果",不苟以眼前为满足。朱子《中庸章句序》谓:"《中庸》何为而作也?子思子忧道学之失其传而作也。"②今依顾宪成此论,则子思子忧性学之不明而作也。子思之作《中庸》而揭"天命之谓性",性之大原端在"天命"。

二、与孟子论性命之差异

顾宪成从《中庸》所得为"天命"对于认性之必要,其从《孟子》所得则为性命二者交关之重要。性命之间,不仅命对于性的认识极有必要,而且性对于命的实现也同有必要,此二者不可偏废。顾宪成讨论所资为《孟子·尽心下》中一段文字:

> 孟子曰:"口之于味也,目之于色也,耳之于声也,鼻之于臭也,四肢之于安佚也,性也,有命焉,君子不谓性也。仁之于父子也,义之于君臣也,礼之于宾主也,智之于贤者也,圣人之于天道也,命也,有性焉,君子不谓命也。"③

顾宪成解释道:

> 耳目口鼻四肢,人见以为落在形骸,块然而不神。今曰"性也,有命焉",是直推到"人生而静以上不容说"处,以见性之来脉极其玄远。如此,不得丢却源头,认形骸为块然之物也,故曰"知其性则知天"。仁义礼知天道,人见以为来自于穆,窈然而不测。今曰"命也,有性焉",是直反到愚夫愚妇可与知与能处,以见命之落脉极其切近。如此,不得丢却见在,认于穆为窈然之

---

① (明)顾宪成《仁文商语》,《顾端文公遗书》,第342页。
② (宋)朱熹《四书章句集注》,第14页。
③ (宋)朱熹《孟子集注》卷一四《尽心章句下》,《四书章句集注》,第369页。

物也,故曰"殀寿不贰,修身以俟之,所以立命"。呜呼微哉!①

很显然,引文包括两层意思,前半解释"性也,有命焉",后半解释"命也,有性焉"。其大意则谓,性有"来脉",不能不寻求源头,命为性之源头;命有"落脉",不能舍却实际,性为命之实际。然这里所用的性、命概念,与一般所讲甚是参差,理当辨析。

由上,所言为"耳目口鼻四肢"与"仁义礼知天道"之对照,同时也即性、命二者之对照。依简单的对应,则"耳目口鼻四肢"似乎是指"性","仁义礼知天道"似乎指"命"。此间颇为吊诡,依常见,耳目之类应当属形,顾宪成亦以为"落在形骸",然以此当性;仁义之属应为性,顾宪成以为"于穆窈然",则属之为命。就耳目之属论,不但为"形骸",理学中也以为是气禀之命。如此,顾宪成之性,人之命也,顾宪成之命,人之性也,性命之关系乃两相倒置。

据孟子之意,其言性、命,并非如顾宪成之性命交关、相互渗透,而是要在性、命之间作个分判。孟子说:"口之于味也,有同嗜焉;耳之于声也,有同听焉;目之于色也,有同美焉。至于心,独无所同然乎?心之所同然者何也?谓理也,义也。圣人先得我心之所同然耳。故理义之悦我心,犹刍豢之悦我口。"②孟子时常把口耳之欲与心体之能相对而论,此处亦可见。他认为,耳目之欲与心体之能都是天然的,生则有之,理义之于心,就像食色之于口耳。孟子通过这一类比想说明,人如果相信食色于口耳之关系,就应该明白理义与心的关系。如果食色是天性的话,那么就能得出理义也是天性的推论。就这个意义来看,耳目之欲与心之能,也即人之甘食悦色之欲与爱敬理义之心,都是性。因此,孟子亦承认耳目之欲为"性也",耳目之欲之为性与人之爱敬理义之心之为性,为同一性质。如此,孟子之论性很显然是"生之谓性"之义。

众所周知,孟子旗帜鲜明地反对告子"生之谓性"的主张,如此,孟子本人岂非也不免"生之谓性"的错误?据孟子之见,可以肯定,他承认万物有性,如言水之性、牛之性等处甚多。然其认为万物之各有其性,万物之性各有不同。他反对告子"生之谓性",有两层意思。第一层,反对告子意义的"生之谓性"。告子之"生之谓性",乃指生之性本无所禀,凡有皆后天之力,如水之引而东西不同,又如人之化而善恶各别。孟子则认为,人性并不是中性的,无善恶可论,善恶并不全出于后天,性本是善的。第二层,孟子反对告子"生之谓性"有万物一性之嫌疑。因为就告子"生之谓性"来说,如果性皆本无所有,净如白纸,但就生而有性来界

---

① (明)顾宪成《小心斋札记》卷九,《顾端文公遗书》,第301页。
② (宋)朱熹《孟子集注》卷一一《告子章句上》,《四书章句集注》,第330页。

定,则不免得出"犬之性犹牛之性,牛之性犹人之性"之结论,"则是谓凡有生者同是一性矣"①。这样的"生之谓性",便沦为一种抽象的性论。由此可知,孟子反对的是告子意义的"生之谓性",而其论性依然遵从"生之谓性"的原理。

凡论性,自不能免于"生之谓性",因为"生"乃天生,犹理学中言"天命",性的观念不能脱离天生的意义。不过,孟子并不认为人所生而有者尽可为性,所以他之言性、命,是希望通过这两个观念把"生之谓性"进行内涵性的限定,从而明确所谓性的应然含义和道德价值。如上,孟子认为,耳目口鼻四肢之欲,"性也,有命焉,君子不谓性也",而仁义礼知天道,则"命也,有性焉,君子不谓命也"。"君子"乃就成德来说,"君子"之意义即道德上之意义。"君子"之道,以仁义礼知天道为性,而不以耳目口鼻四肢之欲为性。

对于孟子来说,性、命之间,关系紧密,但他的本意在别性于命、别命于性,从而归重于仁义礼知天道之性。对顾宪成来说,一方面重视性之来源于天命,与孟子之重视既生(禀形以后)之性有所不同;一方面顾宪成主张性命交关,两下并重,与孟子之偏重在性一边亦不同;而且更重要的区别在于,他们对"命"的理解截然不同,故其言若相反。

于性命章中,难以确知孟子所谓"命"何指。东汉学者赵岐注《孟子》,其解释此处之"命"曰:"口之甘美味,……此皆人性之所欲也,得居此乐者有命禄,人不能皆如其愿也。"又曰:"仁者得以恩爱施于父子,……此皆命禄,遭遇乃得居而行之,不遇者不得施行。然亦才性有之,故可用也。"②据其意,"命"为"命禄""遭遇",此"命"为常言所谓"命数""命运"之命,不完全或完全不由自己所掌握,并进而能有所预期。孔子曰:"道之将行也与?命也。道之将废也与?命也。公伯寮其如命何!"③这里的"命"也是同意,皆注定而不定。所谓注定,命决于天;所谓不定,非人意所能卜知,但偶遇之而已。先秦不甚言理,后世以理字言之者,多归于天。若命之为物,人虽不可知,然天则知之主。天为最高最完全之主体,天之使然或天之意志,即天之命。④ 天本身也带有"命"义,如孔子曰:"天之将丧斯文也,后死者不得与于斯文也;天之未丧斯文,匡人其如予何?"⑤这里的"天"犹命。天为命之主,天有命意,因此"天命"常联言,共同来表示"命"义,也即天所注定,而人所无能之事。"天命"是人所难掌握的,孔子"五十知天命",乃能克顺

---

① (宋)朱熹《孟子集注》卷一一《告子章句上》,《四书章句集注》,第326页。
② (汉)赵岐注,(宋)孙奭疏《孟子注疏》,北京:北京大学出版社,2000年,第463—464页。
③ (宋)朱熹《论语集注》卷七《宪问第十四》,《四书章句集注》,第158页。
④ (清)段玉裁《说文解字注》第二篇上:"命,使也,从口令。令者,发号也,君事也,非君而口使之,是亦令也,故曰命者天之令也。"
⑤ (宋)朱熹《论语集注》卷五《子罕第九》,《四书章句集注》,第110页。

结合《孟子》中言"命"之意来看,此处的"命"字也应作"遭遇"来看。他说:"求则得之,舍则失之,是求有益于得也,求在我者也。求之有道,得之有命,是求无益于得也,求在外者也。"① 这里,可求不可求,成为判断属"命"与否的标准。孟子认为,"求无益于得"者,得之与否不在人为的努力,属于"命"的范畴,为"在外者";"在外者"无法做到求而必得,具有偶然性。与"在外者"相对,人同时有"在我者","在我者"则可以由自我做主,求则得之,不求则不得,可为而非不可能,属意志问题,不属于"命"的范畴。他说:"仁义礼智,非由外铄我也,我固有之也,弗思耳矣。故曰:'求则得之,舍则失之。'"② 可见,孟子是以"仁义礼智"为"在我者",也即上所言之"性"。如此,孟子性、命观念的区别,简单地说,就是"在我者"为性,"在外者"为命。其性与理学之性同,而其言命则指向官能之欲求。这是孟子所认可的性、命分界。

顾宪成寻常言性,与理学无异,其与孟子之论性亦同。然其引述孟子"性也,有命焉""命也,有性焉",性命二字之义皆与孟子之指义有所不同。因为此处孟子之"性也"乃指"生之性","君子不谓之性"与"命也,有性焉"二句中的"性"方是仁义礼智之性,而顾氏则诸"性"字不加分别。顾宪成与孟子论性命始终有别之处在于"命"的观念。顾氏之"命"乃"天命","天命"为性之"来历处",他认为"命"在性先,为性之根源,此与孟子论命大异。对于"命"字,他分疏道:

> 问:"'天命'命字如何看?"先生曰:"命字有以主宰言者,有以流行言者。以主宰言,这命便是命脉之命;以流行言,这命便是命令之命。"问:"此命字宜何从?"先生曰:"这是就流行处指出主宰说。《中庸》原自有个注脚,'维天之命,于穆不已',盖曰天之所以为天也。天之所以为天,即人之所以为人也,更无二物。"③

顾宪成认为,命可以从二义来看:一"以主宰言",为"命脉之命",此就作用说,以命脉具有决定性、主宰性;一"以流行言",为"命令之命"④,此就活动说,以命令为流传施行的过程。对于"天命之谓性"之"命"的认识应是综合的,即"就流行处指出主宰说"。"天命"乃一不断命赋施行的过程,一切皆不离天命之来源,一切皆有天命为之主宰,主宰与流行二义实相绾合。又,命之主宰为天,命之流

---

① (宋)朱熹《孟子集注》卷一三《尽心章句上》,《四书章句集注》,第350页。
② (宋)朱熹《孟子集注》卷一一《告子章句上》,《四书章句集注》,第328页。
③ (明)顾宪成《虞山商语》卷上,《顾端文公遗书》,第343页。
④ 朱子曰:"命,犹令也。"参见《中庸章句》,《四书章句集注》,第17页。

行而为人,命之二义的结合,最终表现为天人之合一。

无论是分疏言命,还是综合言命,"命"在顾宪成的思想中都是积极的、基本的、重要的,与孟子之论"命"截然异趣。所以就性命关系而论,与其说顾氏厘清了性的内涵,不如说他表彰了命的地位。顾宪成曾言"所谓性,盖自其主宰言之也"①,性为气之主宰,强调性要从主宰处认取。如此,性、命二者则内涵又相一致,对他来说,性、命没有本质的区别。

由上,顾宪成在分析孟子性命一章时,俨然以"形骸"对应性,以四德对应"命";而其论性气,则决然以性为气之主宰,性非气质,这些概念之间的关系有似紊乱。其实,这一问题在分析其先天后天学说时同样会遇到。他认为,乾元在先天为后天,在后天为先天,为"先天之后天,后天之先天"。性与乾元的性质极其接近,对顾宪成来说,先天概念不是"性"而是"命","性"落于形气之中,性非气质而又不离气质。顾宪成之性绝非程、张话语中的"气质之性"。但就性之为现实层面中的流行者而言,它无疑是属于后天的,更精确地说是"后天中之先天"。因此,顾宪成并不以现实层面之性为根源而止于是,他必强调性之先天来源——"天命"。

就性而言,它之所处与气质(或形体)为同一现实层面,因此性、气二者可以"互言"或兼涵。就主宰处认性,未尝"遗气";反过来,也可以说,他之论"形骸",也并未"遗性"。就后天来说,性、气决不可相混,但就先天后天之序来说,气和性都有可以代指后天处。故顾宪成以四德当命,而以"形骸"当性,乃代指相对于"命"之后天,其中包括了性义,不是纯粹以"形骸"当性。不过,由于顾宪成过于作二重之分析,所以就先天和后天来说,性都无法获得纯粹性,性介于命和气之间,既可以下并于气而言,又可以上同于命而言。其下并于气,则与命而对立为二,性之于命的关系犹如气之于性,性冒于气;其上同于命,则与气对立为二,命之于气的关系又犹如性之于气,命冒于性。此之为弊,析之精而合之难也。

三、与程朱论性命之差异

顾宪成之论性命,与程朱理学也大有相异处,也特别见于对"命"的理解之不同。程颐解释孟子"性也有命焉""命也有性焉"一章作:

> 口目耳鼻四支之欲,性也,然有分焉,不可谓我须要得,是有命也。仁义

---

① (明)顾宪成《小心斋札记》卷九,《顾端文公遗书》,第302页。

> 礼智天道在人,赋于命有厚薄,是命也,然有性焉,可以学,故君子不谓命。①

伊川言"有分""不可谓我须要得",与东汉赵岐注言"命禄"意同,这仍是比较接近孟子原意的。然这里伊川又讲到"赋于命有厚薄,是命也","厚薄"已经是理学中对气质的讲法了,这是理学中逐渐偏向气禀讲"命"的先机。"命",在孟子这里,所讨论的是官能之欲的满足问题,乃就一般人来说。后来注家言命为"命禄""有分",逐渐转化成针对贫士或普通士夫而言的命运问题,主要是就对富贵的欲求而言。所谓的命,即人之能否求得富贵,并认为富贵之可得与否有"命"在,这些对象是外在的,与自己的主观愿望无关,不能归结为人本身(性)的原因。朱子与学生就此曾有讨论,其文曰:"然则此其专为贫贱愚不肖者言之耶?抑其通言之也?(朱子)曰:'孟子之意,似若专为贫贱愚不肖而言者,而其推之,则亦无不通矣。盖富且贵者,虽所求之必得,而必亦有制度之节。'"②

可见,在朱子这里,已经意图把"命"的范围扩大,"命"不仅是对贫士或一般士夫之求取富贵的一种限定,对富贵之人来说,同样也受限定,"命"是通论之说。并且对富贵之人的限定,也不是一般的"遭遇"之"命",而是"品节限制"之"命",向"度"的方面偏移。这已经可以看出朱子言"命"较之前辈的转变。更有甚者,朱子言:"命则因夫气之厚薄,而赋于人之名也,不惟智愚贤否之所系,虽贫富贵贱之所值,亦无不由于是也。"③他在讨论孟子"性命"章的"命"时,命在"智愚贤否"上的体现较"贫富贵贱"问题更有优先性,"贫富贵贱"的问题已经被超越,而"智愚贤否"作为气禀上的问题更被突出。

顾宪成言命,"天命之谓性"与"性也,有命焉"等,概属混言,皆当作一个"命"来理会。因此,他之言"命",毫无消极的意义。而朱子言命,则甚注重命义之分疏。如他说:

> "死生有命"之"命"是带气言之,气便有禀得多少厚薄之不同。"天命谓性"之"命",是纯乎理言之。然天之所命,毕竟皆不离乎气。但《中庸》此句,乃是以理言之。孟子谓"性也,有命焉",此"性"是兼气禀食色言之;"命也,

---

① 《河南程氏遗书》卷一九,(宋)程颢、程颐著,王孝鱼点校《二程集》,北京:中华书局,1981年,第257页。
② (宋)朱熹《孟子或问》卷一四,朱杰人、严佐之、刘永翔主编《朱子全书》第6册,上海:上海古籍出版社;合肥:安徽教育出版社,2002年,第1009—1010页。在《孟子集注》中,朱子针对程子之言"有分"而申之曰:"不能皆如其愿,不止为贫贱,盖虽富贵之极,亦有品节限制,则是亦有命也。"(《孟子集注》卷一四《尽心章句下》,《四书章句集注》,第369页)
③ (宋)朱熹《孟子或问》卷一四,《朱子全书》第6册,第1009页。

有性焉",此命是带气言之。性善又是超出气说。①

"命"之一字,如"天命谓性"之"命",是言所禀之理也。"性也,有命焉"之"命",是言所以禀之分有多寡厚薄之不同也。②

问:"先生说:'命有两种:一种是贫富、贵贱、死生、寿夭,一种是清浊、偏正、智愚、贤不肖。一种属气,一种属理。'以侗观之,两种皆似属气。盖智愚、贤不肖、清浊、偏正,亦气之所为也。"曰:"固然。性则命之理而已。"③

由上,"死生有命""天命谓性""性也,有命焉"和"命也,有性焉",这数句里面的"命"字,朱子皆注意到其不同处。他认为,除了"天命谓性"为纯以理言,其他皆"带气"或"兼气"言。而且朱子也注意到"贫富、贵贱、死生、寿夭"与"清浊、偏正、智愚、贤不肖"作为命的差异,将这两种"命"作为"命"的主要种类。不过,朱子最终还是把二者都归结到"气"上。他也不主张离气言"命",他说:"(命字有专以理言,有专以气言,二义)也都相离不得。盖天非气,无以命于人;人非气,无以受天所命。"④总的来说,在朱子看来,命跟气的关系是很紧密的,言"命"离不开气。

至于性、命的区别,朱子明言道:"性分是以理言之,命分是兼气言之。命分有多寡厚薄之不同,若性分则又都一般。此理,圣愚贤否皆同。"⑤性一而命不一,"命分是兼气言",可谓朱子之笃论。朱子之论命主要不是从性理来说,而是从气禀来说。如此,"遭遇""幸值"之命,完全属于偶然者,在朱子这里也都获得了根据,即人自身之气禀原因。孟子以为"命"属于"在外者",朱子则转而为"在我者"了。从孟子到朱子,其对"命"之阐释,可谓发生了很大的转变。

顾宪成与朱子在性命之关系上,稍加比较,便见其不同。顾宪成谓"落在形骸"者为性,以"于穆窈然"者为命(见上),则性为杂乎气质,命为不带气质者矣。明道有言:"盖'生之谓性'、'人生而静'以上不容说,才说性时,便已不是性也。"⑥顾宪成为之解曰:

请姑借孟子四语,为君参之。"性也,有命焉",缘人而遡之天,自其超乎形气之上者而言也,此可以阐"不容说"之指;"命也,有性焉",推天而属之人,盖自其丽乎气质之中者而言也,此可以圆"不是性"之指。⑦

---

①②③ (宋)黎靖德编《朱子语类》,北京:中华书局,1986年,第77页。
④⑤ (宋)黎靖德编《朱子语类》,第76页,第77页。
⑥ (宋)程颐、程颢《河南程氏遗书》卷一《端伯传师说》,《二程集》第1册,第10页。
⑦ (明)顾宪成《小心斋札记》卷一〇,《顾端文公遗书》,第310页。

"命"为"超乎形气之上者而言","性"为"丽乎气质之中者而言",尤其显然。顾宪成之论命,以超乎形气(形上)言之;朱子之论命,以兼乎气质言之;孟子之论命,则以命数言之;此其所以为先后时代之迥异也。

朱子《孟子集注》中,"性命"章述师说谓:"然世之人,以前五者为性,虽有不得,而必欲求之;以后五者为命,一有不至,则不复致力,故孟子各就其重处言之,以伸此而抑彼也。"①顾宪成对"伸此抑彼"之说不甚赞同。他说:

> 此语恐尚有商量。"君子不谓性",正以其似性非性,实不可冒认为性,于自家躯壳上求其圆满也,非曰:原来是性,故借命以掩之也。"君子不谓命",正以其似命非命,实不可冒认为命,于自家道理上听其缺陷也,非曰:原来是命,故借性以掩之也。何伸抑之有?②

于此,也可进一步看出顾宪成对《孟子》是章中性、命观念的独特理解。他并不认为,有命又可以为性,有性又可以为命,命、性有重合之处,或者说,就其即为性又为命,有宜作性者,有宜作命者。如果这样,则就一物之中而有"伸抑",或伸性抑命,或伸命抑性,实际并非如此。所谓"君子不谓性",不是说本是性而不谓之性,伸其为"命"之义,而是"以其似性非性",本不是性,所以"不可冒认为性"。所谓"君子不谓命",不是本是命而故不谓之命,而是"似命非命",所以"不可冒认为命"。此处,顾宪成之严别性、命,不使稍有混合,一方面是针对世俗之性、命观念的误执而发,一方面恐非孟子本意,而再一方面于程朱就命中认性,就性中认命,也非相同的思路。

四、性、命之分合以言

顾宪成反对"以性掩命""以命掩性"之"伸抑"说,他实际并不否认孟子"性命二条",有"各就其重处言之"之意。以下一段材料分析甚切要而有序,可作讨论之资,故繁录之:

> 或问:"孟子性命二条,有分而言之者,有合而言之者,孰是?"曰:"分而言之者,就情识偏坠处提拨;合而言之者,就本原归一处指点;皆是也,总之

---

① (宋)朱熹《孟子集注》卷一四《尽心章句下》,《四书章句集注》,第370页。
② (明)顾宪成《小心斋札记》卷一,《顾端文公遗书》,第263页。

不出天人两字。"曰:"试为分而言之,何如?"曰:"世人看嗜欲一边恒重,况口之于味,……与生俱生,与形俱形,又可唤他是性,恰中其重之之心,便一切引入里面来,营求无已。孟子为转出外面去,而曰:'这个有命焉,唤作性不得。'盖在人者无一不悬于天,莫可强也。世人看义理一边恒轻,况仁之于父子,……时值其常,时值其变,又可唤他是命,恰中其轻之之心,便一切推出外面去,苟且自安。孟子为转入里面来,而曰:'这个有性焉,唤作命不得。'盖在天者无一不悬于人,莫可诿也。此就情识偏坠处提拨也。"曰:"试为合而言之,何如?"曰:"耳目口鼻四肢非他,即仁义礼知天道之所由发窍也;仁义礼知天道非他,即耳目口鼻四肢之所由发根也。是故'性也,有命焉',在人者无一不原于天,极天下之至精而非粗也。外命求性,只在躯壳上认取,狥其粗而遗其精矣,君子不谓性也。'命也有性焉',在天者无一不备于人,极天下之至实而非虚也。外性求命,只在造化上揣摩,狥其虚而遗其实矣,君子不谓命也。此就本原归一处指点也。如此看来,无所不可,何必执着?只有一个意思当入理会。"曰:"愿闻之。"曰:"知其分,便须以命御性,以性立命,无容混而为一。知其合,便须摄性归命,摄命归性,无容岐而为二,方才有着落处。不然说分说合,总属闲谈,况又争谁说是谁说非?何益!何益!"①

于这一大段材料,我们可得到的认识有如下数点:

一者,性、命须"分言"。世人之性、命非真性、命,乃倒置之性、命。世人恒重嗜欲,而恒轻义理,其所重便欲引入性,其所轻便欲归诸命,此所谓"情识偏坠处"。孟子之论性、命,乃针对世情之轻重而为转移。世人以为性者,孟子转移为命,世人归诸命者,孟子转移为性。这里,顾宪成所用为"转出外面去"和"转入里面来",可知,性和命首先并不是调和的,而是不并存的,性为"内",命为"外"。但顾宪成此论并不是要以孟子之说为权说,而是要通过对比以见世人之性、命非真性、命,孟子之性、命方为真性、命,此须注意。性、命既然有分,因此就其间的关系,应"以命御性,以性立命,无容混而为一"。性、命之功能不同,命主宰性,性承载命。

一者,性、命须"合言"。性、命虽非一,但性、命须"合一而言",也即上文所言性、命乃交关之物,不能偏废。"外命求性,只在躯壳上认取,狥其粗而遗其精矣,君子不谓性也","外性求命,只在造化上揣摩,狥其虚而遗其实矣,君子不谓命也。"此即:离命之性,性为粗,不是真性;离性之命,命为虚,也非真命。性之来脉

---

① (明)顾宪成《小心斋札记》卷八,《顾端文公遗书》,第299—300页。

为命,命之落脉为性,性命交关而后可以为真性真命。因此,性、命既然"本原归一","便须摄性归命,摄命归性,无容岐而为二"。性、命之本源归一,性、命之实际也自归一。

一者,顾宪成所论性、命关系,最终又可以转化为天、人关系,"分言""合言","总之不出天人两字"。命者,天也;性者,人也。性命之关系则为,"在人者无一不原于天","在天者无一不备于人"。顾宪成尝言:"天之所以为天,即人之所以为人也,更无二物。"就本质论,天人是合一的。其论性命、天人之用意则为,"盖在人者无一不悬于天,莫可强也","盖在天者无一不悬于人,莫可诿也"。性受命的主宰,人对天而言具有消极性,天命非人为之力所及,因此容易怠视命。性是人所本有,人对其所本有则具主动性,"为则得之,舍则失之",因此人力可以努力实现。天难为,人可为,因此,如果认识不清性、命之关系,也就不能正确处理天人关系。

进而言之,性、命之关系,诸子所以反复讨论辨析者,正在欲明天人之际,而端正工夫之所施。命在天,不能把天作在己者一样来强求;性在人,不可推诿于天,而不奋勉有为。张载"养则付命于天,道则责成于己"之说,可谓"言约而尽矣"①。可见,就性、命之论的目的来说,孟子、程朱、张子及顾宪成都是相同无二的,皆主张不以人而夺天,不因天而废人。

一者,顾宪成之讨论性命关系,实际所讨论的并非天命与仁义礼智之性的关系,而是"耳目口鼻四肢"与"仁义礼知天道"之关系,此为通常所言之形(欲)、性关系。顾宪成认为,"耳目口鼻四肢非他,即仁义礼知天道之所由发窍也;仁义礼知天道非他,即耳目口鼻四肢之所由发根也。""发窍"一说又见《小心斋札记》卷八第十三条。他说,人禽之不同"只是这些子灵处",且"灵处"为"落于气者"。不难知,顾宪成所说"灵处"也是指的人之官能作用,又不仅指"耳目口鼻四肢"之灵能,尤其指心之灵明。在孟子,耳目口鼻四肢与心来对言,"耳目之官不思而蔽于物,……心之官则思,……先立乎其大者,则其小者弗能夺也"②。他认为,"体有贵贱,有小大"③,耳目之官和心都为人之官能,但耳目之官为人之小体,心为人之大体,人要养其"大体"而成"大人",勿徒养其"小体"而为"小人"。顾宪成接受了孟子这些方面的影响,重视人之官能作用。他不以人之官能为卑无足道,而是当作天命之"发窍",天命之实现不外乎此"耳目口鼻四肢"。"发窍""发根"之说,将抽象之命理化作物质之实体,以为命理实现之具,一虚一实之间,便使性命之关系极微妙难言。

---

① (宋)朱熹《孟子集注》卷一四《尽心章句下》,《四书章句集注》,第370页。
②③ (宋)朱熹《孟子集注》卷一一《告子章句上》,《四书章句集注》,第335页,第334页。

顾宪成在《论语》"知天命"一章的讲说中,将这层意思发挥得更为充分。孔子说:"五十而知天命,六十而耳顺,七十而从心所欲不逾矩。"(《论语·为政》)在这里,顾宪成着力处理了"知天命""耳顺""从心"之间的关系。关于"知天命",他说:"吾夫子用了四十余年功夫,方才知⋯⋯曰:这是吾夫子下学而上达的地头,生平许多积累功夫,至此不觉一透⋯⋯盖前此犹属人界,至此乃属天界矣。前此犹见天自天,我自我,至此知我其天,知天其我,俯仰上下,两称莫逆矣。"①"知天命"也即天人关系的一种自觉,天人关系本非为二,天即人,人即天,这也为性命关系的应然。不过,"知天命"仅是"知"的觉悟,仅是"知的影子",尚不是终极,下面还有"耳顺""从心"的阶段。孔子特言"耳顺",这对一般学者来说是个很大的疑惑,着实令人费解。朱子认为,这一步是"声入心通,无所违逆,知之之至,不思而得"②,"耳顺"虽为知之极熟,犹属于"知"。

顾宪成与朱子的解释不同,就"耳顺"和"从心"来说,他认为这已经超出了知,而是到了"体当"的层次。"从耳所听不逾矩,耳斯顺矣。从心所欲不逾矩,心斯顺矣。耳顺而小体之性尽矣,心顺而大体之性尽矣。"③"耳顺""从心"已经是在"践形""尽性"了。"据常情看,知天命是神化上事,耳顺、从心是自家身子上事,两者较之,知天命似深,耳顺、从心似浅"④,但孔子十年之后方言"耳顺",二十年之后方言"从心",这一过程应当是逐渐入深入细的过程。顾宪成认为,"定要一一自家身子上打透,方肯作准。盖渺茫处(谈天命处)可假,自家身子上不可假",所以必要"勘到自家身子上"。⑤所谓"勘到自家身子上",就是要"即形即天命""即心即天命"。他认为,天命不能在"耳目心思之外",否则只能资发谈玄者的播弄,浮于光景。天命应在"耳目心思之内",件件着实,件件有考验,如此,方不致有虚假。

总之,在他看来,一方面,命性之间的关系,不仅为命、心之间的关系,而且也包括命、形之间的关系,耳目之官能,并不是粗俗而可遗者,也是天命之所彰。另一方面,就天命来说,"五十知天命"是人生境界的一大转变,但并不是"知天命"的终极,"知天命"最终是要在人之耳目心思诸官能上具体实现,只有"体上身来",才算"知天命"的成就,才算性、命关系的真正合一。顾宪成的性命关系论,不仅是学理的、辨析的,更是身体的、实践的。

(原载《中国哲学史》2013年第2期,收入本书时文字有修改)

---

① (明)顾宪成《虞山商语》卷中,《顾端文公遗书》,第347—348页。
② (宋)朱熹《论语集注》卷一《为政》,《四书章句集注》,第54页。
③ (明)顾宪成《虞山商语》卷中,《顾端文公遗书》,第349页。
④⑤ (明)顾宪成《虞山商语》卷中,《顾端文公遗书》,第348页。

顾宪成论良知

——以"无善无恶"之争为中心

王志俊*

摘 要：顾宪成是晚明心学修正运动的领军人物，对王阳明良知学说基本持有同情态度，认同良知"为善去恶"的面向，但对良知"无善无恶"的批驳不遗余力。其批评可归纳为以下三个方面：从本体论来说，"无善无恶"当下便是"空"，直接瓦解了儒家性善论的根基；从工夫论来说，"无善无恶"的流行将导致道德实践无法落到实处；从境界论来说，"无善无恶"过分强调不执着于善恶，却著于"不著"本身。因此，顾宪成以"性善"为立言宗旨，强调"小心"的笃实工夫，以对治王学末流径任本体而流于猖狂恣肆之弊病。顾宪成视"无善无恶"为时弊之根源，对心学的批评有一定的合理性，但也在一定程度上偏离了阳明良知本体的理论预设。

关键词：顾宪成；良知；无善无恶；性善；工夫

一、问题之提出

顾宪成(1550—1612)，字叔时，号泾阳，江苏无锡人，晚明东林学派的领袖人物。据黄宗羲《明儒学案》记载，顾泾阳初学于张原洛，而后师从于欧阳德弟子薛方山。薛方山"授以考亭《渊源录》，曰：'洙泗以下，姚江以上，萃于是矣'"[①]。从学术师承上来讲，顾宪成虽为王阳明的三传弟子，但受师门影响呈现出由王返朱的思想倾向。针对晚明"束书不观，游谈无根"的空疏学风，顾泾阳尤为重视朱子格物穷理的笃实工夫。清人胡慎《东林书院志序》载："至明弘、正之世，则姚江之

---

* 作者简介：王志俊，女，中山大学哲学博士，宁波大学马克思主义学院暨哲学与国学研究中心讲师。

① (清)黄宗羲《明儒学案》卷五八《东林学案一·端文顾泾阳先生宪成》，北京：中华书局，2008年，第1376页。

学大行，而伊洛之传几晦，而东林亦废为丘墟。万历之际，始有端文顾子、忠宪高子振兴东林，修复道南之祀，仿白鹿洞规为讲学会，力阐性善之旨，以辟无善无恶之说，海内翕然宗之，伊洛之统复昌明于世。"①面对阳明心学盛行所导致的种种流弊，顾宪成、高攀龙等人在杨时讲学旧址重建东林书院，振兴程朱理学，以矫正王学末流之弊，以性善论对治无善无恶之说，伊洛道统再次昌明于世。

对王阳明的良知学说，顾宪成是基本认同的，尤其是良知"知善知恶""为善去恶"这一面向。如《东林会约》所言："阳明之揭良知，真足以唤醒人心，一破俗学之陋。"②《小心斋札记》亦云："阳明看得良知知善知恶，故如此说，良知何病？"③但对于良知之"无善无恶"，顾宪成则"不能释然"：

> 《大学》言致知，文成恐人认识为知，便走入支离去，故就中间点出一良字。孟子言良知，文成恐人将这个知作光景玩弄，便走入玄虚去，故就上面点出一致字。其意最为精密。至于如鬼如蜮，正良知之贼也，奈何归罪于良知？独其揭"无善无恶"四字为性宗，愚不能释然耳。④

阳明之良知并非经验认知，而是灵觉，对善自觉追求，对恶自觉警醒。致良知则强调工夫实践，依良知本心实地用功，而非"玩弄光景"般流为玄虚。因而顾宪成赞同阳明对于良知之"良"与"致"的提点，而批评的焦点则落在良知之无善无恶上。

"无善无恶"说，本是阳明接引门人弟子的教言。据《传习录》载，王阳明于嘉靖六年（1528）指点弟子王龙溪和钱德洪："以后与朋友讲学，切不可失了我的宗旨：无善无恶是心之体，有善有恶是意之动，知善知恶是良知，为善去恶是格物。只依我这个话头，随人指点，自没病痛。此原是彻上彻下工夫。"⑤王阳明以"无善无恶"称述良知心体，王龙溪在此基础上演绎为"四无"说："心无善无恶，意无善无恶，知无善无恶，物无善无恶。"⑥

然而，"无善无恶心之体"自提出之日起便聚讼不已，王龙溪的"四无说"更被视为近于禅学。降及晚明，思想界围绕良知"无善无恶"说展开旷日持久的争论。万历二十年（1592），唐一庵门人许孚远作《九谛》批判"无善无恶"，王龙溪门人周

---

① 《东林书院志》整理委员会整理《东林书院志》卷首，北京：中华书局，2004年，第10页。
② （明）顾宪成《东林会约》，《顾端文公遗书》，《四库全书存目丛书》子部第14册，第363页。
③ （明）顾宪成《小心斋札记》卷二，《顾端文公遗书》，第258页。
④ （明）顾宪成《小心斋札记》卷四，《顾端文公遗书》，第271页。
⑤⑥ 陈荣捷《王阳明〈传习录〉详注集评》，上海：华东师范大学出版社，2009年，第215页。

海门作《九解》逐条回应。万历二十六年(1598),顾宪成与管东溟再次就"无善无恶"说展开激烈论辩。甚至论证"无善无恶"之非成为顾宪成的重要学术活动之一。黄宗羲曾指出其中关键:

> 先生(按,指顾宪成)深虑近世学者乐趋便易,冒认自然,故于不思不勉、当下即是,皆令究其源头,果是性命上透得来否?勘其源头,果是境界上打得过否?而于阳明"无善无恶"一语,辩难不遗余力,以为坏天下教法,自斯言始。①

正如黄宗羲所说,顾宪成将晚明诸如"乐趋便易""冒认自然""不思不勉"以及"当下即是"等流弊,悉皆归罪于"无善无恶"。良知虽为人先天具足本有,但专在先天良知上作弄,"为善去恶"的持守防检工夫便成为多余。甚至王学末流凭恃良知现成,不受名教与经典约束,醉心于"赤手搏龙蛇"的狂狭行为。因此,顾宪成认为"无善无恶"之说"坏天下教法",批驳的矛头直接指向"无善无恶"所引发的严重社会问题。自称顾宪成后学的高攀龙也认为:"今日邪说横流,根株只此四字。先生捉着病原,真是擒贼擒王也。"②所谓"根株"即"无善无恶",高攀龙也认为晚明邪说横流的根源在于"无善无恶"之说。

总之,顾宪成不遗余力地批判"无善无恶",自有其深层的忧患意识和现实关怀。"无善无恶"在字面层面首先与自孟子以来儒家的性善论传统相冲突,又容易与告子的"性无善无不善"相混淆,或流于释氏的"不思善,不思恶"。性善论的根基一旦动摇,对世风和人心的冲击无法估量,其弊端也将收拾不住。晚明王学末流自信良知现成,疏于工夫锻炼,最终流于猖狂肆意,甚至存在认欲为理的可能,顾宪成因而抨击"无善无恶"为"惑世诬民之最"③。

二、"无善无恶"之争

万历二十六年(1598),顾宪成与管东溟就"性善"与"无善无恶"展开激烈争论,往复辩难多达十万余言。管东溟为耿天台弟子,极力为"无善无恶"辩护,认

---

① (清)黄宗羲《明儒学案》卷五八《东林学案一·端文顾泾阳先生宪成》,第1378—1379页。
② (明)高攀龙《高子遗书》卷八上《答泾阳论儒佛善字不同》,《景印文渊阁四库全书》第1292册,台北:台湾商务印书馆,1982—1986年,第471页。
③ (明)高攀龙《高子遗书》卷八上《答顾泾阳先生论格物》其二引顾宪成书札,第467页。

为无善无恶是就心体而言,而非就性体而言。换言之,心之本体是形上之天理,本身无善恶可言,且"无善无恶"只是针对"上根之人"立言。而顾宪成更为关注"无善无恶"说导致的"恶"的问题,包括人性恶和社会恶等现实问题,极力揭露和批驳其理论危害。钱启新称:"无善无恶之说,近时为顾叔时、顾季时、冯仲好明白排绝不已,不至蔓延为害。"①可以说,顾宪成侧重于从"无善无恶"流行,乃至"蔓延为害"的角度展开批评。

《小心斋札记》载顾宪成对管东溟的反驳:

> 管东溟曰:"凡说之不正而久流于世者,必其投小人之私心,而又可以附于君子之大道也。"愚窃谓"无善无恶"四字当之。何者?见以为心之本体,原是无善无恶也,合下便成一个空。见以为无善无恶,只是心之不著于有也,合下便是一个混。空则一切解脱,无复挂碍,高明者入而悦之,于是将有如所云:以仁义为桎梏,以礼法为土苴,以日用为缘尘,以操持为把捉,以随事省察为逐境,以讼悔改过为轮回,以下学上达为落阶级,以砥节砺行独立不惧为意气用事者矣。混则一切含糊,无复捡择,圆融者便而趋之,于是将有如所云:以任情为率性,以随俗袭非为中庸,以阘然媚世为万物一体,以枉寻直尺为舍其身济天下,以委屈迁就为无可无不可,以猖狂无忌为不好名,以临难苟免为圣人无死地,以顽钝无耻为不动心者矣。由前之说,何善非恶?由后之说,何恶非善?是故,欲就而诘之,彼其所占之地步甚高,上之可以附君子之大道;欲置而不问,彼其所握之机械甚活,下之可以投小人之私心。即孔、孟复作,亦奈之何哉?②

由上可知,顾宪成主要是从两个层面来理解阳明的"无善无恶"说:其一,"无善无恶"是心之体;其二,"无善无恶"即心不著于有。彭国翔也认为:"阳明与龙溪所说的'无善无恶'包括两层含义:一是存有论意义上的至善;一是境界论上的无执不滞。"③进而从这两个诠释角度出发,顾宪成将"无善无恶"的弊端分别归结为"空"与"混":心之体"无善无恶",即是"空";以心不著于有诠释"无善无恶",即是"混"。以"无恶"来表述心之本体并没有太多争议,但以"无善"描述之则可能招来很多反对。世人普遍认为,对"无善"的强调容易流于否定道德规范和伦

---

① (清)黄宗羲《明儒学案》卷五八《东林学案一·端文顾泾阳先生宪成》,第1379页。
② (明)顾宪成《小心斋札记》卷一八,《顾端文公遗书》,第355页。
③ 彭国翔《良知学的展开:王龙溪与中晚明的阳明学》,北京:生活·读书·新知三联书店,2005年,第409页。

理实践,所导致的后果是,空则以善为恶,混则遂以恶为善。换言之,"空"是对性善的抹杀,直接导致视善为恶,这在理论上是对性善论的公然挑战。甚至由于"空"而流于禅,逃避现实并舍弃儒家担当精神。"混"则指混淆善恶分别,乃至视恶为善,导致以任情为率性,抛弃操守而滑入是非不分的小人行列。因此,"无善无恶,本病只是一个空字,末病只是一个混字"①。换言之,"空"病为本,"混"病为末。"无善无恶"势必造成混淆是非善恶的不良后果,其实质等同于放任恶行,因此顾宪成感叹:"阳明将这善压倒,与恶平等看,其流毒乃更甚于言性恶者。"②

从本体论的角度来说,心之体"无善无恶",实际指"至善"是心之体,这是阳明良知说的本来涵义,心体与良知异名而同实。如《传习录》所言:"良知者,心之本体","至善者,心之本体。"然而既承认心体至善,又说心体无善无恶,这种语意表达上的不一致容易引起争议,甚至刘蕺山和黄宗羲对阳明以"无善无恶"言良知心体至善也存在疑虑,如黄宗羲所言:"蕺山先师尝疑阳明天泉之言与平时不同。平时每言'至善是心之本体',又曰'至善只是尽乎天理之极,而无一毫人欲之私',又曰'良知即天理'。《录》中言天理二字不一而足。有时说'无善无恶者理之静',亦未尝径说'无善无恶是心之体'。"③对阳明以"至善"诠释"无善无恶",顾宪成指出:

> 性善之说只是破个恶字,无善无恶之说并要破个善字,却曰无善无恶谓之至善,到底这善字又破不得也。只觉得多了这一转,却落在意见议论中。于是有俊根者,就此翻出无限奇特,张皇门户;有滑根者,就此付出无限方便,冲破藩篱。始见以无善无恶为极透语,今乃知其为极险语。④

在顾泾阳的理解框架下,"无善无恶"同时破除了善与恶,但又称"无善无恶"即是至善,这一转语实质是保证善不被挂空。但语意经这么一转,已经不是第一义,而落入意见议论之中。因为一旦起心转念,则会有所算计思虑,有可能掺入私意计较,已非本心至善的当下自我呈现。而语意的连番转折易导致世人不知所守,反而为善于投机取巧之小人大开方便之门。因此,顾宪成视"无善无恶"为"极险语",特别拈出"性善"二字为立言宗旨。正如《小心斋札记》所说:"语本体,

---

① (清)黄宗羲《明儒学案》卷六〇《东林学案三·主事顾泾凡先生允成》引《小辨斋札记》,第1391页。
② (明)顾宪成《还经录》,《顾端文公遗书》,第483页。
③ (清)黄宗羲《明儒学案》卷一六《江右王门学案一·文庄邹东廓先生守益》,第332页。
④ (明)顾宪成《证性编》卷三《罪言上》,《顾端文公遗书》,第444页。

只是'性善'二字"①,"善字打破,本体只是一个空"②。针对"无善无恶"所导致的良知本体挂空的危险,顾宪成直接以性善为本体依据,防止心体空无所依,也极力避免阳明"破"又"不破"的转语式表达。

对"无善无恶谓之至善"的流弊,顾宪成还批评如下:

> 谓之无善,则恶矣,却又曰无恶;谓之无恶,则善矣,去又说无善。只此两转,多少曲折,多少含蕴,一切笼罩包裹、假借弥缝、逃匿周罗、推移迁就、回护闪烁,哪样不从这里播弄出来。阳明先生曰:"无善无恶谓之至善。"苟究其流弊,虽曰"无善无恶谓之至恶"亦宜。③

无善则恶,无恶则善,人性不可能既"无善"又"无恶","无善无恶"一语有着内在矛盾。如果以"无善无恶"为至善,同理也可说"无善无恶"是至恶,因此,"顾宪成此语,将无善无恶推至自律道德的反面来论证其流弊。他的目的是要说明,性善是自律道德赖以成立的基础。无此基础,则无自律道德。而道德之谓道德,就在它所依据的是某种先天原则,而不是后天的经验。假如否定这种原则,善的纯粹性、它与恶的对峙壁垒就会丧失,包裹笼罩、假借弥缝就会借之以售,这对儒家人格培养是一种亵渎"④。顾宪成反复批驳"无善无恶",主要针对其理论危害和现实流弊。

从工夫论的角度来说,为善去恶是对良知心体的扩充培养。但"无善无恶"说的流行,使得为善去恶的工夫无法落到实处,原因在于"本体工夫,原来合一。夫既无善无恶矣,且得为善去恶乎?夫既为善去恶矣,且得无善无恶乎?然则本体工夫一乎?二乎?将无自相矛盾耶?是故无善无恶之说伸,则为善去恶之说必屈。为善去恶之论屈,则其以亲义序别为土苴,以学问思辨行为桎梏,一切藐而不事者必伸"。⑤ 本体与工夫,原本一体两面,先天本体如果有挂空的危险,则为善去恶的工夫也将失去根基。并且"无善无恶"抹杀了善恶的界限,颠倒了是非判断的标准,所谓"为善去恶"也就难免流为虚妄和放纵,非薄礼法、藐视圣贤之事也在所难免。

可以说,顾宪成对"无善无恶"的批评有着现实的针对性。"'无善无恶'四字

---

① (明)顾宪成《小心斋札记》卷一八,《顾端文公遗书》,第 359 页。
② (明)顾宪成《小心斋札记》卷三,《顾端文公遗书》,第 263 页。
③ (明)顾宪成《证性编》卷三《罪言上》,《顾端文公遗书》,第 445 页。
④ 张学智《明代哲学史》,北京:北京大学出版社,2000 年,第 408 页。
⑤ (明)顾宪成《东林会约》,《顾端文公遗书》,第 363 页。

最险最巧,君子一生兢兢业业,择善固执,只著此四字,便枉了为君子;小人一生猖狂放肆,纵意妄行,便乐得做小人。语云:'埋藏君子,出脱小人。'此八字乃'无善无恶'四字膏肓之病也。"①混淆善恶是非和道德标准,最直接的后果就是"埋藏君子,出脱小人"。行善没有内在信仰支撑,作恶缺乏外在道德审判,以至于社会上小人当道,败坏朝纲。

因此为纠正"无善无恶"之弊端,顾宪成尤为强调为善去恶的工夫实践,特地拈出"小心"二字作为工夫论宗旨,其书房也名为小心斋。所谓"小心",《小心斋札记》称:"小心是个敬。闻之程子之言敬曰'主一无适',谢上蔡之言敬曰'常惺惺法',尹和靖之言敬曰'其心收敛,不容一物',似说得甚精,曰总不出'小心'二字,此二字亦何尝不精?"②所谓"主一无适""常惺惺""其心收敛",均是内心"敬"之状态,因此"小心"工夫即是"敬"之工夫。高攀龙也说:"工夫极有多方,圣人为括一'敬'字。"③从思想渊源上来说,"小心"的修养工夫显然由程朱理学转手而来。

从境界论的角度来讲,良知之"无善无恶"意味着"不著于善""不著于有"。对此,顾宪成批评如下:

> 近世率喜言无善无恶,及就而即其旨,则曰:"所谓无善,非真无善也,只是不著于善耳。"予窃以为经言无方无体,是恐著了方体也;言无声无臭,是恐著了声臭也;言不识不知,是恐著了识知也。何者?吾之心原自超出方体声臭识知之外也。至于善,即是心之本色,说甚著不著?如明是目之本色,还说得个不著于明否?聪是耳之本色,还说得个不著于聪否?又如孝子,悦在得亲,不得则不可以为子,须千方百计求尽子道,还可说莫著于孝否?如忠臣,悦在得君,有不得则不可以为臣,须千方百计求尽臣道,还可说莫著于忠否?昔阳明遭宁藩之变,日夕念其祖母岑与其父龙山公不置,门人问曰:"得无著相?"阳明曰:"此相如何不著?"快哉斯言!足以破之矣。④

顾宪成认为,善为心之本体,不必再说不著于善。正如明是目之本色,聪是耳之本色,不必再说不著于明、聪。同理,善为心之本色,再说心著于善或不著于善已经落入下层。儒家之君子戒慎恐惧,自然不会著于恶而主动作恶。但对于

---

① (明)顾宪成《还经录》,《顾端文公遗书》,第493页。
② (明)顾宪成《小心斋札记》卷一二,《顾端文公遗书》,第329页。
③ (明)高攀龙《高子遗书》卷三《观两先生所参春游记请益》,第372页。
④ (明)顾宪成《小心斋札记》卷一八,《顾端文公遗书》,第354页。

善也不能过分执着,不能为"善"而为善。因为从修行工夫上讲,有心为善也是恶,即"有心"已经不是良知本心的当下发用流行,这背离了良知不假思虑、不待安排、当下知是知非、为善去恶之究竟义。换言之,"无善无恶"过分强调不执着于善恶,可能会着于"不着"本身。强调"不着",依然是有所着。释氏讲性空,要遁入空门,舍弃家国人伦,以期出离生死苦海,其所求空、无,却依然有所指向,在意向结构上依然是着于空、无。

关于"着"的问题,顾宪成在《小心斋札记》中有精到论述:

> 或问佛氏大意,曰:"三藏十二部,五千四百八十卷,一言以蔽之曰:'无善无恶。'试阅七佛偈,便自可见。"曰:"《永嘉证道歌》谓'弃有而着无,如舍溺而投火',恐佛氏未必以无为宗也。"曰:"此只就'无善无恶'四字翻弄到底,非有别意也。"曰:"何也?"曰:"'弃有',以有为恶也;'着无',以无为善也,是犹有善有恶也。无亦不着,有亦不弃,则无善无恶矣。自此以往,节节推去,扫之又扫,直扫得没些子剩,都是这个意头。"①

"弃有而着无,如舍溺而投火",即是说,不能执着于有,也不能执着于无。无论是"弃有"还是"着无",依然是"犹有善恶"。并且"无善无恶"之说,相较于"无恶",更着重于"无善"。正如刘宗周所指出:"无善无恶,语虽双提,而意实寄于无善。"②在顾宪成看来,不能执着于善,更不能执着于无善,而阳明之无善无恶正是着于"无",即着于"不着",因此依然是有善有恶,故而造成的后果是:"所谓无善无恶,离有而无耶? 即有而无耶? 离有而无,于善且薄薄而不屑矣,何等超卓! 即有而无,于恶且任之而不碍矣,何等脱洒! 是故,一则抬高地步,为谈玄说妙者树标榜;一则可以放松地步,为恣情肆欲者决堤防。宜乎君子小人皆乐其便,而相与靡然趋之也。"③而真正的"无善无恶"是"无亦不着,有亦不弃",即不执着于善,也不执着于无善。

总之,顾宪成对"无善无恶"的辩难可简要归纳为三个方面:从本体论来说,"无善无恶"当下便是"空",直接瓦解了儒家性善论的根基;从工夫论来说,"无善无恶"的流行导致道德实践无法落到实处;从境界论来说,"无善无恶"过分强调不着于善恶,却着于"不着"本身。顾宪成的批评有其现实的针对性,其批驳切中

---

① (明)顾宪成《小心斋札记》卷一〇,《顾端文公遗书》,第 314 页。
② (明)刘宗周《会录》,《刘宗周全集》,台北:台湾"中央研究院"中国文哲研究所,1997 年,第 643 页。
③ (明)顾宪成《小心斋札记》卷四,《顾端文公遗书》,第 271 页。

晚明"猖狂自肆"的时弊。所谓"埋藏君子,出脱小人",正是"无善无恶"病入膏肓之症状。补偏救弊之方在于,从根源上挺立性善论的宗旨,提倡虔敬谨慎的"小心"工夫,以抗衡"无善无恶"。

三、"无善无恶"之本义及批评之实质

围绕良知之"无善无恶",顾宪成分别从本体论、境界论和工夫论三个角度进行批评,尤其针对"无善无恶"所导致的"空"与"混"之弊病。但平心而论,顾宪成的批驳只是就"无善无恶"的理论后果与社会效用而言,并未撼动"无善无恶"理论本身。阳明良知"无善无恶"之说,自有其理论的正当性,不可以执人病而为法病。

首先,从本体论的角度来说,"无善无恶",意味着"'心体'是'善'之根源——至善,因而它是道德善恶判断的超越标准,故不能再以经验层面善、恶相对待的谓词描述之"。[①] 良知心体至善,之所以说"无善无恶",是因为日常语言中的善是与经验层面的恶相对而言的,而良知心体是超越言语对待的至善或善本身。换言之,良知心体至善而无对,在形上之天理层面是无所谓善,也无所谓恶的,以"无"善"无"恶来表述之,是就其超越性而言。因此,"无善无恶"在本体论的意义上具有至善的实在性,即在存有论的层面为"有",不能简单等同于佛老之"空无"。以"至善"诠释"无善无恶"并非转念而起的思虑,"无善无恶"即是"至善",二者并非对立而不相容的。

然而顾宪成却认为心性本善,阳明说良知心体"无善无恶",又以"至善"诠释"无善无恶",已经沦为第二义的转语,不如"以性善为宗"直截了当;并且顾宪成认为说良知"无善无恶"导致本体流于"空"。由上可知,顾宪成对良知心体"无善无恶"存在一定程度上的误解。正如蔡仁厚所说:"至善之心体无善恶之相可见,故曰'无善无恶'。……无善无恶之'无',意在于遮拨善恶相对的对待相,以指出这潜隐自存的心体不落于善恶对立之境,借以显示其超越性、尊严性与纯善性……顾泾阳之误解阳明,是由于对'心体至善,超善恶相'之义没有领会。"[②]

其次,从工夫论的角度来说,"'无善无恶'意谓'无有作好,无有作恶',乃是

[①] 林月惠《良知学的转折:聂双江与罗念庵思想之研究》,台北:台湾大学出版中心,2005年,第685页。
[②] 蔡仁厚《王阳明哲学》,北京:九州出版社,2012年,第104页。

'去执'的工夫"①。所谓"无善无恶",在工夫实践上并不是混淆是非、不分善恶,而是"不着意思""不动于气"。当然,"阳明这里不是主张扫除一切念虑,使善念恶念都不产生,而是指善念恶念都不能'执着'。不是说人心不应生善念,而是说一切念头都不能'留滞'"②。因此,"无善无恶"之说体现在工夫论上,即是随良知心体的"自然之流行",不执着于善恶念头,不去有意为恶,不去有意为善。因为良知心体如太虚镜鉴,物来则随感顺应。在工夫实践上,保证心体自然呈现发用,良知自会好善恶恶、为善去恶,不为"为善"而为善,不为"去恶"而去恶。心无所向无所执,通过去执的工夫达到无执的境界。

然而,在阳明的良知学体系中,"天理随良知而圆转,随机流行,如珠走盘,而无方所,然而又能泛应曲当,而无滞碍,呈现一元而神的纯动用……良知自作准则,自为主宰,无不如理,若无真实工夫加以贞定,稍有偏差,便会流于虚寂狂妄"③。而顾宪成也并没有深入辨析"无善无恶"的工夫论义理,而是重点指责其在道德实践层面所产生的后果。顾宪成辩难的焦点在于,如果只认为"无善无恶"是不执着不留滞于善恶,那么是否不论"恶"是否存在,只要不执着不留意,"恶"在根本是不是就不存在?社会生活中恶的现象可以通过无执工夫得以消解?在顾宪成看来,良知"无善无恶"说有否定本体、遗弃工夫的危险,导致的后果是"混善恶为一途""合善恶而双遣"。④ 因此,彭国翔指出:"晚明对'无善无恶说'的批评,更多的是针对'无善无恶'说在工夫实践上所产生的流弊。换言之,批评更多的是考虑理论所产生的实际效果而非理论本身。"⑤换言之,顾泾阳反复陈说"小心"工夫,以对治"无善无恶"在实际操作过程中工夫论的弊端,这实际上是基于理论的实践效应的批评,而非针对理论体系本身的驳斥。

最后,从境界论的角度来说,"无善无恶"意谓良知心体之无执不滞。正如《王阳明年谱》所言:"良知本体原来无有,本体只是太虚。太虚之中,日月星辰,风雨露雷,阴霾噎气,何物不有?而又何一物得为太虚之障?人心本体亦复如是。太虚无形,一过而化,亦何费纤毫力气?"⑥在阳明看来,良知不仅在存有论上是真实不虚的,就其本然的存在状态而言,良知也具有无执不滞、虚灵明觉的品格。所谓心之本体,即是"太虚",本来无有一物,处于廓然大公、明莹无滞的状

---

① 林月惠《良知学的转折:聂双江与罗念庵思想之研究》,第785页。
② 陈来《有无之境——王阳明哲学的精神》,北京:北京大学出版社,2013年,第194页。
③ 李振纲《中国古代哲学史论》,北京:中国社会科学出版社,2004年,第289页。
④ (明)顾宪成《证性编》卷五《管东溟书》,《顾端文公遗书》,第459页。
⑤ 彭国翔《良知学的展开:王龙溪与中晚明的阳明学》,第415页。
⑥ (明)王守仁撰,吴光等编校《王阳明全集》卷三五《年谱三(自嘉靖壬午在越至嘉靖己丑丧归越)》"(嘉靖六年丁亥)九月壬午,发越中"条,上海:上海古籍出版社,2015年,下册,第1075页。

态。"无善无恶"是说,良知心体不能滞留恶念,甚至也不能滞留善念。所谓"无善",并不是要破斥善,而是不执着于为"善"之心。正如唐君毅所说:"阳明之教,固原是教人好善恶恶,为善去恶。唯恶去而不着善,而后至于忘善恶念、忘善恶名之化境。此化境,正心体之全副呈现。"①"无善无恶"正是表述了良知无执不滞、过而不留的境界,唐君毅称之为"德性工夫成就后之化境"。

其实,在不执着于有无上,顾宪成和阳明对良知的理解并没有太大分歧。因为良知本体是完满自足、本性至善的,而善恶是非之心则出自分别计较。为善为恶之意念,均是对本性的破坏,因此不能执着于善念恶念。只是顾宪成认为"无善无恶"过于凸显良知"无"的面向,因而有执着于"无"的可能。结合晚明"满街皆是圣人""任天机自然流行"等思想风气,顾宪成的这一担忧自有其合理性。

在阳明良知学的理论体系中,"无善无恶"涵摄"有"与"无",包括"至善"与"无执"等涵义。并且本体与工夫合一是阳明的主要理论基点,有良知本体,自然有致良知工夫。本体与工夫并非截然分开,本体是道德实践之所以可能的超越根据,而工夫则是道德实践的具体门径。良知之"无善无恶"在阳明思想体系中并不存在理论漏洞。因此,学者林月惠指出:"顾宪成之批判,从义理上说,与阳明、龙溪之论全然不相应;但其说法至少显示明末儒学内部一股反对'无善无恶'说的思潮。"②

然而"无善无恶"在阳明后学的推动下确实存在诸多流弊,但是,"流弊何代无之,终不可以流弊疑其学也"③。流弊产生的原因在于人只有潜在的完满性,或因天生气禀而有清浊愚智之差异,或因意志薄弱而有作恶的可能。良知心体本身是超越的至善,其自然发用即是天德流行,不能把经验世界产生的弊端倒推给良知本体,人应该反身而诚向自身寻找原因。管东溟曾有力回应顾泾阳的这种责难:

> 宋自南渡而后,两程之徒遍天下,至使正心诚意之说为人主所厌闻,此非正心诚意之过也,习其学而泥焉者之过也。我朝自嘉靖以来,阳明之徒遍天下,至使学者仕者影射致良知及无善无恶之说,非诡遇以投时,则狂恣以败礼,而守道者亦厌之,此非无善无恶之过也,影其见而流焉者之过也。④

---

① 唐君毅《中国哲学原论·原教篇》,北京:中国社会科学出版社,2006年,第219页。
② 林月惠《良知学的转折:聂双江与罗念庵思想之研究》,第689页。
③④ (明)管志道《问辨牍》卷之利集《答顾选部泾阳丈书暨求正牍质疑二十二款》,《四库全书存目丛书》子部第87册,第741页,第733页。

人主厌闻正心诚意之说,并不是正心诚意有问题,而是学者在工夫层面没有很好地落实的过错。狂恣败礼也不是无善无恶本身的错误,而是"影其见而流焉者之过也"。这也就是牟宗三先生所说的"人病",而非"法病"。① 唐君毅对此也持同情理解的态度,认为阳明后学之流弊在于人病,不能归罪于"法病":"王学之满天下,而流弊亦随之以起。然必溯其弊之源于阳明,固未必是;即溯其弊之源于王门诸子,亦未必是。大率天下之学术,既成风气,则不免于人之伪袭而无不弊,不只王学为然。"②晚明纵情恣欲、猖狂自大等风气,并不能完全归罪于"无善无恶"说。

因此,可以说顾宪成对阳明良知说是基本肯定的,其对于"无善无恶"的辩难,则是立足于理论所导致的社会效应而言的。如同对待朱学和王学的态度,顾泾阳并非彻底否定或肯定,而是针对现实问题各有援引,以图救弊。诚如《泾皋藏稿》所言:"当士习之浮诞,方之以朱子可也;当士习之胶固,圆之以王子可也。何也? 能法二子,便是能襄孔子,所以救弊也。"③在顾泾阳看来,朱学和王学,同中有异,异中有同,可以相资为用。二者工夫进路虽不同,但无论是由修入悟还是由悟入修均有达道之可能。但针对晚明任本体而轻工夫所产生的流弊,顾宪成重拾儒家性善传统,强调为善去恶的"小心"工夫,侧重良知知善知恶、知是知非的面向。就理论自身而言,顾宪成和王阳明对"无善无恶"的理解分歧较大,所关注的问题焦点也不同,但顾宪成对"无善无恶"的辩难,在检讨王学末流的弊端方面有一定的现实意义。

(原载《江南大学学报(人文社会科学版)》2018 年第 5 期,收入本书时文字有修改)

---

① 牟宗三《从陆象山到刘蕺山》,台北:学生书局,1979 年,第 293 页。
② 唐君毅《中国哲学原论·原教篇》,第 287 页。
③ (明)顾宪成《泾皋藏稿》卷一一《日新书院记》,《景印文渊阁四库全书》第 1292 册,台北:台湾商务印书馆,1982—1986 年,第 145 页。

从《小心斋札记》看顾宪成晚年思想

蔡家彬*

摘　要：顾宪成的《小心斋札记》是东林学派的代表作，是系统研究顾宪成晚年思想的主要依据，也是研究晚明儒学转型的宝贵资料。顾宪成调和朱、王，将他的学术倾向定于"由王返朱"有失偏颇。他的哲学思想有多个独创性论断，他的史学思想旨在经世。

关键词：《小心斋札记》；调和朱、王；性善本体；小心工夫

顾宪成（1550—1612），字叔时，号泾阳，明南直隶常州府无锡县泾里（今江苏无锡市锡山区张泾）人。万历四年（丙子年，1576）乡试第一，以丙子试卷驰名江浙，开始讲学。万历八年考中进士，初官户部，调任吏部。万历十一年获假回家，读书三年，应邑令李复阳之邀在家乡讲学。万历十四年复职吏部，半年后因上疏为左都御史辛自修辩护，降职外放桂阳、处州、泉州六年。万历二十一年回吏部任文选司郎中，半年后会推阁臣，因举荐主张立太子的前首辅王家屏，忤神宗意，降为杂职，不久又被削职为民。万历二十二年起在家乡潜心讲学，课士于泾里同人堂，"连岁弟子云集，邻居、梵宇僦寓都遍，至不能容"。万历二十六、二十七年，与管志道辩论"无善无恶"于惠山和阳羡山中，声名大振。为使讲学有适宜场所，万历三十二年与高攀龙等修复宋代杨时在无锡讲学的东林书院，订《东林会约》。万历三十八年致书吏部尚书，荐介李三才担任都察院左都御史，信函内容在邸报披露，被政敌指控为东林结党。自万历四年中举，至四十年去世，一生任职户部两年，吏部三年，外放六年，讲学二十五年。天启五年（1625）被阉党追论而削去赠官，崇祯二年复官诰，加赠吏部右侍郎，谥端文。①

顾宪成早期讲学有《学庸说》《大学重定》《大学通考》《大学质言》等讲稿存世，在东林及邻县各书院讲学有《东林商语》《虞山商语》《仁文商语》《南岳商语》

---

* 作者简介：蔡家彬，男，无锡市东林文化研究会原副会长。

① 以上顾宪成生平经历，参见顾与沐记略、顾枢初编、顾贞观订补《顾端文公年谱》，《无锡文库》第四辑，南京：凤凰出版社，2011年，第482—533页。

《经正堂商语》《明道商语》《志矩堂商语》传世,另撰有《还经录》《证性编》《质疑编》《毗陵人物志》《瘖言》《寐言》《当下绎》《以俟录》《自反录》等著述,生前集有《泾皋藏稿》《语孟说略》,部分著述如《百二草》《五经余》《周易集解》《铨政记》《嘉言编》《善行编》已佚失,现存著述约九十万字。

《小心斋札记》(以下简称《札记》)是顾宪成儒学研究及答门人问学的笔记,语录体,按年代编次,始自万历甲午(1594),终于万历辛亥(1611),即万历二十二年至三十九年,一年一卷,共18卷。前17卷由顾宪成手定,最后一卷由其子与湻、与沐整理,高攀龙审定,披露若干原来秘而不宣的观点。《札记》较详尽地反映了顾宪成的学术背景、学术倾向、哲学逻辑、史学观念和社会思想,时贤评其书沉潜粹密,足以与薛瑄的《读书录》相表里。该书是东林学派的代表作,是系统研究顾宪成晚年思想的主要依据,也是研究晚明儒学转型的宝贵资料。

《札记》明万历三十六年蔡献臣初刻,三十八年吴挡谦二刻于金陵,顾与湻三刻于昆山,至清初王鹭凡五刻。清康熙三十三年(1694)顾贞观刻《顾端文公遗书》三十七卷,内收《札记》十八卷。《四库全书总目》标为十六卷本,应误,因为十二卷本"益以丙午至辛亥所记",是增加了六卷,而不是四卷。① 清人编《四库全书》,以征代禁,《札记》被列为"四库全书存目",说是"存目",实际上与"禁毁"一样不准流通,不准私藏。晚清鸦片战争两次战败后,文禁稍弛,光绪三年泾里宗祠重刻《顾端文公遗书》十五种七十三卷,包括《札记》十八卷。1975年,台北广文书局编辑《中国哲学思想要籍丛编》,根据光绪本印行了《札记》单行本。1995年上海古籍出版社影印出版《续修四库全书》,第943册《顾端文公遗书》收入《札记》。1998年,四川大学古籍整理研究所编、四川人民出版社出版《诸子集成续编》,续编六收有《札记》,未注明原本,但从版式与书中空缺部位看,应是光绪本的影印本。2011年凤凰出版社编印《无锡文库》,第四辑印行康熙三十三年版《顾端文公遗书》十二种三十九卷。2013年人民出版社《域外汉籍珍本文库》第4辑子部第1册收《札记》十二卷,系美国国会图书馆藏明万历蔡献臣刻本的影印本。

东林讲学前后不过二十一年,顾宪成主持九年,其影响却延续到清初甚至以后,"实理实学"还由朱之瑜等人推介到日本。王夫之说:"东林会讲,人但知为储皇羽翼,不知其当新学邪说横行之日,砥柱狂澜,为斯道卫之尤烈也。"②顾宪成

---

① (清)永瑢等《四库全书总目》卷九六"子部·儒家类存目二"《小心斋札记》提要,北京:中华书局,1965年,第816页上。
② (清)王夫之《搔首问》,《船山全书》第12册,长沙:岳麓书社,1992年,第625页。

点评宋元以来诸儒得失,平息纷纷之议;位置大儒,提议调整四书五经构成;思创"善宗"对垒"禅宗",主张对佛教"不兴不废",释为儒用;力倡讲学要与救世救时结合等等,都已超越一般儒家学者见解,孙奇逢《理学宗传》列顾宪成为理学宗统第十一人,卓有远见。①《札记》颠覆顾宪成"党首"的形象,使人看到顾端文公是一个"守礼执义、经纬天地"的大儒,一个自反以求、"闻道即可"的真儒,一个孜孜维护儒学正统地位、守护本土文化的通儒。通读《札记》,可据以分析顾宪成晚年学术思想。

一、调和朱陆,走出朱、王之争

顾宪成学术倾向有"由王返朱"的成说,认为是其老师薛应旂交给他《考亭渊源录》,由此"由王返朱",这是一个误解。《考亭渊源录》原作者宋端仪,书末附"叛徒三人"(赵师雍、傅伯寿、胡纮)以严门户之别。薛应旂不同意是说,修订此书时以陆九渊三兄弟列《考亭渊源录》中,以示调和。认为"两先生(朱、陆)实所以相成,非所以相反","道本一致,学不容二"。②

顾宪成对朱、王二人的评价都很高,他极赞朱熹:

> 孔子表章《六经》,以推明羲、尧诸大圣之道,而万世莫能易也;朱子表章《六经》《太极图》等书,以推明周、程诸大儒之道,而万世莫能易也。③
> 元公之功不在孟子下,晦翁之功不在元公下。④

他对王阳明的评价也极高:

> 五宗昌而虚无寂灭之教炽矣,所以使天下知有吾儒之道之当来而归者,周元公也;程、朱没而记诵辞章之习炽矣,所以使天下知有自心自性之当反而求者,王文成也。

---

① 孙奇逢于理学学者166人中,列周敦颐、程颢、程颐、张载、邵雍、朱熹、陆九渊、薛瑄、王守仁、罗洪先、顾宪成十一人为"大宗"。参见孙奇逢《理学宗传》,济南:山东友谊书社,1989年。
② (明)薛应旂《方山薛先生全集》卷四《书考亭渊源目录后》,《明别集丛刊》第二辑第55册,合肥:黄山书社,2015年,第72页。
③ (明)顾宪成《小心斋札记》卷三,《顾端文公遗书》,《无锡文库》第四辑,南京:凤凰出版社,2011年,第269页。
④ (明)顾宪成《小心斋札记》卷一,第260页。

> 地平天成,万世永赖,元公其庶乎?一匡天下,民到于今受其赐,文成其庶乎?①

顾宪成把朱熹、王阳明都比作周元公(敦颐),说明他对两人是平视的。他认为两人各有所长:

> 朱子平,阳明高;朱子精实,阳明开大;朱子即修即悟,阳明即悟即修。②

朱、王之争源于朱、陆分歧,顾宪成将朱、陆与孔、孟相比,指出朱、陆只是教育方法不同:

> 吾读《论语》二十篇,而知孔子之教大都主于养人性地者也;吾读《孟子》七篇,而知孟子之教大都主于发人性光者也。……吾师方山先生之言也,曰:"朱子之言,孔子教人之法也;陆子之言,孟子教人之法也。"③

他从学术方面调和朱、王:

> 阳明之所谓知,即朱子之所谓物;朱子之所以格物者,即阳明之所以致知者也。④
> 格物只是知本,知本只是修身,致知者只是知修身为本,三言一义也。⑤
> 高存之曰:"阳明'致良知'即是明明德。"予曰:"然。"朱子曰:"明德者,人之所得乎天,而虚灵不昧,以具众理而应万事者也。但为气禀所拘,物欲所蔽,则有时而昏;然其本体之明,则有未尝息者。学者当因其所发而遂明之,以复其初也。"即是"致良知"。一部《传习录》,只恁地看。⑥

顾宪成并非无原则地调和朱、陆,而是各评骘其是,摘绎其非,以求一至当不惑之理,评价不徇不刻,切中要害:

---

① (明)顾宪成《小心斋札记》卷三,第270页。
②④ (明)顾宪成《小心斋札记》卷七,第294页。
③ (明)顾宪成《小心斋札记》卷七,第292页。
⑤ (明)顾宪成《小心斋札记》卷一四,第327页。
⑥ (明)顾宪成《小心斋札记》卷一〇,第309页。

> 晦翁见处极实，便有滞语；象山见处极径，便有狂语。①

顾宪成对朱学、王学都有所不满，认为朱学失之以"拘"，王学失之以"荡"：

> 阳明先生开发有余，收束不足。当士人桎梏于训诂词章间，骤而闻良知之说，一时心目俱醒，恍若拨云雾而见白日，岂不大快！然而此窍一凿，混沌几亡，往往凭虚见而弄精魂，任自然而藐兢业。陵夷至今，议论益悬，习尚益下，高之放诞而不经，卑之顽钝而无耻。仁人君子又相顾徘徊，喟然太息，以为倡始者殆亦不能无遗虑焉，而追惜之，此其所以逊元公也。然则朱子何如？曰："以考亭为宗，其弊也拘；以姚江为宗，其弊也荡。"②

他对王学的批评集焦于后期：

> "至善者，性也。性原无一毫之恶，故曰至善。"阳明先生此说极平正，不知晚来何故，却主"无善无恶"？③

对王阳明《传习录》中的一段话，顾宪成评价颇为中肯：

> "求诸心而得，虽其言之非出于孔子者，亦不敢以为非也。求诸心而不得，虽其言之出于孔子者，亦不敢以为是也。"此阳明先生语也。……私以为阳明得力处在此，而其未尽处亦在此矣。④

明代朱学官衙化，顾宪成对朱学的批评比较隐晦，例如他对《四书集注》的看法：

> 朱子之最有功于天下万世者三：一是表章周元公《太极图说》，一是作《通鉴纲目》，一是作《小学》。至《集注》，则当别论。⑤

---

① （明）顾宪成《小心斋札记》卷一，第260页。
② （明）顾宪成《小心斋札记》卷三，第270页。
③ （明）顾宪成《小心斋札记》卷四，第275页。
④ （明）顾宪成《泾皋藏稿》卷二《与李见罗先生书》，《无锡文库》第四辑，南京：凤凰出版社，2011年，第32页。
⑤ （明）顾宪成《小心斋札记》卷八，第300页。

明代列为科举考试阅卷标准的《四书集注》，顾宪成要另当别论，对此，他托言周元公的梦作了解释：

>《大学》《中庸》还为《礼经》，五经备矣。周子之《太极图说》《通书》，朱子之《小学》，窃以为可羽翼《论》《孟》，配为四书。①

程、朱的"天理人欲"说受人诟病，顾宪成批评程颐"饿死事极小，失节事极大"之语是"斩断人情"②。《礼记》中多处用"天理—人情"对提，来缓解"天理—人欲"的对立，例如：

>"贫而无怨难，富而无骄易"，此圣人体帖人情至到之言也。"富与贵得之不以道不处，贫与贱得之不以道不去"，此圣人体究天理至到之言也。③
>自孔子观之，禹之用心如此，其所为无限彷徨，正是天理之至；其所为无限凄恻，正是人情之至。④

朱熹《大学章句集注》中对"大学之道，在明明德"的解释是："大学者，大人之学也。明，明之也。明德者，人之所得乎天，而虚灵不昧，以具众理而应万事者也。但为气禀所拘，人欲所蔽，则有时而昏；然其本体之明，则有未尝息者。"顾宪成把朱熹"气禀所拘，人欲所蔽"改成"气禀所拘，物欲所蔽"，一字之改，体现了对"人欲"的不同解释，顾的解释富有人情味。⑤

中晚明学派林立，由学术而立门户，逞意气，形同水火。朱学、王学诠释经典各有侧重，但都是宋明理学的一部分，长期对立势必动摇儒学的正统地位。如何平息纷纷之论？顾宪成主张会通经典，不作过度诠释，更不能各堕边见：

>《大学》言诚意，《论语》言无意，《中庸》言慎思，《系辞》言无思，各是一个道理。会得时，又只是一个道理。⑥
>《书》之所谓惟精惟一，《易》之所谓敬直义方，《论语》之所谓博文约礼，《大学》之所谓格致诚正，《孟子》之所谓知言养气，都只一样。若但在字句上

---

① （明）顾宪成《小心斋札记》卷九，第 300 页。
② （明）顾宪成《小心斋札记》卷八，第 295 页。
③ （明）顾宪成《小心斋札记》卷一，第 262 页。
④ （明）顾宪成《小心斋札记》卷一五，第 329 页。
⑤ （明）顾宪成《小心斋札记》卷一〇，第 309 页。
⑥ （明）顾宪成《小心斋札记》卷三，第 270 页。

吹求,便是葛藤。①

顾宪成出入朱、王,对两大门派学说的瑕瑜了如指掌,他追求不拘不荡的务实境界,说顾宪成"由王返朱",值得推敲。

二、辩证思辨,修正宋明理学

《札记》本质上是一本哲学著作,全书以认识论开头,而以世界观为归结:

> 惟知性,然后可与言学;惟知学,然后可与言性。②
>
> "心不逾矩",孔子之小心也;"心不违仁",颜子之小心也。语本体,只是"性善"二字;语工夫,只是"小心"二字。③

顾宪成十五岁时题对联一副于壁:"读得孔书才是乐,纵居颜巷不为贫。"④他一生以孔、颜为范,"性善"本体、"小心"工夫则是其学说的圭臬,不仅是高深的学术造诣,也体现他修己安人的道德修养。

顾宪成哲学思想有多个独创性论断:

(一) 太极本原说

明代学术争论纷纷纭纭,"性即理"还是"心即理"?"理在气先"还是"理即气"?顾宪成觉得问题出在"性"这个根子上,看问题若偏于一面,不从根本上思索,就难以有统一见解:

> "性即理"也,言不得认气质之性为性也;"心即理"也,言不得认血肉之心为心也,皆吃紧为人语。⑤
>
> 诸子百家,非不各有所得,而皆陷于一偏,只缘认阴阳五行为家当。⑥

---

① (明)顾宪成《小心斋札记》卷四,第277页。
② (明)顾宪成《小心斋札记》卷一,第259页。
③ (明)顾宪成《小心斋札记》卷一八,第342页。
④ (明)顾宪成《小心斋札记》卷一八顾与淳、顾与沐题识,第342页。
⑤ (明)顾宪成《小心斋札记》卷二,第264页。
⑥ (明)顾宪成《小心斋札记》卷四,第274页。

顾宪成潜心研读《易经》以及周敦颐解《易》著作《太极图说》和《通书》，独创性地提出：

> 性，太极也。①
>
> 伊川先生言《西铭》，《原道》之宗祖，愚窃以为《太极图说》又《西铭》之宗祖也。盖《西铭》止推到生万物之父母，《太极图说》直推到生天生地之父母。学者须于此立脚，方有个究竟处。②

在理学里，太极原只是"理"的同义词，顾宪成发挥周敦颐《太极图说》，将太极提到"生天生地之本"，即宇宙本体的高度，太极超形气而存在：

> 太极超形气之上，曰乾元便不免落于气矣，曰坤元便不免落于形矣。是故以太极为主，方能从先天出后天；以乾元为主，恐未必不混后天作先天也，此处最宜慎辨。③

周敦颐"太极图"上，太极处于统领地位，"太极无对"：

> 太极无对，乾元便与坤元相对而成两，"元亨利贞"又相对而成四矣。然则太极敦化也，元亨利贞川流也，乾元在敦化为川流，在川流为敦化，乃先天之后天，后天之先天也。④
>
> 太极，生天生地之本；阴阳，生天生地之具；上帝者，全体太极，统摄阴阳，生天生地之主也。⑤

周氏"太极图"三个层次，最高层是太极，是根本，次一层是阴、阳，第三层是元、亨、利、贞。顾宪成认为儒学有"仁、圣二宗"，区别在于是以太极为根本还是以乾元为根本，据此，他批评朱熹以四德之仁取代乾元，埋没了生天地之本即宇宙观：

---

① （明）顾宪成《小心斋札记》卷四，第 274 页。
② （明）顾宪成《小心斋札记》卷一，第 259 页。
③⑤ （明）顾宪成《小心斋札记》卷一四，第 332 页。
④ （明）顾宪成《小心斋札记》卷一〇，第 310 页。

> 孔门委有仁、圣二宗也……圣,其从太极发根乎? 仁,其从乾元发根乎?①
>
> 孔子赞《易》,首揭乾元二字,正指生天生地之本而言也。朱子仅以四德之仁当之,似只训及后天之元,未训及先天之元,埋没了生天地之本矣。②

值得注意的是顾宪成以太极本原说回应"异教家"对"天地未生时"的关切:

> 异教家往往好言父母未生前,又好言天地未生前,却不如《中庸》只说个"喜怒哀乐之未发"更为亲切。于此体贴,有个消息,即所谓父母未生前、天地未生前者都在其中矣。③

顾宪成对佛教一般称"佛氏""释氏",此处的"异教家"当是指天主教。跨文明文化交流中,太极本原说更显其重要。

(二) 一分而二,二合而一

顾宪成读《易》有一段心得,反映出其哲学思想:

> 吾读《易》而得穷理之说焉,合之,自乾至未济同一体也;分之,自乾至未济各一用也,不相假借,不相侵越,不相挽和,不相抵牾,穷理者应作如是观。吾读《易》而得博约之说焉,乾刚坤柔也,坎实离虚也,艮静震动也,巽伏兑现也,一分而二,体则通贯,二合而一,功则挟持,博约者应作如是观。④

上半节是讲"体一分用",比程、朱的"理一分殊"表达更确切。下半节则是讲对立统一。顾宪成用对立统一观厘清理气、心知、道器、性命、体用、本末、理欲、义利、人心道心等一系列理学范畴,消除分歧。例如关于理气,朱熹认为"理在气先",顾宪成则认为"理不离气":

> 厥初一气也,孰主宰? 是理也。所谓性,盖自其主宰言之也。既曰"自其主宰言",便是就气上点出理来,性不离于气。或问:"理与气一乎?"曰:"形而上者谓之道,形而下者谓之器。"曰:"然则理与气二乎?"曰:"一阴一阳

---

① ② (明)顾宪成《小心斋札记》卷一〇,第310页。
③ (明)顾宪成《小心斋札记》卷四,第278页。
④ (明)顾宪成《小心斋札记》卷一三,第321页。

之谓道。"①

同一事物有形上、形下两面,颇接近现代的精神、物质两分。用来分析"理气",则是理不离气,气不离理,理气问题迎刃而解。又如"心知"问题：

> 心与知,一而二、二而一者也。心统性情,具众理,性也,心之体也,知则在体中为用,故以妙众理言之；应万事,情也,心之用也,知则在用中为体,故以宰万物言之。②

顾宪成还有"一分为三"的表述：

> 形而上者谓之道,形而下者谓之器,形而上下之间者谓之心。朱子曰："此心比性微有迹,比气则又灵。"③

如果理学"心""理""气"三个派系都能接受这一观点,则理学纷纭之争可以顿解。

有了对立统一这个工具,理学许多存在争议的范畴就可以统一,知行合一、体用合一、天人合一等等。所以说,顾宪成调和朱、王不是一般的调和,而是辩证法基础上的升华。

(三) 悟、修、证的认识论

> "默而识之",言悟也；"学而不厌",言修也；"诲人不倦",言证也。④

顾宪成用孔子的三句话来表述自己的认识论。知行观方面,他既不同于朱学的"行先知后",也不同于王学后期的"以知代行"。他不否认先天良知,但对王畿借口"良知自然",于学可以"不假纤毫力"⑤的说法则不以为然,呼应罗洪先对不思不勉、不学不虑的批判：

---

① (明)顾宪成《小心斋札记》卷九,第302页。
② (明)顾宪成《小心斋札记》卷一三,第323页。
③ (明)顾宪成《小心斋札记》卷一四,第332页。
④ (明)顾宪成《小心斋札记》卷五,第283页。
⑤ (清)张廷玉《明史》卷二八三《儒林二·罗洪先》,北京:中华书局,1974年,第7279页。

圣人不思而得矣，未尝以不思而得概天下也；不勉而中矣，未尝以不勉而中概天下也。是故曰"择善、固执"，曰"博学、审问、慎思、明辨、笃行"，曰"人一己百，人十己千"。且圣人非特不以不思而得概天下也，亦未尝以不思而得自处；非特不以不勉而中概天下也，亦未尝以不勉而中自处。是故曰"发愤忘食"，曰"好古敏求"，曰"不如丘之好学"。而今开口便说个不思不勉，何言之易也！①

顾宪成不认可有"生知安行"的先天圣人：

自古大圣大贤，亦个个是学知利行，个个是困知勉行，须如此看方尽。②
试看孔子岂不是古今第一等大圣，还用了七十年磨练工夫，才敢道个"从心"；孟子岂不是古今第一等大贤，还用了四十年磨练功夫，才敢道个"不动心"。③

有人抬出孟子的"良知""良能"来辩驳，顾宪成认为，后天的学习与思虑同样可以获得"良知""良能"：

孟子以不学而能为良能，吾以为不能而学亦良能也。何也？微良能，彼其有不能也，安于不能已耳，孰牖之而使学也？孟子以不虑而知为良知，吾以为不知而虑亦良知也。何也？微良知，彼其有不知也，安于不知已耳，孰启之而使虑也？又曰，孟子以不学而能为良能，吾以为学而能亦良能也。何也？能之入处异，而能之究竟处同，非学、不学之所得而岐也。孟子以不虑而知为良知，吾以为虑而知亦良知也。何也？知之入处异，而知之究竟处同，非虑、不虑之所得而岐也。④

"悟、修、证"需经过实践，顾宪成认为：

意见对实悟而言，议论对实践而言，学者不务实悟而务意见，便是落意见，亦便是邪，非必乖剌颇僻而后谓之邪也。不务实践而务议论，便是落议

---

① （明）顾宪成《小心斋札记》卷二，第264页。
② （明）顾宪成《小心斋札记》卷一三，第322页。
③ （明）顾宪成《小心斋札记》卷一，第261页。
④ （明）顾宪成《小心斋札记》卷六，第285页。

论,亦便是闲,非必支离浮漫而后谓之闲也。①

(四) 善本体

理学有"理本""气本""心本"诸说,顾宪成以"性善"辩管志道的"无善无恶",萌发了以"性善"为宗旨的构想:

"或问迩来谈学家,往往揭一宗旨,子独无之,何也?子亟称'性善',莫便是宗旨否?"曰:"吾于此亦颇参之有年矣,参来参去,委不如'性善'二字好。这里参得一分透,即有一分得力;参得二分透,即有二分得力;参得完完全全,便是圣人。"②

与孟子"道性善"略有不同,顾宪成赋予"善"以本体地位:

语本体,只是"性善"二字。③
提出性字,正示善有大原,不可以局见窥也。④
"性善"原道自孟子,更请以孟子证。"夫道一而已矣",是点出性善头脑;仁、义、礼、智四端,是铺出性善眉目。四者变,一者不变。⑤

顾宪成的性善是统体之善,具体内容也在孟子道德四端基础上加进了《易经》"生生"的内容:

自昔圣贤论性,曰"帝衷",曰"民彝",曰"物则",曰"诚",曰"中和",总总只是一个善。⑥
孔子赞《易》,特揭乾元、坤元,而曰"元者,善之长也",又曰"天地之大德曰生"。⑦

---

① (明)顾宪成《小心斋札记》卷六,第285页。
② (明)顾宪成《小心斋札记》卷七,第289页。
③ (明)顾宪成《小心斋札记》卷一八,第342页。
④ (明)顾宪成《小心斋札记》卷二,第268页。
⑤ (明)顾宪成《小心斋札记》卷一六,第334页。
⑥ (明)顾宪成《小心斋札记》卷三,第269页。
⑦ (明)顾宪成《小心斋札记》卷一三,第321页。

顾宪成借用孟子的话指出施政不是让老百姓臣服,而是要赋予百姓生机:

> 以善养人是一团生机,以善服人是一团杀机。生人者人亦生之,杀人者人亦杀之,天之道也。①

《东林会约》提出"以性善为宗",并表示:"善者,性之实也。善存而性存矣,善亡而性亡矣。"②顾宪成的挚友,有来自王学,有来自朱学,最后都聚集在"性善"大旗之下。顾宪成的性善论已经突破纯粹道德之善,走向价值观之善,他提出"善"的理念要比康德早了百余年。

三、变易史观,主张史学经世

《东林会约》"饬四要,破二惑,崇九益,屏九损",将评论是非列为九损之一,③各种"商语"也表明东林讲学确以四书五经为主。后来被指为"庙堂亦有畏忌"的,④是顾宪成史论中的"微言大义"。他万历八年中进士,即与同榜的刘国征、魏懋权一起褒贬时事,引起张居正不满,指"居然华衮斧钺一世"。⑤ 万历十三年(1585)获假,居家读书,攻读《春秋》,形成其对社会历史问题的根本看法。《札记》有几处阐述了他的历史观:

一要吸取治乱兴亡的经验与教训,围绕"礼""损""益"三字,做到"前知":

> 试观自周而后,为秦为汉为晋为南北朝为隋为唐为五代为宋,按其大规模,谁能外"礼"别有建立?考其细节目,谁能外"礼"别有商量?至其所谓礼,又谁能外唐虞三代别开一局也?可见前知之道总收在这三个字内,这三个字又只收在这一个字内。⑥

顾宪成认为:"礼"要因时而变,统摄经权,知权常变;"损"可以裁定治乱兴亡

---

① (明)顾宪成《小心斋札记》卷一五,第330页。
②③ (清)高廞等修《(雍正)东林书院志》卷二《顾泾阳先生东林会约》,《无锡文库》第二辑,南京:凤凰出版社,2011年,第347页,第347、351页。
④ (清)黄宗羲《明儒学案》卷五八《东林学案一·端文顾泾阳先生宪成》,北京:中华书局,2008年,第1377页。
⑤ (明)高攀龙《高子遗书》卷一一《南京光禄寺少卿泾阳顾先生行状》,明崇祯五年刻本。
⑥ (明)顾宪成《小心斋札记》卷一五,第329页。

得失,避免革命;"益"可以在现有基础上改良,而不是推倒重来。

二是"公天下"。顾宪成盛赞泰伯三让天下:

> 以父子让,以兄弟让……就天下看来,犹未离乎私也。以天下让,是将文王做天下公共的文王。①

> 天下公器,幽有百神管着,明有百姓管着,非惟天子欲与人而不敢,抑且欲与人而不能,一切奸雄亦可消却多少痴梦,其有功于世教大矣。②

三是《春秋》的要旨。顾宪成不太同意"《春秋》成而乱臣贼子惧"的定论:

> 如执一"弑"字,《春秋》只治得三十二人而已,余皆宴然无恙。如执"臣子"二字,《春秋》只治得诸侯、大夫、陪臣而已。③

> 唐荆川先生所著《春秋论》甚佳,其说本孔子"礼乐征伐"一章来,却似只道得一半,何也?所谓自诸侯出、自大夫出、自陪臣出,凡以责其下也。探本寻源,毕竟又自上之无道始,故曰:"天下有道,则政不在大夫。天下有道,则庶人不议。"……余欲窃取孔子之言以补之曰:"君君、臣臣、父父、子子,王道也。"如此看方成一部《春秋》。④

> 《春秋》端本澄源之书也,所以告天下万世之为人君父者也。董子曰"为人君父而不通于《春秋》之义,必蒙首恶之名;为人臣子而不通于《春秋》之义,必陷篡杀之罪",得之已矣。⑤

上述论述隐含嫡长争位导致八王之乱的"殷鉴",隐含"天子不能以天下与人"的主张,隐含既要防止"臣不臣",也要防止"君不君"的见解。所谓讲学以干政,如此而已。晚明社会危机四伏,国势垂危,东林"亟亟于救世"⑥,呼吁改良,引起广大士子和士大夫的共鸣,这是东林影响深远的真正原因。

顾宪成治学博采众长,兼收并蓄,求同存异。学问出入诸学,于佛学、王学、朱学都深入研讨。论辩有论德,与管志道辩"无善无恶",往复辩难四十次,但双方互称君子。《札记》对宋元明三十余位理学家的著作或观点给予述评,点评公

---

① (明)顾宪成《小心斋札记》卷五,第281页。
② (明)顾宪成《小心斋札记》卷九,第302页。
③ (明)顾宪成《小心斋札记》卷一五,第330页。
④ (明)顾宪成《小心斋札记》卷四,第277页。
⑤ (明)顾宪成《小心斋札记》卷一〇,第306页。
⑥ (明)顾宪成《泾皋藏稿》卷八《赠凤云杨君令峡江序》,第109页。

允客观，对李贽、何心隐等狂禅人物，优点也予以肯定。沧海不捐细流，无门户先入之见，兼采朱、王，包容百家，反使其著述更具学术价值。《札记》于明万历年间就有刻印，冯从吾收到《札记》，感到虽与顾宪成分别已三十年，但见解却不约而同，遂有首善书院之举。"天下东林讲学书院"还有关中、江右、徽州等书院。钱穆说："清初学风，尽出东林。"①黄宗羲、王夫之、傅山、颜元诸人学说都有与顾宪成相通之处，要说思想启蒙，前有王守仁，后有顾宪成，然后才是清初诸贤。

顾宪成确为大儒、真儒、通儒，但入清以后对其评价不高，从祀一事一再搁置，原因在于清代的文化政策。为减少东林在士子和士大夫中的影响，乾隆亲自为《四库全书》中的《泾皋藏稿》撰写提要，假惺惺"肯定"顾宪成立朝大节的同时，转弯抹角指责明朝"宗社沦胥"推原祸本宪成，东林讲学"不得比于宋之道学"，东林"依草附木者"多。② 皇帝定调，臣子心领神会，东林诸贤著作的四库提要多仿照乾隆，《札记》也是如此。清初编《明史》时，"明之亡，亡于万历"③已是共识，乾隆妙笔生花，将矛头转向了顾宪成，现在随风起舞的亦不少。

顾宪成思想研究未能很好展开，另一原因是资料尚未普及。《札记》496条语录，孙奇逢《理学宗传·顾端文公》从中摘录了50条，黄宗羲《明儒学案·东林学案》摘编了48条。早前，学者主要是通过这两个资料研究顾宪成相关课题。台北广文书局版面世后，《札记》被各种思想史、哲学史、儒学史、通史所引用，朱子学、阳明学、宋明理学、宗教学等研究论文也纷纷引述其观点。但大陆一般学者较难看到台版书，不少年轻学者又不熟悉繁体字、异体字、通假字，阅读点断存有一定困难。顾宪成研究应该并且可以成为显学，前提条件是相关典籍的整理。

近年，党中央高度重视弘扬中华优秀传统文化，以文化复兴推动民族振兴。晚明是我国经济社会由前近代向近代转型的重要节点，东林讲学又是儒学转型的重要节点，希望通过研究顾宪成《札记》，能有助于儒学的复兴。

---

① 钱穆《中国近三百年学术史》上册，上海：商务印书馆，1937年，第20页。
② （清）永瑢等《四库全书总目》卷一七二"集部别集类二五"《泾皋藏稿》提要，北京：中华书局，1965年，第1513页上。
③ （清）张廷玉等《明史》卷二一《神宗本纪二》赞语，北京：中华书局，1974年，第2册，第295页。

以"性学"为宗旨:高攀龙的思想定位

黄晓荣*

摘　要:明代中后期,王学末流和朱子学末流之弊皆暴露无遗,尤其王学之泰州学派的无善无恶引发了严重思想危机。为了救正百年学术之弊,重振孔、孟、周、程之脉,晚明大儒高攀龙四十年体验于身心,考究于经史,认得学问要约处止一"性"字,提出一系列关于"性学"命题,从本体与工夫两方面指点"性学",最终不仅以"性"会通《论语》《大学》《中庸》《孟子》《易经》,而且以"性"贯通先秦儒学和宋明儒学,从而创建了一套完整的"性学"思想体系。并基于"性学",在儒学史上第一次针对整个儒家学脉流派提出了全面又透彻的"五脉说"。他的"五脉说"反过来又证明了其"性学"是一套成熟的思想体系。

关键词:高攀龙;性;性学;东林学派;五脉说

近百年来,对于高攀龙(1562—1626)的思想定位,众说纷纭,各有依据。学者大多先预设了程朱理学和陆王心学的宋明儒学二分法,然后将他思想定位为:(一)阳明后学或新心学;(二)信奉朱子或新朱子学;(三)调和程、朱、陆、王或折衷朱、王。也有部分学者绕开了这种预设思维框架,回到高攀龙思想本身来考察,将他的思想定位为"性学",但对其思想阐述相对笼统,还未来得及全面展开。本文尝试借鉴日本学者冈田武彦的内在性研究方法,"让思想家用自己的语言说明自己的思想,我在其间只起辅助作用,或者说,我只是履行了'助产妇'的职责"[①]。从而理清高攀龙思想脉络,探究其思想宗旨。

据《明史·儒林传序》记载:"原夫明初诸儒,皆朱子门人之支流余裔,师承有自,矩矱秩然。曹端、胡居仁笃践履,谨绳墨,守儒先之正传,无敢改错。学术之分,则自陈献章、王守仁始。宗献章者曰江门之学,孤行独诣,其传不远。宗守仁

---

* 作者简介:黄晓荣,女,上海师范大学哲学博士,复旦大学中国史博士后,上饶师范学院政治与法律学院讲师。
① [日]冈田武彦《中文版序》,冈田武彦撰,吴光、钱明、屠承先译《王阳明与明末儒学》,重庆:重庆出版社,2016年,第4页。

者曰姚江之学,别立宗旨,显与朱子背驰,门徒遍天下,流传逾百年,其教大行,其弊滋甚。嘉、隆而后,笃信程、朱,不迁异说者,无复几人矣。"①但在高攀龙视域中,明孝宗和明武宗之前,学术皆出于朱熹,明世宗以来,儒学分为朱子学与王学:"国朝自弘、正以前,天下之学出于一。自嘉靖以来,天下之学出于二。出于一,宗朱子也。出于二,王文成公之学行也。朱子之说《大学》,多本于二程;文成学所得力,盖深契于子静,所由以二矣。"②但王学末流和朱子学末流皆未得王学和朱子学之真精神,反而滋生出各种思想流弊:"夫学者,谁不学孔子?自阳明先生提挈良知以来,扫荡廓清之功大矣,然后之袭其学者,既非先生百年一出之人豪,又非先生万死一生之学力,往往掠其便以济其私,人人自谓得孔子真面目,而不知愈失其真精神。"③又说:"今之所谓周、程、张、朱者,不过纸上解析文义之周、程、张、朱,而非其真精神也。况乎初未尝虚心潜玩其说,而遽以略绰影响之见改之者多矣。"④他决心挽救明末思想危机,重振儒家道德精神:"弟之愚陋,无所比数,然不自量,窃谓百年来学术之弊极矣,孔、孟、周、程之脉几绝矣,私心愿得海内豪杰,矢志穷经,反躬实践,一洗拖泥带水之陋,显出纯清绝点之质。"⑤他主张"循循焉以周、程、张、朱为《四书》之阶梯,以《四书》为《五经》之阶梯,自得之而道可几矣"⑥。他前期侧重探究周、程、张、朱,后期侧重《四书》《五经》的研究,撰写包括《论语》《中庸》《孟子》在内的《讲义》(1608—1620)。据年谱记载:1592年录《二程夫子语录》即《二程节录》;⑦1602年辑《朱子节要》成;1603年注张子

---

① (清)张廷玉等《明史》卷二八二,北京:中华书局,1974年,第7222页。
② (明)高攀龙《高子遗书》卷九《王文成公年谱序》,《无锡文库》第四辑,南京:凤凰出版社,2011年,第227页。
③ (明)高攀龙《高子遗书》卷九《虞山书院商语序》,第231页。
④ (明)高攀龙《上佟鹤赵老师四》,《高子遗书未刻稿》,《无锡文库》第四辑,南京:凤凰出版社,2011年,第440页。
⑤ (明)高攀龙《柬贾大石》,《高子遗书未刻稿》,第458页。笔者认为,此处"孔、孟、周、程之脉"中的"程"应该只是指程颢。孔子是圣人,孟子是亚圣,这是儒家的共识。在高攀龙看来,周敦颐和程颢也都是圣人。他说:"先生(指濂溪)三代以后之圣人乎!"见《高子遗书》卷三《圣贤论赞·濂溪先生》,第62页。他又说:"明道先生,三代后圣人也。"见《东林书院志》整理委员会整理《东林书院志》卷五《高景逸先生东林论学语上》,北京:中华书局,2004年,第115页。有时他也称明道为亚圣:"明道先生,真亚圣也。"见《东林书院志》卷六《高景逸先生东林论学语下》,第155页。高攀龙从"学术"角度只提"孔、孟、周、程之脉",未将朱熹列入其中,这一点值得深思。
⑥ (明)高攀龙《高子遗书》卷七《崇正学辟异说疏》,第124页。
⑦ (明)高世宁、高廷泰《高忠宪公年谱》卷上"万历二十年十一月",《高忠宪公年谱两种》,《无锡文库》第四辑,南京:凤凰出版社,2012年,第545页。

《正蒙》完；①1611年订《古本〈大学〉》；②1623年完成《周易孔义》。③ 另外,还有年谱上未标明完成时间的《四子要书》《东林讲义札记就正录》《春秋集注》《毛诗集注》等,以及计划以三代后诏诰编为《书余》,以《太极图》《通书》《经世启蒙》编为《易余》,择骚赋铭赞编为《诗余》,稍斟酌《纲鉴》编为《春秋余》,以历代典制合古宜今者编为《礼余》。可见,高攀龙充分吸取先秦和宋明儒学经典中思想养分,在竭力救正朱、王末流之弊的过程中,重建儒家道德精神。

一、本体论

早在《二程节录》中,高攀龙就辑录有二程有关学问自得路径和学问要约处的论述:"学者要自得。六经浩渺,乍来难尽晓,且见得路径后,各自立得一个门庭,归来求之可矣。"④"学者先须读《论》《孟》,穷得《论》《孟》,自有个要约处,以此观他经甚省力。《论》《孟》如丈尺,权衡相似,以此去量度事物,自然见得长短轻重。"⑤经过漫长探索,他终于在东林书院讲学期间找到了为学路径:"攀龙自幼慕学,垂老无成,近年稍识路径,一意入静。每月有东林之会,惟长夏有百日之间[闲],若复一出,便不成章。"⑥此路径就是"性":"吾性天然完全具足,无少缺欠,无少污染,识得后,于时保之而已。弟虽辨得路径,稍知向往。弟苦少年缺蒙养之功,壮年缺静定之力,至今学未成章。年来幸时局侧目东林,弟得借以入山屏迹。天假数年,未知得不负明教否耳?"⑦"性"是学问之路径,也是学问要约处:"弟年来认得学问要约处,止一'性'字耳。"⑧高攀龙正是通过"性"来消化浩渺庞大的儒学思想遗产,从而建构其思想体系。

(一)"自古来,圣人形容性体者,无过孔子'中庸'二字,形容得最好"

1612年,高攀龙实信"中庸"之旨。他认为圣人之道唯孔子"中庸"表达最

---

① (明)华允诚《高忠宪公年谱》"万历三十年""万历三十一年",《高忠宪公年谱两种》,《无锡文库》第四辑,南京:凤凰出版社,2012年,第580页。
② (明)华允诚《高忠宪公年谱》"万历三十九年",第581页。
③ (明)华允诚《高忠宪公年谱》"天启三年",第584页。
④⑤ (明)高攀龙《二程节录》卷二下,清乾隆七年华希闵刻《高子全书》本。
⑥ (明)高攀龙《柬陈巍石道尊》,《高子遗书未刻稿》,第466页。
⑦ (明)高攀龙《柬冯少墟年兄二》,《高子遗书未刻稿》,第437页。
⑧ (明)高攀龙《高子遗书》卷八上《答吴怀野二》,第179页。

好:"此道绝非名言可形。程子名之曰'天理'①,阳明名之曰'良知',总不若'中庸'二字为尽。中者,停停当当;庸者,平平常常。有一毫走作便不停当,有一毫造作便非平常。本体如是,工夫如是。天理,圣人不能究竟,况于吾人,岂有涯际? 勤物敦伦,谨言敏行,兢兢业业,毙而后已。"②但学者要识中庸,须是在自家身上当下认取。中是指吾之身心,庸是指吾之日用。"身心何以为中? 只洁洁净净,廓然大公便是。身心不是中,能廓然无物,即身心是中也。日用何以谓之庸? 只平平常常,物来顺应便是。日用不是庸,能顺事无情,即日用是庸也。……此是人生来天然本色,古如是,今如是,圣如是,凡如是,停停当当,个个如此。"③

1617年,他强调中庸是人之性,是天命之性:"孔门宗传,'中庸'二字而已。子思子恐后世之失其传,故作《中庸》。《中庸》以传道也,此章首释'中庸'二字之义,全篇皆推明此义也。中庸者,何也? 人之性也。性者,何也? 天之命也。在大化上说,谓之天;在人身上说,谓之性。性即天也,若天命之者然。"④1619年后,他对中庸有了更高深的领悟,他认为中庸即是性体:"性体原形容不得,若着言语,便隔了一层。自古来,圣人形容性体者,无过孔子'中庸'二字,形容得最好。"⑤至此,他将自己"性体"接上了孔子的"中庸"思想脉络。另外,他还指出中庸是儒与释老区别所在:"圣人之所谓庸,皆性命也。常人不著不察之伦物,庸而非中矣,故庸而非圣人之庸。圣人之所谓中,皆日用也。二氏不伦不物之明察,中而非庸矣,故中而非圣人之中。"⑥释老能中而不庸,常人能庸而不中。中而不庸,非真中;庸而不中,非真庸。圣人之道,中庸而已。

(二)"中者,性体也"

高攀龙著有《中说》:"儒者须守十六字宗传,以中为本。……精者,精明不昏昧也。一者,纯一不散乱也。惟此心精明纯一,则允复于喜怒哀乐未发之中,而人心皆道心矣。"⑦他将《中庸》的"喜怒哀乐之未发谓之中"和《尚书·虞书·大禹谟》十六字宗传中的"允执厥中"相会通:"唐虞言中,至子思始明之,曰'喜怒哀乐之未发谓之中'。万古于此明中,于此明性,于此明道。"⑧圣人就是时时未发,

---

① 原文作"天地",笔者认为是刻录有误,应为"天理"。后句"天理"亦如此。
② (明)高攀龙《高子遗书》卷三《困学记》,第42页。
③ (明)高攀龙《高子遗书》卷四《中庸之为德章》,第69页。
④ (明)高攀龙《高子遗书》卷四《天命之谓性章》,第81页。
⑤ 《东林书院志》卷六《高景逸先生东林论学语下》,第152页。
⑥⑧ (明)高攀龙《高子遗书》卷一《语一百八十二则》,第25页。
⑦ (明)高攀龙《高子遗书》卷三《中说》,第48页。

允执其中。① 1620 年,他又指出:"圣人之学,中而已矣。……吾辈将何以求中? 非直穷其源不可。《中庸》说'喜怒哀乐未发谓之中',此真穷源矣,然犹未也。此中从何而来?维皇上帝降衷于下民,民受天地之中以生。一降衷,一受中,此中之所从来也。然何以谓之中?要知天地间一太和之气而已。《易》曰'天地氤氲',此所谓太和也。人之生也,得此以为生。既生也,得此以为心。浑然在中,通彻三极,情识未动,纯是此体,故喜怒哀乐未发谓之中,发而中节,不失此体,故谓之和。一切学问,不过保合此而已。"②他著有《春秋孔义》,也熟悉《左传·成公十三年》中"民受天地之中以生"的观念③,他将此观念与《尚书·商书·汤诰》的"惟皇上帝,降衷于下民"相贯通,解释"喜怒哀乐未发谓之中"之由来。

1619 年后,他明确提出,喜怒哀乐之未发时,洁洁净净,便是人生而静,即是人之性。④他直接沿用朱子《四书章句集注》中《中庸章句》中的原话:"喜怒哀乐,情也;其未发,则性也。性何尝有喜怒哀乐?当喜而喜,原无喜;当怒而怒,原无怒。哀乐亦然。"⑤反过来说,性在未发时见:"性不可见,天理是也,在未发时见。"⑥他还将"未发"与"性地"并称:"弟归,见敝邑东林诸兄蒸蒸上进,以弟衰耄,如着紧鞭。吾辈老矣,幸见未发性地。然欲从戒惧造于笃恭,必有须臾不离道之工夫,以复须臾不可离之道体,虽欲罢而不能也。"⑦他最终吸取了 1615 年撰写的《未发说》中已否定了的"王文成复以性体万古常发、万古常不发"的观点,提出"中者,性体也","所为万古常发、万古常不发者,是言性体如此也。《中庸》言未发,不言不发。所谓未发,指喜怒哀乐而言。若性体,说得不发,说不得未发。中者,性体也。万古常发、万古常不发者,中也。喜怒哀乐未发之时,正是万古常发、常不发之中也。如此看来,两说皆通。"⑧

(三)"无为其所不为,是孟子道性善处"

1606 年,高攀龙实信孟子"性善"之旨。1610 年,他指出:"吾性原自充满具足,无少欠缺;吾性原自洁净精微,无点尘污。"⑨后来,他对性有更完整的表述:"吾性

---

① 《东林书院志》卷五《高景逸先生东林论学语上》,第 96 页。
② (明)高攀龙《高子遗书》卷四《子贡问师与商也孰贤章》,第 76 页。
③ 高攀龙说:"《左传》文章甚好,见识甚陋。……故看《春秋》者,要以经正传,不可以传疑经。"见《东林书院志》卷六《高景逸先生东林论学语下》,第 132 页。
④⑤ 《东林书院志》卷六《高景逸先生东林论学语下》,第 132 页,第 125 页。
⑥ 《东林书院志》卷五《高景逸先生东林论学语上》,第 110 页。
⑦ 《高子遗书》卷八上《答吴怀野二》,第 180 页。
⑧ 《东林书院志》卷六《高景逸先生东林论学语下》,第 156 页。
⑨ 《高子遗书》卷四《孟子道性善章》,第 83 页。

本来清净无物，不可自生缠扰；吾性本来完全具足，不可自疑亏欠；吾性本来荡平正直，不可自作迂曲；吾性本来广大无垠，不可自为局促；吾性本来光明照朗，不可自为迷昧；吾性本来易简直截，不可自增造作。"①1618年，他对性善又有新领悟："吾辈试自反观，此中空空洞洞，不见一物，即性体也。告子便认作无善无不善，不知此乃仁义礼智也。何者？当无感时，故见其无；及感物而动，便有恻隐等四者出来，何善如之！随顺他天然本色应付去，何善如之！"②人性本无一物，因感而发，有恻隐、善恶、辞让、是非，方知有仁义礼智，此即性善本色。只依自家本性，便是善。

正因性中空洞无物，1619年后，他把孟子"无为其所不为"与孟子"性善"说相贯通，提出："无为其所不为是孟子道性善处。性中原无他物，因性中本无，故不为不欲。"③1624年，他用现实生活中的曹真予象性善："吾见曹真予先生于长安中，终日钦钦，目明耳聪，手恭足重，叩其中，空空而无适也，可以证性矣。夫性，空言之则无朕也，实证之则有象也。先生非其象乎？故先生居乡乎乡，立朝乎朝。告君者，足以定群器，明国是；告友者，足以明学术，阐道奥；见于咏歌者，足以畅天机，流性蕴。所谓循是而动不违其则之道也，此之谓性，此之谓善。"④性善是人之本色，无纤毫欠缺，无纤毫污染，循是而动，不违其则，此即是"无为其所不为"。1626年，高攀龙投湖前说"心如太虚，本无生死"，⑤此"太虚"即性体，也即善体，⑥"本无生死"即"性中本无"。他自尽就是"循是而动、不违其则"，"当死便死"，⑦这便是"无为其所不为"的最好诠释。

（四）"即心即性"

高攀龙早年批评阳明致良知不本于格物，是心非性，"阳明于朱子格物，若未尝涉其藩焉。其致良知，乃明明德也，然而不本于格物，遂认明德为无善无恶。故明德一也，由格物而入者，其学实，其明也即心即性；不由格物而入者，其学虚，其明也是心非性。心性岂有二哉？则所从入者有毫厘之辨也"⑧。这其实是对王阳明的误解，阳明致良知是明明德，格物也蕴含其中。阳明本人的致良知，即心即性，但王学末流将情识当良知，是心非性，两者不可混淆。高攀龙晚年承认

---

① 《高子遗书》卷一《语一百八十二则》，第23页。
② 《高子遗书》卷四《乃若其情三节》，第87页。
③ 《高子遗书》卷五《会语一百则》，第94页。
④ 《高子遗书》卷九《曹真予先生〈仰节堂集〉序》，第247页。
⑤ 《高子遗书》卷八下《临终与华凤超》，第221页。
⑥ ［日］冈田武彦《王阳明与明末儒学》第九章《东林学和刘蕺山》，第372页。
⑦ 《东林书院志》卷五《高景逸先生东林论学语上》，第94页。
⑧ 《高子遗书》卷八下《答方本庵》，第190—191页。

"龙溪误良知",①也理解了阳明的格物,并为之辩护:"或疑文成格物为玄虚之物,不知各得其正。正者,物则也,物则非天理而何?落于闻见,堕于玄虚者,其流弊也。"②只是阳明立教不慎,而后学者正如高攀龙说的"既非先生百年一出之人豪,又非先生万死一生之学力,往往掠其便以济其私",致使王学末流产生"是心非性"之流弊,"今必曰'无善无恶',又须下转语曰'无善无恶乃所以为至善也'。明者自可会通,然而以之明心性者十之一,以之灭行检者十之九矣"③。高攀龙此番辩难的确是一针见血之论。④

高攀龙也批评佛氏"是心非性"。1622年,他作《心性说》曰:"心与性谓之一,则不可混;谓之二,则不可分。佛氏所谓性皆心也,言慈悲即仁,言般若即知,绝不言礼义,故所谓仁知者,非吾圣人之仁知也。圣学从穷理入,故即心即性;佛氏不穷理,故是心非性。"⑤佛氏所谓心性与儒家心性有区别,但若以儒家心性作为标准,佛氏确实"是心非性"。就算是儒家,若不从穷理入,也会导致心性为二:"攀龙曰:'所谓层级,就人见处言,身到此处,见到此处,进一层又一层,见到天然停停当当处,方是天则,此即穷理之谓也。'或曰:'虚到极处便见至善,岂虚是虚?善是善?'攀龙曰:'只看人入处何如。从穷理入者,即虚是理,虚灵知觉,便是仁义礼智;不从穷理入者,即气是虚,仁义礼智,只是虚灵知觉。缘心性非一非二,只在毫芒眇忽间故也。'"⑥穷理就是格物,⑦只有从格物穷理入手,穷至其极,见天理见至善之真面目,才算是即心即性。

(五)"理即性也"

高攀龙在早年所编的《二程节录》中就辑有程颐"性即是理"的言论:"孟子言人性善,是也,虽荀、杨亦不知性。孟子所以独出诸儒者,以能明性也。性无不善,而有不善者,才也。性即是理,理则自尧舜至于途人,一也。"⑧他编辑的另一本《朱子节要》中,则记录了朱熹对程颐此观念推崇备至:"性即理也,直自孔子

---

① 《高子遗书》卷五《会语一百则》,第104页。
② 《高子遗书》卷二《札记四十六则》,第31页。
③ 《高子遗书》卷八上《观白鹭洲问答致泾阳》,第158页。
④ 傅武光等著《高攀龙·刘宗周·黄道周·朱之瑜·黄宗羲·方以智》,台北:台湾商务印书馆,1999年,第49页。
⑤ (明)叶茂才《资德大夫正治上卿都察院左都御史赠太子少保兵部尚书景逸高先生行状》,(明)高攀龙《高子遗书》附录,第427页。
⑥ 《高子遗书》卷八上《复钱渐庵二》,第173—174页。
⑦ 《高子遗书》卷一《语一百八十二则》,第18页。
⑧ (明)高攀龙《二程节录》卷一,第19页。

后,惟伊川说尽这一句。"①另外,他参与编辑的《顾端文公〈还经录〉》也记载了顾宪成对程颐这一观念的高度赞扬:"程子曰'性即理也',此语断得十分直截分明,亘古亘今,颠扑不破。"②高攀龙深受程颐、朱熹和顾宪成"性即理"的观念影响,他一直信守程颐的"性即理也"。1619年后,他还在说:"性即理也,理即善也。"③

与此同时,高攀龙也深受《二程节录》中程颢"仁者浑然与物同体"的影响。程颢说:"学者须先识仁。仁者浑然与物同体,义礼智信皆仁也,识得此理,以诚敬存之而已。……此道与物无对,大不足以名之,天地之用,皆我之用。孟子言'万物皆备于我',须'反身而诚',乃为大乐。"④但高攀龙深知达到此境界的难度,"龙谓'万物一体',谁不知之? 然只是说话。'仁者浑然与物同体',不是小可事,恐当大费功夫。"⑤1604年后,他在东林书院讲学的54篇《四书》讲义中,就有8篇专讲仁,另外22篇内容都涉及"仁"。历时九年(1609—1617),为他领悟程颢"仁者浑然与物同体"打下了坚实基础。1619年后,他再次提及程颢这段话,⑥说明他晚年已消化并吸收了程颢"万物一体"观念,再加上他晚年找到学问要约处只一"性"字,他最终将"性即理也"彻底翻过来成"理即性也":"人不识这个'理'字,只因不识性。这个'理'字,吾之性也。人除了这个躯壳,内外只是这个'理'。程子云:'性即理也。'如今翻过来看,'理即性也'。夫人开眼天地间,化化生生,充塞无间,斯理也,即吾性也。人只为有了这个躯壳,便隔碍了。且将吾身四体观之,譬之耳目手足,随处有伤,便浑身俱痛,何也? 以一体故也。程子以医者言,手足痿痹为不仁,此最善名状。吾人与人痛痒不相关,都是不仁。既知万物一体,人之疾痛苛痒焉,有不相关者乎? 只为有了私意,便与人隔绝。如赤子无知将入井,人皆有怵惕恻隐之心,以此时无私故也。此处识仁,方有入处。"⑦可见高攀龙吸取了程颢"仁者以天地万物为一体"⑧的思想,再加上高攀龙自己的"天下原是一身"观念⑨,他最终跳出"性即理也"的窠臼,完成了从"理学"到

---

① (明)高攀龙《朱子节要》卷一四,民国十九年版,第1页。
② (明)顾宪成《还经录》,《顾端文公遗书》,清光绪三年泾里宗祠刻本,第10页。
③ 《东林书院志》卷六《高景逸先生东林论学语下》,第156页。
④ (明)高攀龙《二程节录》卷二上,第4页。
⑤ 《高子遗书》卷八上《答顾泾阳先生论格物》,第153—154页。
⑥ 《东林书院志》卷五《高景逸先生东林论学语上》,第97页。
⑦ 《东林书院志》卷六《高景逸先生东林论学语下》,第121页。
⑧ (宋)程颢、程颐《二程遗书》卷二上,上海:上海古籍出版社,2011年,第65页。
⑨ 《高子遗书》卷八下《答刘心统二》,第207页。周炽成说:"高攀龙天下一身,不仅指天下之人,而且还指天下之物(包括自然物)。"参见周炽成《从高攀龙的身论看儒家的重身传统》,《孔子研究》,2006年第2期,第43页。

"性学"的大转变。刘宗周曾说:"其(即程颐)云:'性即理也。'自是身亲经历语。"①由此看来,高攀龙将它翻过来成"理即性也",也是高攀龙身亲经历语。正是在这个意义上,高攀龙说:"理者,性也。穷是穷此性,故曰穷理尽性"②;"夫理者,性也,性无内外,而谓天下有心外之理乎?"③

除了以上五个最具代表性的涉及本体论的"性学"命题外,高攀龙还指出浩然之气即性。④ 1619年后,他又说"道即性也",⑤他还说:"《中庸》一书,……说天、说命、说中、说诚、说道、说圣、说神,都是说'性'。"⑥如前所述,高攀龙所谓的"性"是集《孟子》"性善"之"性"和《中庸》"天命之谓性"之"性"为一身,⑦他不仅以此"性"会通《论语》《大学》《中庸》《孟子》《易经》中的重要观念,⑧而且他以"即心即性"纠正阳明立教不慎所造成的王学末流之弊,以"理即性也"取代程、朱理

---

① 吴光主编《刘宗周全集》第2册《语类五》,杭州:浙江古籍出版社,2007年,第183页。
② 《东林书院志》卷五《高景逸先生东林论学语上》,第110页。
③ (明)高攀龙《答耿庭怀二》,《高子遗书未刻稿》,第453页。
④ 《高子遗书》卷三《三勿居说》,第54页。
⑤ 《东林书院志》卷六《高景逸先生东林论学语下》,第152页。
⑥ 《东林书院志》卷五《高景逸先生东林论学语上》,第90页。
⑦ 牟宗三说:"综观中国正宗儒家对于性的规定,大体可分两路:(一)《中庸》《易传》所代表的一路,中心在'天命之谓性'一语;(二)孟子所代表的一路,中心思想为'仁义内在',即心说性。"见牟宗三《中国哲学的特质》,上海:上海古籍出版社,1997年,第54页。又说:"至宋代,……而孟子与《易传》《中庸》所论的性则归结于宋儒所说的'义理之性'或'天地之性'。至此,中国的心性之学已获得最具概括性的总结。"同上,第70页。从这个意义上说,高攀龙将"天命之谓性"之"性"与"性善"之"性"相会通,在义理上是恰当的。
⑧ 高攀龙早年编的《二程节录》中辑有程颢这样一句话:"'鸢飞戾天,鱼跃于渊',言其上下察也。此一段子思吃紧为人处,与'必有事焉而勿正心'之意同,活泼泼地。会得时,活泼泼地;不会得时,只是弄精神。"见(明)高攀龙《二程节录》卷一,第10页。高攀龙深得程颢的会通方法,他甚至对这句话还作了进一步发挥:"子思子之于鸢鱼与必有事焉之意同,必有事焉与舞雩三三两两之意同,皆于不可名言中名言之,令人憬然而思,跃然而会也。"见《高子遗书》卷九《郑天台〈四书题咏〉序》,第244—245页。这一点可从他晚年讲学中得到印证:"尝思明道云'鸢飞鱼跃与必有事焉意同',此意要善会,此是立本功夫。然立本要致用,所以伊川云:'必有事焉,须是集义。不知集义,却是都无事也。'"见《东林书院志》卷六《高景逸先生东林论学语下》,第147页。高攀龙还像程颢一样将《易经》《中庸》《孟子》等重要观念都相互会通:"其为物不二,只是一个道理。惟其一,所以生物不测;惟不测,故神,所谓易也。故程夫子曰:'其体则谓之易,其理则谓之道,其用则谓之神,其命于人则谓之性,率性则谓之道,修道则谓之教。孟子于其中又发挥出浩然之气来,可谓尽矣。《中庸》又说一个鬼神以形容斯理之妙,所以说"如在其上,如在其左右",只曰"诚之不可掩"。'何等活活泼泼底! 会得时,大好过日子。"见高攀龙《高子遗书》卷五《会语一百则》,第98页。

学的"性即理也",从而以"性"会通了宋明儒学之心学与理学中的重要观念,最终将先秦儒学和宋明儒学都纳入他的"性学"思想体系:"穷理者,天理也,天然自有之理。人之所以为性,天之所以为命也。在《易》则为中正,圣人卦卦拈出示人,此处有毫厘之差,便不是性学。"①1619年后,他从本体上指点性学,"学问见了独体,然后算得性学。不是念头上见底,若念头之独,便有断灭。见得此体,随处是独而无对也。若有古今、人我、内外,便是二"②。独体即性体,与天地同流,古今一,内外一,天人一,唯有如此,可谓性学。

二、工夫论

(一)"格致至一旦豁然知性矣"

高攀龙早年曾循习李见罗的止修之教数年,他评价说:"先生(见罗)之学,《大学》而已矣。《大学》之宗,止修而已矣。"③"止修"即《大学》"止于至善"和"修身为本",他的格致说因此有两个明显特点:1. 格物要格至善。"谈良知者,致知不在格物,故虚灵之用多为情识,而非天则之自然,去至善远矣。吾辈格物,格至善也。以善为宗,不以知为宗。"④高攀龙此主张是为了纠正王学末流误用情识当良知,背离了《大学》"止于至善"之旨;2. 格物以修身为本,《大学》所重在知本,若不知修身为本,格尽天下之物也没相干。"《大学》之旨,只是教人格物致知,格来格去,知得世间总无身外之理,总无修外之工。正其本,万事理更不向外着一念,如此自然纯乎天理,而无一毫人欲之私,岂不是止至善也?"⑤此主张可救正朱子学末流之弊,因为他们不知至善就在吾心中,只以为"事事物物皆有定理",从而用私智测度于外,结果是使心支离决裂,而不能真正辨别是非,终于导致人欲肆而天理灭。⑥ 1619年后,他提出"论学,则必以知性为本",⑦"格致至一

---

① 《高子遗书》卷一《语一百八十二则》,第24页。
② 《高子遗书》卷五《会语一百则》,第95页。钱一本也说:"独体露斯,即情即性……即吾身,即天地。"见钱一本《龟记》卷四,明万历四十一年刻本,第66页。
③ 《高子未刻稿》礼部《告李见罗先生文》,清抄本。
④ 《高子遗书》卷八上《答王仪寰二守》,第183页。
⑤ 《高子遗书》卷八上《与泾阳论知本》,第157页。
⑥ [日]冈田武彦《王阳明与明末儒学》第九章《东林学和刘蕺山》,第376页。
⑦ 《东林书院志》卷五《高景逸先生东林论学语上》,第88页。

且豁然知性矣"。① 晚年的他强调格致的效用,他认为,格物就是随事精察,物格是一以贯之,事事物物,各得其所:"事即是学,学即是事,无事外之学、学外之事也。然学者苟能随事精察明辨,的确处之,事事合理,物物得所,便是尽性之学。若是个腐儒,不通世务,不谙时事,在一身而害一身,在一家而害一家,在一国而害一国,当天下之任而害天下。所以《大学》之道,先致知格物,后必归结于治国平天下,然后始为有用之学也。不然,单靠言语说得,何用?"②

1594年8月,高攀龙在回复李见罗的书信中提出"《大学》格致,即《中庸》明善",③他把格致与明善合二为一。④ 他所谓格物是知性善,明善也是明性善,"《孟子》七篇句句是格物,而性善又是格物第一义,知到性善,方是物格"⑤。1615年,他又指出学必知性善,并用张载气质之性来完善性善说:"性者,学之原也。知性善,而后可言学;知气质,而后可言性,故论性至程、张而始定。张子曰:'形而后有气质之性。'……明乎气质之性,而后知天下有自幼不善者,气质而非性也,性善之说始定,而变化气质之功始力。所谓变化气质者,正欲人知得性善,虽恶人,可斋戒沐浴事上帝云尔。……盖一明性善,随他不好气质,当下点铁成金。"⑥他将孟子性善解释为以善即性:"道性善者以无声无臭为善之体,阳明以无善无恶为心之体。一以善即性也,一以善为意也。"⑦因此他又将知性和明善合二为一:"学问在知性而已,知性者,明善也。孟子道性善而言必称尧舜者,何也?性无象,善无象,称尧舜者,象性善也。"⑧他强调明善、知性、知性善、明性善,是为了对治阳明以无善无恶立教导致的王学末流之弊。

1594年9月,高攀龙在赴任揭阳典史途中经历了汀州之悟,此悟境是直悟万物皆备于我,而己与天合德,无内外天人之别,亦无时间上之古今之别,与空间之上下四方之别;又皆是忽然顿现,前无来处,后亦无去处;不因其外之物而有,

---

① 《东林书院志》卷五《高景逸先生东林论学语上》,第118页。
② 《东林书院志》卷五《高景逸先生东林论学语上》,第89—90页。
③ 《高子遗书》卷一〇《三时记》,第294页。
④ 劳思光说:"高氏全注目于成德工夫,故不唯将《大学》中之重要观念合二为一,且将《中庸》之重要观念亦收入此一大混合中。学者由此着眼,高氏思想之特色亦即可见其大概矣。"见劳思光《新编中国哲学史》第3册下,北京:生活·读书·新知三联书店,2015年,第417页。笔者认为,从某种意义上说,劳思光说的"合二为一"就是前文提及的高攀龙从程颢那里吸取的会通方法。若借用劳思光的说法,高攀龙不仅将《大学》《中庸》《论语》《孟子》《易经》的重要观念合二为一,而且将宋明儒学的重要观念也收入其一大混合中。
⑤⑦ 《高子遗书》卷一《语—百八十二则》,第19页,第25页。
⑥ 《高子遗书》卷三《气质说》,第50—51页。
⑧ 《高子遗书》卷八下《与陈似木一》,第218—219页。

亦不因之而无，无定在，而无所不在。此悟境与明道言只下识得"浑然与物同体"之仁是同一悟境。① 平日深鄙学者张惶说悟的高攀龙，此时只看作平常，反而主张"学者以知至为悟，不悟不足以为学"②。1608年春，他从透悟性体得手，"学问要在知性。果是透性之人，即言收摄，不会加得些子；若未透性，即言自然，不免加了自然底意思。借自然易流懒散，借收摄可讨入头"③。透性便是知性。1625年5月，他送别弟子魏大中时说："患难中，容易透性。患难中，一切万缘都断。"④同年10月，东林书院被毁，他自己也在患难中洗心透性，"人性上不加一物，一顶乌纱，两轴诰命，一方书院，一时除却，复其不加一物之本性，莫非天之至教也？君之至教也？在人洗却龌龊肚肠，承当此不屑教诲耳。"⑤现实愈困厄，他透性愈得力，"世事甚危，党人之危不足言也。年来履虎尾，反觉有用力处。现前于穆之真绝无声臭，安得有富贵、贫贱、夷狄、患难？是刀锯鼎镬之所不能及，安得有死生？但在日用炼习纯是此件，即真无死生耳。"⑥1626年，他投湖自尽前说"心如太虚，本无生死"，便是透性语，尽其性而死，"尽其道而死"。⑦

（二）"以敬知性，以敬复性，以敬尽性"

据《困学记》记载：高攀龙二十五岁始志于学，读《大学或问》，见朱子说"入道之要莫如敬"，于是专用力于肃恭，收敛持心方寸间，但觉气郁身拘，不太自在。又按程子所说"心要在腔子里"，"腔子犹言身子耳"，顿时感觉浑身是心，轻松快活。这是他早年初做持敬工夫的经历，此后他的主敬观念大体都未出二程和朱子主敬说范围。其友人叶茂才回忆说："(高攀龙)作《主敬说》曰：'学有无穷工夫，心之一字乃大总括；心有无穷工夫，敬之一字乃大总括。千圣万贤，只一敬字做成。主一之谓敬，无适之谓一。如何能无适？明道曰："学者须先识仁。识得仁，以诚敬存之。"勿贰以二，勿参以三，是谓主一。'又曰：'主敬有三法：伊川"整齐严肃"，上蔡"常惺惺"，和靖"其心收敛，不容一物"是也。然惺惺与收敛难得恰好，才着意，便不是。惟整齐严肃，未尝不惺惺，未尝不收敛，内外卓然，不犯手

---

① 唐君毅《中国哲学原论·原教篇》，北京：中国社会科学出版社，2006年，第293—294页。
② 《高子遗书》卷一《语一百八十二则》，第18页。
③ （明）顾宪成《南岳商语》，《顾端文公遗书》第3册，清光绪三年泾里宗祠刻本，第4页。
④ 《高子遗书》卷五《高桥别语》，第105页。
⑤ （明）高攀龙《柬朱仲增年侄》，《高子遗书未刻稿》，第456页。
⑥ 《高子遗书》卷八下《与孙淇澳宗伯》，第219页。
⑦ （明）刘宗周《书高先生帖后》，《高子遗书》附录，第402页。

也。'"①可见他早期主敬工夫大多是效仿程、朱,因此他主敬说也大多是二程和朱子的原话。②

1608年,高攀龙还用程子主敬工夫诠释孔子"修己以敬","圣人说个修己以敬,彻上彻下,全体在此,大用在此,只要人见得透,信得及。……若是实修,须是整齐严肃,著不得些怠惰放肆;须是主一无适,著不得些胡思乱想;须是无众寡、无大小、无敢慢,著不得些轻忽厌倦。其初虽不免用力,到习之而熟,自有无限风光。今人又多错认了这个敬字,谓才说敬,便著在敬上了,此正不是敬。凡人心下,胶胶扰扰,只缘不敬。若敬,便豁然无事了。岂有敬而著格敬在胸中为障碍之理?"③他晚年对"主一无适"有更深的体认:"敬以直内,适得吾体。程子恐人认有'敬'字在,故曰'主一之谓敬'。又恐人认有'一'字在,故曰'无适之谓一'。此心无适,即是'一',即是'敬'。"④后来他又指出主是工夫,一是本体;主则有意在,主到熟后才是一。⑤他认为,全体大用在一敬字,学未有得,则敬以求之;学有得,则敬以守之。⑥闻道前,自然要做主敬工夫;闻道后,内外透体通彻,无一毫凝滞,主敬工夫依旧与未闻道时一样做。⑦千圣万贤,只一敬字做成。⑧

1619年后,随着主敬工夫日益缜密,高攀龙对之前的主敬说作了进一步阐发。他指出了主敬三法的顺序:"朱夫子三样入敬法曰:'整齐严肃',曰'常惺惺',曰'收敛不容一物'。今日吾辈胸中劳劳扰扰,千万物俱容在此,岂止一物?若要免此,须是常惺惺。要惺惺,须是整齐严肃。三法又有次第。"⑨他在1623年秋亲订后刻印的《语》中将二程的主敬和诚敬工夫相融合,"主一之谓敬,无适之谓一。人心如何能无适?故须穷理,识其本体,所以明道曰:'学者须先识仁,识得仁体,以诚敬存之而已。'故居敬穷理只是一事。"⑩他最后还把敬提到本体层面,认为敬即是性:"学以复性为主。入门最直截者,莫若敬。但人不识敬耳,

---

① (明)叶茂才《资德大夫正治上卿都察院左都御史赠太子少保兵部尚书景逸高先生行状》,《高子遗书》附录,第428—429页。
② 程子曰:"主一之谓敬。"又曰:"无适之谓一。"见程颢、程颐《河南程氏粹言》卷一,《二程集》下册,北京:中华书局,2016年,第1173页。朱子说:"若是敬时,自然'主一无适',自然'整齐严肃',自然'常惺惺','其心收敛,不容一物'。"见(宋)黎靖德编,王星贤点校《朱子语类》卷一七,北京,中华书局,1986年,第2册,第371页。
③ 《高子遗书》卷四《君子修己以敬章》,第79页。
④ 《东林书院志》卷六《高景逸先生东林论学语下》,第131页。
⑤⑥⑦ 《东林书院志》卷六《高景逸先生东林论学语下》,第152页。
⑧⑩ 《高子遗书》卷一《语一百八十二则》,第19页,第20页。
⑨ 《高子遗书》卷五《会语一百则》,第93页。

不识敬,则敬只是敬,识敬,则敬即是性。"①总而言之,"学问起头要知性,中间要复性,了手要尽性,只一性而已。性以敬知,性以敬复,性以敬尽,只一敬而已。读书穷此者也,静坐体此者也,会友明此者也"②。

(三)"静以见性,见性自静"

高攀龙认为,大圣贤必有大精神,其主静只在寻常日用中。学者神短气浮,便须数十年静力,方得厚聚深培。早在1594年秋,他在赴揭阳途中的船上,便严立规程,以半日静坐半日读书,静坐中不帖处,取先儒所示法门如诚敬、主静、观喜怒哀乐未发、默坐澄心体认天理等一一参求,反复更互,心气清澄时,便有塞乎天地气象。③他虽是从朱熹半日静坐半日读书入手,但他更推崇龟山门下相传指诀,"龟山门下相传'静坐中观喜怒哀乐未发前作何气象',是静中见性之法。要知观者即是未发者也,观不是思,思则发矣,此为初学者引而至之之善诱也"④。此"观"即"反观",也即"静观反照"。⑤ 发而不中节,需静中反观未发模样,不是已发外别有一个未发。他多次强调"观者即是未发者","静坐只以见性为主。人性万物皆备,原不落空。人性本无一物,不容执着。性即天也,维天之命,于穆不已,可以为无乎?上天之载,无声无臭,可以为有乎?天即心也,当其感,皆天之用也;当其寂,即天之体也,必体立用行。故于静时默识其体,观未发气象,即默识其体也。观者,即未发者也。不动于意,故不可以有意言,不可以无意言。总只是一片灵明,久著于物,故不灵不明;一念反观,便灵便明耳。即此是性,即此是天,更无二物,以此观彼也"⑥。"观者即未发者"是指"更无二物,以此观彼",心性天是一个,以心观性观天,"静中观喜怒哀乐未发时,湛然太虚,此即天也,心性天总是一个。故孟子曰:'尽其心者,知其性也,知其性,则知天'"⑦。观喜怒哀乐之未发气象即默识既完全具足又湛然无物的性体,"识得后,于时保之而已"⑧。

1613年,高攀龙静坐工夫愈发精深,已有独到体认:"静坐之法,不用一毫安排,只平平常常,默然静去。此平常二字,不可容易看过,即性体也。以其清静不

---

① (明)祝可久《跋东林景逸高先生论学语》,《东林书院志》卷一六,第662—663页。
② 《高子遗书》卷八下《与许涵淳》,第215页。
③ 《高子遗书》卷三《困学记》,第41页。
④ 《高子遗书》卷一《语一百八十二则》,第25页。
⑤ 牟宗三《心体与性体》下册,长春:吉林出版集团,2013年,第98页。
⑥ 《高子遗书》卷八上《答吕钊潭大行》,第183页。
⑦ 《高子遗书》卷三《示学者》,第44页。
⑧ (明)高攀龙《柬冯少墟年兄二》,《高子遗书未刻稿》,第437页。

容一物,故谓之平常。画前之易如此,人生而静以上如此,喜怒哀乐未发如此,乃天理之自然。须在人各各自体帖出,方是自得。静中妄念,强除不得,真体既显,妄念自息。昏气亦强除不得,妄念既净,昏气自清。只体认本性原本本色,还他湛然而已。……所谓敬者,此也;所谓仁者,此也;所谓诚者,此也,是复性之道也。"①高攀龙或许是把程颢"学者须先识仁,识得仁体,以诚敬存之而已"的一套工夫都纳入静坐中,②静坐中体认喜怒哀乐未发、天理之自然等等,还本性湛然而已,皆为复性之途径。1615年,高攀龙又将程颐的主敬工夫融入静坐之法,以求平常之体,也即性体:"静坐之法……故必收敛身心以主于一。一即平常之体也,主则有意存焉。此意亦非著意,盖心中无事之谓一,著意则非一也。不著意而谓之意者,但从衣冠瞻视间整齐严肃,则心自一。渐久渐熟,渐平常矣。故主一者,学之成始成终者也。"③静坐就是收敛心而体认不容一物的净净洁洁、湛然虚明的心之本色的见性之法,又是复性之法。④

　　1619年后,随着思想日益成熟,高攀龙指出,学问之道无他,只是性而已。若有志于学问,须要复性,而复性非静不可学。之所以必要静,只为有生以来,积习既久,私欲已深,锢蔽遮掩,若青天之覆阴云,如止水之起波涛。初学要静中澄定此心,久之如阴云既散,方见青天,若波涛暂息,方见止水。静后须从无意中猛提,看此性本来无物,何尝锢蔽得他? 真要信得过,方是易简。⑤ 1621年至1624年期间,他被朝廷启用,从京城寄家书训教子孙要早做静功:"吾在此全靠平日静功,少年不学,老无受用。汝辈念之,静功非三四十年静不来,何者? 精神一向外驰,不为汝辈收拾矣。事多苦,拂意苦,有疾病苦,到老死,苦益不可言。静而见道,此等苦皆无之。"⑥道即性,见道即见性,"静以见性,见性自静"。⑦ 人生愁苦多,自难静,正是这样,就要一探究竟才好,即所谓穷致事物之理。思量愁苦是没有用的,不如放下。若放得下,便有进道之机。自古圣贤豪杰,俱从困苦中得力的多,若从此逼迫出,便可向道,所以《易》说:"困而不失其所,亨。"⑧性道无穷,学问亦无穷,至死后已。1626年,高攀龙投湖自尽后,其友人叶茂才怀疑高攀龙赴水不早不晚,是其主静至诚至极感动神明,从而得到神明启示所至:"存之赴

---

① 《高子遗书》卷三《静坐说》,第43页。
② 《高子遗书》卷一《语一百八十二则》,第20页。
③ 《高子遗书》卷三《书〈静坐说〉后》,第43—44页。
④ [日]冈田武彦《王阳明与明末儒学》第九章《东林学和刘蕺山》,第370页。
⑤ 《东林书院志》卷六《高景逸先生东林论学语下》,第126—127页。
⑥ 《高子遗书》卷一〇《附杂训五条·勖早做静功》,第325页。
⑦ 《高子遗书》卷五《会语一百则》,第95页。
⑧ 《东林书院志》卷六《高景逸先生东林论学语下》,第139页。

水,适当其时,岂其静养一生,神明默启,至诚前知耶?胡其从容暇豫,不疾不徐,一至此耶?"①钱谦益则认为高攀龙赴水后淤泥不沾身、滴水不入腹的状态是一种静中得力形成的静境:"湛渊之时,内不获身,外不见水,皆公之静境。"②

以上虽是从三个角度言工夫,但在高攀龙看来,格物致知、主一之谓敬、主静只是一事。如前所述,他把程子主敬工夫融入静坐之法,他认为格物就是穷理,又主张居敬穷理是一事,居是居其所穷之理,穷是穷其所居之敬。③他还把格致与主一相贯通,"物格知至,实见得天人一,古今一,圣凡一,内外一,主一工夫自妙矣"④。所有工夫只为知性、复性、尽性,下学而上达,与天地同流,"吾辈学问,只要复性。吾性荡平正直,合下与天地同体"⑤。1619年后,他从工夫上指点性学:"'人之生也直',直便是性。《易》言'敬以直内',必敬,方能直。……未发的模样便是发的节。若喜怒哀乐发时,一如未发模样,岂不太和元气?所以吾辈工夫只在未发培养深厚,令四者之来扯曳不动,方是性学。"⑥如前所述,须数十年静力,方得厚聚深培,当喜则喜,当怒则怒,当哀则哀,当乐则乐,发而中节,才算得性学。

三、结论

综上所述,为了救正百年学术之弊,重振孔、孟、周、程之脉,高攀龙矢志穷经,反躬实践,晚年终于识得学问要约处只一个性字。他将《中庸》《易传》所代表的"天命之谓性"之性和孟子所代表的"仁义内在"之性整合成自己的"性",他不仅以此"性"会通程、朱理学和陆、王心学思想,而且以此"性"会通先秦儒学与宋明儒学。他基于数十年"体验于身心,考究于经史"⑦,消化并吸收先秦至宋明儒

---

① (明)叶茂才《资德大夫正治上卿都察院左都御史赠太子少保兵部尚书景逸高先生行状》,《高子遗书》附录,第427页。
② (清)钱谦益《资德大夫正治上卿都察院左都御史赠太子少保兵部尚书谥忠宪高公神道碑铭》,《高子遗书》附录,第412页。
③ 《东林书院志》卷五《高景逸先生东林论学语上》,第96页。
④ 《高子遗书》卷一《语一百八十二则》,第20页。
⑤ 《高子遗书》卷四《绝四章》,第72—73页。
⑥ 《高子遗书》卷五《会语一百则》,第94页。钱一本也说:"喜怒哀乐之未发谓之中,非透骨彻髓变化者,未易言。此处认不到手,性学绝无影响。"见钱一本《黾记》卷一,明万历四十一年刻本。
⑦ 《高子遗书》卷七《恭陈圣明务学之要疏》,第136页。

学中各大思想家的心性论、本体论、工夫论、境界论等方面的思想精髓,提出一系列"性学"命题为其义理架构,各命题之间环环相扣,相互印证,从而建构出一套严密完整的"性学"思想体系。他勤物敦伦、谨言敏行、兢兢业业①、"尽其道而死"的一生就是他"性学"的最好诠释。同时,高攀龙基于其创建的"性学"体系,在六百年宋明儒学结穴时,以客观的学术史立场,在儒学史上第一次对包括先秦与宋明的整个儒家的学脉流派作出全面、透彻、周密的划分,提出了五脉说:颜子、濂溪、明道一脉;孟子、阳明、子静一脉;曾子、横渠、伊川、朱子一脉;曾点、白沙、康节一脉;子夏、尹和靖、敬斋、康斋一脉。其五脉说呈现出一幅儒家学脉流派历史发展的全景图。他的五脉说和他的"性学"思想相辅相成,相互印证。②

高攀龙"性学"思想的产生有其复杂的思想背景与学术渊源。六百年宋明儒学发展至晚明,王学末流和朱子学末流滋生出各种流弊,尤其王学末流的无善无恶导致的思想流弊造成了社会种种负面形象及严重恶果。为了挽救思想危机,重整儒家精神,顾宪成与高攀龙力阐"性善"之旨,以辟无善无恶之说。③他们重阐儒家实有之性体,以对抗当时言心体的无善无恶之谈。④早在1594年冬,李见罗弟子陈古池请高攀龙为其记录李见罗的会语作序,高攀龙就在序中写道:"圣人之学,复其性而已。……故自天子以至于庶人,壹是皆以修身为本,性学也。"⑤他在此正式提出"性学"一词,大概是受李见罗创建的止修学派"性学"思想的影响。⑥1604年,顾宪成和高攀龙等人重建东林书院,顾宪成制定《东林会

---

① 《高子遗书》卷三《困学记》,第42页。
② 黄晓荣《高攀龙对儒家学脉流派之划分及其意义》,《上饶师范学院学报》,2020年第5期,第28—35页。
③ (清)胡慎《东林书院志序》,《东林书院志》卷首,第10页。
④ 古清美《顾泾阳、高景逸思想之比较研究》"绪论",台北:大安出版社,2004年,第3页。
⑤ 《高子遗书》卷九《〈尊闻录〉序》,第233页。
⑥ 日本学者鹤成久章说:"前揭柴田氏《冯少墟明末一士人的生涯与思想》、吉田氏《李见罗之思想》论文中所提到的冯从吾、李材的学问思想也应该属于'性学'这一观点也应该引起重视。"见鹤成久章《论东林学派"性学"思想之成立》,《东林书院重修400周年全国学术研讨会论文集》,长春:时代文艺出版社,2004年,第97页。学者侯洁之在《晚明王学由心转性的本体诠释》(台北:政大出版社,2012年)一书中,以阳明心学再传弟子刘师泉、王塘南、李见罗、杨晋庵四人为中心,探讨了晚明王学由以心为宗转向以性为宗的思想脉络。另外,《明儒学案》卷三一《止修学案》中就有两位止修学派学者都不约而同地说"性学",证明了吉田氏观点的合理性。徐献和说:"止善之学,性学也。反本则与性渐近,离本则去性渐远,所以知本为知之至也。"另一学者熊益中说:"视听言动,形而下者,孰主宰是?孰施是?便是形而上者。岂是悬空另有个形上的道理?唯形上即在形下之中,故曰修身为本,性学也。"见黄宗羲《明儒学案》上册,北京:中华书局,2008年,第697、700页。

约》,表达了东林学派的"性学"立场①:"一曰知本。知本云何?本者,性也。学以尽性也,尽性必自识性始,性不识,难以语尽。性不尽,难以语学。吾绎朱子《白鹿洞规》,性学也,不可不察也。"②高攀龙则直接把圣人之学称为性学:"气也,心也,性也,一也。然而天下学术之岐,则岐之于是。老氏,气也;佛氏,心也;圣人之学,乃所谓性学。"③正是在这种学术氛围下,高攀龙最终创建出一套完整自足的"性学"思想体系。

高攀龙过世后,私淑弟子钱士升将高攀龙思想定位为性学:"我明高忠宪公,性学正传也。"④张光家也把高攀龙思想定位为性学:"子高子之学,性学也。"⑤时至当代,日本学者冈田武彦指出:"忧世忧国的东林学者,遵循朱学,信奉性学,保持伦理的严肃性。"⑥古清美认为:"景逸(按,即高攀龙)把握了《中庸》的天命之'性',宗举之以为儒家思想的最高宗旨。"⑦陶清提出:"以顾宪成、高攀龙为代表的东林学派……建构了以'性'为最高范畴,以兼具'帝衷''物则'的'性善'为最高原则和理论根据的性学思想体系。"⑧多年后陶清又明确指出:"高攀龙首次明确提出东林之学与'圣人之学'同为性学,至东林学派集大成者孙慎行先破后立,

---

① 1599年,东林学者钱一本就表明了其对"性学"的青睐,并且把俗学、理学和性学区别开来:"理学与性学亦截然不同,而况其为俗学?后世盖以俗学为理学,以理学为性学者多矣。"见钱一本《黾记》卷一,第7页。1605年,钱一本指出性学之灭亡源于心体之不生:"程子曰:'心如谷种,仁则其生之性。'自来说心性无如此语之明切。谷种不生,竟成一粒朽粟,心体不生亦然。性学灭亡于天下,盖非朝夕之故矣,学之欲见性复性者此。"见《黾记》卷二,第16页。1612年顾宪成去世后,高攀龙将顾宪成思想定位为性学,"先生之学,性学也。"见高攀龙《高子遗书》卷一一《南京光禄寺少卿泾阳顾先生行状》,第357页。另一东林学者孙慎行友弟何宗彦评价孙慎行说:"孙公生平介立,澹然无好,独湛精性学有年,以为言性者莫精于《易》,则玩《易》以证性。"见孙慎行《玄晏斋集序》,《玄晏斋集五种》,明崇祯间刻本。孙慎行的门人孙承宗也以性学为旨归,"孙承宗,字稚绳,北直高阳人。万历甲辰举进士,出孙文介公慎行之门。廷试擢第二,授编修,历官坊局。在朝与关中冯从吾以性学相励"。见(清)张夏《洛闽源流录》卷一二,清康熙刻本。由此可推,"性学"是东林学派的共识。
② 《东林书院志》卷二《顾泾阳先生东林会约》,第16—17页。
③ 《高子遗书》卷三《气心性说》,第49页。
④ (明)钱士升《〈高子遗书〉序》,《高子遗书》卷首,第1页。
⑤ (明)高攀龙撰,(清)高世泰辑《高子节要》张光家跋,无锡市图书馆藏钞本。
⑥ [日]冈田武彦《王阳明与明末儒学》第九章《东林学和刘蕺山》,第356页。
⑦ 古清美《顾泾阳、高景逸思想之比较研究》,第128页。
⑧ 陶清《明遗民九大家哲学思想研究》,台北:洪叶文化事业有限公司,1997年,第165—166页。

确立晚明性学的思想原则和理论立场,晚明性学思潮大致形成规模。"①日本学者鹤成久章论述了东林学派"性学"思想之成立:"东林学派所追求的学问,称之为'性学'是相称的。这是在认识到朱子学及阳明学的局限性的东林学者们不拘泥于朱、王之学,忠于自己的心性,认真地去探求摸索真的学问的结果,而决非折衷朱子学与阳明学之意识下的产物。"②向世陵点出"高氏(按,即高攀龙)志于'复性',建构'性学'",③后来向世陵将宋明儒学分为道学(程、朱理学)、气学、性学和心学四系,也将高攀龙思想归于性学一系。④ 柴可辅提出:"东林学术之焦点意识,全在于一个'性'字,关注外在天理于主体自身之确然落实,避免理落空于人身之外,故其学问……即理学与心学之接洽。"⑤由此可见,将高攀龙的思想定位为以"性学"为宗旨是恰当的、合理的。高攀龙的"性学"思想体系即是六百年宋明儒学最后归宿的一个典型,又是对六百年宋明儒学反思总结的一个典型,值得进一步研究探讨。

---

① 陶清《性学:晚明思潮演衍的一个纽结——兼论刘宗周性学思想的理论得失》,《江淮论坛》,2003 年第 2 期,第 99 页。
② [日]鹤成久章《论东林学派"性学"思想之成立》,《东林书院重修 400 周年全国学术研讨会论文集》,长春:时代文艺出版社,2004 年,第 95 页。
③ 向世陵《高攀龙的"理气心性"观》,《易学与儒学国际学术研讨会论文集》(儒学卷),山东大学易学与中国古代哲学研究中心,2005 年 8 月,第 158 页。
④ 向世陵《理气性心之间——宋明理学的分系与四系》,北京:人民出版社,2008 年,第 382 页。
⑤ 柴可辅、陈卫平《纠偏与开新:思想史视域中的东林学派及其思想建构》,《学术月刊》,2009 年第 4 期,第 48 页。

高攀龙《论语讲义》的诠释特色

唐明贵*

摘　要：身处晚明的高攀龙，为挽救国难民瘼，力图重振朱学雄风。一方面，他学宗朱学，倡言天理、人欲和复性问题，对朱注中的疑难之处予以剖析。另一方面，他批评和纠正王学，针对阳明学的"以善为念"，竭力主张以善为性。针对阳明学的"以善自吾性感而动以后"说，主张反躬内敛以求仁。在此基础上，他力图折衷朱、王，倡言心与理是合一的，格物为其工夫，提出了真修、真悟、修悟并重的思想，开创了学术的新风气。

关键词：高攀龙；《论语》；诠释

高攀龙（1562—1626），字存之，号景逸，南直隶常州府无锡县（今江苏省无锡市）人，东林党派的主要代表人物之一。高攀龙代表作为《高子遗书》，其中《讲义》部分涉及《论语》，他处亦有兼而讨论之处，兹以探讨之。

一、学宗朱学

高攀龙"少读书，辄有志程、朱之学"[①]。在学习过程中，"暇则探讨《近思录》及诸先儒语录"，"专志圣贤之学"[②]。二十五岁时，偶听顾宪成等讲学，非常高兴，于是"早夜孜孜，以全副精神用于止敬慎修、存心养性、迁善改过间，而学始有入门矣"[③]，由此打下了深厚的程、朱理学基础。这在《论语》诠释中亦有所体现。

一是探讨天理和人欲的问题。天理和人欲是朱子学的核心命题之一，在朱

---

* 作者简介：唐明贵，男，南开大学博士，山东大学、中国社科院博士后，聊城大学教授，政治与公共管理学院院长。
① （清）张廷玉等《明史》卷二四三《高攀龙传》，北京：中华书局，1974年，第6311页。
② （明）高世宁、高世泰《高忠宪公年谱》卷上"万历十一年"，清康熙间刻本。
③ （明）叶茂才《〈高攀龙〉行状》，（清）高廷珍等《东林书院志》卷七，清雍正十一年刊本。

熹看来，天理、人欲都是天赋的，二者是对立的："人之一心，天理存则人欲亡，人欲胜则天理灭。"因此学者如能"革尽人欲，复尽天理"，便能超凡成圣。① 高攀龙对此多有承袭和发挥。在他看来，"人生只有理、欲二途，自有知识以来，起心动念俱是人欲了"，②因"天理精明""人欲细微"，故"一动于欲，便碍于理"。③ 圣人之所以为圣人，在于他们能做到存天理去人欲："圣人所以为圣人者如何？如太虚然，四时自行，百物自生，无所不有，实无所有，此所谓天理也。圣人于世间人欲、病痛能去得净尽，不能于天理本分上加得毫末。"④主要是在去人欲上下工夫，下工夫的方法之一就是做到内心自责。如果能做到"内自讼"，"则天理常伸，人欲消屈，而过不形于外矣"。⑤ 方法之二就是采用逆法。在讲解《为政篇》"六十而耳顺，七十而从心所欲不逾矩"时，高攀龙指出"圣人之学全用逆法"，而逆法实际上就是"从矩，不从心所欲也"。在他看来，所谓三十而立，"立者立于此"；四十不惑，"不惑者不惑于此"，如此一来，"步步顺矩，故步步逆欲，到五十而知天命，方是顺境，故六十而耳顺矣，七十而心顺矣"。由此出发，他进一步指出，圣人和凡人的区别就在于"顺逆二字"，"凡人自幼与人欲日顺一日，故与天理日逆一日"，而"圣人自幼与人欲日逆一日，故与天理日顺一日"，⑥两者渐行渐远。要想改变这种状况，只有通过学习。"天理者，人所固有，原是顺的；人欲者，人所本无，原是逆的，此一点机括，只在学与不学。"通过学习，知道顺其所固有——从矩以顺天理，而去其人所本无——不从心之所欲，这就是圣学之旨："学而知其固有，故顺还他顺，逆还他逆；不学而不知其所固有，故顺者反逆，逆者反顺。吾辈要学圣人耳顺从心，有两句拙法，曰：'逆耳之言必深察，从心之事莫轻为。'"⑦对不中听的话切勿一听就炸，而要深入考察，探究其来由；对能随己意做的事一定要慎重，切莫率性而为，这就是我们向圣人学习的拙法。

二是探讨复性问题。在朱熹看来，教育的本质就是"复性"，即恢复"善"的本性。在诠释《学而篇》首章时，他指出："人性皆善，而觉有先后，后觉者必效先觉之所为，乃可以明善而复其初也。"⑧这里就涉及复性的问题。高攀龙对这一话题也非常感兴趣，提出了己见。在他看来，"吾辈学问只要复性，吾性荡平正直，

---

① （宋）黎靖德《朱子语类》卷一三，北京：中华书局，1986年，第225页。
② （明）高攀龙《高子遗书》卷四《讲义》"六十而耳顺"二节，明崇祯五年刻本。
③ 《高子遗书》卷四《讲义》"已矣乎！吾未见能见其过"节。
④ 《高子遗书》卷四《讲义》"达巷党人"章。
⑤ 《高子遗书》卷四《讲义》"已矣乎！吾未见能见其过"节。
⑥⑦ 《高子遗书》卷四《讲义》"六十而耳顺"二节。
⑧ （宋）朱熹《论语集注》卷一《学而第一》，《四书章句集注》，北京：中华书局，1983年，第47页。

合下与天地同体"①。

　　之所以提出这一"复性"问题,究其原因就在于,首先,性在现实中为个体的意、必、固、我四种毛病障蔽了。在高攀龙看来,人生天地间,"自有躯壳以来,便有个'我'",正是因为有了这个自以为是的"我","便将极广大的拘局做块然一物,将极灵妙的障蔽做蠢然一物",从而产生了私见,进而"从'我'上起出'意'来"。此"意"凭主观臆断,"只会要长要短,顺之则喜,逆之则怒;只会见长见短,同之则喜,异之则怒。终日起来,但是作好作恶,偏党反侧去了"。由于脱离实际,仅凭个人好恶行事,其结果必然导致言行出现偏差。在这一过程中,伴生出"固"与"必":"从'我'起意,从'意'成'我',中间递生'固''必'"。四者结合在一起,就会淹没本性,"只此四者滚过一生,自家真性时时现前,如隔千山了,不知为何物也"②。

　　其次,将念头安顿在人欲上了。在高攀龙看来,"人生只有个念头,自生至死,瞬息无停",这个念头既可以让人成贤成圣,也可以使人为禽为兽,关键看个人将这个念头怎么安顿。如果"安顿在人欲上去,便把声色货利官爵等项结果了一生,目前自谓快乐,不知丧失了自家性命,千秋万古却在一生坏了"。③

　　最后,人心喜欢逐于外物。高攀龙指出,"人心只有好恶二者,自有知觉以来,无息不逐于外物,都离根去了"④。人之好恶之心,常为外物所累,从而脱离了本性。

　　因此要想复性,在高攀龙看来,首先,要做到毋意、毋必、毋固、毋我。他指出,"毋"非常重要,要根除意、必、固、我四种毛病,非用"毋"字不可,"圣人直下便绝此四者,何以绝之? 只一个'毋'字而已"。他进而把"毋"与自醒和本心搭挂起来,指出:"此'毋'字只是个醒字,一醒便毋了。何者? 今人错认这意是我的心,故终身沉迷而不返。若猛然自醒,这个不是,便当下豁然,这个'毋'字方是我的真心,必须体认得这个明白,方立得主宰,方得心君出头,所谓立天下之大本也。"体认得"毋",才能心悟,才能立本。在他看来,孔子教人做到四毋,"正所以绝之,正要人下工夫"。圣人不是现成的,他之所以成圣,就是在"毋"上下工夫的结果,常人不能体认"毋",故不能成圣:"从古无现成的圣人,故圣人无现成的说话。绝而用毋,圣人原做常人的工夫,但毋而便绝,常人到不得圣人本体耳。"孔子所说的"无可无不可",孟子称孔子"可以仕则仕,可以止则止,可以久则久,可以速则

---

①② (明)高攀龙《高子遗书》卷四《讲义》"绝四"章。
③　(明)高攀龙《高子遗书》卷四《讲义》"志于道"章。
④　(明)高攀龙《高子遗书》卷四《讲义》"我未见好仁"章。

速",都是夫子"绝意、必、固、我处"。①

其次,将念头安顿在天理上。在高攀龙看来,如果将念头"安顿在天理上去,便把声色、货利、官爵等项一切摆脱",没有了人欲的束缚,当下虽然感觉"平淡,却全复了自家性命,这一生做却千秋万古的事了"。因此,圣人教人"志必于道,据必于德,依必于仁,游必于艺",其中的"志、据、依、游是人的念头",如此一来,"道、德、仁、艺便安顿在天理上了",这就是所谓的"摄心以复性也"。②

最后,做到好仁恶不仁。高攀龙指出,只有"好仁恶不仁,方始反情复性"。这是因为,虽然"好仁恶不仁,总是一个仁",但只有做到好仁,才能心无杂念,"好之者,保聚之也,至无以尚之,方无一念夹杂";做到恶不仁,才能使人欲不加诸身,"恶不仁者,防闲之也,至不使加身,方无一息间断"。③

三是对朱注的疑难之处予以剖析。如《子罕篇》"颜渊喟然叹曰:'仰之弥高,钻之弥坚,瞻之在前,忽焉在后。夫子循循然善诱人,博我以文,约我以礼。欲罢不能,既竭吾才,如有所立卓尔。虽欲从之,末由也已'",朱子引胡寅注中有"高坚前后,语道体也"句,高攀龙指出:"此章书向来为《注》中'高坚前后,语道体也'一句所疑,更理会不来。"这是因为,一方面,如果说"道体是人人具足,处处充满"的,即使颜子暗中记住,躬行不言,也不会与道体有间隔。另一方面,如果说"仰钻瞻忽是颜子于道体全是恍惚想象了",那么"竭才之后止见卓立,尚未与道为一;卓立之后又叹末由,是终身与道为二",即颜子终身未能与道为一,这显然是不对的,故而招致了人们的怀疑。在他看来,要想破解这一疑问,深悟其中之理,可以通过体味程子所言"此颜子深知孔子而善学之者也"而得。根据此言,我们可以推知,颜子"喟然之叹,直叹夫子,不是叹道体,道体是古今圣凡所同"的。由此出发,经文中的"仰之弥高,钻之弥坚,瞻之在前,忽焉在后"可解释为:"夫子是古来圣人首出,故仰之弥高,无阶可升;钻之弥坚,无门可入;在前在后,无定体可据。当时只有颜子能知之,亦惟颜子能学之。"实际上,颜子一心向学,一直以孔子为榜样,但苦于"聪明才智一毫使不着,幸得夫子循循善诱,博之以文,约之以礼,方知夫子虽神妙,也从这里来,这便是夫子的阶梯、夫子的门户、夫子的定体"。颜子借博约工夫,深得孔子之道:"博约得一分,见得夫子一分;博约得十分,见得夫子十分,至竭才之后,夫子真面目、真精神彻底呈露了,一个夫子卓然立于吾前矣。然见得愈亲切,觉得愈神妙,虽欲从之末由也已,此所以为仰之弥高、钻之弥坚、瞻之在前、忽焉在后也。"基于此,高攀龙将该章视为"一部《论语》

---

① (明)高攀龙《高子遗书》卷四《讲义》"绝四"章。
② (明)高攀龙《高子遗书》卷四《讲义》"志于道"章。
③ (明)高攀龙《高子遗书》卷四《讲义》"我未见好仁"章。

的门户",称孔子为"生民以来第一个人,颜子是善学夫子的第一个人"。在他看来,颜子所言,正是学孔学之不二法门:"如今就《论语》中求夫子,真是弥高、弥坚、在前、在后,无可下手。幸得颜子提出这个法门,周子所谓'发圣人之蕴,教万世无穷者'在此。"而阳明后学关于"博文约礼"的解释是不对的:"博文约礼,近世都说向心境上,辗转玄虚去,令学者止是作弄而无实功。"正确的说法是深味于经典,躬行于实践:"考究孔、颜当时,博文只是诗书礼乐,约礼只是躬行实践。吾辈今日将经书熟读深味就是博文,将圣贤所言一一体之于心、见之行事之实就是约礼。至于所谓日用动静之文,洗心退藏之约,自在其中,不必言也。"①其中"见之行事之实",为之增加了实学的处分。

二、救正王学

虽然高攀龙学宗朱学,但是他对王阳明及其学说也并非一概排斥。在他看来,王阳明在学术思想上有开创之功:"自阳明先生提挈良知以来,扫荡廓清之功大矣。"②因此其思想中也有值得继承的东西,如"心与万物为一体"③的思想,高攀龙在解释《泰伯篇》"学如不及,犹恐失之"时就曾论及,他说:"孔门心法极难看,并不是悬空守这一个心,他只随时随处随事随物,各当其则,须合一部《论语》来看方见。盖这个心不是别物,就是大化流行,与万物为体的。若事物上蹉失,就是这个蹉失。"④这里涉及了"孔门心法",阐述了"心与万物为体",颇有些心学的味道。

当然,上述观点和思想在高攀龙那里并不占主导地位,他更多的是对阳明学的批评。如认为王阳明误解了朱熹,"自姚江因俗学流弊,看差了紫阳穷理,立论偏重",遂导致了学术的空疏,"使学者谓读书是徇外,少小精力虚抛闲过,义士不穷探经史,布衣只道听途说,空疏杜撰,一无实学,经济不本于经术,实修不得其实据,良可痛也"⑤,大家都走上了务虚不务实的路子。有鉴于此,他力图纠正阳明学出现的偏差,使其归入正道。这一点主要体现在人性论的问题上,为了消除王阳明"性无善无恶"说的不良影响,高攀龙多次申明性善论的立场,力倡"知性

---

① (明)高攀龙《高子遗书》卷四《讲义》"颜渊喟然叹"章。
② 《高子遗书》卷九上《〈虞山书院商语〉序》。
③ (明)王守仁《王阳明全集》卷三《传习录下》,上海:上海古籍出版社,1992年,第107页。
④ 《高子遗书》卷四《讲义》"学如不及,犹恐失之"。
⑤ 《高子遗书》卷三《示学者》。

善而后可言学"①。在他看来,"性无善无恶说"和"性善说"是有区别的,"道性善者,以无声无臭为善之体",而王阳明则"以无善无恶为心之体"。前者是"以善即性",后者是"以善为意","不可曰明善"②。他还进而指出,王阳明的"所谓善,非性善之善也",其原因就在于,"彼谓有善有恶者意之动,则是以善属之意也。其所谓善,第曰善念云而已;所谓无善,第曰无念云而已"。因此,高攀龙所主张的是"以善为性""以善自人生而静以上",而王阳明所主张的是"以善为念""以善自吾性感动而后"。③ 针对王阳明上述学说的偏差,高攀龙力图救正之。

首先,针对阳明学的"以善为念",高攀龙竭力主张以善为性。"若论本性,则人性皆善"④,而"性之所以为善者,以仁义礼智"⑤,"礼与仁皆性也"⑥,其中仁又居于核心位置:"人只有这个仁,天地间无论身外之物与我无干,即七尺之躯终非我有,只这个仁是我。天之尊爵,贵莫贵于此矣;人之安宅,富莫富于此矣;朝闻夕可,寿莫寿于此矣。"⑦所以"君子以仁存心,以礼存心,是操存涵养的工夫","仁义礼智者,求则得之者也"。⑧

其次,针对阳明学的"以善自吾性感动而后"说,高攀龙主张反躬内敛以求仁。在讲解《述而篇》"仁远乎哉?我欲仁,斯仁至矣"章时,他对这一问题进行了详细的阐发,指出:"人心道心,非有两心,一拨转,便天壤悬绝。"如"欲富贵,恶贫贱,人心也,而转之为不处不去之仁;欲立欲达,人心也,而转之为立人达人之仁",这就是说,由人心一转即变为仁。实际上,"夫欲者,人之心也;仁者,心之道也,以心、欲道,却成两个了,不知只是这个心,逐物而外驰便是欲,反躬而内敛便是仁",⑨人心转变为仁的关键在于逐物外驰还是反躬内敛。

如果能做到"由驰而敛",就能达到"我欲仁斯仁至矣"的目的,这是"圣人教人点铁成金、超凡入圣最捷法,念头拨转向里便是"。那么,"人心内敛如何便为仁"? 这是因为,一是仁乃"生生之理,充塞天地,人身通体都是",没有去来和内外;二是反求即仁,"自人生而静以后,诱物为欲,遂认欲为心,迷不知反耳。若一念反求,此反求者即仁也,别寻个仁即误矣";三是心性是合一的,"心是形而下者,仁是形而上者,达则即心即仁,不达则心只是心",人如果能做到"不违仁",则

---

① 《高子遗书》卷三《气质说》。
② 《高子遗书》卷一《语一百八十二则》。
③ 《高子遗书》卷九上《方本庵先生〈性善绎〉序》。
④ 《高子遗书》卷四《讲义》"十室之邑"节。
⑤⑧ 《高子遗书》卷四《讲义》"君子所性,仁义礼智根于心"。
⑥ 《高子遗书》卷四《讲义》"克己复礼"章。
⑦ 《高子遗书》卷四《讲义》"君子而不仁者有矣夫"章。
⑨ 《高子遗书》卷四《讲义》"仁远乎哉"章。

"其心常仁","人心常收敛,即常仁矣",这是成圣的关键,"此一转念,是生死关头,千圣都从此做成"。①

最后,针对阳明后学"说言者是何物,讱言者又是何物,都点在虚灵知觉上去了"的现象,他主张像圣人样"看得天下事无一件是我能的,看得君子躬行之事无一件是有于我的",对于任何事都心怀敬畏,对做的事都慎重对待,就达到了"仁"的境界:"其难其慎,为也如此,言也如此,轻浮恣肆之意融化无存,厚重凝密之体造次不失,这便是仁。"在他看来,为仁不用到"虚灵知觉"上求,只在言行上即可:"凡《论语》言仁,都是朴实头如此,可见为仁只在言行上,别无玄妙,识仁只在此识。"②而在言行上为仁,就是要做到克己复礼——非礼勿视听言动。因为"不克己,即使能约礼,礼只是礼,故曰博学于文、约之以礼仅可不畔于道,未知其仁也",而"克己复礼,则礼即仁矣,此是圣人无我之学,一直上达天德事"。具体而言,就是力争"大纲上克己,手势重;细目上复礼,工夫密","在节目细微点滴不漏,方得根株永拔",此乃"圣门为仁"之法程。③做到了"克己复礼,便超凡入圣"。④

三、折衷朱、王

在高攀龙看来,朱、王二学在明代的兴替是这样的:"自弘、正以前,天下之学出于一;自嘉靖以来,天下之学出于二。出于一,宗朱子也。出于二,王文成公之学行也。"嘉靖后二学并行,其原因就在于两者渊源不同:"朱子之说《大学》,多本于二程;文成学所得力,盖深契于子静,所由以二矣。"实际上二者并无实质性的区别:"夫圣贤有外心以为学者乎?又有遗物以为心者乎?心非内也,万物皆备于我矣;物非外也,糟粕煨烬无非教也。夫然,则物即理,理即心,而谓心理可析、格物为外乎?"⑤心与理是合一的,格物为其工夫。

但在学术承传的过程中,二学分别出现了问题:"古今学术于此分歧,何者?除却圣人全知,便分两路去了:一者在人伦庶物实知实践去,一者在灵明觉知默识默成去。此两者之分,孟子于夫子微见朕兆,陆子于朱子遂成异同,本朝文清

---

① 《高子遗书》卷四《讲义》"仁远乎哉"章。
② 《高子遗书》卷四《讲义》"仁者其言也讱"章。
③ 《高子遗书》卷四《讲义》"克己复礼"章。
④ 《高子遗书》卷一《语—百八十二则》。
⑤ 《高子遗书》卷九上《王文成公年谱序》。

与文成便是两样。宇内之学,百年前是前一路,百年来是后一路。两者递传之后,各有所弊。"①如朱子一派"有本体不彻者,多是缺主敬之功",陆子一派"有工夫不密者,多是缺穷理之学"。② 尤其是到阳明及其后学,过分强调新奇自得,不注重实际,致使出现了空疏和空虚的倾向:"当文成之身,学者则已有流入空虚,为脱落新奇之论,而文成亦悔之矣。至于今,乃益以虚见为实悟,任情为率性,易简之途误认,而义利之界渐夷,其弊也滋甚,则亦未尝反而求之文成之说也。"③因此,有鉴于"实病易消,虚病难补",故于阳明学之"今日虚症","吾辈当相与稽弊而反之于实,知及仁守,莅之以庄,动之以礼,一一着实做去,方有所就"④,即以实补虚,折衷朱、王。这在《论语讲义》中主要体现在对"修""悟"并重工夫的探讨上。

在高攀龙看来,"默而识之曰悟,循而体之曰修。修之则彝伦日用也,悟之则神化性命也。圣人所以下学而上达,与天地同流,如此而已矣"⑤。修、悟是同等重要的:"悟、修二者,并无轻重,即如仁、义、礼、智四字,言仁、智处皆是悟,言礼、义处皆是修,悟则四字皆是修,修则四字皆是悟,真是半斤八两。"⑥不可偏废,相辅相成:"不悟之修止是妆饰,不修之悟止是见解,二者皆圣人所谓文而已。"⑦二者是本体与工夫的关系:"善言工夫者,惟恐言本体者之妨其修;善言本体者,惟恐言工夫者之妨其悟。不知欲修者正须求之本体,欲悟者正须求之工夫。无本体,无工夫;无工夫,无本体也。"⑧但在承传圣人之道的过程中,无论是朱学还是阳明学,都或多或少地在这方面出现了问题:"夫学者,学为孔子而已。孔子之教四,曰文行忠信,惟朱子之学得其宗,传之万世无弊。即有泥文窒悟者,其敦行忠信自若也,不谓弊也。姚江天挺豪杰,妙悟良知,一破泥文之蔽,其功甚伟,岂可不谓孔子之学? 然而非孔子之教也。今其弊略见矣,始也扫闻见以明心耳,究且任心而废学,于是乎诗书礼乐轻而士鲜实悟;始也扫善恶以空念耳,究且任空而废行,于是乎名节忠义轻而士鲜实修。盖至于以四无教者弊而后知以四教教者,圣人忧患后世之远也。"⑨由于没有很好地按照孔子所教内容来做,朱学有"泥文

---

① 《高子遗书》卷四《讲义》"知及之"章。
② 《高子遗书》卷二《札记》。
③ 《高子遗书》卷九上《王文成公年谱序》。
④ 《高子遗书》卷四《讲义》"知及之"章。
⑤ 《高子遗书》卷九上《重锲〈近思录〉序》。
⑥ 《高子遗书》卷五《会语——百则》。
⑦ 《高子遗书》卷八上《答萧康侯》。
⑧ 《高子遗书》卷九上《冯少墟先生集序》。
⑨ 《高子遗书》卷九上《〈崇文会语〉序》。

窒悟者",阳明学出现了"任心而废学""任空而废行"的情况,妨碍了学术的正常发展。

有鉴于此,高攀龙一方面主张真修:"不真修,非真悟也。"①在他看来,受"气禀"和"物欲"影响,人必须要修:"吾辈须各各自认得个己,这个己灵于万物,并于天地,不可轻看了他。他原生来一私不染,万物具备,天然完全,何故要修?只缘有生以后,为气禀所拘,自家局小了他;为物欲所蔽,自家污坏了他,失了他原初本色,故须要修。"通过修,恢复"一私不染"的本色。修之法就在于敬:"然修之之法却甚简易直截,只争个敬不敬尔。敬则此心便在这里,耳便聪,目便明,四体便恭谨,应事便条理,这个己便是修的。不敬,心便不在,耳便不聪,目便不明,四体便颓放,应事便乖谬,这个己便是不修的。只争这些子,当下便分圣凡,何啻天渊相隔?"自修时,敬与不敬差别甚大。高氏进而指出,且不可小看修己:"圣人说个修己以敬,彻上彻下,全体在此,大用在此,只要人见得透,信得及。子路便信不及,便曰如斯而已乎,是看得这个己小了,看得这个修己轻了。不知圣人把握宇宙,枢纽万化都在于此,人也以此去安,百姓也以此去安,充其分量,就是尧舜也做不尽的。这个道理只在眼前,平常到极处,故人人明白,人人不明白。大要先看透天下万事除了修己,更无别事;若不修己,更无一事可做;若真真实实修了这己,一正百正,一了百了,何处更要费一点闲心肠,枉一点闲气力?"如果对"修己以敬"认识不到位,就会导致一些问题的出现:"今之谈学者多混禅学,便说只要认得这个己,他原自修的何须更添个修,原自敬的何须更添个敬,反成障碍了。此是误天下学者,只将虚影子骗过一生,其实不曾修,有日就污坏而已。"同时,切莫错认了"敬":"今人又多错认了这个敬字,谓才说敬便着在敬上了,此正不是敬。凡人心下胶胶扰扰,只缘不敬,若敬便豁然无事了,岂有敬而着个敬在胸中为障碍之理?"为了避免这些问题,就要做到实修真敬:"若是实修,须是整齐严肃,着不得些怠惰放肆;须是主一无适,着不得些胡思乱想;须是无众寡无小大无敢慢,着不得些轻忽厌倦。"修己以敬须持续去做,习惯了便成为君子:"其初虽不免用力,到习之而熟,自有无限风光。""大家雝雝肃肃,心下洁洁净净,便是修己以敬的样子,一刻如此,便做了一刻君子,一日如此,便做了一日君子。"②

另一方面,他主张要真悟。在高氏看来,"修而不悟者徇末而迷本,悟而不彻者认物以为则",因此,要做到"修而悟,悟而彻"之真悟:"至明至备,至正至中,非修而悟、悟而彻者不能,真圣人之学也。"③此乃孔子之学应有之内容:"'立卓',

---

① 《高子遗书》卷八上《答萧康侯》。
② 《高子遗书》卷四《讲义》"君子修己以敬"章。
③ 《高子遗书》卷九上《冯少墟先生集序》。

非颜之悟乎？至于不迁怒贰过，斯其悟，真悟矣。'一贯'，非曾之悟乎？至于启手足，斯其悟，真悟矣。"颜子和曾子都做到了真悟，但阳明后学在这点上却做得不够好："或摄心而乍见心境之开明，或专气而乍得气机之宣畅，以是为悟，遂欲举吾圣人明善诚身之教一扫而无之，决堤防以自恣，灭是非而安心，谓可以了生死。"①喜欢放言高论，常常以"虚见"为悟，这种状况让人甚为担忧。有鉴于此，他要求"学必须悟，悟后方知痛痒耳，知痛痒后直事事放过不得"②。既然事事不可放过，那就需要在忠恕之道上下工夫，努力达到一以贯之。在这期间，"悟"扮演着重要的角色："忠恕只是这个忠恕，但悟前只唤做忠恕，是下学人事；悟后便是一贯，是上达天德。若不是平日实做忠恕，如何当下唯得一贯？观门人一时共闻，茫然不知所谓，可见矣。"无"悟"就不能上达，不能至"一贯"。曾子"悟"了，关键就在于平日扎扎实实按照忠恕之道来做："曾子悟处，全在'而已矣'三字。平日还认夫子有甚高妙，到此方知只是如此，别无余法，此之谓豁然贯通，此之谓冻解冰释。"高攀龙进而告诫时儒："吾辈今日这个心，与孔、曾当日的心是一个，并无些子差池，然圣凡相去，直如天渊，只争个一与不一耳。若从今锻炼去，到得一处，便知夫子贯处、曾子唯处。"③只要一心践行忠恕之道，就能与孔子、曾子比肩，领悟到"一贯是忠恕悟处，忠恕是一贯修处"的妙处。④

由上可见，身处晚明的高攀龙，为挽救国难民瘼，力图重振朱学雄风，救正王学末流空疏之弊，折衷朱、王，倡导修悟并重，开创了学术的新风气。其弟子陈龙正曾高度评价说："盖本朝大儒无过文清、文成，高子微妙，逾于薛而纯实无弊，胜于王至乎修持之洁、践履之方……道脉自朱、陆以来终莫能合，薛非不悟也，而修居多；王非无力也，而巧偏重。一修悟，一巧力，一朱、陆，惟吾先生。"⑤虽有过誉之嫌，但亦不无道理。

---

① 《高子遗书》卷九上《重锲〈近思录〉序》。
② 《高子遗书》卷八上《与罗匡湖一》。
③ 《高子遗书》卷四《讲义》"一贯"章。
④ 《高子遗书》卷五《会语—百则》。
⑤ (明)陈龙正《〈高子遗书〉序》，《高子遗书》卷首。

高攀龙的主静工夫

——以静坐法为中心

李 卓[*]

摘 要："静坐"是宋明儒者主静工夫的主要形式，也是修身工夫的入处之一。高攀龙十分重视静坐工夫，他于静坐方法提揭之重，论说之详，在理学家中是非常罕见的。他专门讨论静坐方法的文字主要是《复七规程》《山居课程》《静坐说》和《书〈静坐说〉后》。其主静思想的特点是强调静坐必须以主一为宗旨。高攀龙的静坐法在形式上吸收了很多佛教的因素，但这并不意味他的主静工夫等同于禅坐。他对喜静厌动的弊端有所警惕，主张静贯动静。他曾以静坐疗疾，但是认为道教内丹修炼非主静之旨。他以《戊午吟》作行持之用，谓之口诀。其殉节时的神秘"异状"，与他的道德修为有更直接的关系。

关键词：高攀龙；主静；静坐；近禅；养生；口诀

静坐方法从来不是理学关注的问题意识，即便是主张静坐的宋明儒者也鲜有言及，少数人虽有所论亦语焉不详。高攀龙(1562—1626，初字云从，后改字存之，别号景逸，以下均以别号称之)十分重视静坐工夫，他于静坐方法提揭之重，论说之详，在理学家中是非常少见的，故他的主静修养工夫有较大的研究价值。在具体讨论之前，先对"主静"一词稍作说明。在宋明理学的话语中，"主静"与"静坐"往往是异名同实的关系，但严格来说，"静坐"是主静工夫的一种主要形式，"主静"的意涵要更为宽泛。"静坐"可以说是儒释道三家的"共法"，"主静"则具有鲜明的儒家性格。而且在景逸的言说脉络中，"静"有时并不仅指静坐，故本文以"主静"一词来指涉他的静修工夫。

众所周知，静坐是佛老非常重视的一个修为方法。虽然原始儒家并没有将静坐作为一项专门的教法来提揭，但在先秦儒典中却不难发现静坐思想的滥觞。《易传》之"寂然不动"，《乐记》的"人生而静"都有主静之义。《大学》开示的"定、静、安、虑、得"，指出了一个由"定""静"下手的工夫入路。孟子教人

---

[*] 作者简介：李卓，男，清华大学哲学博士，天津市社会科学院伦理学研究所副研究员。

"存夜气""求放心"①,以及他现身说法的"我四十不动心"②,也可窥见收敛主静的意味。不过原始儒家的这类表述毕竟失之过简或"文献不足征",且未必是一个严格自觉的工夫概念,静坐主要是在佛道二教中发展成为系统严密的修证方法。

道学宗主周濂溪在《太极图说》中提出"主静",开创了儒家的主静传统,但他并未详细阐发主静的意涵,更没有涉及静坐的问题。至二程,则明确将静坐作为主静工夫的主要形式,不过明道和伊川有很大的不同。明道开创了道南一系,至罗从彦,以"静中观喜怒哀乐未发前气象"为"道南指诀",黄梨洲谓"罗豫章静坐看未发气象,此是明道以来,下及延平,一条血路也"③。依牟宗三先生,"道南指诀"属于"超越的逆觉体证","'超越'者闭关静坐之谓也",主要指暂时与现实生活相隔离,静坐是代表性的方法,"隔"即意味着超越。④ 伊川为了与佛教划清界限,不用"静"字,以"敬"代之,所谓"才说静,便入于释氏之说也。不用静字,只用敬字"。⑤ 朱子本来授受于道南之李侗,但他却转向了伊川的轨道,以"主敬"代"主静",并以主敬涵养和格物穷理为主要工夫,"一改道南传统的主静、内向和体验色彩,使得道学在南宋发生了理性主义的转向"。⑥ 虽然伊川、朱子亦言静坐,朱子甚至有"半日静坐,半日读书"⑦的著名教法,但静坐毕竟在伊川和朱子的为学工夫中不占主要地位。尽管景逸自谓"从程、朱夫子讨出工夫,曲折一一依他做"⑧,以朱子的"半日静坐,半日读书"为规程,但他的为学更加向内,注重体验,甚至带有神秘色彩,事实上在很大程度上回到了"道南一系"的主静传统。

主静是景逸之学的显著特征。就现有的记录来看,景逸习静始于登第后在"朝天宫习仪,僧房静坐"⑨,时为万历二十年壬辰(1592),景逸三十一岁。此后他一生勤习不辍,他的日记和书信往来中关于静坐的记载所在多有,后人甚至以

---

① (宋)朱熹《孟子集注》卷一一《告子章句上》,《四书章句集注》,北京:中华书局,2012年,第337、340页。
② (宋)朱熹《孟子集注》卷三《公孙丑章句上》,《四书章句集注》,第230页。
③ (清)黄宗羲、全祖望《宋元学案》卷三九《豫章学案》,北京:中华书局,2008年,第1277页。
④ 牟宗三《心体与性体》,上海:上海古籍出版社,2001年,中册,第394页。
⑤ (宋)程颢、程颐《河南程氏遗书》卷一八《伊川先生语四》,《二程集》,北京:中华书局,2004年,第189页。
⑥ 陈来《朱子哲学研究》,上海:华东师范大学出版社,2000年,第71页。
⑦ (宋)朱熹《朱子语类》卷一一六《训门人四》,北京:中华书局,1986年,第2806页。
⑧ (明)高攀龙《高子遗书》卷三《与管东溟虞山精舍问答》,明崇祯五年刻本。
⑨ (明)高攀龙《高子遗书》卷三《困学记》。

主静概括其为学特征，如陆陇其谓"景逸主静"①、"高（景逸）则以静坐为主"②，明史作者也认为其学"以静为主"③。儒家言静坐工夫，有论者认为景逸最详。④ 景逸的主静之学在东亚儒学的范围内都较有影响，比如日本幕末维新时期的朱子学者楠本端山，在深潜精密的体认自得方面达到很高水准，很大程度上就是得益于实践高攀龙"复七规"静坐的体认自得。⑤

景逸主张为学必须由静坐而入，他说："圣学入门，无逾静坐"⑥，"学者静坐，是入门要诀"⑦。是因为静坐可以定心气，可以与读书交相互发，静坐更是见性之法，此义已有备述。⑧ 本文略人所详，以下主要考察景逸有关静坐方法的四篇文字，然后在此基础上对相关问题加以辨正，以期全面呈现他的主静思想。

一、静坐法考释

景逸专门讨论静坐方法的文字集中在两个"程规"和两篇"静坐说"之中。按照撰写的时间顺序，依次是《复七规程》《山居课程》《静坐说》和《书〈静坐说〉后》。万历二十六年戊戌（1598，景逸三十七岁）景逸作水居，为静坐读书计，作《复七规程》。华允诚《高忠宪公年谱》、朱国祯《墓志铭》、钱士升《神道碑铭》等均有记载，叶茂才《景逸高先生行状》所记较详："同志如吴子往、归季思来访，相与焚香兀

---

① （清）陆陇其《三鱼堂文集》卷四《读象山对朱济道语》，《景印文渊阁四库全书》第 1325 册，台北：台湾商务印书馆，1982—1986 年，第 42 页。
② 吴光酉《陆陇其年谱》，北京：中华书局，1993 年，第 58 页。
③ （清）张廷玉等《明史》卷二四三《高攀龙传》，北京：中华书局，1974 年，第 6315 页。又，《明史》卷二五八《华允诚传》载："华允诚……从同里高攀龙讲学首善书院……遂受业为弟子，传其主静之学。"
④ 近人丁福保《静坐法精义》以问答的形式指明了这一点："问曰：'儒家所讲静坐之法，以何家为最详？'答曰：'宋之程子、朱子，明之王阳明、陈白沙，皆讲静坐法，惟论静坐最详细者，莫如吾乡高忠宪公。'"见丁福保《静坐法精义》，上海：上海古籍出版社，1990 年，第 2 页。
⑤ 参见难波征男《从日本幕末维新时期的儒学者看明清之际的精神与思想世界——山田方谷与楠本端山》，载《明清之际的精神和思想世界国际学术研讨会会议论文集》，2013 年，河南嵩山，第 55 页。
⑥ 忠宪授（华允诚）以主静之学，谓"圣学入门，无逾静坐。静坐非冥然寂守，正是凝然根极"。载（清）高廷珍《东林书院志》卷二二《诸贤轶事·华凤超先生》，清雍正刻本。
⑦ （明）高攀龙《高子遗书》卷五《会语一百则》。
⑧ 参见杨菁《高攀龙的静坐实践及其体悟》第三节"为何要静坐"，《彰化师大国文学志》，第 22 期（2011 年 6 月），第 301—333 页。

坐。坐必七日。取《大易》七日来复之义,作《复七规程》。"①景逸诗《湖上闲居,季思、子往适至》有"春风吹微波,日暮倚杨柳。我友惠然至,童仆喜奔走"②,可知《复七规程》作于戊戌之春。华允诚《高忠宪公年谱》万历二十六年条下载"是秋,会同志于二泉之上,与管东溟辨无善无恶之旨。作《山居课程》"③,故《山居课程》作于戊戌秋。《书〈静坐说〉后》前云:"万历癸丑秋,静坐武林弢光山中,作《静坐说》。越二年观之,说殆未备也。"其后又注明"乙卯孟冬志"④,故《静坐说》作于癸丑秋(1613,景逸五十二岁),《书〈静坐说〉后》作于乙卯孟冬(1615,景逸五十四岁)。以上略考景逸四篇文字的撰写时间,借此可见景逸静坐思想的演变,同时也可以澄清某些记载的错误⑤。

四篇文字当中,"规程"涵盖了日常生活的各个方面,"静坐说"则专言静坐之中的具体方法。以下依次钞录四篇文献的全文并略加疏解,由于文字比较简单,仅择其要点考察。先录《复七规》:

> 复七者,取《大易》七日来复之义也。凡应物稍疲,即当静定七日以济之,所以休养气体、精明志意,使原本不匮者也。先一日,放意缓形,欲睡即睡,务令畅悦,昏倦刷濯,然后入室焫香趺坐。凡静坐之法,唤醒此心卓然常明,志无所适而已。志无所适,精神自然凝复,不待安排。勿著方所,勿思效验。初入静者,不知摄持之法,惟体帖圣贤切要之言,自有入处。静至三日,必臻妙境。四五日后,尤宜警策,勿令懒散。饭后必徐行百步,不可多食酒肉,致滋昏浊。卧不得解衣,欲睡则卧,乍醒即起。至七日,则精神充溢,诸疾不作矣。食芹而美,敢告同志。⑥

首先,"复七者,取《大易》七日来复之义",绝不是什么禅林打七之规。实践《复七规》的目的是功能性的,是为了"休养气体,精明志意,使原本不匮",即修养身心,也就是"定心气"之义。至于具体实行之法,在前一日先做准备,不再应事,通过休息除去昏倦,畅悦身心。然后入室闭关,采取趺坐(双盘)的姿势。要在

---

① (明)叶茂才《资德大夫正治上卿都察院左都御史赠太子少保兵部尚书景逸高先生行状》,(明)高攀龙《高子遗书》附录。
② (明)高攀龙《高子遗书》卷六。
③ (明)华允诚《高忠宪公年谱》,同治、光绪间刻《高子遗书》附刊本。
④⑥ (明)高攀龙《高子遗书》卷三。
⑤ 如孙奇逢就误认为《静坐说》与《复七规程》作于同一时间,《理学宗传》载:"偕吴志远、归子慕二人扁舟往来,兀坐相对,作《静坐说》及《复七规程》。"(清)孙奇逢《理学宗传》卷二三《高忠宪攀龙》,清康熙六年刻本。

"唤醒此心卓然常明,志无所适",即提撕警觉,保持心之虚灵不昧,又要无欲无念,如此精神自然凝复。志无所适则不能加以手势,故"勿著方所"。又惧"助长"之心,故"勿思效验"。以体贴圣贤之言作为初入静的摄持之法,带有明显的儒家性格。在饮食和睡眠方面都有详细规定,旨在不使身体昏浊,精神昏沉。其效验则是三日"必臻妙境",七日"精神充溢,诸疾不作"。以七日为限,取"《大易》七日来复之义",很容易使人联想到之前颜山农的"七日闭关法"。两者的效果相近,不过颜山农之法需要坚持忍耐做苦工,颇具神秘色彩,比较而言,景逸之法更为平常。

以后景逸在静坐时多严格遵照此规程,必以七日为期。如一年后的日记己亥(1599)五月廿一日条载,"七日,大觉精神迥异。学虽然不专在静坐,自幼欠缺(原文作"却",据文意改)小学之功,却需大段入静,方得收摄凝定也",此为"定心气";日记庚子(1600)九月十八日记曰:"静坐,七日中只体贴诚敬,见精一为圣学的传也",这是"体帖圣贤切要之言";十月十二日,"静坐七日,是日见只是顾諟天之明命为功夫",同为体贴圣贤之言,不过内容有所不同。①

不久以后,景逸又作《山居课程》,其文曰:

> 五鼓拥衾起坐,叩齿凝神,澹然自摄。天甫明,小憩即起。盥漱毕,活火焚香,默坐玩《易》。晨食后,徐行百步,课儿童,灌花木,即入室静意读书。午食后,散步舒啸,觉有昏气,瞑目少憩,啜茗焚香,令意思爽畅,然后读书,至日昃而止。趺坐,尽线香一炷。落日衔山,出望云物,课园丁艺植。晚食淡素,酒取陶然。篝镫随意涉猎,兴尽而止。就榻趺坐,俟睡思欲酣,乃寝。②

较之《复七规》,《山居课程》多恬淡适性之义。此规程有两个显著特点:一是将静坐融入儒家学者的日常生活之中,如伴随有课儿童、课园丁艺植等事;二是将朱子"半日静坐,半日读书"的提法变为一个具体操作的规程。

此后数年,景逸将静坐与其他工夫相配合,精进不已。其间丙午,(1606,四十五岁)、丁未(1607,四十六岁)、壬子(1612,五十一岁)均有所悟③,但于静坐之法阐发无多。直到万历四十一年癸丑秋(1613,五十二岁)静坐武林弢光山中,才有《静坐说》。内容如下:

---

① 以上诸条见高攀龙《高子日记约钞》,《高子遗书未刻稿》附,无锡市图书馆藏抄本。
②③ (明)高攀龙《高子遗书》卷三。

> 静坐之法，不用一毫安排，只平平常常，默然静去。此平常二字，不可容易看过，即性体也。以其清静不容一物，故谓之平常。画前之易如此，人生而静以上如此，喜怒哀乐未发如此，乃天理之自然。须在人各自体帖出，方是自得。静中妄念强除不得，真体既显，妄念自息。昏气亦强除不得，妄念既净，昏气自清。只体认本性原来本色，还他湛然而已。大抵著一毫意不得，著一毫见不得，才添一念，便失本色。由静而动，亦只平平常常，湛然动去。静时与动时一色，动时与静时一色。所以一色者，只是一个平常也，故曰无动无静。学者不过借静坐中认此无动无静之体云尔。静中得力，方是动中真得力；动中得力，方是静中真得力。所谓敬者，此也；所谓仁也者，此也；所谓诚者，此也，是复性之道也。①

此说乃景逸见性后的高明浑化之论。全文重在"平常"二字，即性体之义。"静以见性，见性自静"②，"静坐只以见性为主"③，"主静以见性"是景逸主张静坐工夫的重要理由，景逸这里围绕性体之义展开他对静坐法的理解。

妄念纷纭、昏气干扰都是静坐时常见的现象，佛道二教有众多对治的方法。景逸这里只以见性为法，不言消极的除昏去妄工夫，主张积极之体认。这种对治妄念的方法，景逸有详细的阐发。他鉴于某些僧人闭关的情况——"有焚诵者，有书写者，有持咒者，有参话头者，总排遣过日。三年出关，依然旧时人"，指出"吾谓关中静坐是第一工夫，静中除妄想是第一工夫。除得妄想，方是工夫。妄想如何除得？要知人生以来，真心悉变成妄想，除却妄想，别无真心。回光一照，妄想何在？妄不可得，即是真心。急自认而已，日认日真，必有日一声雷震，万户洞开，方知如上所言，字字是真，字字是假。何者？不认不真。当其认时，还是认者，故曰是假；当其真时，即此认者，故曰是真。此是儒者格物一诀，吾不知其于禅如何？"④在景逸看来，僧人采用的各种方法都是以妄息妄，所以他强调翻迷即觉，真显妄息，并将此归为格物工夫。事实上，他的主张倒是非常接近佛教天台、华严和《大乘起信论》真常一系"迷觉一心"的思想。

于静坐工夫，景逸又强调性体无著之义，所以不用安排。又言动静一贯，性贯动静，明谓静坐不过见性之法。总之以"平常"为把柄，在性体上立根，紧紧把握工夫的头脑在根本处用力。如此则静坐时"平平常常默然静去"，"由静而动，

---

① （明）高攀龙《高子遗书》卷三。
② （明）高攀龙《高子遗书》卷五。
③ （明）高攀龙《高子遗书》卷八上。
④ （明）高攀龙《高子遗书》卷一二《书关僧净六卷》。

亦只平平常常湛然动去"。不用安排，一无所著即无为之义，由于性体无著，故工夫无为。景逸说："弟有《静坐说》，是守之之法，书以请正。万不可做有作有为功夫，一涉有为，即是假法，决不见道。盖此事本体原是无极，故功夫不得有为。合功夫之谓本体；合本体之谓功夫，二之则不是矣。"①虽是无为，其实只是以无为的姿态呈现，不显操持相而已，绝非无事可做。其特点正是"不操之操，操更力耳"②，近于王龙溪所谓"无工夫中真工夫"③，"不著纤毫力中大著力处也"④，罗近溪之"工夫难得凑泊，即以不屑凑泊为工夫"⑤。

两年后，景逸认为《静坐说》有所不足，又作《书〈静坐说〉后》。其文曰：

> 万历癸丑秋，静坐武林弢光山中，作《静坐说》。越二年观之，说殆未备也。夫静坐之法，入门者借以涵养，初学者借以入门。彼夫初入之心，妄念胶结，何从而见平常之体乎？平常则散漫去矣，故必收敛身心以主于一。一即平常之体也，主则有意存焉。此意亦非著意，盖心中无事之谓，一著意则非一也。不著而谓之意者，但从衣冠瞻视间整齐严肃，则心自一。渐久渐熟，渐平常矣。故主一者，学之成始成终者也。乙卯孟冬志。⑥

此说以《静坐说》未备，强调主一工夫以为纠正。所谓"未备"，当指《静坐说》不合适作为普遍的教法推行。初学者习深锢蔽，循此无从见平常之体，其谓平常实为散漫。对初学者来说，《静坐说》是"以悟后语语未悟之人"而不免有弊，所以景逸改为收敛身心以主于一。《静坐说》中平常、无著之胜义仍然保留，只不过强调要辅以整齐严肃的主敬工夫来渐修。与前说相较，补充主一工夫于入门者、见性者无妨，于接引初学者无弊。刘蕺山谓："近高忠宪有《静坐说》二通，其一是撒手悬崖伎俩，其一是小心着地伎俩，而公终以后说为正。"⑦此为知言之论。

---

① （明）高攀龙《高子遗书》卷八上。
② （明）蔡国珍《杨氏易传》序，（宋）杨简《杨氏易传》卷首，《景印文渊阁四库全书》第14册，台北：台湾商务印书馆，1982—1986年，第3页。
③ （明）王畿《龙溪王先生全集》卷六《与存斋徐子问答》，《四库全书存目丛书》集部第98册，济南：齐鲁书社，1997年，第364页。
④ （明）王畿《龙溪王先生全集》卷四《留都会纪》，《四库全书存目丛书》集部第98册，第319页。
⑤ （清）黄宗羲《明儒学案》卷三四《泰州学案三·参政罗近溪先生汝芳》，北京：中华书局，1986年，上册，第762页。
⑥ （明）高攀龙《高子遗书》卷三。
⑦ （明）刘宗周著，吴光主编《刘宗周全集》第3册"语类一"《人谱续编二·讼过法》，杭州：浙江古籍出版社，2012年，第14页。

上引四文，《复七规》是功能性的调养身心之法，《山居课程》更像一份以静坐和读书为主，包罗广泛的课程表。两"规程"作于三十七岁，乃景逸构建水居、可楼，归隐林泉静坐读书之始。《静坐说》作于五十二岁，此前景逸经历了数次大悟："丙午，方实信孟子'性善'之旨……丁未，方实信程子'鸢飞鱼跃'与'必有事焉'之旨……辛亥，方实信《大学》'知本'之旨……壬子，方实信'中庸'之旨。"①故《静坐说》可谓景逸的"悟后之语""见道之说"。《书〈静坐说〉后》是鉴于《静坐说》于初学不免有弊，以"主一"纠正之，实未改原文大旨。质言之，《静坐说》将景逸数十年的主静所得和盘托出，乃指明静坐必须以主一为宗旨，始为善论。作为教法，自然当以"后说"为准，景逸的主静要旨则于"前说"尽发无余，也可以看出景逸的主静思想有一个从"定心气""体贴圣贤之言"到"见性"不断向内深入的演变过程。

于宋明理学静坐工夫较有研究的台湾学者杨儒宾认为"他（按，指高景逸）的各种静坐法门最后汇聚于《复七规》，此法门可视为东林静坐论汇归之大壑"②，此说似有未安。《静坐说》《书〈静坐说〉后》晚于《复七规》十五年，除非杨氏认为此二说毫无新义，否则其思想无论如何也不可能汇聚于之前的《复七规》当中。

二、质疑与辨正

景逸一生习静不辍，大有受用，并以此教人。后世儒者于此褒贬不一，见仁见智。誉之者姑且不论，忌之者多以静坐近禅、脱略事物而批诋之，其批评是否相应？景逸曾以静坐养生疗疾，他如何看待道教养生？下面对这三个与主静有关的问题加以辨正。

（一）静坐杂禅

后儒对景逸主静思想的批评，主要是静坐与圣学不合而杂禅。如张履祥指出："东林诸公表彰程、朱之学，然与程、朱毕竟不同。盖其入门便从'静悟'二字用功，与圣门博文约礼、文行忠信、入孝出弟、守先待后之意往往不合。"③认为东

---

① （明）高攀龙《高子遗书》卷三《困学记》。
② 杨儒宾《明儒与静坐》，收入钟振宇、廖钦彬主编《跨文化视野下的东亚宗教传统：个案探讨篇》，台北：台湾"中央研究院"中国文哲研究所，2012年，第64页。
③ （清）苏珺元《张杨园先生年谱》，（清）张履祥《杨园先生全集》附录，北京：中华书局，2002年，第1163页。

林之静坐悟道有违程、朱之旨。陆陇其谓:"盖《乐记》之人生而静,《太极图》之主静,皆是指敬而言,无事之时,其心收敛不他适而已。非欲人谢却事物,专求之寂灭,如佛家之坐禅一般也。高景逸不知此,乃专力于静,甚至坐必七日。名为涵养大本,而不觉入于释氏之寂灭,亦异乎朱子所谓静矣。"①陆氏严尊朱子,于朱子静坐之言视而不见,认主静即主敬,静坐即坐禅,以杂禅责景逸。新儒学大师牟宗三也说:"'打坐不能增加人的道德感'。打坐的工夫与佛老的教义相应,不与儒家的教义相应,至少亦不是其工夫之所以为工夫的本质。"②

我们必须承认,景逸的静坐方法确实于佛教多有取益。例如对于静坐的姿势,一般宋明儒者很少言及,至多是与主敬配合,以整齐严肃、正襟危坐而惺惺不昧为主,景逸则明确规定应当采取跌坐的姿势,他所撰的规程和平时静坐的记载均如此。一般认为跌坐起源于早期的印度宗教,后为佛教所吸收,成为禅坐的姿势。景逸静坐时又使用过蒲团,曾谓:"为大归之计,故曰在湖山作蒲团活计耳。"③他甚至还在静坐时穿着禅衣,《蔡观察贻余禅衣,成夜坐诗寄谢》诗云:"感君衣被意,示我禅定心。"④《高子遗书》未载的《弢光山中和友人韵》也有"禅坐秋逾寂,泉飞夕更凉"⑤的诗句,更见景逸有时候对静坐的描述与坐禅完全不加分别。

然而坐姿、坐具、服饰、语词的运用等都属于技术层面,并没有特定的属性,可以被任何哲学或宗教传统用作精神修炼的方法,即佛教所谓"共法"。在这个层面上,宋明儒者一向于二氏多有取益。不过"是禅""非禅"的根本分际并不在此,而在于是否用佛教的思想取代儒家根本的固有之义。因此,在静坐形式上对佛教的吸收,尚并不足以作为评判儒佛的根据。不过我们也必须承认,景逸上述的一些做法不免引人近禅的联想,甚至其门人亦有所忌讳,所以他的这类记述很多被陈龙正以"凡于不欲垂、不必垂者,胥已之,宁简毋繁,为后世也,所以体先生之志也"⑥的名义排除在《高子遗书》之外。

前引景逸静中体贴圣贤之言,代替禅家之参话头,以儒家义理来悦心;于《书〈静坐说〉后》中以主一贯终始;又说"至静中,凡平日行不慊心者一一显现,故主静要在慎独";景逸从未要坐禅入定,兀然无事,他反复申明静坐是为了体验未发

---

① (清)陆陇其《三鱼堂文集》卷五《答秦定叟书》,第73页。
② 牟宗三《人文讲习录·略论儒家的工夫》,《牟宗三先生全集》,台北:联经出版事业有限公司,2003年,第28册,第117页。
③ (明)高攀龙《高子别集》卷四《柬贺函伯计部》其二,民国十五年太仓陆氏刊本。
④ (明)高攀龙《高子遗书》卷六。
⑤ (明)高攀龙《高忠宪公诗集》"五言律",明崇祯间刻本。
⑥ (明)陈龙正《〈高子遗书〉序》,(明)高攀龙《高子遗书》卷首。

气象,即主静以见性。① 除了特别凸显性善之义,其论性语并不违程、朱之旨,而儒家性体之义是主张缘起性空的佛教绝无可能承认的。景逸主静思想的这些特点都与禅坐有很大的不同,体现了鲜明的儒家性格,而且这些不同超出了形式的意义,与佛教有本质的区别。事实上,景逸对静坐与禅的分际有着充分的自觉,他的《静坐吟》就明确道出了这一点,诗云:"静坐非玄非是禅,须知吾道本于天。直心来自降衷后,浩气观于未发前。但有平常为究竟,更无玄妙可穷研。一朝忽显真头面,方信诚明本自然。"②

(二) 喜静厌动

论者谓景逸主静为坐禅,隐含的一个批评是喜静厌动,局内遗外。陆陇其云:"其(景逸)《困学记》所谓旅舍小楼见六合皆心者,朱子有此光景乎? 其行状所谓焚香兀坐,坐必七日者,朱子有此功夫乎?"③即是指责景逸脱略应事,入静入空,有违朱子之学。

事实上,景逸的确有过喜静厌动之病。他在给赵南星(1550—1627,字梦白,号侪鹤)的信中说:"龙去年得胸膈之疾,殆矣。急勇猛摆脱一切世事,尽情弃舍,终日怡怡,观大化流行。久之,身心内外莹然朗彻,病亦自愈。自喜因病得药,又因药得病,不免习成懒惰。"④景逸因病而静坐,静坐而病愈,又因之喜静而厌动。不过他对此是有所警惕的,其纠偏之言曰:"一切求闲好静,总是无事生事,亦成当面蹉过。圣人之学,下学上达,惟是孜孜矻矻,好古敏求"⑤,又谓"动与静原是一理,学与教原非二道。学所以要静者,非是闭门讨个境界之静,只要研究得如何是道。知道,便知忙闲都是也。应事不损精神,怕应事便损精神。信得本来无事,应事何妨。静中体贴,正要体贴此理"⑥。这都是说求闲好静乃无事生事,静坐所得之理正是要人行动如理,喜静厌动恰恰有违此理。只要人能应事如理,应事也是无事。

景逸强调主静,又主张学无分动静。他的理由是:"学无动静也,然形太用则疲,神太用则困,故省外事者,学之要也。……然此事凝之甚难,散之甚易。道岂有聚散乎? 正欲凝此无聚散者,故本体本无散,功夫只是凝。"⑦这个思想很接近

---

① (明)高攀龙《高子遗书》卷二《札记》。
② (明)高攀龙《高子遗书》卷六。
③ (清)陆陇其《三鱼堂文集》卷五《答嘉善李子乔书》,第61页。
④ (明)高攀龙《高子遗书》卷八上《上赵师》其二。
⑤ (明)高攀龙《高子遗书》卷八下《与卞子静》其二。
⑥ (清)高廷珍《东林书院志》卷五《高景逸先生东林论学语上》。
⑦ (明)高攀龙《高子遗书》卷八下《与周仲纯、季纯》。

阳明的教法,所谓"以默坐澄心为学的……大率以收敛为主,发散是不得已"①。可见主静只是为初学设教,并非究竟义旨,景逸的目标亦不在此,他说:"学无动静。其初静以澄之,至不缘境而静,不缘境而动,乃真静也。"②静坐仍然有待于境,真静则不受外境的影响。景逸对静的境界有明确的划分,指出:

> 若夫脱落世事,超然物表,深山茂林,只居无耦,境静而已。澄湛虚明,心冥太始,无善无恶,腾腾兀兀,念静而已。静于境者,不可与于物宜,而当天下之动;静于念者,不可与于典礼,而善天下之动,去主静立极之道远矣。③

景逸把静分为境静、念静和至静三种,而"至静之静,静不可得而言"④。境静乃隐逸,念静可谓不动心,在他看来,二者都脱略物事,不可以应世,非圣人主静立极之道。景逸的目标是要超出境、念之静,故于《静坐吟》诗以言志,曰:"从今去却蒲团子,鲲海鹏天亦快哉!"

景逸又有理静、气静的分别,他说:

> 理静者,理明欲净,胸中廓然无事而静也。气静者,定久气澄,心气交合而静也。理明则气自静,气静理亦明,两者交资互益,以理气本非二。故默坐澄心、体认天理为延平门下至教也。若徒以气而已,动即失之,何益哉?⑤

理静是一种道德修养境界,并不偏于形体的静,气静则主要指静坐。景逸承认二者关系密切,由于理气本非二,所以工夫上要交资互益。但是如果偏狭地把静理解为气静则有失。"静如是,动不如是者,气静也;静如是,动亦如是者,理静也。"⑤显然理静贯通动静,而单纯追求气静则会在动时有差。

景逸还有动静一体的说法,主张"动时工夫,要在静时做;静时工夫,要在动时用。动时差了,必是静时差。譬如吾人静时澄然无事,动时一感即应,只依本

---

① (清)黄宗羲《明儒学案》卷一〇《姚江学案·文成王阳明先生守仁》,上册,第181页。黄梨洲认为此是阳明早岁教法,陈来指出"教人静坐实际上从来不具有教之一变的意义",参见陈来《有无之境:王阳明哲学的精神》,北京:北京大学出版社,2006年,第300—302页。
②⑤⑥ (明)高攀龙《高子遗书》卷一《语—百八十二则》。
③④ (明)高攀龙《高子遗书》卷九下《静庵华翁七十序》。

色,何得有差?"①这是说工夫应当贯通动静,一方面以动时有无差错来检验静时工夫是否到位,另一方面强调静时的工夫要在动时用,动时之用的实现才是静时工夫的完成。

从以上对静的各种区分可见,景逸虽然承认工夫有动静的分别,重视主静,但始终对耽于静有所警惕,又认为徒静并非究竟,主张动静一贯,他的态度和宋明儒的一般看法并无二致。张岱年先生指出:"程、朱、陆、王都颇知主静之流弊,而讲动静合一,但究竟都是很注重静的。"②事实上,即便在佛道二教也不以静坐为究竟,同样也反对一味闭关孤修兀坐而流于枯寂。如禅宗有磨砖作镜之讥③,道教经典《悟真篇》谓"未炼还丹莫入山,山中内外尽非铅"④,丘祖诗云:"作闹中闲,忙中静,浊中清。"⑤当然我们也必须承认,和儒家相较,佛老确实更偏重于出世间法,因此主张静坐的学者经常受到来自儒学内部"近禅"的批评。

(三) 静坐与道教养生

另一个可能引起误解之处,是景逸以静坐疗疾和道教养生的关系。景逸有过多次以静坐疗疾的经历,前引景逸得胸膈之疾,静坐而病自愈,就是一例。又如《高桥别语》载:"尝夜半腹痛,痛不可支。起坐,觉此心精明,痛亦随止。寻偃息,痛复如初。仍起坐,达旦,不药而愈。又一日在镇江齿痛,亦以静坐愈。"⑥

理学家通常对道教养生持批评态度,较宽容者如阳明也不过是以"养德"来包容养生。⑦景逸虽然患病以静坐疗疾而愈,同样对道教长生久视的追求大不

---

① (明)高攀龙《高子遗书》卷五《会语一百则》。
② 张岱年《中国哲学大纲——中国哲学问题史》,北京:昆仑出版社,2010年,第496页。
③ 开元中,有沙门道一(即马祖大师也)住传法院,常日坐禅。师知是法器,往问曰:"大德,坐禅图什么?"一曰:"图作佛。"师乃取一砖,于彼庵前石上磨。一曰:"师作什么?"师曰:"磨作镜。"一曰:"磨砖岂得成镜耶?"师曰:"坐禅岂得成佛耶?"一曰:"如何即是?"师曰:"如人驾车不行,打车即是?打牛即是?"一无对。师又曰:"汝学坐禅,为学坐佛?若学坐禅,禅非坐卧。若学坐佛,佛非定相。于无住法,不应取舍。汝若坐佛,即是杀佛。若执坐相,非达其理。"释道原《景德传灯录》卷五,《四部丛刊》三编景宋本,第58—59页。
④ (宋)张伯端撰,(宋)翁葆光注《悟真篇注疏》卷四绝句六十四首第十八首,明正统道藏本。
⑤ (金)丘处机《磻溪集》卷三《蕊心香·学道》,金刻本。
⑥ (明)高攀龙《高子遗书》卷五。
⑦ 例如阳明就说:"闻以多病之故,将从事于养生,区区往年盖尝弊力于此矣,后乃知其不必如是,始复一意于圣贤之学。大抵养德养身,只是一事,元静所云'真我'者,果能戒谨不睹,恐惧不闻,而专志于是,则神住气住精住,而仙家所谓长生久视之说亦在其中矣。"王守仁《王阳明全集》卷六《与陆元静》,上海:上海古籍出版社,1992年,第187页。

以为然。他曾在日记中写下这样一段文字：

> 因病，复取修炼家说观之，觉其鄙而不足为。夫大人者，与天地合其德，日月合其明。区区自保其神气，以偷生其间，亦焉用之？若夫慎言语、节饮食、毋劳其形、毋摇其精、毋使思虑营营，则诚养生至要矣。①

景逸所观何书不得而知，使他感到"鄙陋而不足为"的，据文义推测，应该是道教长保自然生命的修炼追求。在景逸看来，此是"偷生"，甚不足取。其引《周易·文言》之语，意指儒者当以"大人"为志业，而"从其大体为大人，从其小体为小人"②，故谓修炼家之说鄙陋而不足为。不过对于以营卫健康为目的的摄生之法，景逸还是非常赞同的，并认为是"养生至要"。其实景逸很早就对道教专注养生的取向有所警惕，他自述早年游学经历的《三时记》载："（萧自麓）又尝谓予往曰：'静后觉真气从丹田隐隐而生。'予又惧其（萧自麓）误认主静之旨也。"③萧自麓所谓静坐后感觉到"真气从丹田隐隐而生"，颇近道教内丹之说，景逸认为追求这类身体效验有违儒家主静的精神方向。朱子曾教人静坐疗疾，谓"但跏趺静坐，目视鼻端，注心脐腹之下，久自温暖，即渐见功效矣"④，这和萧自麓的说法非常相似。可见景逸自别于道教之严甚至超过朱子。

事实上，景逸的批评，道教中人未必接受。在主张性命双修的道教看来，虽曰修命，修性亦在其中。景逸所论乃落于一边，可谓"修性不修命"。此处的分歧是儒家传统和道教对自然生命的理解差异所致，无须深论。这里只补充一点，道教追求长生之义未必可鄙，也未必与儒家精神全不相应。唐君毅先生指出："而中国之神仙思想一特色，则为即以此肉身为修炼之资。此可视为一对肉身之贪恋，但亦可视为一当下要即俗成真之意志之表现。此即俗成真之意志中，有一先不舍离我在凼间之此身之精神。此精神乃更与儒家之肯定世界之精神相应者。在基督教要人舍弃生命，以得生命，佛家有委身饲虎之义。人既生于世，要舍弃生命身体实难。但人既厌弃此生命与身体，而欲求超拔解脱时，则人之要负担此自然生命及此自然身体之重量，而由此修炼，加以超化，亦难。"⑤

---

① 此日记载（明）高世宁、高世泰《高忠宪公年谱》卷上"万历二十二年"下，清顺治、康熙间刻本。
② （宋）朱熹《孟子集注》卷一一《告子章句上》，《四书章句集注》，第341页。
③ （明）高攀龙《高子遗书》卷一〇上。
④ （宋）朱熹《晦庵先生朱文公文集》卷五一《答黄子耕》，朱杰人、严佐之、刘永翔主编《朱子全书》（修订本），上海：上海古籍出版社，合肥：安徽教育出版社，2010年，第22册，第2381页。
⑤ 唐君毅《中国人文精神之发展》，台北：台湾学生书局，2002年，第358页。

三、口诀与效验

景逸晚岁再度出仕，以衰年之躯应对繁冗之政事，幸赖于多年的主静之工，得以勉强支撑。他在给友人的信中写道："弟今年以一人摄一寺事，既无精神，又无才略，所仗者一静而已。"①又有："光禄之事，弟以一人摄之，终日手不停笔，全赖平日静功，忙中收敛以禽而发，聊可支吾。以是益信学必以静为本，方有受用。"②

景逸"益信学必以静为本，方有受用"，他从京师寄给晚辈的家书，有一篇就是专门勉励子弟习静的《勖早做静功》，后作为《杂训》之一收入《高子遗书》，文中有叮咛之语云："汝辈急做工夫，受些口诀，不然此事（按，指静工）无传矣。"③

此处"口诀"何指？殊难索解。近人丁福保在其《静坐法精义》中以问答的形式给出了一个解释：

> 问曰："《庄子》《抱朴子》之所谓一，既闻命矣，《高忠宪公家训》谓静坐确有口诀，未知高子之所谓口诀者果何所指？"
>
> 答曰："高子之静坐口诀，亦指一而言，故《高子遗书》曰：'收拾全副精神，只在一处。'（注：谓静坐时当聚全副精神于两眉间之一处也。）又曰：'"主一"二字最尽。一者，本体；主者，工夫。'"④

道教修炼特重口诀，师徒授受，不肯轻传，带有浓厚的神秘色彩。在丁福保看来，景逸这里所谓口诀，即道教常言的玄关一窍。丁福保此说并没有给出任何根据，以眉间守窍，配合主一作解，殊为牵强，当属臆说。

笔者遍检景逸著作，发现景逸于静坐言口诀只此一处，查找相关解释亦无所获。但是在陈龙正《〈高忠宪公诗集〉序》中发现了一条线索，陈龙正谓："《静坐》《戊午》诸吟，则专以举道。譬如禅家之有偈，术家之有歌诀，不过假借宫商明宗传要，使人哦则易熟，熟则难忘，而句子间之淘汰琢磨，概非所计矣。"⑤据此，口

---

①② （明）高攀龙《高子遗书》卷八下。
③ （明）高攀龙《高子遗书》卷一〇。
④ 丁福保《静坐法精义》，第19页。
⑤ （明）高攀龙《高忠宪公诗集》卷首。

诀当指景逸所作与静坐相关的诗歌。考之景逸著述,有《静坐吟》四首,《戊午吟》二十首。《戊午吟》作于万历四十六年(1618,景逸五十七岁),前有景逸案语云:"《戊午吟》者,谓是年所见然也。春气动物,百鸟弄韵,人心至闲,自有无腔之韵悠然而来,足以吟讽。吟者不可谓诗,所吟者不可谓道,姑就行持,心口相念云尔。"①可见景逸确以《戊午吟》作行持之用,谓之口诀,不亦宜乎!

丁福保对景逸做静功的效验也有解释:

> 问曰:"高忠宪公静坐数十年,究竟有何功效?然不闻其能出神也。"
> 答曰:"儒家不重神通,尤不喜语怪,此为儒家门面所束缚也。然高子赴止水时,平立水中,滴水未入口,在须刻间能使灵魂离躯壳而去,其理由与出神无异,故刘念台先生谓高子平日学力坚定,临化时做得主张如此。"②

这是将景逸赴水后发生的神秘现象解释为静坐所得的出神之效验。道教有入定出神的说法,出神指通过修炼使元神脱离躯体。

景逸殉节的情形,华允诚《高忠宪公年谱》、叶茂才《资德大夫正治上卿都察院左都御史赠太子少保兵部尚书景逸高先生行状》、钱士升《神道碑铭》等均有记载。《行状》所言较详,谓:"所最异者,平立水面,冠不湿,履无泥,拥起,竟日无滴水出口。停敛数日,以待长君,颜色如生,观者无不惊为神云。"③这些记录和实际情况是否有距离,确实值得警觉。不过在没有明确反证的情况下,我们也不能轻易怀疑其真实性。事实上,在宋明儒者的传记资料中经常有一些神秘现象的记载,以死亡为例,比较典型就有罗近溪能预知自己的死期并略加控制④,王心

---

① (明)高攀龙《高子遗书》卷六。
② 丁福保《静坐法精义》,第18页。
③ (明)叶茂才《资德大夫正治上卿都察院左都御史赠太子少保兵部尚书景逸高先生行状》,《高子遗书》附录。
④ "九月初一日,师(罗近溪)自梳洗,端坐堂中。命诸孙次第进酒,各各微饮。仍对众称谢,随拱手别诸门人曰:'我行矣,珍重!珍重!'诸门人哭留,师愉色许曰:'为诸君再盘桓一日。'初二午刻,整冠更衣而逝。从午至申,坐不少偏。越日乃敛,颜色红活,手足绵软如生。"见罗近溪《盱坛直诠》卷上,台北:广文书局影印复性书院《儒林典要》校刊本,1960年,第41页(该书影印有误,此页位置当在书末)。

斋临终前"卧室内竟夜有光烛地"①等事例。后来祁彪佳自沉殉节，与景逸的情况尤为相似，有记曰："夜半月黑，分庙中之烛，出照水滨，端坐水中而死。家人觉而寻之，烛犹未见跋也。"②至于宋明儒者在日常修炼方面的神秘体验，更是不胜枚举。从现象上来说，必须承认理学家长期修炼之后是可能有一些神秘效验发生的，不过我们对此的解释当小心谨慎为宜，在没有充分证据支持某种推测的情况下，存而不论是较为明智的。刘蕺山为景逸辩之曰："先生平日学力坚定，故临化时做得主张，亦吾儒常事。若以佛氏临终显幻之法求之，则惑矣。"③照蕺山的说法，景逸殉节的"异状"，应该说和他长期修炼，勘破生死，殉节前气定神闲、从容不迫，有更为直接的关系。

（原载《世界宗教研究》2015年第5期，收入本书时文字有修改）

---

① "先是，卧室内竟夜有光烛地，众以为祥。先生（按，指王心斋）曰：'吾将逝乎？'至病革，诸子泣请后事，顾仲子襞曰：'汝知学，吾复何忧？'顾诸季曰：'汝有兄知此学，惟尔曹善事之。人生苦患离索，惟时序友朋于精舍，相与切磋，自有长益。'神气凝定，遂瞑目。是为八日子时也。及殓，容色莹然不改。"见王艮《王心斋全集》卷一《年谱》，台北：广文书局，2012年，第36—37页。
② （清）黄宗羲《弘光实录钞》，《黄宗羲全集》第2册，杭州：浙江古籍出版社，1986年，第95页。
③ （明）刘宗周《书高先生帖后》，《高子遗书》附录。

高攀龙"大身说"中的儒家仁爱思想

李祥翔*

摘　要：高攀龙"大身说"（天下一身论）借鉴了张载"民胞物与"思想与程颢"仁者以天地万物为一体"的思想，将己身与天地万物看作一互相联系的"大身"，强调他人他物之痛痒与己身密切相关，爱己身就要爱他人他物，并且认为由这种对他人的关爱出发过渡到爱护生命的生生之善即是"仁"。其中身心互依、以身言仁的观点更与郭店楚简"仁"字"息"的写法不谋而合。"大身说"符合"己欲立而立人，己欲达而达人"这一关于"仁"的经典表述，是东林学派对儒家仁爱思想的继承与发展。

关键词：东林学派；高攀龙；大身；儒家；仁

"儒家有悠久的重身的传统。儒者认为，人必须视自己的生理躯体为圣物。"[①]高攀龙作为继顾宪成之后东林书院的第二任山长，继承了儒家对于"身"的重视，提出了"天下原是一身"的"大身说"（天下一身论）。"大身说"主张推己及人，首先肯认自我与他人、他物同属于一个"大身"，再由对自我、自身的感觉和关心出发，建立起对他人的"移情心"与"慈爱"，进而在这种高尚情感的推动下去爱护他人、他物的生命，给天地万物以生存的可能。这种以"身"为基础建立起来的善心善行与郭店楚简不谋而合，是儒家"身心之仁"的最基本属性，也是融会贯通理解儒家"仁爱"思想构成的有效途径。[②]然而，学界当前对高攀龙的研究尚未全面展开，缺乏大量有深度的文献，研究高攀龙"大身说"的文献更是寥寥无几，这不能不说是一种遗憾。本文在忠于高攀龙相关论述原文的基础上，吸收借鉴了其他儒家经典及现代西方伦理思想，以此展开对高攀龙"大身说"的分析，希

---

* 作者简介：李祥翔，男，南京师范大学公共管理学院哲学系2019级中国哲学专业硕士研究生。
① 周炽成《复性收摄——高攀龙思想研究》，北京：人民出版社，2007年，第59页。
② 王中江《"身心合一"之"仁"与儒家德性伦理——郭店竹简"息"字及儒家仁爱的构成》，《中国哲学史》，2006年第1期，第5—14页。

望以此理清高攀龙"大身说"与儒家仁爱思想之间的关联,从而引起更多学者关注到高攀龙乃至儒家关于身的思考。①

一、大身:仁者以天地万物为一体

高攀龙的"大身说"并非完全是个人的心血来潮,而是对前人观点加以继承的结果。这种天下一身论在宋明理学中起码可以追溯到张载在《西铭》中提出的"民胞物与"思想与程颢的"仁说"。高攀龙在继承前人观点的基础上加以细化、深化,使"大身说"上升到了一个新高度。

张载在《西铭》中对天下一身的论述已经为人所熟知:"天地之塞,吾其体;天地之帅,吾其性。民,吾同胞;物,吾与也。……天下疲癃残疾、惸独鳏寡,皆吾兄弟之颠连而无告者也。"②在这段著名的论述中,张载将他人看成是自己的同胞兄弟、骨肉至亲,他人受苦就犹如我的同胞兄弟受苦。高攀龙也曾利用血缘之一源来说明天下一身:"无名公之来石幢,一人尔。俄尔十之,俄尔百之,且将千之万之,至倍蓰无算,而出于一也。其呼吸定息一也,五官百骸一也。今之为十百千万者,人人一无名公也。此之谓本。知其一为十百千万,如呼吸定息之相属也,此之为能来来贤贤。……人人而我,其我则亦人人"③,"吾作谱而滋惧也。夫谱以谱其可知者已尔。由可知者推而上之,何如也?祖也。由不可知之祖推而上之,何如也?天也。然则吾之一呼吸而在,吾之亲在也;吾之亲一呼吸而在,吾之祖在也;吾之祖一呼吸而在,吾不可知之祖在也;不可知之祖一呼吸而在,天地始交之呼吸在也。呜呼严哉!吾之身即亲也,即祖也,即天也。吾之兄弟,吾之宗,吾之族,皆亲也,皆祖也,皆天也。……夫天与吾一呼吸也,其感其应一呼吸也。"④高攀龙认为,同族同姓的人都有一共同的祖先,都是血脉相连的,父精母血造就了一个人的身体,而此人长大成人以后也会生育自己的后代,造就后代的身体,通过繁衍,个人的身体融入了世代的大身体中。一个人的身体中既体现

---

① 十余年前,周炽成教授在其专门研究高攀龙思想的著作《复性收摄——高攀龙思想研究》中专辟"身说"一章分析高攀龙关于身的思想,在该章导论部分已经明确表示了这一愿望。令人遗憾的是,周教授的愿望未能很好实现,目前知网研究儒家身思想的文章仅有数篇,研究高攀龙"大身说"的文章更为罕见。然而该书依然有着不可磨灭的价值,笔者于此书中受到大量启发,更为周教授的严谨治学所感动,坚定了写作此文的决心。
② (宋)张载著,章锡深点校《张载集》,北京:中华书局,1978年,第62页。
③ (明)高攀龙《高子遗书》卷九上《石幢叶氏族谱序》,明崇祯五年刻本。
④ (明)高攀龙《高子遗书》卷一〇《家谱·谱序》。

着祖先的身体,又潜藏着子孙后代的身体。既然同族之人本就同属于一个大身体,那么他们也就同身、同呼吸。顺着这条路推下去,可知天下所有的人,不管是否同姓同族,一定都可以找到共同的祖先。所以,天下之人最终都是同源、同身。比起张载的思想,高攀龙从以血缘说明天下一身的思想发展到"天下原是一身"①这种更大范围的天下一身思想,更显出博爱的特点,气势更加恢弘。

高攀龙这种以天下为一身的表述很容易让我们联想到程颢的表述:"若夫至仁,则天地为一身,而天地之间品物万形为四肢百体"②,"仁者,以天地万物为一体,莫非己也"③,"仁者,浑然与物同体。"④程颢与高攀龙都体现出了"以天地万物为一身"的大身思想,极有可能是高攀龙从程颢那里受到了启发。程颢在叙述他的大身思想时始终将大身与"仁"联系在一起,而且这种"仁"是"浑然与物同体""以天地万物为一体"的"大仁"。高攀龙虽不如程颢那样明显直接,但他的"大身说"也与"大仁"相关。如果我们将视线集中在"仁"所具有的含义上,那么就会发现,"大身"思想无法与儒家之"仁"脱离关系,即使高攀龙不加以特别强调,使得二者之间的联系隐而不现,但这种联系依然是存在的,只需略加分析就可以发现。"仁"是儒家思想中最重要的概念之一,据杨伯峻先生统计,"仁"字在《论语》中出现了 109 次⑤,在《孟子》中出现了 157 次⑥。这些统计结果足以表明"仁"对于儒家的重要意义。"顾宪成等人创办东林书院的宗旨,意在正本清源,使士子们了解孔孟以来儒家的正统血脉,不为异端所迷惑。"⑦所以作为东林书院代表人物的高攀龙,不会对"仁"这一儒家的重要概念视而不见,"大身说"与"仁"相关联是完全可能的。在一次书信交流中,顾宪成与高攀龙围绕着格物是否需要格一草一木展开了争论。对此,顾宪成持否定态度,高攀龙则反问顾宪成:"此一草一木与先生有关否? 若不相关,便是漠然与物各体,何以为仁?"⑧在此句中,高攀龙将是否认为草木与自身相关作为了能否为仁的条件,明确将"仁"与"体"联系了起来。作为反问句,高攀龙真实的意思其实是:只有认可了一草一

---

① (明)高攀龙《高子遗书》卷八下《答刘心统二》。
② (宋)程颢、程颐《河南程氏遗书》卷四《二先生语四》,(宋)程颢、程颐著,王孝鱼点校《二程集》,北京:中华书局,1981 年,第 74 页。
③④ (宋)程颢、程颐《河南程氏遗书》卷二上《二先生语二上》,第 15 页,第 16 页。
⑤ 数据来自杨伯峻《论语译注》,北京:中华书局 2009 年版,第 219 页,本文中引用《论语》内容亦以此版本为主。
⑥ 数据来自杨伯峻《孟子译注》,北京:中华书局 2010 年版,第 331 页,本文中引用《孟子》内容亦以此版本为主。
⑦ 周炽成《复性收摄——高攀龙思想研究》,第 2 页。
⑧ (明)高攀龙《高子遗书》卷八上《答顾泾阳先生论格物四》。

木均与自身相关,才有了为仁的可能性。认为一草一木均与自身相关,这一观点无疑来自高攀龙自己的"大身说",但他同时将这种观点与"仁"联系了起来,这一表达应该引起注意。如果我们分析儒家之"仁"最原始的含义,那么就会发现,"仁"字其实有自身与他者息息相关的含义。从文字构成来看,"仁"字"从人从二"①。"二"这个部分使得"仁"具有了复数的形式,意味着"仁"是一个整合的过程,无法由单个的人独自建立起来,只有通过人与人之间的交流,在群体的环境中才能实现"仁"。换句话说,必须先要有他人,有我与他人的关系,才有了之后一切可被称为"仁"的活动。对于个人来说,正是生活中的关系构成了一个人的生命,正是通过生活在各种各样的关系之中,一个人才获得了完整的生命。儒家眼中的人不是孤零零的、单个的生命,更不是没有与外界沟通窗口的"单子"式的个体,而要不断与他人相遇,处于一段又一段与他人的关系中。如果剥离掉所有的关系,那么剩下的"人"只是一个抽象物,只是一个人的有机体,只是成为真正的人的"质料",并不是完整的人。提出"大身说"的高攀龙也认为"单个的人远远不是一个完整的人;天下之所有人联合起来,才构成完整的人"②。他将这一思想表达为:"合天下言人,犹之乎合四体言身。"③真正的人必须与他人生活在同一段关系之中,即使没有肉体接触,甚至没有言语交流,但当我以各种方式"见"到他人的那一刻④,我也已经与他人处于关系之中了。正如马克思所说:"人的本质不是单个人所固有的抽象物,在其现实性上,它是一切社会关系的总和。"⑤高攀龙将这一思想具体化,以一"身"字代指自身与他者之间的关系,其思想与儒家之"仁"是保持一致的。

高攀龙的天下一身不仅指天下之人与我一身,而且指天下之物与我一身。"夫邑宰,以一邑为身者也。是故山川土田,肢体也,有不修饬,是肢体之有痿废也。……夫以一邑为身者,是能以天下为身者也,由兹进而立于庙堂之上,宰天下亦如是矣。……天地固吾之象貌,古今固吾之呼吸。"⑥天下一身并非天下人

---

① (汉)许慎《说文解字》,北京:中华书局,2013年,第159页。
② 周炽成《复性收摄——高攀龙思想研究》,第107页。
③ (清)许献、高廷珍等《东林书院志》卷六《高景逸先生东林论学语下》,清光绪七年刻本。
④ "见"在儒家思想中有着重要意义,因为儒家的思维方式有着具体性的特点,重视具体情境中的亲身感受,强调通过自己的切身体验来形成观念。而体验最为直接的方式就是身临其境、耳闻目见。具体情境中耳闻目见的任何事物都摆脱了抽象性,而成为具体客观的实在,是一个真实活泼的生命,所以,"见"虽然只是视觉上的接触,但在儒家思想中已经是一种"近"距离的相遇,已经与我切身相关。
⑤ 马克思《关于费尔巴哈的提纲》,马克思、恩格斯《马克思恩格斯文集》第1卷,北京:人民出版社,2009年,第501页。
⑥ (明)高攀龙《高子遗书》卷九上《〈营政纪言〉序》。

一身，所以势必会延及自然物。高攀龙要求邑宰必须将自己治下的山川土田都看作自己的身体，如果山川土田修整不好，那么就是自己的身体出了问题，所以邑宰必须细心呵护自己治下的山川土石，有任何问题都要及时加以修整，防止自己的身体痿废。一邑之宰如此，治理天下的高层官员亦需如此。他们必须将天下之山川土石看作自己的身体，真正以天地万物而不仅仅是天下之人为一体，像呵护自己的身体一样呵护天下的山川土石。这种由己到人、由人到物的推理路线，也出现在儒家经典《中庸》中。《中庸》有言："能尽其性，则能尽人之性；能尽人之性，则能尽物之性；能尽物之性，则可以赞天地之化育；可以赞天地之化育，则可以与天地参矣。"①"尽物之性"这一说法是从"尽其性"到"尽人之性"之后第三阶段上的"尽性"。王中江教授认为，"'尽物之性'是说促使万物实现它们的天性，使万物各尽其能，它与'成物'一致，也可以说是对'万物'的仁。……《中庸》赞扬天地造就了'万物和谐'的秩序，即'万物并育而不相害，道并行而不悖'，这可以说是天地万物彼此的仁爱。在孟子的'亲亲''仁民'和'爱物'三个层次中，虽然看起来'民'是'仁爱'的对象，但从'亲亲'是仁、'爱物'也是仁爱来说，这三个层次并没有严格的界限，这是'爱'的对象包括'物'的一个明确例子"②。儒家对物的爱也是仁爱的一部分，那么高攀龙将"大身"的范围扩大到山川土田也是符合儒家仁爱思想的合理推扩。

高攀龙的"大身说"在继承前人的基础上加以了创新。与张载"民胞物与"相比，高攀龙的天下一身论范围更宽广，更具博爱气息。与程颢由"大身"向"大仁"的迈进相比，高攀龙将论述重点保持在"身"上，将程颢的"大仁"加以具体化，使得其学说更容易为人所接受。"大身说"将兄弟之身、他人之身、他物之身与己身关联到一起，将小己之我无限扩展，虽未明确说一"仁"字，却已经处处与儒家之"仁"相合。

二、大身与移情：满腔子是恻隐之心

将天地万物看作与我同体一身，是"大身说"在字面上的基本含义，但高攀龙并未止步于此，而是继续向前，将"身"与爱人之"心"联系在了一起，使得"大身说"与儒家仁爱思想更加紧密地交织在一起。

"大身说"将己身与他人、他物看作一共同的"大身"，由此自己看待天下万物

---

① （宋）朱熹《中庸章句》，《四书章句集注》，北京：中华书局，2012年，第33页。
② 王中江《"身心合一"之"仁"与儒家德性伦理——郭店竹简"㥁"字及儒家仁爱的构成》。

的态度也会发生变化。"且将吾身四体观之,譬之耳目手足随处有伤,便浑身俱痛,何也? 以一体故也。程子以医者言手足痿痹为不仁,此最善名状。吾人与人痛痒不相关,都是不仁。既知万物一体,人之疾痛苛痒焉有不相关者乎?"① 高攀龙观察到现实生活中的一个现象:人们对自己的身体总是有特别的关爱,耳目手足任何一处受伤,浑身各处都会感觉到痛苦。在高攀龙看来,之所以会出现这一现象,就是因为耳目手足等器官都属于一个共同的身体,所以这些器官之间痛痒相关,一处受伤,痛苦便会传遍全身。那么,既然天下之人乃至天下之物联体而结成天下一体之大身,那么这一大身也会像个人的七尺之躯一样痛痒相关。他人的痛苦就是我的痛苦,他人遭遇不幸就是我遭遇不幸。如果我对他人的痛苦无动于衷,那么就是对自己的痛苦无动于衷,而对自己身体的痛苦无动于衷,自然意味着身体出了问题,即医生所说的手足痿痹。身体不知痛痒可谓之麻木不仁,对他人的苦难无动于衷,持一种漠不关心的态度亦可谓之麻木不仁,因为无视他人的痛苦就相当于无视自己身体的痛苦。高攀龙在这里用一个人人皆有体会的生动比喻,将爱身与爱人联系了起来。但是,从自己的身体出发来强调"爱人"的必要性,很容易引起人的误解,似乎高攀龙始终想着自己的身体,想着自己本身,心里始终把关心自己当成第一要事,这种有些自私的思想似乎与"爱人"格格不入,甚至降低了"大身说"的格局。但其实并非如此,"事实上,对自己的身体痛痒的关心,对自己的爱,或者说自我保护、自我爱护的情感和体验,不但不是爱人的障碍,相反,恰恰是爱人的条件和可能。可以设想一下,一个人如果首先没有对自己的身体特别是痛痒的感受,没有对自己本身的思考和关心,或者甚而言之,如果一个人已经麻木,失去了感知能力和情感体验,他就不可能还具有'爱人'之心,不可能去爱他人"②。正如《荀子·子道》篇中所载孔子与众弟子的一次对话,孔子依次询问子路、子贡及颜渊"知者若何? 仁者若何?"三弟子分别以"知者使人知己,仁者使人爱己""知者知人,仁者爱人""知者自知,仁者自爱"回答,孔子对三人的回答都给予了肯定,评价三人为"士""士君子""明君子"。③ 不难看出,"使人爱己""爱人""自爱"都符合儒家之仁,但最重要的是"自爱"。高攀龙从爱己身出发论仁,正得儒家仁爱思想之妙。

高攀龙要求人从自爱的情感和体验中生出爱人的情感和体验,但这一要求是否具有现实性呢? 人究竟能否由自爱的情感生出爱人的情感呢? 如果高攀龙的这一要求在现实中很难实现,那么就只是一种美好的设想甚至是空谈,其价值

---

① (清)许献、高廷珍等《东林书院志》卷六《高景逸先生东林论学语下》。
② 王中江《"身心合一"之"仁"与儒家德性伦理——郭店竹简"息"字及儒家仁爱的构成》。
③ (清)王先谦《荀子集解》卷二〇《子道篇》,北京:中华书局,2012年,第514—515页。

将大打折扣,甚至"大身说"的现实意义都将受损,所以这一要求的现实性有必要加以考虑。高攀龙此种思想近于伦理学,而梁漱溟认为,任何一个伦理思想家都有一种心理学作为基础,若不能寻出一位伦理思想家的心理学来,那么讲这位伦理思想家即是讲空话。① 所以我们要分析高攀龙以大身论仁的现实性,可以从心理学的角度入手,而当代心理学家马丁·霍夫曼的"移情—利他假说"可以成为合适的切入点。马丁·霍夫曼经过大量的观察与实验,指出人类有一种移情能力。霍夫曼认为心理学家定义移情的方式有两种:一种是将其定义为一个人对另一个人的内心状态的认知觉知;另一种是将其定义为一个人对另一个人的替代性的情感反应。例如,当一个人看到另一个人处于痛苦之中,他自己也感到仿佛经历了和另一个人同样的痛苦。霍夫曼将这种情感反应称为"情感移情",不难看出,霍夫曼此处对于"情感移情"的描述与高攀龙的思想十分相似,同样都是一个人对另一个人所经历痛苦的感同身受。王中江教授曾认为人是依靠"同情心"从自爱的情感和体验中产生出爱人的情感和体验,但如果仔细分析就会发现,要形容这一反应过程,"移情心"比"同情心"更为恰当,对于"大身说"更是如此。"移情心"不同于"同情心","移情心"的特点就是感同身受,就是一个人真的感受到了其他人的痛苦,而"同情心"仅仅是一个人为其他人的痛苦而产生的某种感受,如怜悯、抑郁、难过等。一个人可以对一个患有抑郁症的不幸者感到同情,但完全不需要通过移情使自己也患上抑郁症,可见,"移情心"是比"同情心"更深沉的情感反应。"大身说"就是要求"感同身受",就是要求我把他人的痛苦当成是我自身的痛苦,所以"移情心"比"同情心"更适合用来形容高攀龙的"大身说"。霍夫曼曾提到一种特殊的"情感移情",当代伦理学家斯洛特称之为"联想的移情",这种移情的特点就是无意识、不由自主。在这种移情反应中,他人的痛苦直接侵入我的身体,仿佛彼此之间的感受在互相传染。"移情是无法取消的,它是一种习以为常的、长期的、在某种程度上不由自主的状态。"②对于这种不由自主的移情,高攀龙有着相关的表述:"吾于身,有尺寸之肤刀斧刲割而木然不知者乎?吾于天下,有一人颠连困苦,见之木然不动于中者乎?"③身体的任何一寸肌肤受到伤害,人都会察觉,不可能木然不知;见到他人处于痛苦之中,一个人的心一定会受到触动,不可能视而不见。高攀龙以反问的方式将情感移情"不由自主"的特点体现了出来,这样,"大身说"就与移情心取得了联系,也就有了现

---

① 梁漱溟《人心与人生》,上海:上海人民出版社,2018年,第1页。
② 陈真《论斯洛特的道德情感主义》,《哲学研究》,2013年第6期,第102—110页,第129页。
③ (明)高攀龙《高子遗书》卷九上《同善会序》。

实性。高攀龙由自爱到爱人的迈进不但可以实现,而且必将得到实现。

那么,这种移情心是否符合儒家仁爱思想呢?答案也是肯定的。在儒家的仁爱思想中,"移情心"最典型的说法就是孟子的"恻隐之心"。孟子所设想的场景很适合用来说明人的移情心。一个幼童将要坠入井中,任何人见到这一场景都会油然升起"怵惕恻隐之心",在孟子看来,此恻隐之心的发动是没有任何理由的:"非所以内交于孺子之父母也,非所以要誉于乡党朋友也,非恶其声而然也。"①朱熹注解"怵惕恻隐"四字为:"怵惕,惊动貌。恻,伤之切也。隐,痛之深也。此即所谓不忍人之心也。"②虽然孺子自己并不知晓坠井的可怕,但见到这一场景的人却能真切地体会到这一痛苦,并且是一种极深的痛苦。在孟子看来,"'恻隐之心'亦即'不忍人之心',它是人内心忍受不了别人不幸遭遇而自发涌现出的强烈关爱情感,是'自发的'、没有任何功利考虑的一种纯真的情感"③。这种自发的纯真情感也就是霍夫曼所说的"情感移情"。孟子认为恻隐之心是"仁之端","端"即"发端""起始""萌芽",也就是说,儒家仁爱思想发端于移情心。在现实生活中,人能够表现出移情心,恰恰依赖于人对自己身心痛痒的亲切感受与体验。可以说,对他人的"移情心"恰恰是由强烈的自爱引发的,是自身的延伸和扩大。朱熹在此句的注解中还提到了程子"满腔子是恻隐之心",高攀龙指出:"朱子曰'满腔子是恻隐之心',是就人身上指出此理充塞处,最为亲切。朱子发明程子之言,亦最亲切矣。盖天地之心冲塞于人身者,为恻隐之心;人心冲塞天地者,即天地之心。人身一小腔子也,天地即大腔子。"④"腔子"就是"身子",所以这里是指人的恻隐之心充满人身,仁爱离不开被恻隐之心(移情心)充满的人身。

"大身说"不仅与个人的身体有关,更与个人的情感、恻隐之心有关。高攀龙所说的身,并不是单纯的躯壳,而是与心一体的。高攀龙这种将"身"与"心"相关联以强调"爱人"的思想,竟与郭店楚简遥相呼应。郭店楚简中有一个引起研究者普遍注意的现象,就是"仁"字的特殊写法。⑤郭店楚简中"仁"字共出现了67次,却无一次写作"从人从二"的"仁",而大多采取"息"的写法,多达55次。"仁"字的这一写法不见于任何传世文献,仅在战国时期玺印文字中时有出现,直至近代才由丁佛言、郭沫若确定字形字义,所以高攀龙应该并不知晓"仁"字的这一写

---

① 杨伯峻《孟子译注》,北京:中华书局,2010年,第72页。
② (宋)朱熹《孟子集注》卷三《公孙丑章句上》,《四书章句集注》,第239页。
③ 王中江《"身心合一"之"仁"与儒家德性伦理——郭店竹简"息"字及儒家仁爱的构成》。
④ (明)高攀龙《高子遗书》卷一《语一百八十二则》。
⑤ 可参考福建人民出版社2003年出版的刘剑《郭店楚简校释》一书,书中保留了各文字在竹简上的原始写法。

法。高攀龙在不知情的情况下与郭店楚简保持一致,均将"仁"与"身""心"结合起来,可见"大身说"的确与古人暗合,高攀龙对儒家仁爱思想的把握的确十分精准。

三、仁者生生之谓

高攀龙由己身出发,将爱己身与爱人联系了起来,从而将"大身说"与儒家仁爱思想联系了起来。"但儒者之论仁,又不仅仅是个体的美德,更是天道之善的生生流行。"①高攀龙接过了这一观点并加以发展,以生生论仁之善,强调仁者生也,将"大身说"与生生之善结合了起来。

"仁者生生之谓,天只是一个生,故仁即天也。"②高攀龙的这种表述方式很容易让人联想到《周易·系辞上》中的"生生之谓易"。向世陵认为,高攀龙的这种思想正是在接续宋明理学发展成果的基础上将孔孟的仁说与《易传》的生生之善贯穿了起来。孟子认为仁者无不爱,仁义是内在的,是人由天那里得来的不可被剥夺的尊爵。《周易·系辞上》所谓"一阴一阳之谓道,继之者善也,成之者性也"表明善是"继"天道而来的结果,天道的本然属性就是善。天道就是阴阳变易,而变易要通过生生来彰显自己的存在与流行,所以将此生生之理继承下来,生生不息就是善。在高攀龙看来,这种崇尚生生之善的道就是"仁":"仁,生道也;不仁,死道也。天下之祸,万有不同,皆死道也;天下之福,万有不同,皆生道也。"③道有生道,也有死道,但只有生道才是仁。"凡是灾祸皆属死道,凡是福祐皆属生道,行仁则生生有续,为善则福祐在我。"④所谓"仁",就是生生,就是爱护天下万物的生命,不可毁生伤命。宋代理学出现伊始,理学家们就将爱护生命与仁心善性联系起来,都喜欢观万物生意。周敦颐窗前草不除,以此观天地生物气象。程颢则称:"万物之生意最可观,此元者善之长也,斯所谓仁也。人与天地一物也,而人特自小之,何耶?"⑤天地之间存在的万物,其最可观、最宝贵之处就是

---

① 向世陵《大身是谓同善——儒家博爱观念的彰显》,《道德与文明》,2016 年第 5 期,第 51—56 页。
② (清)黄宗羲《明儒学案》卷五八《东林学案一·忠宪高景逸先生攀龙·语》,北京:中华书局,2008 年,第 1405 页。
③ (明)高攀龙《高子遗书》卷九上《同善会序》。
④ 向世陵《大身是谓同善——儒家博爱观念的彰显》。
⑤ (宋)程颢、程颐《河南程氏遗书》卷一一《明道先生语一·师训》,《二程集》,第 120 页。

其中蕴含的勃勃生意,而这种生意揭示了元作为众善之长的价值①,而这也就是仁。既然代表仁的生意充满天地,人又与天地万物同体一身,那么人对天地万物的爱也不应该有限制,应该像爱护自己的身体与生命一样爱护天地万物的身体与生命,否则就是"麻木不仁"。那么反过来,"仁"也就意味着生生之意自由流淌,通体顺畅。在高攀龙的家训中,他多次告诫子孙要爱护自己和别人的生命:"捉人、打人最是恶事、最是险事","家人违犯,必令人扑责,决不可拳打脚踢,暴怒之下有失。戒之!戒之!"②不管是对何人,即使是对犯罪者也不能拳打脚踢,他们的生命同样需要保护。之所以要保护一切人甚至是犯罪者的身体与生命,一方面是为了保护自己的生命:"但一捉、一打,或其人不幸遭病死,或因别事死,便不能脱然无累。保身保家,戒此为要。极不堪者,自有官法,自有公论,何苦自蹈危险耶?"③如果对犯罪者加以殴打,那么不管之后犯罪者因何事而死,曾经殴打过他的人都将难脱干系,殴打了犯罪者就是将自己放到危险的境地,很容易祸及己身,所以将犯罪者交由官法处置即可,不可自行处置,以此保身保家。这一出发点似乎有些自私,但正如前文提到过的,自爱是爱人的前提,而且殴打他人会祸及己身也可以看作是"大身"思想的一种表现形式。除此之外,还有更重要的一方面:"况自家人而外,乡党中与我平等,岂可以贵贱、贫富、强弱之故,妄凌辱人乎?"④犯罪者虽然违反了法律,但他的人格依然需要得到保护,不能加以凌辱。高攀龙在这里明确表达出了一种不分贵贱、贫富、强弱而人人平等的思想,在几百年前可谓是难能可贵。高攀龙在家训中不仅告诫子孙要爱护他人的生命,而且还要爱护动物的生命:"少杀生命最可养心,最可惜福。一般皮肉,一般痛苦,物但不能言耳,不知其刀俎之间,何等苦恼。我却以日用口腹、人事应酬,略不为彼思量,岂复有仁心乎?供客勿多肴品,兼用素菜,切切为生命算计,稍可省者便省之。省杀命,于吾心有无限安顿处。"⑤动物的身体虽然在外形上与人类有所不同,但同样也是血肉之躯,同样能感受到痛苦,面对刀俎同样也会苦恼。如果为了口腹之欲而对动物的痛苦无动于衷,那么同样是缺失恻隐之心的表现,同样是没有仁心善性的体现。动物的生命同样也是生命,尽可能少杀生命,自己的仁心才会安顿下来。如此,高攀龙由己身的感受向外推扩,不但要求保护他人的生命,而且要求保护动物的生命,将"身"与生生之善联系了起来。

---

① 向世陵《大身是谓同善——儒家博爱观念的彰显》一文认为,"元"作为天道流行和万物繁衍的发端,若与四时联系,即为春生之义,故为众善之首,继续下去,便是夏秋冬的顺序,生生而永不止息。也正是因为此一"继"的机制,从根本上保证了宇宙的生存和延续,不得不予以充分肯定,所以说"继之者善也"。
②③④⑤ (明)高攀龙《高子遗书》卷一〇《家训》。

高攀龙与之前的理学家一样,对天地间盎然生气有着高度的热爱,但他毕竟是一位儒家学者,提出生生之善也是为了论述儒家仁爱思想,所以儒家仁爱思想所具有的特点也会影响到高攀龙对于生生的看法,而其中很重要的一点就是儒家仁爱思想的差序性。儒家仁爱以自己为中心向外推扩,随着关系的疏远,对某物的爱也会渐渐减少。孟子明确地将这一层次概括为:"君子之于物也,爱之而弗仁;于民也,仁之而弗亲。亲亲而仁民,仁民而爱物。"①虽然对亲人、陌生人、动植物都有着广义上的爱,但这些爱之间的层次也是客观存在的,并不是毫无差别地爱一切人、一切物,所以孟子曾批评推崇兼爱的墨家为"无父"。人皆由父母所生,不可能真的没有父亲,孟子其实是在批评墨家没有将父亲单独列出并加以特别强调,反而将父亲与路人等同,对父亲缺乏尊重。高攀龙虽然提倡天下一身,以生生论仁,但也并非是将所有生命的价值完全等同。他曾经批评佛教泛爱众生而不突出人类地位的慈悲观:"佛氏于蜎飞蠕动无不慈爱,使天下善恶是非颠倒错乱,举一世靡烂蛊坏之不顾,而曰清净无为。呜呼!其亦不仁而已矣!此所谓无理也。"②在高攀龙看来,佛教对所有生命乃至飞虫都一视同仁,表面上看是大爱无疆、慈悲为怀,但其实不仁,因为它置人世混乱于不顾,而且使得天下善恶是非颠倒错乱。仁者人也,仁首先是对人讲的,然后才可以推扩到其他生物,所以人是首要的仁爱对象,绝对不能将人与其他生命置于绝对平等的地位。在家训中,高攀龙虽然要求子孙对他人和动物的生命都加以爱护,但爱护的程度其实有着差别。不妨拿"捉人、打人最是恶事、最是险事"与"少杀生命最可养心,最可惜福"两句举例,人是打都不能打的,即使是犯罪者也不应被殴打,但是动物其实是可以杀的,只是要少杀,能不杀就不杀,而不是绝对不能杀。高攀龙提倡天下一身,又对人类有着特别的重视,在显出博爱气息的同时,又与其他学派区分开来,守住了自己的儒家立场。

高攀龙提倡爱护生命,多行善事,以此养心惜福。更可贵的是,他能以行善为一乐事。他认为:"真是为善最乐。不要说一生平稳,即反思此身乃父母所生,我不曾做辱亲事,岂不至乐? 此身乃天地所生,我不曾做欺天事,岂不至乐? 人有生,必有死,到瞑目时,无累心事,岂不至乐?"③高攀龙所说的乐,大不同于世俗之乐。在高攀龙看来,少杀生命以安心即是一种至乐,行善助人即是一种至乐,也只有如此,才不辱没父母所给予的身体,才可在生命的尽头安心瞑目而去。高攀龙以大身讲生生,以生生论善,以善为乐,可谓是真正的仁者。

---

① 杨伯峻《孟子译注》,第298页。
② (明)高攀龙《高子遗书》卷三《气心性说》。
③ (明)高攀龙《高子遗书》卷五《会语一百则》。

四、结语

高攀龙以天下一身劝人为善实在妙极。一方面,引人们由己身起念,生动形象。人人都对己身有特别的感受,所有由个人的身体展开理论,更易为人理解,也更易为人所接受。另一方面,人身的存在使得人有许多必要的生理活动,如果能将天下万物视作己身,那么关爱天下万物就如同吃饭饮水一般自然。正如高攀龙所说:"然则吾之为善,如渴而饮,饥而食,饮食亦望报耶?"[①]不为任何目的的行善才是真正的善,若能对"大身说"心悦诚服,自然也就可以不为任何功利而助人为善。孔子对"仁"有一个重要的定义,那就是他对子贡说的"夫仁者,己欲立而立人,己欲达而达人"[②],"张岱年先生认为,这是孔子对'仁'最正规的整体性界说,其他的说法,要么是根据问仁者的特点,从一个方面加以说明,以便于实行;要么是不那么深广,可以在此一界说之下加以融会理解"[③]。高攀龙虽然未在"大身说"中强调此一定义,但"大身说"以他人之身为我之身,以他人痛痒为我痛痒,以他人摆脱痛苦为我自身摆脱痛苦,处处暗合此重要定义。"大身说"实在是东林学派对儒家仁爱思想的精彩演绎,有许多值得挖掘的内容,不应被埋没于故纸堆中。本文只是抛砖引玉,希望学界能对高攀龙的"大身说"及其他思想进行更深入的分析。

---

① (明)高攀龙《高子遗书》卷九上《同善会序》。
② 杨伯峻《论语译注》,北京:中华书局,2009年,第64页。
③ 王中江《"身心合一"之"仁"与儒家德性伦理——郭店竹简"息"字及儒家仁爱的构成》。

高攀龙与刘宗周的交游以及思想异同论析

张天杰*

摘　要：在晚明，高攀龙与刘宗周并称大儒，二人之间有着十多年的交游。高攀龙也是刘宗周最为重要的友人，前者在人格与学术两方面深刻影响了后者。但是二人的思想却是同中有异，其中主要关涉到朱、王之辨与儒释之辨两大问题。具体讨论高、刘二人的交游经历与思想异同，可以更好地梳理东林与蕺山两大学派的关系，从而深化学术史的研究。

关键词：高攀龙；刘宗周；东林学派；蕺山学派；交游；思想异同

黄宗羲(1610—1695)在《明儒学案》中说："今日知学者，大概以高、刘二先生并称为大儒，可以无疑矣。"①刘宗周之子刘汋(1613—1664)说："先生生平为道交者，惟周宁宇、高景逸、丁长孺、刘静之、魏廓园五人而已。而景逸洎静之尤以德业资丽泽，称最挚云。"②

在晚明理学家中，高攀龙(1562—1626，号景逸，谥号忠宪)与刘宗周(1578—1645，字起东，号念台，学者称蕺山先生)并称为大儒，又分别是东林学派与蕺山学派的代表人物，对明清之际学术的发展都有重大的影响。而且他们二人之间有十多年的友情，高攀龙是刘宗周一生中最为重要的友人，在"德"与"业"、人格与学术两方面都对刘宗周有着深远的影响。尽管如此，他们的思想却不尽相同，其中牵涉到宋明理学中的朱、王之辨与儒释之辨这两个重要问题。探究高攀龙与刘宗周二人之间的交游经历与思想异同的具体情况，可以更好地明晰东林学

---

* 作者简介：张天杰，男，湖南大学岳麓书院历史学博士，复旦大学哲学学院博士后，杭州师范大学公共管理学院、国学院教授。
① (清)黄宗羲《明儒学案》(修订本)卷六二《蕺山学案》序，北京：中华书局，2008年，下册，第1509页。
② (清)刘汋《蕺山刘子年谱》三十五岁条，《刘宗周全集》第6册，杭州：浙江古籍出版社，2007年，第67页。关于刘宗周的友人情况，黄宗羲记载与刘汋略有不同："砥砺性命之友则刘静之、丁长孺、周宁宇、魏忠节、先忠端公、高忠宪。"他特别加上了其父黄尊素，见《明儒学案》卷六二《蕺山学案》，第1514页。

派与蕺山学派两者之间的学术关联,从而可以深化晚明乃至清初的学术史研究。①

一、高攀龙与刘宗周之交游

高攀龙与刘宗周二人的交游从万历四十年(1612)开始,直到天启六年(1626)高攀龙去世,十多年之中一直都保持交往,二人惺惺相惜。

万历四十年,三十五岁的刘宗周起程北上复职,特意过梁溪拜谒高攀龙,自此二人之间通书往来,论道不止②。因为刘宗周的早期文稿大多遗失,无法考证二人之间通信的具体情况,在高攀龙的集子中则保存了多通书信。《高攀龙年谱》系于万历四十年的有三通书信,讨论的问题则有"所以居方寸者""格物"与"穷理""佛儒之辨",皆佚。但是也可以推知,高攀龙对刘宗周在学术上有着较大的影响。

高攀龙对刘宗周的人品特别推崇,曾说:"浙之贤者,湖州朱平涵、长兴丁慎所、山阴刘念台。平涵,旷怀穆穆;慎所,正气浩浩;念台,清风凛凛。又嘉善吴迩斋,今之黄叔度也。四君一时首出,千古名流。"③高攀龙认为刘宗周与朱国桢(1558—1632,字文宁,号平涵)、丁元荐(1563—1628,字长孺,别号慎所)等四人是当时浙江士人的表率。对刘宗周的学术,高攀龙也多有肯定,他还曾邀请刘宗周至东林讲学:"当今师道不立,故人才不成。道丈则真人师矣,能过东林,使锡士一沾化雨否?"④

天启五年,东林人士杨涟(1572—1625)、左光斗(1575—1625)以及刘宗周友人魏大中(1575—1625)等被阉党所杀。刘宗周极为悲痛,作《吊六子赋》,其中流露出一同赴死以殉道义之意。这时高攀龙去信说:

---

① 目前学界对此问题少有涉及,相关研究主要有杨儒宾先生《死生与义理——刘宗周与高攀龙的承诺》,载钟彩钧主编《刘蕺山学术思想论集》,台北"中央研究院"中国文哲研究所筹备处,1998年,第523—555页;衷尔钜《论高攀龙与刘宗周哲学思想之异同》,《中州学刊》,1986年第3期,第48—52页。杨文重在探讨高、刘二人死生之学的义理问题,衷文重在比较高、刘二人理气心、闻见之知以及复性与慎独等问题的观点异同。本文则试图结合明清学术转型以及朱、王之辨与儒释之辨等问题,对高、刘二人的交游与思想之异同作更为全面的论析。
② (清)刘汋《蕺山刘子年谱》三十五岁条,《刘宗周全集》第6册,第66页。
③ (明)高攀龙《高子遗书》卷八下《答刘石闾中丞》,文渊阁《四库全书》本。
④ (明)高攀龙《高子未刻稿》数部《答刘念台大行》,清抄本。

> 向得丈所寄王侍御书,当此时,侍御有此心,是于漫天杀局欲一转生机,真仁人也。……杜门谢客,正是此时道理。彼欲杀时,岂杜门所能逃? 然即死是尽道而死,非立岩墙而死也。况吾辈一室之中,自有千秋之业,天假良缘,安得当面蹉过? 大抵现前道理极平常,不可著一分怕死意思,以害世教;不可著一分不怕死意思,以害世事。想丈于极痛愤时,未之思也。①

这也就是刘氏后来所概括"吾辈有一毫逃死之心,故害道;有一毫求死之心,亦害道"②。贪生怕死固然违反道义,一味"不怕死"亦违反道义,道义所在,真正到了当死之时,也不能横竖只求一死,不负责任,不顾及"君亲之念"。高氏的见识,就比一般的儒者思虑更深一层。

天启六年,高攀龙自沉而死。高攀龙的殉节以及上文提及的书信,都对刘宗周有很大的触动。之后,四十九岁的刘宗周携子刘汋隐居于韩山草堂,闭门读书,考订明代理学家的文集,试图探索学术之新路。刘汋在《年谱》中说刘宗周:"半日静坐,半日读书,久之勿忘勿助,渐见浩然天地气象,平生严毅之意一旦销融。每日取有明诸儒文集传记考订之,盖意于《道统录》也。"③

二、高攀龙与刘宗周思想之异同

高攀龙与刘宗周在思想上的相同之处,主要表现在两个方面:其一,"出处"与"名节"的观念;其二,学术上的回归朱子学。不过,就第二点而言,二人同中有异,然而他们更大的异处不在于朱、王之辨,而在于儒释之辨。

关于"出处"问题,在面对晚明乱世之时,高攀龙说:

> 世事虽甚乱,吾辈正可乘此绝无滋味之时,作绝有滋味之事。何者? 身无世道之责矣,可谢一切纷扰之累矣。萧然一身,取资何几? 两间甚廓,可以自容。千古甚长,何以不愧? 滋味宁有穷乎?④

> 食无求饱,居无求安,不作居食想。彼以富,吾以仁,彼以爵,吾以义,不作富贵想。不怨天,不尤人,不作怨尤想。用则行,舍则藏,不作用舍想。行

---

① (明)高攀龙《高子遗书》卷八下《答刘念台》。
② (明)刘宗周《书高景逸先生帖后》,《刘宗周全集》第4册,第122—123页。
③ (清)刘汋《蕺山刘子年谱》四十九岁条,《刘宗周全集》第6册,第82页。
④ (明)高攀龙《高子遗书》卷八下《与李次见侍御》。

> 一不义,杀一不辜,得天下不为,有甚动得我?知之嚣嚣,不知亦嚣嚣,有甚苦得我?非仁无为,非礼无行,有甚恐得我?江汉濯之,秋阳暴之,有甚染得我?鸢则于天,鱼则于渊,有甚局得我?既唤做个人,须是两手顶天,两脚拄地,巍巍皓皓,还他本来面目,一洗世界万里无尘,此之谓洗心。①

高攀龙认为,世道虽乱,但这乱世正好是对儒者的磨练,而且乱世则无法行儒家外王之道,"用则行,舍则藏","谢一切纷扰之累",正好可以用来做内圣之功。刘宗周也曾说:"与其雷同附和,侥幸一切之功名,无宁守正违时,少留国命人心于万古。"②功名诚是可贵,而道义更是根本,乱世无可作为则隐居,做好自己的修身,同时也可以全力从事于学术。他在与弟子祝渊(1611—1645)的信中说:

> 云门佳山水是我辈避世缘也。道驾惠然,当为久聚计,商疑发覆,了此余生,见得宇宙间尚有未了公案,不无待于我辈,则后死者所以不负前人也。③

这种对世道的看法,以及感觉无力于外王之道以后就专心于内圣之功,致力于学术,这种取舍态度,高、刘可谓一途。

高攀龙与刘宗周都特别看重名节,后来也都选择了殉节。高攀龙说:

> 古人何故最重名节?只为自家本色,原来冰清玉洁,著不得些子污秽。才著些子污秽,自家便不安。此不安之心,正是原来本色,所谓道也。④

高攀龙还说:"与其得罪千古,无宁得罪一时。"⑤他认为真正的儒者就应该保持操守上的"冰清玉洁",容不得半点污秽。刘宗周一生在名节上的践行也与此相似,所以他才会被推为:"千秋闲气,一代完人。世曰麒麟凤凰,学者泰山北斗。"⑥至于刘宗周最后为保持名节而选择殉节,其中应该也有高攀龙的影响。

---

① (明)高攀龙《高子遗书》卷三《洗心说》。
② (明)刘宗周《与徐亮生大参》,《刘宗周全集》第3册,第455页。
③ (明)刘宗周《与开美六》,《刘宗周全集》第3册,第497页。
④ (明)高攀龙《高子遗书》卷三《示学者》。
⑤ (明)高攀龙《高子遗书》卷八下《答王无咎》。
⑥ (清)刘汋《蕺山刘子年谱》附卷《刘子年谱录遗》,《刘宗周全集》第6册,第181页。

再看学术上,东林与蕺山两大学派,都致力于从王学转向朱学。① 作为东林学派核心人物的高攀龙,与王学末流的空谈心性不同,他的治学已经开始特别重视经典文本的研究,而且也像朱子那样,关注的焦点正是《大学》。这一学术取径,后来在蕺山学派的刘宗周与陈确(1604—1677)等人那里有了新的发展,但是他们对于《大学》的篇章次序以及释义却不尽相同。

高攀龙提出自己的"格物"说,认为知止的工夫应基于格物。除去义理上的讨论,与顾宪成、许孚远等道友论辩"格物"之外,还在积极寻找文本上的证据,即适合的《大学》版本。高攀龙找了崔铣(1478—1541,号洹野、后渠)②所著《洹词》,在他的书中附录了《洹词》的部分文本,并在按语中说:

> 崔氏所云"挈古本,引《淇澳》以下置之'诚意'章之前,格物致知之义涣然矣",此不易之说也。其他释义,似未自然。越一年,又见高氏中玄《问辨录》所正《大学》古本与崔氏同,其释义更直截明快,千古人心同然于是乎在。③

《洹词》之中所论及《大学》篇章的次序,恰好符合高攀龙所持的观点。除了崔铣,还有高拱的观点也与之相近。"高氏中玄"即高拱,其著作《问辨录》卷一专论《大学》之古本与改本。高攀龙还说:

> 知本知至,二语相随,格致之旨,即是可推。《淇澳》诸条,实发明之。一篇错误,百家支离。爰有崔氏,反其原文。余曰快哉,可折纷纭。先生有灵,质之先圣,于我梦寐,然否是正。④

随后高攀龙完成了他的《大学》改本。高氏又以其"格物"说先后写了《古本

---

① 关于高攀龙与刘宗周以朱学修正王学的问题,学界讨论较多,其中比较完整的则是姚才刚先生,参见其著《儒家道德理性精神的重建》第六、七章,北京:中国社会科学出版社,2009年,第148—184页。
② 崔铣对王学多有批评,黄宗羲说:"先生之学,以程、朱为的,然于程子之言心学者,则又删之,以为涉于高虚,是门人之附会,无乃固欤! 至其言理气无缝合处,先生自有真得,不随朱子脚下转是也。其诋阳明不遗余力,称之为霸儒。"见黄宗羲《明儒学案》卷四八《诸儒学案中二·文敏崔后渠先生铣》,第1154页。
③ 崔铣《洹词》,附载高攀龙《高子遗书》卷三。
④ (明)高攀龙《高子未刻稿》礼部《告李见罗先生文》。

〈大学〉题辞》《〈大学〉首章约义》《〈大学〉首章广义》等文章以及两篇附录①,为自己重新诠释《大学》义理架构的新说提供了支持。

高攀龙的《大学》改本,刘宗周也曾认真研究过,但并未赞同高氏的观点。刘宗周既信《大学》,又疑《大学》,作有《〈大学〉古文参疑》《〈大学〉古记》《〈大学〉古记约义》《〈大学〉杂言》等著作。更重要的是,在其晚年,对《大学》怀疑的一面增加了。他撰写《〈大学〉古文参疑》就试图解决心中的疑虑,在序中说:"然则戴氏之传《大学》,早已成一疑案矣,后之人因而致疑也,故程子有更本矣,朱子又有更本矣,皆疑案也。然自朱本出,而《格致补传》之疑更垂之千载而不决。"刘宗周还说:

> 古本、石本皆疑案也,程本、朱本、高本皆疑案也,而其为"格致"之完与缺、疏"格致"纷然异同,种种皆疑案也。呜呼!斯道何由而明乎!宗周读书至晚年,终不能释然于《大学》也。②

到明代,《大学》之疑案更是层出不穷。王阳明恢复的古本、丰坊伪造的石经本、高攀龙的改本都企图解决《大学》的疑案,实际上只是使疑案倍增而已。刘宗周的"参疑"也是如此,所以他说"终不能释然"。又在此书之末加上说明:"《古本大学》辞虽错出而大旨本是跃然,只为翻改纷纷,转乖大义,故不得已而存此疑案,以俟后之君子,非敢任乱经之罪也。"③《大学》"大旨本是跃然",但是在这里"存此疑案",希望后人能够解决这个问题。刘宗周在绝食后的弥留之际,还特意强调《〈大学〉古文参疑》一书"过于割裂",故命门人削之。④ 对于《大学》疑案,他只能存而不论。到了刘宗周的弟子陈确那里,则直接断定《大学》为伪书,他所撰写的《〈大学〉辨》一书,黄宗羲有一定的肯定,但是另一同门张履祥则完全不认同,关于《大学》的文本入清之后还是争论不断。⑤

或许出于对死去的友人的尊重,刘宗周本人并无直接对高攀龙的批评文字。但是从他的其他论著来看,对高攀龙的"格物"之说并不认同。刘门高弟黄宗羲对此作了比较详细、到位的批评,这也可以看作是刘宗周的观点。黄宗羲说:

---

① 其中特别重要的是《附录先儒复〈大学〉古本及论格致未尝缺传》,摘录了方希古(方孝孺)、蔡虚斋(蔡清)、王阳明、湛甘泉(湛若水)、蒋道林(蒋信)、罗念庵(罗洪先)、罗近溪(罗汝芳)、李见罗(李材)等人的语录。参见高攀龙《高子遗书》卷三。
② (明)刘宗周《〈大学〉古文参疑》序,《刘宗周全集》第1册,第608页。
③ (明)刘宗周《〈大学〉古文参疑》,《刘宗周全集》第1册,第624页。
④ (清)刘汋《蕺山刘子年谱》,《刘宗周全集》第6册,第164页。
⑤ 参见张天杰、肖永明《陈确与张履祥〈大学〉真伪论辩之辨析》,《浙江学刊》,2010年第2期,第82—89页。

先生之学，一本程、朱，故以格物为要。但程、朱之格物，以心主乎一身，理散在万物，存心穷理，相需并进。先生谓："才知反求诸身，是真能格物者也。"颇与杨中立所说"反身而诚，则天下之物无不在我"为相近，是与程、朱之旨异矣。先生又曰："人心明即是天理""穷至无妄处方是理"，深有助乎阳明致良知之说。……言阳明之致知不在于格物。若如先生言"人心明即是天理"，则阳明之致知即是格物明矣。先生之格物本无可议，特欲自别于阳明，反觉多所扞格耳。①

确实，高攀龙的《大学》之学，"一本程、朱"，不重"诚意"而重"格物"，但是他又强调了"反求诸身"，还说"人心明即是天理"等等，很容易与王阳明"良知"之学混淆起来，所以黄宗羲说"反觉多所扞格"了。台湾学者古清美先生说："景逸之学于朱、王之间绝难断定必属一家，而朱学与王学的调和折衷在景逸身上最可见其痕迹，故景逸实可谓是沟通和折衷朱、王二家最典型的代表。"②

关于高、刘学术之异同，黄宗羲还说：

今日知学者，大概以高、刘二先生并称为大儒，可以无疑矣。然当《高子遗书》初出之时，羲侍先师于舟中，自禾水至省下，尽日翻阅。先师时摘其阑入释氏者以示羲。后读先师《论学书》，有答韩位云："古之有朱子，今之有忠宪先生，皆半杂禅门。"又读忠宪《三时记》，谓："释典与圣人所争毫发，其精微处，吾儒具有之，总不出无极二字；弊病处，先儒具言之，总不出无理二字。"其意似主于无，此释氏之所以为释氏也。即如忠宪正命之语，本无生死，亦是佛语。故先师救正之，曰："先生心与道一，尽其道而生，尽其道而死，是谓无生死。非佛氏所谓无生死也。"忠宪固非佛学，然不能不出入其间，所谓大醇而小疵者。若吾先师，则醇乎其醇矣。后世必有能辩之者。③

---

① （清）黄宗羲《明儒学案》卷六一《东林学案一·忠宪高景逸先生攀龙》，下册，第1402页。
② 古清美《慧庵存稿二——顾泾阳、高景逸思想之比较研究》，台北：台湾大安出版社，2004年，第318页。
③ （清）黄宗羲《明儒学案》卷六二《蕺山学案》序，下册，第1509页。此处黄宗羲引述刘宗周答韩位说："古之有朱子，今之有忠宪先生，皆半杂禅门。"但《刘宗周全集》中《答韩参夫》的原文却说："古之有慈湖，今之有忠宪先生，皆半杂禅门，故其说往往支离或深奥，又向何处开攻禅之口乎？"参见《答韩参夫》，《刘宗周全集》第3册，第360页。刘氏本来是说杨简与高攀龙"半杂禅门"，未提及朱子。这个差错当是黄宗羲编撰《明儒学案》时所误，因为上文以及刘宗周论及朱子时对朱子还是比较崇信的，没有看到有攻击朱子"半杂禅门"之类的话语。

可见高、刘二人的学术,更大的差异还是儒释之辨。刘宗周其实是认为高攀龙还是有"阑入释氏""半杂禅门"之嫌疑的。而且儒释之辨还涉及生死观的问题,黄宗羲说高攀龙遗书"本无生死"是"佛语",而刘宗周为之"救正",曲为之解释为儒家之说。可见高、刘二人"生死观"上的异同有些复杂,下文就对此额外问题作重点讨论。

三、高攀龙与刘宗周生死观之比较

高攀龙与刘宗周在生死观上当有"微不同"。在刘宗周绝食而死的最后阶段,其弟子张应鳌请问:"今日先生与高先生丙寅事相类,高先生曰:'心如太虚,本无生死,何幻质之足恋乎?'先生印合何如?"刘宗周回答:"微不同,非本无生死,君亲之念重耳。"①那么这个"微不同",不同在哪里呢?

天启六年,高攀龙在自沉之前,从容写就两篇文章,一是上呈熹宗的《遗表》,一是写与友人华凤超的《别友人书》。是年五十一岁的刘宗周读到了这两篇文章,并且写下了他的看法:

> 阅先生《遗表》及《别友人书》,见先生到头学力,庶几朝闻夕死者。顾其各有攸当,弗得草草看过。先生告君曰:"愿效屈平遗则。"不忘君也。其告友人曰:"得从李、范游。"不负友也。先生盖以数子之义自审其所处则然,而非以数子自况也。至云"心如太虚,本无生死",亦为后人贪生者解惑云。然先生心与道一,尽其道而生,尽其道而死,是谓无生死,非佛氏所谓无生死。忆先生往岁尝遗余书曰:"吾辈有一毫逃死之心,故害道;有一毫求死之心,亦害道。"此金针见血语也。求先生于死生之际者,当以此为正。又先生处化时,端立水中,北向倚池畔,左手捧心,右手垂下带,口不濡勺水,人多异之者。先生平日学力坚定,故临化时做得主张,如此摄气归心,摄心归虚,形化而神不化,亦吾儒常事。若以佛氏临终显幻之法求之,则失矣。呜呼!先生往矣,余惧后之学先生者,潜求之东汉人物,又或过求二氏者,辜负先生临岐苦心,因特为表而出之。②

在这里,刘氏"特为表出",对高攀龙《遗表》与《别友人书》特意作出他自己的

---

① (清)刘汋《蕺山刘子年谱》"68 岁"条,《刘宗周全集》第 6 册,第 171 页。
② (明)刘宗周《书高景逸先生帖后》,《刘宗周全集》第 4 册,第 122—123 页。

诠释,是因为有所"惧"。他担心后学之人将高攀龙之死简单比附于东汉党人李膺(110—169,字元礼)、范滂(137—169,字孟博)之死,或者比附于佛道的生死之说,尤其是后者更为刘氏所"惧"。高氏在《遗疏》中说:"臣虽削夺,旧系大臣,大臣受辱则辱国,故北向叩头,从屈平之遗则。君恩未报,愿结来生。臣高攀龙垂绝书,乞使者执此报皇上。"①"从屈平遗则",效仿屈原而自沉也是刘氏所赞许的,认为这是不忘君恩的表现,这就与无父无君的佛道迥然有异。高氏在《临终与华凤超》中说:"仆得从李元礼、范孟博游矣。一生学力,到此亦得少力。心如太虚,本无生死,何幻质之足恋乎?诸相知统此道意,不能一一也。"②这也就是张应鳌后来所问刘宗周的话。"心如太虚",还是接近于张载,更接近于王阳明的"良知"。高攀龙曾说:"胸中何曾有一物来?"③"人心一片太虚,是广运处,此体一显即显,无渐次可待,彻此则为明心;一点至善,是真宰处,此体愈穷愈微,有层级可言,彻此方为知性。"④但是,"本无生死"与"何幻质之足恋"就接近于佛学思想了。"人之将死,其言也真",所以刘氏有担心,要以之前高攀龙另一较为符合儒家传统的主张来对高氏的遗言作出重新的解释。因此,对高氏的遗言,刘氏解释为"不忘君""不负友"。刘氏还强调:"心与道一,尽其道而生,尽其道而死,是谓无生死。"而不是如佛家所说的,将人生视为幻质,追求"本无生死",超脱于尘世。

刘宗周似乎基本认同高攀龙的生死观,那么所谓"微不同"又指什么?关键在于,高氏遗书之中表达的生死之说,除去"心与道一"等儒家的一面,还有接近于佛学的一面,所以刘氏对其遗书所进行的重新诠释,其实就是为了掩盖其佛学一面而作出的过度诠释。刘氏的诠释所表达的只是刘氏自己的生死观,而不是高氏的生死观。因为高氏生死观之中的佛学意味非常明确,在此不作过多的展开,只列举几条:

人生如幻,何足扰扰憧憧?惟日行善事,乃不负余年。⑤

人想到死去一物无有,万念自然撒脱。然不如悟到性上一物无有,万念自无系累也。⑥

一夕,梦有儒衣冠者,以为元公也,前而叩焉。公曰:"夫一动一静者,天

---

① （明）高攀龙《高子未刻稿》御部。
② （明）高攀龙《高子遗书》卷八下。
③ （明）高攀龙《高子遗书》卷三《为善说》。
④ （明）高攀龙《高子遗书》卷八上《复钱渐庵二》。
⑤ （明）高攀龙《高子遗书》卷八下《与徐玄仗二》。
⑥ （明）高攀龙《高子遗书》卷一。

地之生死也,一死一生者,群生之动静也,此所谓易也。"恍然而寤,于时明月在室,万籁咸寂,予乃整襟端居,一灵炯然,如月斯净,众缘脱落,如籁斯寂,久之也而笑曰:"此物何动何静,何生何死耶? 噫嘻! 我知之矣。"死生道也,譬之于沤起灭。一水也,寂然不动者也。吾欲复其寂然者,岂遗弃世事,务一念不起之谓哉? 君君、臣臣、父父、子子,万象森罗,常理不易。吾与之时寂而寂,时感而感,万感万寂而一也,故万死万生而一也。①

手持二程书,偶见明道先生曰:"百官万务,兵革百万之重,饮水曲肱,乐在其中。万变俱在人,其实无一事。"猛省曰:"原来如此,实无一事也。"一念缠绵,斩然遂绝。忽如百斤担子顿尔落地,又如电光一闪,透体通明,遂与大化融合无际,更无天人内外之隔。至此,见六合皆心,腔子是其区宇,方寸亦是本位,神而明之,总无方所可言也。平日深鄙学者张皇说悟,此时只看作平常,自知从此方好下工夫耳。②

高攀龙吸收了佛学的思想,故将人生比作幻质,并且认为行善积德才是人真正需要去做的。那么如何超越生死呢? 就是要体悟到"性",将"性""锻炼精纯",即"心如太虚","一物无有""众缘脱落",超越于此,也就无所谓生死了。这样子的超脱,也就连"君亲"都不要了。而且,高氏所说的体悟,"恍然而寤","一灵炯然","一念缠绵,斩然遂绝。忽如百斤担子顿尔落地,又如电光一闪,透体通明,遂与大化融合无际,更无天人内外之隔"等等,都是接近于佛学的神秘体验,接近于顿悟。这些都是刘宗周所不认同的地方,所以在刘氏将死之时,必须指出高、刘之间的"微不同"。

当然,高、刘二人在生死观上还有许多相近的观念。高攀龙的投水自沉与刘宗周的绝食而死颇为类似,都是为了道义,为了不使此身、此学、此道受到侮辱,其中也体现了东林精神。他们对于生死都有一种豁达的态度,更重视的并不是如何超越生死,而是重视如何生,如何在人伦日用之中做工夫,在心性修养之中做工夫。高攀龙说:

丈夫生世即甚寿考,不过百年。百年中,除老稚之日,见于世者不过三十年。此三十年,可使其人重于泰山,可使其人轻于鸿毛,是以君子慎之。③

人身内外皆天也,一呼一吸与天相灌输。其死也,特脱其阖辟之枢纽而

---

① (明)高攀龙《高子遗书》卷三《夕可说》。
② (明)高攀龙《高子遗书》卷三《困学记》。
③ (明)高攀龙《高子遗书》卷八上《与王具茨》。

已,天未尝动也。①

现前于穆之真,绝无声臭,安得有富贵贫贱夷狄患难?是刀锯鼎镬之所不能及,安得有死生?但在日用炼习,纯是此件,即真无死生耳。②

刘宗周也说:"呜呼!七尺昂昂,岂徒块然形质?百年冉冉,何止半宿蘧庐!"③人之躯体当是与万物融为一体的,所以生死也只是在于"日用炼习",生死并不是最重要的,重要的是"心与道一",即"锻炼"自己的性体,使其"精纯"而与天理合一。只要做到了君臣父子、万象森罗"时寂""时感"合于常理,做好自己的"心性"修养,那么动静、生死都可以合而为一,人与天地也能合二为一了。对于人之生之道义的追求,则是高、刘之间最重要的共同点,也是传统儒家士大夫对人生的终极关怀的基本特点。

总之,在高攀龙与刘宗周二人十多年的交游之中,高攀龙对刘宗周在人格与学术两方面都有着深远的影响。但是,他们的思想却是同中有异,其中关涉宋明理学之中的朱、王之辨与儒释之辨这两大问题。前者可以从他们对《大学》篇章次序以及释义的不同观点之中看出来,后者则主要表现在对生死观的不同理解上。这其中的异同也正好说明了东林学派与蕺山学派之间的承继与发展,无论刘宗周还是其弟子黄宗羲,都在努力试图摆脱王学与佛学的羁绊,走出一条新的学术之路。

(原载《宁波大学学报(人文科学版)》2014年第2期,收入本书时文字有修改)

---

① (明)高攀龙《高子遗书》卷一《语—百八十二则》。
② (明)高攀龙《高子遗书》卷八下《与孙淇澳宗伯》。
③ (明)刘宗周《证人会约·学檄》,《刘宗周全集》第2册,第484页。

讲学觉民以为政,格君重德以治世

——论邹元标的仁治观

陆永胜[*]

摘 要:邹元标的仁治观是中晚明社会政治文化生态中心学实学思想的代表之一,其突出特色在于实有于世的致用价值,具体表现在两个方面:讲学觉民以为政和格君重德以治世。前者是邹氏以学术明道觉民参与政治治理思想的体现,后者体现了邹氏通过奏疏格君明道实行仁治的思想和道德至上意识与忧世情怀,二者均突出了仁德在邹氏治世思想中的价值和意义。邹元标的仁治观在晚明救世思潮中具有典型的代表性和积极意义,有其时代的必然性和局限性。其对当下的政治治理、民间治理、个人治理仍然有着借鉴价值。

关键词:邹元标;仁治观;讲学觉民;格君重德

邹元标的工夫论以心性合一为本体基础,以修悟合一为外在工夫特征,以知行合一为内在工夫维度,将本体与工夫、心与意、心与物结合起来,建构起体用合一、内外合一,富有实学特色的工夫论体系。其"实"不仅表现为明道方面的实有于心、修德方面的实有于身、通经方面的实有于学,还包括致用方面的实有于世。这四个方面圆融于同一个思想体系内,最大程度地体现了邹元标心学思想中以仁为核心的治理观。邹元标不仅是一个思想家,而且是一个行动的思想家,是心学知行合一思想的践履者,他的仁治观集中反映了其治理实践中思想、方法与践行的合一。

邹元标生活的明代晚期,社会状况每况愈下,"今天下如人一身,内如心腹,外如四肢,精气消耗殆尽,非倍珍啬,鲜克攸济。先是世务为操切争威严以相高,闾里萧条,无复太和景象"[①]。朱明王朝,犹如一个精气神被耗尽的巨人,已毫无生气可言,病态百出。从庙堂、吏治到江湖、民风,从士人学术到军队边戍都呈现出衰弱迹象。而邹元标作为一个秉承儒家内圣外王信仰与理想的士大夫阶层的

---

[*] 作者简介:陆永胜,男,南京大学哲学博士,东南大学马克思主义学院教授,博士生导师。
[①] (明)邹元标《邹忠介公奏疏》卷一《直抒肤见疏》,明崇祯十四年林铨刻本。

一员,则奋起救世,力图挽明朝于颓败之势。然而由于时代的局限性,邹元标可资以为用的救世方法只有讲学觉民以为政和奏疏格君以治世。邹元标曾感叹道:"天下治乱,系于人心;人心邪正,系于学术。法度风俗,刑清罚省,进贤退不肖,舍明学则其道无由。无偏无党,王道荡荡;无党无偏,王道平平。"①邹元标将学术提高到关系人心邪正、吏治清平、天下治乱的高度,这和王阳明有相同的认识。阳明也说:"今夫天下之不治,由于士风之衰薄;而士风之衰薄,由于学术之不明;学术之不明,由于无豪杰之士者为之倡焉耳。"②可见,重视学术的教化作用已经成为明代中后期士人的共识,体现出士大夫忧乐天下的责任感。所以邹元标创办书院,讲学不辍,并表彰"耿定向洞彻道源,力维名教,以成就人才为真修,而质行式端乎表率,以康济民生为实学,而经画允协于机宜"③,"罗汝芳性资超脱,行谊高贞,惟道是慕,富贵功名不入其心,逢人必诲,贵贱贤否不知其类"④,此可谓自励也,亦可谓自我写照,从中我们可以体会出邹氏明道觉民的思想。正如祁承㸁在《读邹南皋先生语义合编》中所说:"尹亦有言,予将以斯道觉斯民也。夫岂取诸尹之所有者而觉之哉?明之乎斯道实斯民之道,而尹之觉即民之觉也,然则先生之立教意在斯乎!读是编者,得其觉民之意则可矣。"⑤可见,邹元标讲学觉民为政思想中包含着道德责任和情怀。

另一方面,邹元标汲汲于奏疏以格君心,希望能够鼓舞士心,以肃吏治。他在《直抒肤见疏》中以尧舜相期于君的理想相期于政:"夫谈天下国家之事在握其要,得其要则众政毕举,不得其要,兴一政,厘一弊,亦徒竭精神已尔。史称尧舜之知在急先务,矧知不若尧舜者能役役为天下用哉?"⑥并严厉指斥在危难之际不愿为君尽忠、为国出力的朝臣:"(侍郎熊廷弼、张鹤鸣、王在晋、祁伯裕)国家危难,召而不至,有负于君,英雄之气安在?"⑦"知父莫若子,知君莫若臣,臣子不知君父,是处光天化日之下而不知天之高、日之朗,恶所称子臣也者?"⑧同时,邹元标还在奏疏中条陈了种种具体的治理方法,如在《敷陈吏治民瘼事宜疏》中,他列举了"定等则""洗佞习""便升转""议久任""重京考""褒名德""慎抚臣""搜遗逸"

---

① (明)邹元标《邹忠介公奏疏》卷五《陈共学之原以定众志疏》。
② (明)王守仁撰,吴光、钱明、董平、姚延福编校《王阳明全集(新编本)》卷二二《送别省吾林都宪序》,杭州:浙江古籍出版社,2010年,第3册,第927页。
③④ (明)邹元标《邹忠介公奏疏》卷一《敬采舆论共推士品恳乞查明录用昭雪疏》。
⑤ (明)祁承㸁《读邹南皋先生语义合编》,(明)邹元标《南皋邹先生会语合编》卷首,明万历四十七年龙遇奇刻本。
⑥ (明)邹元标《邹忠介公奏疏》卷一《直抒肤见疏》。
⑦ (明)邹元标《邹忠介公奏疏》卷三《乞严明振作以救临危疏》。
⑧ (明)邹元标《邹忠介公奏疏》卷五《救郭中翰疏》。

"审边臣""恤远臣"等吏治方法,并列举了时民之苦:"秤头之苦""虚粮之苦""籴票之苦""积荒之苦""科场之苦""积疫之苦""清军之苦""驿递之苦"等。正如邹元标在为其弟子陈尚象等编写的《贵州万历通志》所作的序中所说:"读兹者,感甲兵强弱则思振,熟土苗训梗则思驭,会钱谷多寡则思裕,稽盗贼出没则思靖,察士习民风淳漓则思正。"①在邹元标的奏疏中,我们亦可以深切感受到他的这种振世善俗觉民的士人理想和责任意识。可见,在邹元标奏疏格君以治世的思想中亦有着显明的道德至上意识和忧世情怀,故李邦华在《邹先生语义合编序》中表彰邹元标曰:"先生振世觉民之心之无穷也。"②此言可谓恰切。邹元标的仁治观正是此社会、政治、学术、思想语境中的产物,具有现实的针对性和时代价值。

一、讲学觉民以为政

邹元标在其著作中对时下学风的指斥一向是比较尖锐激烈的,甚至直入王学窠臼。如他在《柬王塘南太常》中直指王门后学津津乐道的"赤子之心":

> 故曰"大人者,不失其赤子之心者也",此语诬人,奔走一生,深入鬼窟,犹自以为仙都天堂,此学之极弊也。③

保有赤子之心,本是阳明提倡最切者,"赤子之心与大人同"④,其本意在于护持原初心体,是致良知的目的。然而到了明末,王学末流却专谈性命,不实地践履,以圆机为妙用,去空空求一个心。此不但无益于心体,反而有害于心体。
在邹元标看来,另一种为学倾向也是害心的:

> 今学者动辄剿袭先人陈迹以为自己宝藏,又最微细者认意见凭神识曰:"吾学在是。"只求多不求少,只求益不求损,其害岂有穷?嗟乎!口腹之害,

---

① (明)邹元标《贵州万历通志序》,(明)郭子章《黔记》卷一四《艺文志上》,明万历三十六年刻本。
② (明)李邦华《邹先生语义合编序》,《南皋邹先生会语合编》卷首。
③ (明)邹元标《愿学集》卷三《柬王塘南太常》,清文渊阁《四库全书》补配清文津阁《四库全书》本。
④ (明)钱德洪编述、王畿补辑、罗洪先删正、胡松等校正《年谱附录一》,吴光、钱明、董平、姚延福编校《王阳明全集(新编本)》卷三五,第4册,第1364页。

害不过躯体；人心之害,更屡劫而无出头之日。世之不自害心者有几耶？①

袭前人陈迹以为己学,即是沉于经籍文字,意见相陈,心体也同样无法发显。学不能发明心,则圣学之用世价值就无法体现,所以邹元标感慨真正的良知学的衰落：

> 世间无现成良知,新建公从龙场万死千生得来。譬之祖父辛勤立门户,拮据茹荼,不知几朝夕,子若孙享膏腴,不知祖父之苦辛,必至荡覆无余,卒未能世其家也。②

阳明的良知是在千死万难中体贴出来的,是修悟合一的结果,然而王门后学或从高明处入,或从识见中入,分知行为二,故其所得或光景或知见,真正的良知在后学中荡覆无余。没有良知的主宰,故造成了为学、为政、处世中的种种弊端。

邹元标将上述情况归咎于讲学日衰。事实上,明代后期经过张居正、魏忠贤等几次禁学后,讲学之风的确有所衰落。如邹元标在《乙巳秋会青原有怀》一诗中就描述了讲学今不胜昔的情状：

> 忆昔少年来问道,恭逢名硕聚一堂。空林歌声裂金石,德音孔昭奏宫商。转眼韶光三十载,可堪耆旧半消亡。岩头只见白云飞,巍巍古道成榛荒。今年天气倍清明,虚堂秋色来萧爽。赖有济济诸年少,闲将疑义共欣赏。一木岂能支大厦,愧我无端成独往。但使耳根声不断,不嫌孤峰独拍掌。君不见,老僧凿石寄崖阿,朝朝苾蒭念弥陀。吾侪空负缨冠志,竟将岁月苦蹉跎。夜来检点平生事,俯仰先贤愧已多。寄语同心齐努力,莫将古洞挂薜萝。③

昔日名硕聚集、歌声裂金石的讲学盛况与今日一木难支大厦、老僧寄崖念弥陀的凋敝状况形成了鲜明的对比,但邹元标仍寄希望于"济济诸年少","莫将古洞挂薜萝"。

邹元标对讲学兴盛的期望和其重要性的强调是有着实际的针对性和现实价值的,特别是他从治理的角度强调了讲学对政治、国家、民间治理的重要性：

---

① （明）邹元标《南皋邹先生讲义合编》卷下《饥者甘食章》。
② （明）邹元标《愿学集》卷四《石莲洞全集序》。
③ （明）邹元标《愿学集》卷一《乙巳秋会青原有怀》。

> 吾侪学不济事,只是不肯出身担当。若出身担当,即是首出庶物。首出庶物,自然大明终始。大明终始,自然乘六龙御天。合而言之,首出即始也,御天即终也,此之谓统天之学。①

"首出庶物"出自《易》第一卦"乾"卦,乾卦的象辞说:"大哉乾元,万物资始,乃统天。云行雨施,品物流行。大明终始,六位时成,时乘六龙以御天。乾道变化,各正性命,保合太和,乃利贞。首出庶物,万国咸宁。""万国咸宁"即是天下太平。这里邹元标运用"乾"卦的地位和价值意义指出了学对于天下治理的重要性,但其表达的似乎还是《大学》修身齐家治国平天下的儒家理想,所以邹元标又说:"臣所忧者,学术未明而儒道大诎也。……彼敢于蔑先圣之道者,不过恶聚讲假伪学以钳天下之口耳。"邹元标并且以"孔子大圣尚以学之不讲为忧",再次论证了讲学明道的重要性。② 同时邹元标也强调了讲学对于家庭五伦和睦的重要意义:

> 先生曰:"此学不是漫说的,如平素不能处家庭里闲,却会处家庭里闲;平素不能忍耐从容,却能忍耐从容。此便是讲学之益,不然与不学人奚别?学先变化气质为第一义。"③

讲学可以变化人的气质,让人学会处理家庭矛盾,学会忍耐从容,体现出了讲学在民间治理方面的价值和意义。

邹元标对讲学重要性的强调,在某种意义上体现出其作为儒家士人的担当意识。他在《谩吟六首》中抒写了其以讲学明道治世的理想和愿望:

> 腰间三尺龙泉剑,付与人间斩葛藤。未断葛藤终浪语,须知斯道在人弘。
> 无古无今无显微,千年贤圣竟同归。庭前草色青青长,未许人间说是非。④

葛藤并不是上述引文中的遮掩古洞的葛藤,而是各种学术之弊病,只有斩断

---

① (明)邹元标《愿学集》卷三《答李复台》。
② (明)邹元标《邹忠介公奏疏》卷一《直抒肤见疏》。
③ (明)邹元标《南皋邹先生会语合编》卷上《龙华会纪》。
④ (明)邹元标《愿学集》卷一《谩吟六首》其四、其三。

葛藤,才能去除伪学,弘扬圣道,进而呈现出仁道的生生之机。正是基于这种儒家的担当意识,邹元标在奏疏中多次强调恢复全国书院,复兴讲学之风的重要意义:

> 今儒风不振久矣,上之所禁,下之所避也;上之所作,下之所效也。上不鼓不趋,教不振不从。臣愚以为凡所拆过书院,先贤遗迹,宜敕礼部令郡邑或概议修复,或量为调停。虽未必真儒辈出,然使天下晓然知陛下崇儒重道盛心,学术从此而出,士习从兹而端,未可知也。①

邹元标希望借助于"得君行道",以重振儒风,通过修复书院和先贤遗迹来发扬学术,端正士风。在经历了被迫停止首善书院的讲学后,邹元标仍然不改初衷,表达了不管进与退,要终身明道,以学为政的理想和坚韧精神:

> 元标进未得行斯学于朝,退愿得行斯道于野。俾乡子弟孝友忠信,雝雝翼翼,庶上不负圣天子明盛之世,下不负良有司振作之美。②

邹元标对讲学的重视和执着精神,其实在居黔时期已有端倪。如他在《李同野先生先行录序》中就表达了以躬行为正的学术理想:"子知先生之学,则余昔之未以子躬行为是,今以先生躬行为正,盖各有攸当,未可以膜说为也。万里圣途,即之则是,凡我同盟,请绎斯语,庶几为适燕之指南也夫。"③阐明学术,并以身践行,这正是邹氏思与行合一的仁治观。

邹元标在讲学及著述的过程中,曾多次表达其道统观,在道统叙述中体现出其以圣学为志、以讲学为念的使命感和理想:

> 自吾夫子振铎东鲁,孟轲氏继之,唐韩愈谓轲之死不得其传,所谓不传者必有指归,至宋而诸儒并起,我明益光大,有耀臣等方欲为孔孟求衣钵之传,童蒙独不思为东鲁延箕裘之绪乎?臣志学非自今日始也。臣弱冠幸举孝廉,从诸长者游,一登讲堂,此心戚戚。既谢计偕,独处深山者三年。嗣入夜郎,兀坐深菁者六年。浮沉南北,栖迟田亩,又三十余年。赖有此学,死生

---

① (明)邹元标《邹忠介公奏疏》卷一《直抒肤见疏》。
② (明)邹元标《愿学集》卷五《仁文书院记》。
③ (明)邹元标《愿学集》卷四《李同野先生先行录序》。

夷狄未常陨志。①

　　同一洙泗源流学焉,而皆得性之所近,惟颜子深潜纯粹,妙契圣人之旨,不违如愚。继颜子而后,惟孟子七篇仁义之旨,性善之说,如揖让孔、颜一堂。继孟子而后,惟周子、程子、陆子。周子曰"圣学一为要",程子曰"廓然大公",陆子曰"宇宙即吾心",此等去处,非自得何以见得亲切如此?世之安排道理、撑持意见以为自得,明眼者知其为义袭,去自得之旨益深矣。②

　　洙泗微言绝,濂洛扬其徽。我明诸大儒,鲁阳戈正挥。世儒纷口耳,中心昧是非。泰山千仞冈,予其欲振衣。鸢鱼察上下,至理无显微。冥心复冥心,谁其杜德机?③

　　综合邹元标的道统叙述,我们可以看出邹元标的道统谱系是孔子—颜子—孟子—周敦颐—程明道—陆九渊,而明代并未指明何人,但从其"臣志学非自今日始也""予其欲振衣"的表述中,我们可以体会到邹氏有直承宋代心学道统的暗示。每一个时代、每一个人的道统叙述都会受到学术立场、师承、政治等多种因素的影响,因此经常会呈现出人异道统异的情况,所以我们这里姑且不论邹元标的道统观是否合理。其实邹元标的道统叙述更重要的意义在于,其在某种程度上为邹氏提倡和重视讲学提供了合理性依据。也正是基于此,与邹元标一起创办首善书院、讲学于京师的冯从吾(1557—1627)在给皇帝的奏疏中曾依照邹元标的道统谱系回顾了儒学讲学史:"讲学创自孔子,而盛于孟子,故孟子以作《春秋》、辟杨墨为一治,至孟子没而异端蜂起,列国纷争,祸乱相寻,千有余年,良可浩叹。至宋儒出,而始有以接孟氏之传,然中兴于宋而禁于宋,是宋之不竞,以禁讲之故,非以讲之故也。伏惟我二祖开基,表章六经,颁行天下,天子经筵讲学,皇太子出阁讲学,讲学二字昔为厉禁,今为令甲。"④其意图在于指明讲学的合理性,并以宋朝因禁学而亡为例指出讲学的重要性。邹、冯二人可谓志同道合。

　　邹元标的讲学活动,据现有可查的资料,可以上溯到其谪居都匀时期。据郭子章《黔记》记载,邹元标于万历五年(1577)因谏张居正夺情而被贬谪都匀:

　　至匀,绝亡几微怨怼,惟以王阳明先生昔谪龙场,刊落支离,透悟良知。

---

① (明)邹元标《邹忠介公奏疏》卷五《陈共学之原以定众志疏》。
② (明)邹元标《南皋邹先生讲义合编》卷下《君子深造之以道章》。
③ (明)邹元标《愿学集》卷一《别友》。
④ 天启二年(1622),邹元标、冯从吾因创办首善书院讲学而遭到结党谋私的指控,二人遂上疏力辨。冯氏此疏附于邹氏奏疏之后,参见(明)邹元标《邹忠介公奏疏》卷五《附左副都御史冯从吾疏》。

匀距龙场近,一意讲王先生学,与二三子共相切摩。①

> 久之,公忘匀,匀人亦忘公,相与结茆宇,谈理学,阐六籍之微言,垂一方之典范。时而登临凭眺,北望阙而南瞻云。其啸吟纪咏,间以写其忧国怀亲之绪,而思入风云,声合金石,犁然当于人心,抑何其衷之悃款而神之恬旷也?②

这可能是邹元标最早讲学活动的记述,从中我们可以看到邹氏都匀讲学的心学内容、讲学情景、讲学境界以及对地方风气的影响。应朝卿在为《贵州万历通志》写的序中对邹氏讲学的影响亦有记述:"邹尔瞻氏亦以抗疏遣谪,与文成后先相映。名贤所过,其流风余韵,犹足以廉起顽鄙,为山川增色。"③"廉起顽鄙"可谓是讲学觉民的集中体现。邹元标在都匀的高足余显凤曾高度评价其在都匀讲学对当地士风的影响:"邹先西江来,清风被吾里。竟挽剑河流,换却西江水。"④田雯在《黔书》中亦说:"自王文成、邹尔瞻讲学明道,人知向学,故黔之士能望的而趋,握瑾以售,正不乏人也。"⑤可见,邹氏讲学对移风善俗觉民的积极作用和长远影响。

邹元标后期的讲学活动最重要的当属在首善书院的讲学,清代孙承泽在《天府广记》中记载了邹氏与冯从吾在首善书院讲学的情景:

> 两先生朝退,公余不通宾客,不赴宴会,辄入书院讲学,绅袗有志于学者,环而静听,或间出问难,无不畅其所怀。一时转相传说,咸知顾名义,重廉耻,士风为之稍变。⑥

"顾名义,重廉耻"体现了邹、冯二人以伦理道德为核心的讲学内容,最重要的是其讲学达到了"士风为之稍变"的效果。在首善书院被禁讲后,邹、冯二人在上疏力辨中亦指出他们讲学的目的在于振世觉民:

> 臣等讲学,惟宜放弃斥逐之日,以此浇其磊块消其抑郁无聊之气,则如

---

① (明)郭子章《黔记》卷四二《进士邹元标传证》。
② (明)应朝卿《〈云中存稿〉序》,(明)郭子章《黔记》卷一五《艺文志下》。
③ (明)应朝卿《贵州万历通志序》,(明)郭子章《黔记》卷一四《艺文志上》。
④ (清)莫友芝等《黔诗纪略》卷一一《南皋书院落成呈陈给谏尚象、吴解元铤》,贵阳:贵州人民出版社,1993年,第419页。
⑤ (清)田雯编,罗书勤等点校《黔书》卷上《设科》,贵阳:贵州人民出版社,1992年,第12页。
⑥ (清)孙承泽《天府广记》卷三《书院》,北京:北京古籍出版社,1984年,第32页。

切如磋者,道学一语端为济穷救苦良方。非尽性至命妙剂,亦视斯道太轻,视诸林下臣太浅矣。人生堕地高者,自训诂帖括外别无功课,自青紫荣名外别无意,恶闻讲学也,实繁有徒。盖不知不闻道即位极人臣,勋勒旂常了不得本分事,生是虚生,死是虚死,朽骨青山。①

  今夷虏交侵,邪教猖獗,正当讲学以提醒人心激忠义。②

邹、冯二人视讲学为醒人心、激忠义的济穷救苦良方,可谓用心良苦。而当时参劾邹、冯二人的工科给事中郭允厚的奏疏可谓是从反面论证了讲学与为政的关系:"内察在迩,宪臣以宿望之身,处尊巍之位,日开一会讲之局以号召天下,一时争趋。窃恐贤者未必附,附者未必贤,阴为弃而显为用,空善类而祸国家。"③"显为用""祸国家"正从反面道出了讲学所具有的觉民、为政的作用。

同时,邹元标也强调了讲学以"仁"为内核的民间教化作用,这也是讲学之振世觉民作用的体现。首先,邹元标认为讲学目的在于学仁,而仁的实践意义在于使乡民真正从仁出发,扶弱恤小,不恃强凌弱,达到"天下皆吾一家一隅之地"的仁天下的良好社会风尚:

  先生曰:"吾辈若不作主张,人寡力弱之家有事,不幸遭强盛之家处得无转身地,同党又欲从而加威,恐怕得罪于天。吾辈今日在此讲学,学此仁。仁视天下皆吾一家一隅之地,大段以扶弱恤小为主,学从此路,使乡邦实受其福,方为真会。真是同仁,即仁即圣。不然纵说心性入微妙,总是闲语,愧彼自好不为者争远矣。"④

讲学能够使乡邦受惠,建构良好的风俗,这样的讲会才是发挥了实际价值的真讲会。

另一方面,邹元标在讲会中告诫人们要从仁出发,要积极地给予他人以帮助,以成就自我:

  天生贤者所以教愚者,贤者而自私其善,子孙必愚昧更甚。天与富者所

---

① (明)邹元标《邹忠介公奏疏》卷五《陈共学之原以定众志疏》。
② (明)邹元标《邹忠介公奏疏》卷五《附左副都御史冯从吾疏》。
③ 《明熹宗实录》卷二七"天启二年十月丁卯"条,台湾"中央研究院"历史语言研究所据国立北平图书馆藏红格钞本影印,1962年,第1345页。
④ (明)邹元标《南皋邹先生会语合编》卷上《同仁会纪》。

以周贫者,富者而自私其财,子孙必饥饿而死。予递观世界,往往在睹,贤且富者可思思。①

为祖宗养穷人,为祖宗教愚人,为祖宗化恶人,为祖宗容横人,为祖宗培善人,自家而外皆若是,天地是我大祖宗,天下人是我一家大众子弟。②

邹元标这种基于"仁学"的民间伦理教化思想似乎内在地包含着佛教"因果报应"的逻辑思维模式,这和明末佛教在民间的广为传播有关,邹元标不过因地取材而已。更重要的是,邹元标为这种教化开出的境界完全是儒家的,而且饱含着强烈的儒家伦理色彩。

总之,邹元标以自身的讲学活动阐释了其讲学觉民为政的仁治思想,具有思想和践行合一的特质,体现出鲜明的经世价值和实学色彩。

二、格君重德以治世

邹元标可谓是传统意义上典型的儒家士大夫,甚至可以说是一个理想主义者,他希望通过格得君心,实行仁政来实现儒家的政治理想。然而,虽然邹元标通籍四十五年,但实际的立朝时间却只有短短的九年(含南京居官时期),所以,关于他治行的记载远没有他讲学的记载多,其治行方面的仁治思想主要体现于其奏疏中。邹元标曾说:"余暇日间观古人章疏,率直而不遽,巽而不隐,凿凿乎有体要也已。……同志欲格君而明道,此其近体矣。"③可见,通过奏疏格君明道,实行仁治,是其实现儒家理想的主要途径,而其仁治思想则蕴含于其中。

在政治集权的封建社会,君是一国之首,君德对于国治民安具有重要意义,因此在邹元标的仁治思想中,首要的即是格君以德。在邹元标看来,人君的仁德和天下治理有着密切的联系:"臣闻天地大德曰生,仰体天地生物之心以为心者,帝王之所以仁覆天下也,仰体人君爱民之心以及万民者,臣子之所以引君当道也。自古尧、舜、禹、汤、文、武之为明君,皋、夔、稷、契之为良佐,曷尝不以泽被生民为己任哉?"④君王之仁心即天地生物之心,其以生民为念,以天下为志,所以君德在此意义上可以说是天下治理的根本。邹元标甚至认为:"盖大臣,民之表也;人君,大臣之表也。守令好恶不端,其去之也易;大臣人君好恶不端,其祸也

---

① ② (明)邹元标《南皋邹先生会语合编》卷上《龙华密证》。
③ (明)邹元标《章疏补遗·自序》,(明)郭子章《黔记》卷一四《艺文志上》。
④ (明)邹元标《邹忠介公奏疏》卷一《推广德意以泽苍生疏》。

长,故戒之也。"①这从反面再次论证了君臣仁德对于国家治理的重要性。

邹元标正是基于上述德与治的关系来进行格君明道的。其主要从三个方面展开:

第一,为君寡欲以为治。欲在儒家思想中一直是被节制的对象,但并不是否定的对象。儒家主张欲要控制在合"理"的范围内,因此寡欲是儒家修身的功夫之一:

> 臣闻人君宰制万物,役使群动,必有握其枢者,心是也。心体至大,王胄乾坤;心体至灵,同符二曜。或失其体者,何哉?欲累之也。欲在奸声淫蛙杂遝,心以声移矣;欲在乱色柔曼争进,心以色移矣;欲在口腹甘旨并陈,心以味移矣。几有可间,左右得而间之;隙有可乘,嬖幸得而乘之。其机始于微妙,其祸至于寻丈。尧、舜致兢业之防,《诗》《书》纪危微之训,故能保世滋大。陛下履鳌隆之运,何求不得?际鼎盛之年,何欲不遂?求必得,则人欲日滋;欲必遂,则天理日微,圣学从兹荒矣。孟轲氏曰"养心莫善于寡欲",宋儒周敦颐曰"无欲则静虚动直,明通公溥",愿陛下味孟氏寡欲之明训,遵敦颐无欲之格言,研几于声色臭味之间,致谨于视听言动之常。居处有时,无以闲居幽独而有惰容;行幸有节,无以血气方刚而有锐心。此匪独养德已也,即养身亦在其中焉。精用而不已则竭,形劳而不已则散。无欲则形充,形充则精固,而身可长保矣。②

> 语云:"自天子以至于庶人,壹是皆以修身为本。"臣谓修身当以养身为先,孟轲氏曰"无尺寸之肤不养",又曰"养心莫善于寡欲",养身要矣寡欲先焉,寡欲则精自充,心自广,体自胖,是为德润身。③

邹元标从心学立场出发,认为人君凭以宰制万物者,心也。心是天子以至庶人共具的本体,其至大至灵,然而容易被人欲所遮蔽。人有欲,则天理日微,圣学日荒,所以邹元标劝诫人君要遵循孟子的"寡欲"、周敦颐的"无欲"思想,行之于身,养身养德。人能寡欲则形充、精固、心广、体胖,如此才能发明心体,以心为治。

第二,为君重孝以为治。孝是儒家家庭伦理的核心,在封建社会家天下的政治结构中,孝由家庭伦理的小孝走向社会政治伦理的大孝。臣之于君,犹子之于

---

① (明)邹元标《南皋邹先生讲义合编》卷下《所谓平天下章》。
② (明)邹元标《邹忠介公奏疏》卷一《直抒肤见疏》。
③ (明)邹元标《邹忠介公奏疏》卷五《去国陈悃疏》。

父,君仁臣忠、父慈子孝的伦理准则也因此成为治国平天下的内在准则,所以邹元标对于君德中的"孝"极为强调。如他说:

> 平天下亦只是人人孝弟慈而已。①
> 治国不越孝弟慈,可见圣人未尝设法制禁令。孝弟慈皆本天然,可见未尝费些气力。②

在邹元标看来,孝悌慈是人的自然天性,是不学而知,不学而能的,行孝悌慈也就是顺心而为,不需自私用智的,所以行孝悌慈在根本上是圣人、君王、平民的本然能力,圣人以之治天下,君王以之治国家,平民以之齐家。故在此意义上也可以说,孝悌慈维护的不仅是家庭伦理纲常,也同样维护了政治伦理纲常,因此齐家治国平天下皆在于孝悌慈。邹元标在奏疏中以孝劝诫君王的事例最突出的即是谏张居正夺情一事:

> 臣闻天生民,不能自治也,立君治之。君不能独治也,为相佐之。相也者,一人之身而社稷纲常所攸赖者也,必置身于纲常天道之中而后朝廷服,万民怀。一有不善,议其后者如蝟毛而起。孔子曰:"苟正其身矣,于从政乎何有?不能正其身,如正人何?"此之谓也。今观居正之于父也,凭棺泪奠,未尽送终之礼,在京守制,尚贪相位之尊,果能正身而正人耶?不能正身而欲正人,为居正计者,不可一日而不去。……皇上以英明之资御历五稔,人皆曰将兴尧舜之道、三王之功矣,以居正而在京守制,天下后世谓陛下何?如主纲常自此而坏,中国自此而衰,人心自此而弛,居正一人不足惜,后世有揽权恋位者辄援居正故事,甚至窥窃神器,贻祸深远,难以尽言者矣。③

在此奏疏中,邹元标直接参劾的是张居正夺情,不能为父尽孝道,但实际上也指斥了皇帝不能以孝的原则来维护政治纲常,故此邹元标受到了重罚。值得注意的是,在此奏疏中,邹元标对孝和治理关系的论述是以心为中介的。正身、正人并不仅仅是行为意义上的"正",更是心体意义上的"正",只有心正,才能使朝廷服、万民怀,所以此奏疏明为劾居正,实为格君德。有论者从当时朝政的实际情况出发,认为邹元标参劾张居正不符合实际情况,有失偏颇,此与本节所论

---

① (明)邹元标《南皋邹先生讲义合编》卷下《所谓平天下章》。
② (明)邹元标《南皋邹先生讲义合编》卷下《所谓治国章》。
③ (明)邹元标《邹忠介公奏疏》卷一《论辅臣回籍守制疏》。

是不同层面的问题,故搁置不论。从邹元标的德政立场出发,无论张居正"夺情"之事偏颇与否,都可以"小孝""大孝"之分来解释之,孝与治的关系是不变的。

第三,为君节俭以为治。节俭本是中华传统道德之一,邹元标在奏疏中劝诫皇帝节俭就超出了一般的道德意义层面,而具有政治意义。明代万历皇帝的荒淫奢侈无度在史书中记载颇多。万历十一年,慈宁宫走水,邹元标从因果报应的视角将之视为上天对朝政荒芜的不满,因此上疏劝诫皇帝修德节俭:

> 能修德则反灾为祥,不修德则祸立至而不可解。……今大司农告匮矣,如明年恢复慈宫,鼎建山陵,大役并兴,动需不赀。取之西北,西北饥荒,闻者酸鼻;取之东南,东南水旱,见者寒心。非大为樽节,膏脂易竭,臣惧难继矣。江西烧造无益实用者,止之可也;苏、松织造非系紧急者,停之可也。其他不急之兴作,无名之赏赐,尽为禁止,以彰俭德至明也,以培国脉至仁也。若不大加损益其间,虽桑、孔复出,不能持筹而算矣。《易》曰:"节以制度,不伤财,不害民。"节用一语,诚今日经国者急务。①

邹元标将修德、朝政清明和天之报应联系起来,无非是要强调君德对于天下治理的重要性。也正是在此意义上,他将俭德提高到了经国之急务的高度,其中格君明道之意至切至真。

万历四十六年,清军攻陷辽东诸城,明廷国库空虚,为应对战事,朝廷加派田赋专款用于辽东之战,故称"辽饷"。然而战争不息,辽饷不断,百姓苦不堪言。邹元标再次上疏谏请皇上节俭,并在官吏中推行:

> 以一辽事骚动海宇,欲罢辽饷,一时难必,熟思救时之法,惟有急挽风俗一着。风俗之坏,莫甚侈靡。语云:"国奢,示之以俭。"都门一日,海宇之卒岁也;士夫一席,庶民之卒岁也。每事节省,称礼而止,诸郡邑观望而归,以挽回天下,其机渐易。……臣犹有说焉,计偕诸士子四千余人,此四千余人者,第与不第,皆百万生灵所寄命者,趋向不正,世道何补?民奈何不苦?必从今于诸士子登第者、入官者先树之鹄,示之以俭。……夫俭朴之风一科胜一科,可以宜民,可以宜人。②

邹元标认为奢靡之风和国事安危直接相关,因此提倡节俭,便有可能挽回国

---

① (明)邹元标《邹忠介公奏疏》卷一《严加修省以答天心疏》。
② (明)邹元标《邹忠介公奏疏》卷四《陈肤见以挽颓波疏》。

运颓败之势。而且官吏的节俭及表率作用对于崇俭的社会风气的形成至关重要,因此在官吏中要示之以俭,以"宜民"和"宜人"。邹元标在奏疏中告诫人君提倡俭德,其出发点和目的仍然是"治",所以邹元标以德来格君明道的行为本身及这一行为所依据的思想皆是其仁治观的体现,而且在这一过程中实现了思想与践行的统一。

除了格君明道,邹元标还在奏疏中告诫人君要大兴教化,推行仁治,这同样也是邹氏个人仁治观的体现。邹元标从气的流行化通和天人感应的角度认为天下之治和民心息息相关:"臣闻民含阴阳之气,常与天地相为流通,民心和顺则天地之和顺应之,民心乖戾则天地之乖戾亦应之,言民能以气上干。"①民心和顺则天地和顺,民心乖戾则天地乖戾,因此,天下的治理就要注重民心教化:

> 可见古之君臣未尝不以教化为大务,臣愿陛下推广德意,敕下该部转行各处有司,晓然知朝廷之意,务广教化。凡讼关彝伦者,须痛自躬责,以移风易俗为主,使民兴敬让之美,敦仁厚之俗。虽未必人人有君子之行,斯民耳目熟而良心生,刑措之风庶几可致矣。②

邹元标在奏疏中希望皇帝推行教化,因为在邹氏看来,国家治理当以教化为大务。通过教化,移风易俗,形成相互敬让、崇尚仁厚的风俗,百姓耳濡目染,自能发明良知,官吏循循以渐,自能形成良好的政风,从而有利于社会治理。邹氏进一步认为,推行教化意义深远,可谓功在当代,利在千秋,有利于国家的长治久安:"在昔仁贤得一郡邑,渐民以仁,摩民以义,故其人虽往而流风遗俗有存者,无论程、朱之于扶沟、南康,即文翁在西蜀,亦可睹记已。"③当然,教化的内容即是仁义,这是邹氏一贯的立场。

除了积极的正面教化,邹元标认为在灾难和困苦面前,更要以仁心和真心行政事:

> 愿天下士绅皆如古人之心也。古人之心无他奇,特自堕地来读圣贤书,受君父恩。除安人、安百姓,别无学术,别无报称。百姓有忧,即为之忧;百姓有苦,即为之苦;百姓有欲处,即为之处。故曰:"古之人,得志,泽加于民。"泽未加民,漫言得志,此不过容身肥家之人,未可言得君行志也。其究也,华田美屋与荒田茅屋同沧桑变态,转眼消烁,如之何不熟思也?臣又思

---

① (明)邹元标《邹忠介公奏疏》卷一《严加修省以答天心疏》。
②③ (明)邹元标《邹忠介公奏疏》卷一《推广德意以泽苍生疏》。

> 文王发政施仁,必先此四者。四者,鳏寡孤独是也。今为虚粮受楚者,半鳏寡孤独之人。哀此茕茕,何辜至此? 为郡邑而留心民瘼至此者,必为循吏为良吏。不然,必是酷吏庸吏。①
>
> 救荒在有真心,若有真心,何事不可为? 不然,民有衣宝玉而死者矣。②

邹元标站在儒家内圣外王的理想高度,希望士绅能够发挥人人皆有的安人安百姓之真心,发政施仁,泽加于民,救民于灾难和困苦。邹氏对"真心"和"古人之志"的强调,反映出其以仁治天下的理想。

再次,重视官吏的修身修德与政治、社会治理的关系,也是邹元标仁治思想之一面。不过,这一理想的完成仍然要寄托于人君。邹元标在奏疏中认为官吏进行治理当以自爱其身为前提:

> 臣愚谓今日人臣当自爱其身。自爱其身,而后能以天下之身为身。以天下之身为身,则宗社安危、万方愁苦可惊可惧可哀可怜,方被发缨冠不暇,宁暇为人言所惑哉?③

官吏能自爱其身,然后能推而广之以天下之身为身,这其实是孟子的差等之爱思想的演化。人能爱天下人如己,则国家自能太平,万方愁苦自能平息。同时,邹元标认为作为国之重臣的抚臣当以正身为要,只有这样才能以身率属,做好表率,促使吏治的清明:

> 抚臣须存大臣之体,思抚摩之义,以安养休息为主,以爱民节用为本,以正身率属为先。……抚臣者,百执事之表也,表端则影正,源洁则流清,百执事虽欲不兢兢奉法不可得也。④

可见,邹元标的仁治思想具有很强的包容力,他所关注者在于儒家理想的实现,这是其崇高性的一面,但他把这种理想寄托于君王和官吏则是其时代选择的无奈和局限性。

第四,邹元标从修德与治理的关系出发,认为选用贤才和整肃吏风应以德为

---

① (明)邹元标《邹忠介公奏疏》卷三《集议辽饷以济民水火疏》。
② (明)邹元标《邹忠介公奏疏》卷二《敷陈吏治民瘼事宜疏》。
③ (明)邹元标《邹忠介公奏疏》卷三《敬陈愚悃疏》。
④ (明)邹元标《邹忠介公奏疏》卷一《直抒肤见疏》。

标准,这样才有利于国家的治理。明代末期,士风日下,士人或者不关心政事,或者投机政治,少有真正以国家安危为念者。"叔季道丧,士惟身图是便,而国恩臣节漠不关念。稍涉触忌,即隆贵累禄之士,或莫肯印首伸眉为国家出一语。间有为是者,且以为迂,姗之。其间虽有一二言者,又不免侥幸一掷,以为得卢计。计一失,即不胜其抑郁无聊。"①邹元标对此深感忧虑,他批评道:"小人病在卑污,或乘机而射利,或与时而兢进,此如面上之瘢,有目者见之。君子之病,病在高明。如澡躬自持,过于刻厉则污者忌;中立不倚,过于激昂则懦者惭。"②小人务实却卑下,君子高明而刻厉,两者之弊皆深,不足以治世,所以邹元标建议朝廷在选用人才上要慎重,要突出德,切不可"用深刻之吏阻豪杰之才,……即使有利社稷,犹大坏纲常也",而要"求忠臣于孝子之门,遗其亲而忠其君者未之有也"③。邹元标在选用人才上对德的强调,正是其仁治思想的内涵所期许的。

另外,随着明末朱氏王朝的日益衰朽,民风、士风、学风都出现了滑坡,吏风也不例外。邹元标曾感叹道:"世纲沦废极矣!匪有至人难语至学,匪有至学亦难与至道。"④各级官吏人浮于事,不事践履,"顾得旨未必速抄也,抄而未必即行也,行而未必即复也,日挨一日,年挨一年,兵饷政务俱从口角上谈过,由上无责实之令,故下多因仍之习"⑤。奉旨不必行,积弊即久,则纲坏政弊,以致民生凋敝。邹元标认为造成这种状况的原因在于吏风不正:"窃谓民生不遂由官纪不清,小臣不廉由大臣不法,此其机。"⑥上行下效,大臣不法,小臣贪奢,由此官纪不清,民生不遂。这是一个连锁式的反应,所以邹元标强调要以德为标准整肃吏风:"台中奉差诸臣,不患无才,患身不正,而威令弛也。回院考察,惟以砥节者为上,仍将宪纲事例重为纠正。如馈遗所不免者,揆之道义,无溢常度。牌坊所必建者,关系风化,无得概施。操守端则宪纪肃,宪纪肃则群吏畏慑。虽有贪黩者,且将闻风而靡,从化而流矣。"⑦重整纲纪,震慑官吏,同时考察官吏以德为上,并辅之以道义,进行风化,从而创造良好的吏风,进而有益于政治和社会治理。

总之,邹元标的仁治观中,无论是讲学觉民以为政,还是格君重德以治世,都突出了仁德的价值和意义,具有鲜明的心学实学特征。值得指出的是,邹元标和王阳明一样,最终都没能格得君心,没能实现儒家"得君行道"的儒家理想,只能

---

① (明)郭子章《黔记》卷一五《艺文志下·〈云中稿〉》引(明)蔡国珍《序》。
② (明)邹元标《愿学集》卷二《答文谷宗兄》。
③ (明)邹元标《邹忠介公奏疏》卷一《论辅臣回籍守制疏》。
④ (明)邹元标《愿学集》卷五《启邓定宇》。
⑤ (明)邹元标《邹忠介公奏疏》卷五《去国陈悃疏》。
⑥ (明)邹元标《愿学集》卷二《答许敬庵中丞》。
⑦ (明)邹元标《邹忠介公奏疏》卷一《直抒肤见疏》。

走"觉民行道"的下行路线,这是由明代的政治文化生态所决定的,有其时代的必然性和局限性。正如清人爱必达所评价:"邹尔瞻忤江陵,戍都匀,因张翀读书堂故址栖身讲学,都匀人士观感而化者,实繁有徒。……如谓是邦鄙陋,不可以章甫化,则二公(笔者注,指王阳明、邹元标)当日来黔时,庸人皆以为罪人耳,何陶育成就一至于是?然阳明能格顽苗之逆,而不能格刘瑾、江彬之奸;尔瞻能化化外诸生,而不能化时相江陵之忌,此又天之故以坎坷相励也。观尔瞻还朝《吏治民瘼》一疏,所以言黔之官民者至痛且切,卒不能行,此又见明时之因陋就简有由然矣。"①此言可谓客观。

毋庸置疑,邹元标的仁治思想中的许多内容对我们今天的政治治理、民间治理、个人治理仍然有着借鉴价值。基于"心"的仁德是邹氏仁治观的核心。当下社会已然脱去了宗法外衣,在政治治理、民间治理、个人治理方面淡化了政治伦理、宗族伦理和家庭伦理的色彩,而强调遵法守纪。作为行动的"遵""守"既受其对象的制约,更受主体的制导。在邹氏的治理理念中,"法""纪"是人的内在秩序的外化,也是以德性为内核的道德规范的进一步普遍化和意志化,因此,在某种意义上,治理是内化的主体性活动。治理的主体是人,人的自觉行为在心。法治、民约、自律统约于政治治理、民间治理、个人治理的每一个层面,而不是分别对应关系,官德、民德、己德是仁德在不同治理领域的个性体现而已。从治理的主体性而言,邹元标的仁治观在当代无疑仍然具有重要意义。"不忘初心""以人为本""知行合一"等治理理念即是以王阳明、邹元标等为代表的心学治理思想之心政、德政思想的体现。邹元标的仁治观在某种程度上是传统儒家文化积淀于民族心理的集体无意识的反映和理想治理形态与方式的表达,具有基于封建社会模式中思维习惯的士人理想化色彩,其精神性甚为可贵,也是当代清明政治、和谐社会、成己成人的深层渴求。但当面对社会、政治、人伪的机巧时,其便不可避免遭遇物质、利益优先的现代困境。直面困境,在反思邹氏的仁治观之外,我们是否还要对深陷精神渴求与物质挤压夹缝中的当代治理思想与模式进行反思呢?

(原载《中国儒学》第十二辑,收入本书时有修改)

---

① (清)爱必达《黔南识略》卷八《都匀府》,杜文铎等点校《黔南识略黔南职方纪略》,贵阳:贵州人民出版社,1992年,第88—89页。

东林学派与耶教、东林学派与东林党

东林视域下的《天主实义》与"补儒"困境

柴可辅*

摘　要：东林学风勃兴与耶教入华是晚明重要的学术事件，两者又展开了中西文化的直接对话。就学理言，东林与利玛窦之间存在根本性冲突，利子通过降格太极和回溯意志之天，置天主于更高的哲学范畴，这本与东林精神相龃龉。但东林基于广泛化格物与身心互为体用的思想新机，摄取《天主实义》证教逻辑的首尾两端：天主实在与为善禁恶，对耶教作重构性解读，终促成主流儒学立场悬置中西冲突而求同存异。利玛窦"合儒"成功的同时，耶教异质性被消解，《天主实义》第七篇专论性善，以分疏"良善"与"习善"重塑天人关系，正表达了耶教试图突破东林视域的努力。但天人二分的执定之下，耶教无法提供给儒者渗透与涵摄宇宙的有效途径，终陷入补儒困境，走向影响力的式微。

关键词：东林学风；天主实义；天教合儒；天教补儒

东林是纠偏王学末流的最重要力量之一。综观有明思想史进程，儒学历经心学发微后，一举扭转理学僵化的流弊，使学风重归活泼，但经由王学末流的冒滥，学问的幅程却面临不断窄化的趋势。如果说朱子因其个性而在"体验未发之前作何气象"的师门旨诀前不得入头，反造就了他以关切自然促成德性明悟的为学之道，那么当阳明妙揭心体后，外在事物对于求学而言已不再必需，人的认知可越过物理直截涉入本体。如此，寂灭虚静、不起意念等修行方式越来越成为立教法门，而这类方式最大的问题就在于缺乏足够的明晰性，甚至儒学经典的引用与印证都变得多余，它极易招致学人对传统的轻慢以及对周身实物的冷漠。东林思想本质而言是试图将理学与心学作为连续且完整的思想史进程对待，以期弥合朱、王分歧，促使学人能摆脱狭隘的心灵关注，将更多的精神落实于处理现

---

* 作者简介：柴可辅，男，浙江大学哲学硕士、文学博士，浙江工商大学东方语言与哲学学院东亚研究院副教授。

实问题。这种要求在晚明风雨飘摇的时局逼仄下，成为新学风自觉形成的内因，而西学也是在此时走进学人的视野。

一、《天主实义》的证教逻辑及其与东林的龃龉

东林学者从万历二十二年到三十二年书院落成的十年间基本集结，其间与泰州学人管志道大辩无善无恶而一举成为最具影响力的学术力量。与此同时，利玛窦从万历二十三年起撰写《天主实义》，到三十一年杀青出版，其间他也在南京参与了那场规模空前的性善大辩论。东林人与传教士交往频繁，且深有助于传教，这是公认的事实。

《天主实义》以中问西答的形式阐述耶教思想，目的是构建对话儒学的有效平台，证明耶教在儒学体系中的合法性。利玛窦以人之良能切入对天主实在的证明。人皆有超越地域"自然之诚情"的普遍情感，心中确信某一"上尊"立乎天地，以致"被难者吁哀望救，为恶者扪心警惧"。而观万物，往往未有灵性却能"各安其位"，可知必有极灵者"安排斡旋其间"，此即制作、主宰与安养万物的天主，亦华言"上帝"。（首篇）作为终极实在与宇宙本原的天主并非二氏所言"空"与"无"，是绝对的"有"与"实"。同时，它也区别于儒家最高本体"太极"，因太极为"全理"，"理"是依赖之品，不能离物而存，故"理不可为物原"。（第二篇）天主安排天地万有，诚以人为贵，人生却总"劳烦为常事"，反不如禽兽"自适""逍遥"，即是天主告谕万民现世乃"禽兽之本处所"，人仅仅"暂次寄居"，其终极归属在"后世天堂地狱"。而人"大异于禽兽"，是因人魂除具备草木"生魂"与动物"觉魂"那般唯赖身物为本体的"本情"之外，尚有灵魂一品自立于身物，令人依理克服外物牵扰，"为身之主"。身物不免泯灭，灵魂却"长生不灭"，从而使天堂地狱之判成为人生必由。（第三篇）人魂长生，则善恶均无法使"神魂散灭"，故人魂非"气"。而人魂乃天主制造的"有始无终"者，非"无始无终"的天主本身，且近乎"鬼神"。"鬼神"虽与人魂有共通，却不待思虑便知天地万理。灵魂之用是"推理"，由已知察未知，故万物、人、鬼神、天主之间界限分明，"万物一体乃寓言"，是要人避免割裂工夫，"非真一体"。（第四篇）本于人魂不灭的天堂地狱说又非佛家"轮回"。灵魂"司明司悟"包含记忆，经验世界中未见有前世记忆的人存在。且将后世之彼的境遇作为今世之我善恶的结果，既是纵容今世之我行无忌惮，又消解了后世之彼道义的自主性，最高本体绝无可能有此"大不公"。故我之魂只合乎我之身，身与魂断未可分离。（第五篇）天堂地狱说是以"意""利"导人向善。"为善无意"不能成立，意若为无，如何可"诚"？且立教需"曲就小人之意"，以求福之心发露

向善本性,使其逐渐脱落功利目的,归旨于至善天主的自然安排,领悟天堂地狱并非仅仅劝善的权宜之说,乃终究实有。(第六篇)

《天主实义》前六篇"先示以天主为兆民尊父,则知宜爱慕;次示以人类灵魂身后不灭,则知本世暂寄,不可为重;复闻且有天堂,为善者升焉"。①(第七篇)天主论、灵魂说、天堂地狱说是整个证教逻辑的中心论题,利子安排三者序列以证"天主正道",始于天主实在而归于为善去恶,阐述了从宇宙论至于人生论基本完整的哲学系统,亦使得该系统具备与儒学的交集。然而《天主实义》铺排的学理逻辑与东林的基本主张存在根本性冲突,集中表现于两点。

首先,利子显然认为心学与理学的区别仅是天理居处"或在人心,或在事物",无论天理究竟何所,主体的认知均是对人心与物理两者"合乎"关系的确认,天理的"真实"必须依赖这种关系而存在,由此天理只可能"在物后,而后岂先者之原"。② 利子未真正理解明儒学术分歧的实质,一仍西学"内禀神灵,外睹物理"③的两分法先见,将心学作一种理学式的解读,又刻意回避理学"无其理则无其物"④的反驳——即从万物存在依据的角度理解天理本体性——坚持以生成论的时间性为逻辑原点,营求"理本在物,不能生物"⑤,那么他对儒学的整体性批判实质上没有涉及心学主流,而是坚信只消通过解构天理的实性、降低天理的位格,便可以直接将耶教置于较儒学更高的范畴内。这既违反东林对理学的操持,也不符合其对心学的取精。

其次,反教者斥天学为"媚儒窃儒而害儒者"⑥,撇开表达上的过激,其对耶教证教的把握是准确到位的,他们所言"昔者大儒释帝为天之主宰,盖帝即天、天即帝,故尊天即尊帝也,何云上天未可为尊,并讳上帝之号而改为天主之号乎"⑦,正切中利玛窦传教的本位,即试图将儒家的自然之天转换回强调意志之天,从而推导出区别于正统的哲学范畴。这点也为东林所觉察,冯应京认为天学"时亦或有吾国之素所未闻,而所尝闻而未有用力者,十居九矣"⑧,明儒无论对耶教抱何种态度,至少在认其与儒学思想史发展的自然进程相龃龉这点上拥有共识。

---

① [意]利玛窦《天主实义》,民国二十五年兖州府天主堂活版,第61页。
②④ 《天主实义》第二篇,第11页。
③ 《天主实义》首篇,第2页。
⑤ (明)杨廷筠《代疑篇》卷上《答造化万物一归主者之作用条》,吴相湘主编《天主教东传文献》,台北:台湾学生书局,1964年,第503页。
⑥ (明)黄贞《尊儒亟镜叙》,夏瑰琦编《圣朝破邪集》,香港:建道神学院,1996年,第155页。
⑦ (明)邹维琏《辟邪管见录》,《圣朝破邪集》,第289页。
⑧ (明)冯应京《〈天主实义〉序》,利玛窦《天主实义》卷首,第6页。

二、东林视域下《天主实义》的可接受性

利子与东林在根本问题上存在冲突,也基于此,东林对耶教持论不一,唱应与批评俱在。但相较晚明儒佛之辨的空前激烈,东林对耶教的批评要温和许多,这固然有因耶教尚未成气候,更重要的是他们主动选择了一种与单纯"反教者的态度有所不同"的"主流学术立场"①,这很好地体现在他们更愿意基于"欲以天主行中国,此其意良厚"②的宽忍心境来表达自身对耶教"意其欲以所学易吾周、孔之学"③的警觉与规劝。"良厚"背后除了深明耶、儒相异外,接受耶教教义的方式才是东林真正的关切点。

作为《天主实义》的破题,冯应京的《序》释"实"为天主"不空",以顽空风尚弹纠者的身份定位耶教。李之藻《重刻序》进一步发微冯《序》,将耶教之"实"归结为二:一则"谭天之所以为天甚晰",一则"用以训善防恶"。④ 显然,东林护教者聚焦于天主作为最高本体的实在性以及天学教化的实效性,这两点在利子的证教逻辑中恰好分居首尾两端。

东林对利子的第一个关注点——天主实在,存在学理的紧张:天主是唯一至高的实有,这种一元论契合儒学终极实性的逻辑奠基;另一方面,太极实性又被天主实性所取缔,太极仅是依附于天主的第二性存在。利子降格太极,是为淡化儒学的自然理性色彩,代之以强调从"制作"的角度审视儒学宇宙论中上帝的"主宰"与"安养"。在他看来,"物不能自成,必须外为者以成之",这就意味着天地万物并非"自然偶合",它如工艺一般是意志行为的结果;又"宰于造物绝无二也",⑤那么上帝的主宰性实质即表征天主的意志性。

必须指出,意志之天经程朱后基本已被抛弃,护教者即便如徐光启也未肯接受,只把它当作传教的"一种上策",⑥然而来自东林的思想新机却能提供给儒者绕过冲突接受天主论的有效方式。东林认为心念与行动本就圆融不二,每一起念均是宣告主体进入格物。而意识周流不息,格物势必也将无时无处不在,所谓

---

① 张晓林《天主实义与中国学统——文化互动与诠释》,上海:学林出版社,2005年,第296页。
② (明)邹元标《吉水邹忠介公愿学集》卷三《答西国利玛窦》,明万历刻本。
③ (明)李贽《继焚书》卷一《与友人书》,明刻本。
④ (明)李之藻《〈天主实义〉重刻序》,利玛窦《天主实义》卷首,第2页。
⑤ 《天主实义》首篇,第3—4页。
⑥ 谢和耐《中国与基督教:中西文化的首次撞击》,上海:上海古籍出版社,2003年,第21页。

"天地间触目皆物,日用间动念皆格"。① 主体只要经身起念,就应一视同仁以之为"格",如此,格"一草一木"即使于"六经《语》《孟》中未见说",它所彰显的仍是"孔门一贯之学"。② 这样它就突破了宋儒"一草一木"说的格局。朱熹曾以"山川草木"归"形下之器",并定义"格物"即"就这形下之器,穷得形上之道理",③却又警示:"兀然存心于一草一木一器用之间而望其有所得,是引沙而欲其成饭。"④理学对待"格一草一木"的审慎态度,可窥见其认知自然是有限而短暂的,但东林则强调:

> 故夫天地古今之赜,下至羽麟走植器数声律之微,无所不当格。⑤

从"天地间触目皆物"到"无所不当格",东林一再重申格物对象不存在选择性,无论精粗深陋均平等地向主体开放,并且除了自然事物外,同样须包含"器数声律"等社会、人工事物,即使原本不登大雅的百工技艺也应进入学者视野。更进一步讲,当主体尽格天下之物时,诚意正心势必同时开展,于是不可斩然分格物与正心,"身心意知家国天下,皆明新止之物也。诚正修齐治平,皆明新止之格也。"⑥格物即是正心。如此,《大学》之道统体才是格物,格物本身亦是"明明德"与"亲民"止于至善不迁之地、通达天人的完满进程,故而说:"格者,止也,通也,正也。"⑦

广泛化的格物,一方面使得格物的对象极大地丰富起来,另一方面在道德哲学范畴内也导致认知外物获得了与修悟心性同等重要的地位,并为这两者的并行不悖提供了理论依据。它实际上构成心性学对盛行于晚明的实学思潮的回应,其主张则凝练成"苟其人志不在弘济艰难"⑧,"学问通不得百姓日用,便不是学问"⑨的学风。而当东林提切"百姓日用"辨别学术真伪时,天学带来的科技"高测九天,深测九渊,皆不爽毫末",正契合这一标准,依此得证耶教"其神理当

---

① (明)高攀龙《高子遗书》卷九下《王仪寰先生〈格物说〉小序》,明崇祯刻本。
② 《高子遗书》卷八上《答泾阳先生论格物》。
③ (宋)黎靖德《朱子语类》卷六二,明成化陈炜刻本。
④ (宋)朱熹《晦庵集》卷三九《答陈齐仲》,文渊阁《四库全书》本。
⑤ 《高子遗书》卷九上《〈塾训韵律〉序》。
⑥⑦ 《高子遗书》卷九下《王仪寰先生〈格物说〉小序》。
⑧ (清)黄宗羲《明儒学案》卷六一《东林学案四·忠端黄白安先生尊素》,北京:中华书局,1986年,第1490页。
⑨ (明)高攀龙《高子遗书》卷五《会语一百则》。

有所受不诬"便顺理成章。① 这种契合又启迪儒者对终极本体追溯模式展开反思,利子"匠人之工"式的证教,提供了思索天人关系的新视角。② 以百工制作的实况推拓向天地生成之玄妙,通过技术的高度意志性来理解宇宙本体的实性,"如自鸣钟、铜壶滴漏、风车水碓、木牛流马、橐籥编箫,用之者以为自然,作之者几经智虑也,可仅云自然已乎?"③不造作不走作不是修悟的唯一法门,现实生活中运用五官、百体"几经智虑"的人工,同样具备上寻本体的有效性,"自然"与"造作"乃体认天理之一体两面。可以说,正是东林对有明心性学封域的修正,促使"仕者寅亮天工"④的内涵发生变化,原本"法天而建官"所寄托的"贵忠"之道⑤,扩展为"物生自天,工开于人"⑥的创用情怀,那些原本被排斥在道学之外"存而不论,论而不议,尝所闻而未用力"的事功,同样须"憬然悟,惕然思,孜孜然而图"⑦,并且于"存心养性之学,当不无裨益"。⑧ 如此,《天主实义》的意志之天才可能被悬置而不影响东林对天主实性的大体接受。

东林的另一个关注点落在《天主实义》倡导的工夫——为善禁恶。利子认为"恶"并非是人于本体处不明,而是自由意志缺乏对善的操守,所以仅就儒家"善善恶恶"的复性之道入手还不够,更应采纳天堂地狱,以永恒苦乐激发"善利恶害"之心规约行为⑨;而天堂地狱又非六道轮回之地,灵魂唯人所有,"自己之魂只合乎自己之身,乌能以自己之魂而合乎他人之身哉?又况乎异类之身?"⑩从学理上看,利子以身魂不二破除轮回,同时配合灵魂不朽,使报应牢牢锁定于道德行为者自身,是要彰显耶佛天堂地狱说的同名异质性;再者他又将为善禁恶作为天堂地狱说的逻辑演绎,则是以劝惩与天堂地狱统体观作道德工夫的整貌,由此标示耶、儒之别,最终试图特拔耶教的宗教性来排佛与超儒。

对于排佛,东林与耶教可谓不谋而合,而东林关涉身心关系的思想新机又促成两家排佛的具体方式也极为接近。东林认为"身"非肉身或意识的物理载体之身,彼只是躯壳,身区别于躯壳之处在于它与主体意识进退同时,"譬之耳目手

---

① (明)冯应京《〈天主实义〉序》,《天主实义》卷首,第6页。
② 《天主实义》第二篇,第12页。
③ (明)杨廷筠《代疑篇》卷上,《天主教东传文献》,第507页。
④ (明)冯应京《〈天主实义〉序》,《天主实义》卷首,第5页。
⑤ (南朝宋)范晔《后汉书》卷四九《王符传》,北京:中华书局,2005年,第1100页。
⑥ 丁文江《重印〈天工开物卷〉跋》,载民国《喜咏轩丛书》本《天工开物》书末。
⑦ (明)冯应京《〈天主实义〉序》。
⑧ (明)李之藻《〈天主实义〉重刻序》,利玛窦《天主实义》卷首,第4页。
⑨ 《天主实义》第六篇,第48页。
⑩ 《天主实义》第五篇,第41页。

足,随处有伤,便浑身俱痛,以一体故也"。① 所谓"一体",强调的是身在发挥直接感受性时,主体之心始终在场,这样的"身"乃"身心合一"的整体,两者就存在之实态而言不可分割,彼此又都以对方的在场作为各自存在之依据:

> 心为体,则身为用。身为体,则心为用。无用便是落空学问。②

当身接应外物时,产生一种感,心因感而启动,此时身是本体,而心乃身之发用。同样,感而遂动之心随之现起一种应,此时则心乃本体,身循"应"而展开行动,是为发用。显然,身心交互于接洽主客体的过程中,其体用关系不能被执定。也正由于此,不能离身谈心或者离心谈身。而根据利子逻辑,"无形之心"即"本体之神"③,"夫灵魂则神也"④,心与魂之用又均为"司明司悟",两者内涵重合;同时灵魂标彰人禽之辨,即是性体,故性体与"无形之心"本质为一,所以身魂不离便在义理上与东林身心合一相汇合。

以身心互为体用批评悬空心性的流弊,是东林的新见解,其意在要求学者须立根当世经济,不能"自暇自逸,以瘝万民"⑤。陈龙正有言"圣人见身为天性,提修身而心意知具存。佛氏见身为革囊,厌弃之特甚",割裂身心势必导致"空理义以求真性,何以治天下国家"⑥。而中西在此会通,却直接导致东林人更愿意将利子天堂看作是圆融身心后天理充盈的完满状态,悬置其超儒的宗教意图:

> 佛氏所指二处……福尽业尽,俱赴轮回,则乐苦亦非极处。不知人死不带肉身,止是一灵。一灵所向,境界绝与人世不同,受享绝与肉身各别。升天堂者,入至善之乡,止增其善,无福尽之期。入地狱者,处全恶之地,止增其恶,无业尽之理。⑦

利子所论身后唯灵是存,被认为表征的是人生"境界",这种境界所提供的并非躯壳的愉悦,它所指向的"极处""无福尽之期",那么天堂作为"至善之乡",即是超越时间维度的至善本体,升登之即是追溯终极实性的工夫践履。杨廷筠此

---

① ② (清)高廷珍等编《东林书院志》卷六《高景逸先生东林论学语下》,清雍正刻本。
③ 《天主实义》第七篇,第 65 页。
④ 《天主实义》第三篇,第 20 页。
⑤ (明)冯应京《〈天主实义〉序》。
⑥ (明)陈龙正《几亭外书》卷二《离岐身心》《佛学皆二》,明崇祯刻本。
⑦ (明)杨廷筠《代疑篇》卷上《答有天堂地狱更无轮回鬼畜趣轮回条》,《天主教东传文献》,第 513 页。

番解读代表了叶向高的意见,叶氏主张混同耶佛天堂地狱,是因"不知佛氏以报应言,西氏以义理言",①将耶教天堂地狱定位为"义理"而非"报应",明确表达了东林以儒学传统运思置换了利子工夫论的逻辑前设,这样天堂地狱便"与吾儒畏天之说相类",②而其立论所划分的今、后两世,实际上又当只是徵明性体隐与现的不同阶段,故利子为善禁恶的教化乃近于"圣学言现在不言未来","旨玄"而"功实"。③ 反之,当耶教意欲跃出这种重构性解读,还原为宗教时,东林便批评其大旨将失去义理性,仅"画像而拜,视上帝如一人",虽仍"以崇礼为事",不免"肤浅"。④

客观而言,晚明学术的主题是"合",这既表现为三教合流的诸多尝试,又表现为儒学内部朱、王分歧的弥合。东林人渊源各异,但不断打破原本的门户之见,会通理学与心学以补双方不足,却几乎成为共同使命。这就使东林能为异见提供宽域,"但取其来龙真、结穴真,不必问其何方何向"。⑤ 在他们看来,如果一种学说来龙与结穴两方面真且实,则无论其间逻辑如何进行,均可接受。而判断的标准正是本体上坚持至善实性、工夫上主张切实践履,两者又互为条件,缺一不可。《天主实义》之证教即是坐实了本体与工夫两端,再通过东林的重构性解读,才得以突破中西学理的冲突,被有限接受。所以在东林语境下,天教与儒学汇合于"乐夫人之谭实"⑥而协济世道人心,也便构成晚明东林学风的显著气象,亦乃为求同存异的中西之"合"。

三、东林学风下耶、儒人性论的分歧:天教补儒之困境

一般认为,东林学风讲求经世致用,主要表现在三方面:涵养上推重真修实悟,职志于道德本体的真正落实;进学上要求返归经典,以熟习道统来明悟成己;社会生活中又强调具体事务的对处。东林思想中,终极实性在心在理并无妨害,重要的是作为学理结穴的为善去恶一条是否具备可靠的本体支撑,以及这种支撑是否须渗透入具体生活后方能可靠地表达,其欲拾回的乃儒学教化的实效性

---

① (明)叶向高《苍霞余草》卷五《〈西学十诫初解〉序》,明万历刻本。
② 《苍霞余草》卷五《〈职方外纪〉序》。
③ (明)周炳谟《重刻畸人十篇引》,收入朱维铮主编《利玛窦中文著译集》,上海:复旦大学出版社,2001年,第503页。
④ (明)陈龙正《几亭外书》卷二。
⑤ (明)高攀龙《高子遗书》卷八下《答邹南皋先生一》。
⑥ (明)冯应京《〈天主实义〉序》,第7页。

与可确证性。依东林见地，立教之偏始自"无善无恶"，端正教化莫先于审定人性的价值。当证明何以性善时，他们提撕朱子"在天地言，则善在先、性在后"①，强调"善者性之实也，善存而性存矣，善亡而性亡矣"。② 以善为"元"、为实性本身，是"偏重由善以言理言性"，③此善充溢着形上意味，故东林说出"吾以善自人生而静以上，彼以善自五性感动而后"④来批评"有善有恶意之动"，善非性之用，乃性之本。于是教化便始于形上之善，终于形下意动行为之善，"善只有一"⑤，"直从源头说到究竟，更无两样"。⑥ 无疑东林所谓"善"，是体用不二的整体，这样表达"继善成性"，扩至学风至少有两番启迪：首先，以善贯通形而上下，当下便使明觉皆备于日用人伦；其次，善先于性以突显善之位格在人生而静以上，又势必暗示性之位格虽具本体却仍是人生而后，明善以知性便不能脱离身形具象孤立悬空。

由此，东林人性论事实上提供了一种新思路，即以具体的道德实践为主体性发越之必由，并在此基石上建设形上。从晚明清初的思想史发展来看，气本论的勃兴正是对它的直接回应。无论黄宗羲"理者以气自有条理"⑦，还是王夫之"天人之蕴，一气而已"⑧，抑或颜元"若无气质，理将安附"⑨，诸家均试图将理内化为气之"虚位"，以化解张载以下天理与气质的紧张，其结果是气质之性不再被看成是恶之源，相反"去此气质，则性反为两间无作用之虚理"⑩，明善知性必须依赖欲、情、才等的正发正觉，那种试图飞越日常生活直截通透本体的洞达之教，在学理上被宣告正寝。更有甚者如陈确，以道德实践本身即为尽性，对"未发已发之说存而不论"⑪，可谓发东林学风余绪之极端。

再看西学一方。利玛窦行《天主实义》而东林有所接受，便已能说明"合儒"成功，只是这种"合儒"基于东林仅取证教逻辑之首尾而不论胸腹的重构性解读，耶教异质性滑落，也就难以提供给继而展开的"补儒"以实质内容，由此从逻辑上

---

① （宋）黎靖德《朱子语类》卷五。
② 《东林会约》，收入（明）顾宪成《顾端文公遗书》，清康熙刻本。
③ 唐君毅《中国哲学原论·原教篇》，台北：台湾学生书局，1984年，第502页。
④ （明）高攀龙《高子遗书》卷九上《方本庵先生〈性善绎〉序》。
⑤ （清）黄宗羲《明儒学案》卷五九《东林学案二·文介孙淇澳先生慎行》，第1461页。
⑥ （明）冯从吾《少墟集》卷一。
⑦ （清）黄宗羲《明儒学案》卷五〇《诸儒学案中四·肃敏王浚川先生廷相》，第1175页。
⑧ （清）王夫之《读〈四书大全〉说》卷一〇《尽心上》，清同治湘乡曾氏金陵节署刻《船山遗书》本。
⑨⑩ （清）颜元《存性编》卷一《棉桃喻性》，《习斋四存编》，上海：上海古籍出版社，2000年，第39页。
⑪ （清）陈确《陈确集》别集卷五《瞽言四·与刘伯绳书》，北京：中华书局，1979年，第471页。

讲,《天主实义》第七篇以专题议论性善来陈述天人联系,是利子深化"合儒"的同时,也在为"补儒"寻求出路。篇中指出"性"乃"物类之本体",即人的类本质,其情则是"能推论理"(理性);"善"乃"可爱可欲"①,恶则反之。人性若论体与情,"均为天主所化生,而以理为主,则俱可爱可欲,而本善无恶"。②而人性一旦发用,又唯赖主体对理性的自由运用,"用之善恶无定",或用恶,则人"误感而拂于理",是非"鲜得其正"。③另一方面,又不可因"用之善恶无定"便以恶出乎理性,盖本性既善,则理性是为良能长存于心,终究可"认本病而复治疗之"④。故"恶"非实有,是"无善之谓"⑤,"有善"或"无善"均倚靠理性的取舍。利子认为,天主赋予的性善是"良善",但功在天主,儒家"无意为善"直指良善,是错认天主之功为我之功,"天主所以生我,非用我所以为善,乃用我"⑥,君子真正应注力的是"德之善",运用理性纠正情用偏颇,"久习义念"以生义行,此"习善"方是我之功,纵天主无能夺,即是真正"成己",是故"德加于善其用也,在本善性体之上"。⑦于是所谓"学",并非"效先觉行动语录"以求达本,而即是"成己"的"习善"本身,"学之贵全在力行","在行德不在言德"。⑧

利子人性论的关节是良善与习善的分疏,在性善的前提下,他又最终将学问之道归结为"力行",面貌上似乎颇与东林学风投缘,但这种分疏也直接导致了由"合儒"向"补儒"转身的困境。良善与习善之别,细究而言,就在于自由意志的参与程度。根据利子的观点,性体作为人的类本质接受自天主,它的存在必然先于人的意志所指,不可能是自由意志参与形成的结果,人面对"良善"时是失语的,只能为其所规定,所以良善对人而言乃是一种预成,它所陈述的是"神性",所发是"天主遗德",针对良善展开道德工夫,即是针对已然圆满的神性,缺乏实际意义,不是张扬主体性的有效途径。在利子看来,"善"终归仅是"可爱"或"可欲"的意向性表达,其归属根据的是意志之所由出,而非"善"之所处,由此在他铺陈的天人关系中,人性所包含的良善与习善便分属于天主与人,人不可能通过道德实践消泯天人藩篱,天主始终只是处于人之外的对象化存在。职是之故,天与人、神恩与主体是基于一种合作关系,本质乃是交换。

这种托马斯主义的先见决定了利子的天人谱式与东林难以折中。利子已使得天主的客体性被定格,视天人的相异性为绝对,人便不可能以天人相通求得自身对宇宙全体的渗透与涵摄,客体的存在也不可能经由性善之发越而在主体世界中获得最终的价值,那么回归到儒学语境中,天主或上帝对于人间社会而言毕

---

①② 《天主实义》,第62页。
③④⑤⑥⑦ 《天主实义》,第63页。
⑧ 《天主实义》,第67页。

竟是缺乏意义的,故而在天人疏离与相互对象化之下,人的主体性本身也成为一种客体之客体的相对,人便在宇宙间丧失了稳固性,人的价值将被动摇。事实上,即使是教徒,也对利子人性论之下"补儒"的困境有所洞悉。张星曜认为"孔子之教能行于学人,而不能行于不学人",此乃"孔子之疏略",而天教正可弥补这一段教化。① 显然在张氏眼中,天教"补儒"的既定策略,其重点应离开学者而落实于不学者。作为孔门第一要义之"学",是主张通过下学以求上达,最终完成天人合一,而利子之"学"是"习善"的具体开展,其全部内容仅接近于"下学";又因为习善在本质上无法圆融"良善",即说明天教教化对"上达"是失效的。所以张氏将其定位于教化"不学者",正表达了试图回避"上达"这一段本体追溯。

因人性论阐述而使"补儒"最终陷入困境,断非利子所求,造成这一局面的原因实在于利子误读了东林学风的内涵。东林特拔道德践履的倾向虽与"习善"若合符节,但其归旨仍在善的形上意义,也即"立人极"。无论东林立善为元,还是清初气论为"气质"正名,强调道德本体落实于生活的真正精神,是为了进一步拉近天人距离,以使传统形上与形下的范畴区分不至演变为割裂宇宙与主体的动因。利子恰恰行进于东林精神的反向,而耶教在清初后逐渐淡出儒学视野,走向影响力上的式微,就并非仅仅由于反教者单方面的排抵,"礼仪之争"与此起彼伏的教案,也只是双方矛盾激化的表象,而本质则是耶教天人二分的执念,只能使儒者囿于"下学"层面来接受天学,终归无法摆脱器用的成见,耶教即便立根于实、重在践履,对儒者的精神世界而言却依然是陌生的。故而就儒家视角衡量,方以智称西学"详于质测而拙于言通几"②的判断是非常深刻的。

四、结语

鸟瞰历史,东林人集结的每一关键时间点上,均有《天主实义》的实质性进展。1593 年神宗定性清流结党,东林精神初现,一年多后利玛窦开始修订《天主实义》,并先期出版《交友论》;1598 年,顾宪成等以"性善"否定"无善无恶",东林求实思潮掀起,不过一年,利子便在与黄洪恩的辩论中阐发自己的性善论,并将之录入《天主实义》;而《天主实义》最终出版,又是在东林书院成立后一年。可以说,文本之中与利子展开对话的"中士",正是浸淫于东林思潮之下。事实上,作为对 1595 年在南京受挫后改变传教策略的经验总结,《天主实义》的出版已不像

---

① (清)张星曜《天儒同异考·天教补儒》,中国国家图书馆藏抄本。
② (清)方以智《〈物理小识〉自序》,清光绪宁静堂刻本。

开始阶段尤其《交友论》那样,是为拓展交流空间所做的文化博弈。在北京的传教,以及与东林人频繁的接触中,利玛窦更多地充当着被问者的角色,无论冯应京、刘元珍抑或冯琦,乃至叶向高,东林人接近耶教是为了能从它里面获得对自身精神有所补益的内容,他们带着明确的问题意识进入耶教语境。因此,《天主实义》承担着这样一种责任:在儒者关于耶教那既有的却尚属支离的印象支配下,进一步系统化他们的认知,回应儒者的问题意识。这种回应被小心地置于哲学范畴内,它完全符合托马斯·阿奎那定下的从自然理性上升到宗教神性的异教徒入教方式。然而,东林人对现实的政治与人生已有先见,他们接触耶教寻求摄取,更多是因耶教与东林之同,而非两者之异。而当利子意识到"合儒"的成功,可能导致耶教的宗教性为东林的哲学诉求所消解时,他阐发的性善论实为设定"合儒"的底线,也即"补儒"的基点。然而天人相分是断不能被接受的,也正因此,对于直接应和东林思潮与时代精神的性善论,冯应京或李之藻的序文,竟然只字未提,颇能玩味。

(原载《社会科学研究》2016年第5期,收入本书时文字有修改)

东林党名形成初探

赵承中*

摘 要:东林党形成于明代万历年间,是当时众多政治群体之一,存续时间较长,影响及于后世。但其党名并非出于东林党人的自我标榜,而是由攻之者所加。这一过程始于万历三十九年的辛亥京察,成于天启五年《东林党人榜》之颁行,其后,又为"钦定"《明史》所认同。虽然直至清代前期,辨明东林非党者仍大有人在,但终难成为主流意见,"东林党"遂作为一历史称谓沿用至今。

关键词:东林党;党名形成;辛亥京察;魏忠贤擅政

东林党作为晚明时期以相同或相近的价值取向和政治利益为纽带,以在朝或闲居山林的部分官绅组合而成的一个政治群体的专用名词,在有关论著中一直被广泛使用。但对于东林党之名是如何形成的,似乎很少有人关注。本文拟就这一问题略呈管见,并对某些与之相关联的史实予以考辨,以期能起到抛砖引玉的作用。

一

自古朋党之名皆非自称,而由攻之者所加,著名者如后汉之"顾""厨""俊""及",李唐之"牛党""李党",两宋之"新党""旧党""洛党""朔党""蜀党",莫不如此,晚明之东林党亦不例外。

东林之党名,固然取自东林书院,但东林党名之形成,却有一个过程,这个过程大致可以分成两个阶段。

前一阶段,为东林党名之提出,始于万历三十九年(1611)之辛亥京察。

东林书院为宋儒杨时学成南归后寓居常州期间在无锡的讲学之所,后废为僧舍。明万历三十二年(1604),赋闲家居的顾宪成偕弟允成、同邑高攀龙等捐资

---

* 作者简介:赵承中,男,无锡市广播电视大学图书馆原馆长。

重建,并设坛于其中,"当是时,士大夫抱道忤时者,率退处林野,闻风向附,学舍至不能容。……故其讲习之余,往往讽议朝政,裁量人物。朝士慕其风者,多遥相应和。由是东林名大著,而忌者亦多"①。

顾宪成与漕运总督李三才相交甚笃,引为知己。万历三十七年(1609)正月,李三才考满,加户部尚书、都察院左副都御史衔。其时,大学士于慎行、朱赓相继去世,至九月,已请告数年之都察院署印左副都御史詹沂亦封印出城候旨。辅臣叶向高、吏部尚书孙丕扬屡请下旨推补大僚,皆不报。李三才抚淮十有余年,跻身三品封疆,按资望是进入内阁或升任都御史的合适人选之一,顾宪成亦以此相期许。但在是年十二月,工部屯田司郎中邵辅忠首参李三才"大奸似忠,大诈似直"②;第二年正月,浙江道御史徐兆魁复劾奏李三才"奸贪大著诸不法状"③,对李三才之升迁横加阻挠。

顾宪成从邸报读到邵、徐二疏后,"有感于人求淮抚者太甚"④,激于义愤,便在二月间修书二通,一贻文渊阁大学士叶向高,一贻吏部尚书孙丕扬。二书之全文,顾氏文集失载,今仅钩稽得"三才至廉至澹薄,勤学力行,孜孜不倦,为古醇儒"⑤等数言,盖为贻叶向高书中之原话也。巡按宣大、湖广道御史吴亮将宪成二书附传于邸报中,遍及两京,随招"出位言事,遥制朝政"⑥、"致淆国是"⑦之讥。顾宪成原只为一辨曲直,结果诱发出一场由部曹、台省参与的更持久更猛烈的"淮抚之争",直至李三才获准病免,犹未平息,为他始料所未及。事后,顾宪成亦深感此举不妥,承认"去岁救李淮抚书,委是出位。……而亦悔且恨重,自惩无复通书于都下"⑧。《顾端文公自反录》亦载:

> 先生(按,指顾宪成)为李漕抚上书阁铨二老,王考功(三善)见而驳之,

---

① (清)张廷玉《明史》卷二三一《顾宪成传》,北京:中华书局,1974年,第20册,第6032页。
② (明)邵辅忠疏,《明神宗实录》卷四六五"万历三十七年十二月"引,台北:台湾"中央研究院"历史语言研究所影印,1962年,第8778页。
③ (明)徐兆魁疏,《明神宗实录》卷四六六"万历三十八年正月"引,第8794页。
④ (明)顾宪成《泾皋藏稿》卷五《与吴怀野(炯)光禄》,《景印文渊阁四库全书》第1292册,台北:台湾商务印书馆,1982—1986年,第75页。
⑤ (明)王三善疏,《明神宗实录》卷四七一"万历三十八年五月"引,第8892页。
⑥ (明)王三善《揭·职去年驳顾宪成三书》,(明)周念祖辑《万历辛亥京察记事始末》卷二,《续修四库全书》第435册,上海:上海古籍出版社影印,1996—2003年,第302页。
⑦ (明)朱一桂《特反大乱将作之疏》,《明神宗实录》卷四八二"万历三十九年四月"引,第9081页。
⑧ (明)顾宪成《泾皋藏稿》卷五《与吴怀野(炯)光禄》,第74页。

一时异同之论相继而起,章满公车。先生闻之,曰:"是吾过也。"①

颇见其自悔之意。然其二书已成话柄授之于人,从而使东林书院在辛亥京察时卷入当时渐趋炽烈的党议之中。

京察是明代制度,亦谓"大计"或"内计"。考察对象为五品以下京官,四品以上者,皆具疏自陈,以定去留。京察由吏部尚书、都察院都御史、吏部考功司郎中共同主持。自弘治十七年(1504)起,每六年一次,成为定制,逢巳、亥之年于南北两京分别举行,京师称"京察"或"北察",南京称"南察"。万历一朝,已历三年之乙亥京察、五年之丁丑闰察、九年之辛巳京察、十五年之丁亥京察、二十一年之癸巳京察、二十七年之己亥京察、三十三年之乙巳京察,唯独此次辛亥京察多以党名相向。

辛亥京察于三月初二日奉旨举行。京察之初,曾有人向主持计典的吏部尚书孙丕扬提议,分列党名于访单,其中就有"东林之党"。明内阁大学士叶向高云:

> 先是,考察当咨访。给事中王某者,太宰(孙丕扬)乡人、汤(宾尹)之门生,太宰故寄以心腹。王教太宰访单当列四款,云"淮上之党""东林之党""顾(天埈)李(腾芳)之党""王元翰之党",令人填注。太宰行其说,以告余。余谓从来考察,无列款咨访之例,且"党"之一字,非所宜言,此一网打尽之术,谁能甘受此单? 果行,察事其大哄矣。②

"东林"与"党"之连称,就其出现时间而言,当以此为最早。

谈迁《国榷》亦把东林"党名"之始系于此次京察:

> (四月)癸巳,兵科给事中朱一桂论察典,刺孙丕扬、王图,云:"东林一脉,人言颇不满,或谓其把持有司,或谓其遥执朝政。旧岁顾宪成遗阁部书,强辨李三才,致淆国是;今岁吴正志一书,请处七人,止漏徐兆魁。彼自悦刘季陵高风,强预人事,此足定东林与参东林之断案乎? 近公车之牍俱云起废,独今日一东林,明日一东林,即知时局,又何怪丁元荐出死力为异日地

---

① (明)丁元荐录,(清)张纯修重订《顾端文公自反录》,清康熙刻《顾端文公遗书》本,《续修四库全书》第 943 册,第 292 页。
② (明)叶向高《蘧编》卷四,《北京图书馆藏珍本年谱丛刊》,北京图书馆出版社影印民国二十四年乌丝栏抄本,1999 年,第 53 册,第 596 页。

哉!"时无锡顾宪成及高攀龙等修宋儒杨时东林书院,倡同志、士大夫讲学,党名始矣。①

五月初三日,掌京畿道、浙江道御史徐兆魁上《部臣借事发端意专党护》疏,又称顾宪成主持之东林书院为"东林党与"之渊薮,并力陈其危害。全疏三千馀言,今择要节录。云:

> 盖无锡县有东林书院,宋儒杨时号龟山祠也。(顾)宪成自谪官归,会林居诸人讲学于此。未几,其徒日众,遂因而挟制有司,凭陵乡曲,稍拂其意,即祸患随之。于是二三千里内,凡官誉未起者,官谤稍腾者,地方不相宜而指摘已疏及者,与夫贪赃坏官归者,咸思窜身东林,以借其游扬,资其容,盖为日后地。而东林之门遂如市矣。……浒市有小河,货舟往来如织,东林专其税为书院费,而榷关者不敢问。每关使至,东林辄以书招之,即不来,亦须送银二三百两助修书院乃已。凡东林讲学,所至主从每百余人,该县必饰厨传戒,执事伺于境,迎于郊,馆穀程席之需,非二百金上下不能办。会讲中必杂以时事,讲毕立刊为讲章,传播远近。讲章内各邑之行事有与之相左者,必速改图,其令乃得安。不然,淮抚与别院訾声至矣。……至东林之败坏天下,其祸更显。盖自假讲学以结党行私,而道德性命与功名利达共混为一途,而天下之道学坏。
>
> 臣观今日天下大势,尽趋于东林矣。东林之人,其名可数,三四年来乃频见之奏章,不称臣而称贤。盖不独无识无骨辈趋之如鹜,即号为君子,亦多畏其党,惧其螫,每顺口称道,无能发一言规正之。于是东林之势益张,而结淮胁秦,并结诸得力权要,互相引重,略无忌惮。今顾宪成等身虽不离山林,而飞书走使,充斥长安,驰骛各省,欲令朝廷黜陟予夺之权尽归其操纵。……臣非不知时局已成,牢不可破,又非不知东林党与众,能祸福人,顾区区忧国之衷,亟欲正人心以息邪说,伏乞陛下早下计疏,以结此局。②

按疏中描述,东林既有固定的活动场所和专门的经费来源,又有与"得力权要"遥相呼应的首领和积极参与的各地徒众,更有批评时政的异见和号召南北的

---

① (清)谈迁《国榷》卷八一"神宗万历三十九年",北京:中华书局,1988年,第5册,第5033页。
② (明)徐兆魁《部臣借事发端意专党护疏》,(明)周念祖辑《万历辛亥京察记事始末》卷三,第317—321页。

独特运作方式,俨然成一要素毕具的朋党矣。

王某之"东林之党"仅列于访单,见者寥寥,而朱一桂、徐兆魁之疏发抄于邸报,影响较大。止于次年二月末,户科给事中姚宗文、南京兵科给事中高节、南京福建道御史王万祚、巡视厂库工科右给事中张凤彩、刑科给事中彭惟成、工科给事中归子顾、南京湖广道御史周达、浙江巡按御史郑继芳等,皆在论列本次京察的人事时刺及"东林"。题分主次,言有轻重,火力不可谓不集中。未几,其势头逐渐减缓,但程度却有所增强,而措辞更具挑激性。如万历四十一年(1613)十月初五日,礼科给事中亓诗教《直发党人之祸疏》云:

> 盖今日之争,起于门户;门户之祸,始于东林;东林之名倡于顾宪成。……皇上仅以只身孑在宫中,白昼无光,太阿可倒。其究将使在朝在野,但知有东林,而不知有皇上;但知为东林之党,而不知为皇上之臣子。哗然群小,惟其意之所之,而无所不快。使顾宪成而在,宁愿见之哉?吁,可痛也已![①]

自"国本"之争以来,神宗与群臣之隔阂日深,朝会久辍;部院及僚属缺员,迟迟不补;政事壅塞,章奏留中不发,"一事之请难于拔山,一疏之行旷然经岁"[②]。在此情势下,议论滋烦,是非黑白混淆,言者无所忌惮,为求胜出,往往以"党"或"门户"相指责。"东林之党"和"东林党与",与"淮党""秦党""昆党""宣党""三才之党""王元翰之党""东南西北之党""(于)玉立、贺烺一党"等一样,皆发端于此种背景之下。其所谓之"党",数人可为之,一人亦可为之。故这一阶段之党名,乃相激而生,纯出于恩怨好恶,所涉多为细行私德,真假是非,难以深究,名实亦并不相符。

二

后一阶段为"东林党"名之定型,是在魏忠贤擅政以后。

魏忠贤之擅政,并非仅指其勾结客氏,得宠于熹宗,肆虐宫闱,实乃其党羽布列于津要,权倾朝野之谓也。以是观之,则天启四年(1624)七月内阁首辅叶向高之放归,实为其立威于庙堂之一大转折。

---

① (明)亓诗教《直发党人之祸疏》,(明)周念祖辑《万历辛亥京察记事始末》卷七,第586页。
② (明)叶向高言,《明神宗实录》卷四五八"万历三十七年五月"引,第8643页。

魏忠贤于天启元年(1621)矫旨杀司礼监掌印太监王安,三年十二月掌东厂印。他可以逼迫光宗选侍赵氏投缳自尽;可以唆使心腹堕熹宗皇后张氏之胎儿;可以幽囚裕妃张氏,绝其饮食致死;也可以掩杀受宠之冯贵妃,革成妃李氏之封号,令嫔妃宫人望而生畏。但当四年六月初一日杨涟上二十四大罪疏时①,却仍不能自安,不得不求解于人。

继而九卿科道参劾魏忠贤者又"不下百余疏"②,连后来名丽"逆案"之傅魁、杨梦衮、李精白、陈维新、刘之待辈亦都有弹章。随后,内阁首辅叶向高又具揭婉言劝说熹宗罢免魏忠贤,云:"皇上诚念魏忠贤,当求所以保全之。莫若听其所请,且归私第,远势避嫌,以安中外之心。中外之心安,则忠贤亦安。"③礼部尚书翁正春等更是"请令魏忠贤引退,以全旦夕之命。刘瑾、汪直、冯保诸人,已有明鉴。语曰:'权不可恃,威不可逞。'臣等又愿忠贤之亟自裁也"④。面对如此凌厉之攻势,魏忠贤之处境岌岌可危。

对其窘迫之状,《明史》有一段描述,云:

> (杨涟)疏上,忠贤惧,求解于韩爌,爌不应。遂趋帝前泣诉,且辞东厂,而客氏从旁为剖析,(王)体乾等翼之,帝憞然不辨也,遂温谕留忠贤。而于明日下涟疏,严旨切责。⑤

熟悉内情之内侍刘若愚述之更详,云:

> 其月(按,指五月)晦,即有杨涟二十四款之疏。是时汪文言尚系狱中,为(王)体乾者若肯从国家起见,据外廷谠论,屏退凶逆(按,指魏忠贤),有何难者?乃轻狥掌家王朝用之密恳,且心感客氏培植掌印,遂将如许参本不肯字字全念,多方曲庇之。忍先帝孤立,忠言见忌,士大夫之祸,从此不可收拾。⑥

王朝用为魏忠贤名下掌家,又"系(王)体乾结义契厚同年兄弟,所以逆贤擅

---

① 关于杨涟上疏日期,下引(明)刘若愚言认为在五月晦日,即五月二十九日。但《明史》卷二二、《国榷》卷八六、《傥庵野抄》卷四等史籍则皆系于六月初一日,今从之。
② (清)谷应泰《明史纪事本末》卷七一《魏忠贤乱政》,北京:中华书局,1977年,第1142页。
③④ (清)谈迁《国榷》卷八六"熹宗天启四年",第5287页。
⑤ (清)张廷玉等《明史》卷三〇五《宦官二·魏忠贤传》,第7818页。
⑥ (明)刘若愚《酌中志》卷一五《逆贤羽翼纪略》,北京:北京古籍出版社,1994年,第86页。

权而体乾安,二十四款等疏上而逆贤安"①。魏忠贤通过这层关系而获司礼监掌印太监王体乾之"曲庇",方能转危为安。此正说明魏忠贤之势力主要在于宫寝,而对外廷之局面尚无足够能力加以控制,只是端赖掖廷数人之相助和熹宗之愚昧,双方庶可保持平衡。

此时与魏忠贤"表里为奸"②的内阁大学士魏广微注意到群臣气势虽盛,但下能为之悉心调护,上能获熹宗信用,从而使魏忠贤心存顾忌者,唯叶向高一人而已。若欲打破这种平衡,除去叶向高是一关键。《国榷》云:

> 初,魏广微入相,先结魏忠贤为族,密道以邪径。及(杨)涟疏上,忠贤颇惧,谋于广微,谓必去叶向高而后可。③

清人谷应泰亦认为,对于魏忠贤而言,内阁首辅叶向高为其擅政之最大障碍:

> (天启四年)七月,大学士叶向高予告回籍。向高再入相,政移(魏)忠贤。同事者更希意阿旨,向高动即掣肘。杨涟二十四罪疏上,忠贤恨刺骨。④

于是,魏忠贤借缉捕叶向高同乡远亲巡城御史林汝翥的名义,派遣群阉围其第,"百余人直入其寓,辱及妇女,谩骂坐索"⑤,迫使叶向高于七月十三日辞阙引归。

果然,迨十一月,吏部尚书赵南星、左都御史高攀龙、内阁大学士韩爌等先后被罢免,吏部左侍郎陈于廷、左副都御史杨涟、左佥都御史左光斗等一并遭削籍,遂无能挡其锋者。一时票拟归内阁顾秉谦、魏广微,掌印有司礼监王体乾,秉笔有李永贞,政令悉为魏忠贤所把持矣。

形势之逆转,使得一批斤斤于既得利益者和无耻钻营之徒,竞奔魏忠贤之门,以期谋取更大前程,朝中格局为之一变。这一阶段诸党分化冰销,而"东林"独存,为魏忠贤为首之阉党所不容,成众矢之的,频遭围攻。兹略举数端。

----

① (明)刘若愚《酌中志》卷一〇《逆贤羽翼纪略》,第53页。
② (清)张廷玉等《明史》卷二四四《魏大中传》,第21册,第6336页。
③ (清)谈迁《国榷》卷八六"熹宗天启四年",第5286页。
④ (清)谷应泰《明史纪事本末》卷六六《东林党议》,第1042页。
⑤ (清)谷应泰《明史纪事本末》卷七一《魏忠贤乱政》,第1143页。

如天启五年（1625）三月初七日工部主事曹钦程论周宗建、李应升等疏，云：

> （周）宗建原任仁和，赃私狼藉，恐后人发觉，缘是力调其至亲同社素附东林之党吴焕者，以继其后，为之百计遮护。……李应升专为东林护法，疏中屡作含沙隐语，以排挤正人，如王永光等俱所不免。惟亟援其东林大教主高攀龙骤躐要津，冀得借以为所欲为。于是召号其党黄尊素等，俱为论言不论资俸之说，显背明旨。①

又如同年十月十日，御史王珙《洽兵理饷事》一本，奉圣旨：

> 傅宗皋结党东林，肆毒南国；张醇儒串同书役，分利自肥，都着革了职为民，追夺诰命。②

再如天启六年（1626）二月二十五日苏杭织造太监李实上论周起元等疏③，云：

> 且（周）起元抚吴三载，善政杳闻，惟以道学相尚，引类呼盟，各立门户。而邪党附和奉迎者，则有周宗建、缪昌期、周顺昌、高攀龙、李应升、黄尊素，俱系吴地缙绅，尽是东林邪党，与起元臭味亲密，每以私事谒见，起元言必承顺。④

再如《明熹宗实录》卷八十六"天启七年七月"云：

> 应天考官原题司经局洗马贺逢圣，有旨："着陈具庆、张士范去，仍各升

---

① （明）蔡士顺辑《傝庵野抄》卷五"乙丑年"，《四库禁毁书丛刊》史部第69册，北京：北京出版社影印明崇祯刻本，1997—1999年，第472—473页。
② （明）徐肇台《甲乙记政录》，《北京图书馆古籍珍本丛刊》第9册《史部·杂史类》，北京：书目文献出版社影印明崇祯刻本，2000年，第313页。
③ （明）蔡士顺辑《傝庵野抄》卷六"丙寅年"，第488页。此为李实所上之论周起元等疏，疏末原注日期"三月十八日"。按，此疏上而诸人之狱方具，遂有三月十七日高攀龙之拜书自沉，三月十八日逮周顺昌之开读之变。两者不可能同时发生。《明熹宗实录》卷六八、《明通鉴》卷八〇皆将李实上奏日期系于二月戊戌，即二十五日。今据改。
④ （明）蔡士顺辑《傝庵野抄》卷六"丙寅年"，第487—488页。

翰林院侍读,贺逢圣系东林党人,着削了籍为民,追夺诰命。"①

则傅宗皋、贺逢圣削夺矣;周宗建、李应升、周起元、缪昌期、周顺昌、高攀龙、黄尊素俱有旨逮系矣。一经被贴上"东林党"之标签,便难幸免,"东林党"甚至被视为是罢黜惩治官员的一项重要依据。

此皆发生于魏忠贤擅政以后者。惟以下两疏,称上于其前。一为谈迁《国榷》卷八十六"熹宗天启四年"云:

> (天启四年春正月)左副都御史乔应甲应召,道奏:"东林党魁李三才借黄正宾、汪文言交通赵南星、高攀龙等,力为引援。"上是之。②

《明熹宗皇帝实录》(梁本)卷三十八同此。③

然亦有认为乔应甲左副都御史之任命在是年末,而非是年正月者。如清人夏燮云:

> 会陈于廷罢,以徐兆魁代为吏部侍郎;杨涟罢,以乔应甲代为副都御史;左光斗罢,以王绍徽代为佥都御史。④

杨涟罢于何时?夏燮有记,云:

> (天启四年)十一月,辛亥,削吏部侍郎陈于廷、副都御史杨涟、佥都御史左光斗籍。⑤

"辛亥",为初一日。则乔应甲之任命为左副都御史是在天启四年十一月初一日以后。

明吴应箕撰《启祯两朝剥复录》卷一所记更迟,云:

---

① 《明熹宗实录》卷八六"天启七年七月",台北:台湾"中央研究院"历史语言研究所影印,1962年,第4133—4134页。
② (清)谈迁《国榷》卷八六"熹宗天启四年",第5256页。
③ 《明熹宗皇帝实录》(梁本)卷三八"天启四年正月",第2240页。
④⑤ (清)夏燮《明通鉴》卷七九"熹宗天启四年",北京:中华书局,1980年,第7册,第3060页,第3056页。

（天启四年十二月），以乔应甲为副都御史，王绍徽为佥都御史。……时陪应甲者为薛凤翔，陪徽者为朱钦相。①

证之明徐肇台《甲乙记政录》，天启四年十月二十四日始下杨涟削籍之旨，云：

> 吏部一本《钦奉圣谕事会推吏部尚书乔允升、冯从吾、汪应蛟》，奉圣旨："吏部、都察院浊乱已久，大非祖宗设立初意……陈于廷前奏从来会推吏科河南道概与画题，袁化中不无扶同情弊。陈于廷、杨涟、左光斗俱恣肆欺瞒，大不敬，无人臣礼，都着革了职为民，仍追夺杨涟、左光斗诰命。"②

又，吏部会推在同年十一月二十八日：

> 吏部等衙门会推：户部缺尚书，推李起元、陈所学；都察院缺副都御史，推乔应甲、薛凤翔；缺佥都御史，推王绍徽、朱钦相。③

与夏燮、吴应箕之言均相吻合，梁本实录与《国榷》所记不确。
二为崇祯二年（1629）正月工部主事陆澄源之奏辨，其自称云：

> 至于臣疏有"东林党煽，国事人心，皆为邪蚀，故先帝严加澄汰"数语，盖直溯逆珰未用事之前，为原始之论。今诸生建言，指此数语为臣罪案。臣安敢无说而处此？④

陆澄源为天启五年（1625）二甲进士，入仕时魏忠贤已擅政。其原疏清人谷应泰《明史纪事本末》和明蔡士顺所辑之《傃庵野抄》均曾节录，前者列为天启七年（1627）"冬十月"间事⑤，后者于疏末标是年之"十月二十二日"⑥。时当庄烈帝

---

① （明）吴应箕《启祯两朝剥复录》卷一，清初吴氏楼山堂刻本，《北京图书馆古籍珍本丛刊》第13册《史部·杂史类》，第605页。
② 天启四年十月二十四日吏部一本，（明）徐肇台《甲乙记政录》，明崇祯刻本，第262页。
③ 天启四年十一月二十八日吏部会推，（明）徐肇台《甲乙记政录》，第266页。
④ 《明实录》附录《崇祯长编》卷一七，台北：台湾"中央研究院"历史语言研究所影印，1962年，第970—971页。
⑤ （清）谷应泰《明史纪事本末》卷七一《魏忠贤乱政》，第1162页。
⑥ （明）蔡士顺辑《傃庵野抄》卷八"丁卯年"，第508页。

践位二阅月,魏忠贤虽在,但阉党内讧已起,分崩离析之势渐成,故辨疏所言时间之大谬,明矣。

"东林党"名定型更重要的标志则是《东林党人榜》的出台。不过,此时的"东林党",不仅涵盖了徐兆魁之流所认定的东林讲学、辛亥京察等项,而且还前溯至癸巳京察、妖书案及继发之梃击、红丸、移宫三案的涉事者,其概念已有较大延展。

《东林党人榜》是因江西道御史卢承钦疏请而编集刊印的。其公布时间,清陈鼎《东林列传》卷前《逆珰魏忠贤东林党人榜》题下双行小注有载:"天启五年(1625)十二月乙亥朔,颁示天下。"①清钱人麟辑《东林别乘·东林党人榜》②、原题明刘若愚辑《酌中志馀·东林党人榜》③同此。《明史》则云:"(天启五年)十二月乙酉,榜'东林党人'姓名,颁示天下。"④十二月"乙亥"为初一日,"乙酉"为十一日,两书年月相同,而日期相异。⑤

在《东林党人榜》出台前后,崔呈秀所造之《天鉴录》、王绍徽所造之《东林点将录》及《东林同志录》进献于魏忠贤,不知撰者名氏之《初终录》《石碣录》《东林朋党录》《东林籍贯》《盗柄东林夥》和魏应嘉所造之《夥坏封疆录》等亦纷纷流传,一场围歼"东林党"人的攻势骤然展开,"汪文言案""吴怀贤案""封疆案""黄山案""河西赃私案""戮番案"等冤狱就此酿成,"东林六君子"、"东林七君子"、汪文言、吴怀贤、熊廷弼、吴养春、刘铎辈难逃浩劫,随之殒命。

由于《东林党人榜》是以明熹宗名义公之于众的,因此"东林党"这个原本纯粹出于攻之者罗织的名目,被披上了一件合法的外衣,而成为一时之罪案。魏忠贤及其党羽遂假之以铲除异己,荼毒缙绅,其惨烈之状,度越前代。

至清乾隆四年(1739)进呈付梓之《明史》,在叙写史事时已径直使用"东林党"这一称谓。如卷二二四《孙丕扬传》云:

> 先是,南北言官群攻李三才、王元翰,连及里居顾宪成,谓之"东林党"。

---

① (清)陈鼎辑《东林列传》卷前,北京:中国书店影印清康熙辛卯铁肩书屋刻本,1991年,第1页。
② (清)钱人麟辑《东林别乘·东林党人榜》,广州:广东中山图书馆据澄海高氏玉笥山房藏稿本缮写油印,1957年,苏州大学图书馆藏。
③ 原题(明)刘若愚辑《酌中志馀·东林党人榜》,清钞明季野史汇编本,《四库禁毁书丛刊》史部第71册,第246页。
④ (清)张廷玉等《明史》卷二二《熹宗本纪》,第2册,第297页。
⑤ 关于《东林党人榜》出台的时间,另有《〈东林党人榜〉颁示日期献疑》专文辨之,具见《书品》2015年第4期。

而祭酒汤宾尹、谕德顾天埈各收召朋徒,干预时政,谓之"宣党""昆党",以宾尹宣城人、天埈昆山人也。御史徐兆魁、乔应甲、刘国缙、郑继芳、刘光复、房壮丽,给事中王绍徽、朱一桂、姚宗文、徐绍吉、周永春辈,则力排东林,与宾尹、天埈声势相倚,大臣多畏避之。①

又如卷二三五《何士晋传》云:

> 未几,有张差梃击之事。王之寀钩得差供,帝迁延不决,士晋三上疏趣之。……疏入,帝大怒,欲罪之。念事已有迹,恐益人言。而吏部先以士晋为东林党,拟出为浙江佥事,候命三年未下。②

前者为万历三十九年(1611)辛亥京察中事,后者为万历四十三年(1615)"梃击"案发之初事。其时视"东林"为党者已大有人在,但"东林党"之称谓尚未见诸疏端也。

三

当然,辨明东林非党者,亦不乏其人。早在徐兆魁疏出后,光禄寺寺丞吴炯就有《据实辨诬》一揭针对其有关东林书院的言论逐条驳正,指出谓顾宪成与其主持的"东林讲会"为"结党"之说均无事实根据。工部虞衡司主事沈正宗、翰林院提督四夷馆太常寺少卿洪文衡、河南道御史汤兆京、户部福建司主事贺烺、户部广东司主事李朴、礼部主客司主事丁元荐、湖广巡抚史记事、山东道御史李邦华等多人继之。

万历四十二年(1614)正月十三日,行人司添注行人刘宗周上《揭妄言被纠》疏,云:

> 第不知今日之党衅,将中于门户内乎?抑中于门户外乎?自荆养乔、熊廷弼二御史之行勘也,救廷弼者,谁不冤东林以主使,至欲立奸党之碑,榜之朝堂。未知所坐,辄直发党人之祸。……御史诘臣为东林,党李三才,党王图乎?则臣不坐。臣固谓今天下宜昆宣自昆宣,廷弼自廷弼,救者自救,攻

---

① (清)张廷玉等撰《明史》卷二二四《孙丕扬传》,第5903页。
② (清)张廷玉等撰《明史》卷二三五《何士晋传》,第6128—6129页。

者自攻，东林自东林，王、李自王、李，两不为党，而两相入。孰为门户以内门户以外，则天下太平。此臣所以分东林之罪也。①

迨崇祯元年(1628)正月初五日，即魏忠贤伏诛后，翰林院编修倪元璐犹上《奏为世界已清而方隅未化，邪氛已息而正气未伸，谨沥愚忱，仰祈圣鉴事》一疏，力图为"东林党"洗刷：

> 臣以典试复命入都，从邸抄见诸奏章，凡攻崔（呈秀）、魏（忠贤）者，必引东林为并案，一则曰邪党，再则曰邪党。何说乎？以东林诸臣为邪人、党人，将复以何名加诸崔、魏之辈？崔、魏而既邪党矣，向之首劾忠贤，重论呈秀者，又邪党乎哉？以臣虚中之言，合之事后之论，夫东林则亦天下之材薮也。其所宗主者，大都禀清挺之标，而或绳人过刻；树高明之帜，而或持论太深。此谓之非中行则可，谓之非狂狷不可也。其所引援为用者，亦每多气魄之俦，才干之杰。其间即不无非类，要可指数而尽耳。而其中则又有泊然无营，脩乎自远，谢华朓其若脱，付黜陟于不闻，而徒以声气心期，遥相推奖，此其人尤所谓澹漠宁静，纯乎君子者也。今而曰"邪党"，则无不邪党者矣。②

崇祯二年(1629)正月，大学士李国疏亦云：

> 陆澄源者，直纠（魏）忠贤而首诋东林为邪党。何为也？夫以邪党而属之东林，得无以杨（涟）、左（光斗）等之惨死为未尽其辜也？可骇也！而并未闻有言及辅臣冒爵、诏逆诸事，臣是以不胜其愤，而有免相削奸简贤之一疏也。然未敢恃以为是也，迨词臣倪元璐、陈盟、科臣阎可陛、钟炘、汪始亨、颜继祖、台臣罗元宾、宁光先、黄宗昌、吴玉各疏纠论，臣始信正气之尚存，而益征前言之非诬也。③

入清后东林后人黄宗羲也不承认"东林"是"党"，云：

> 东林讲学者，不过数人耳，其为书院，亦不过一郡之内。昔绪山、二溪，

---

① （明）刘宗周《揭妄言被纠疏》，（明）周念祖辑《万历辛亥京察记事始末》卷七，第622页。
② （明）倪元璐《奏牍》卷一《奏为世界已清而方隅未化，邪氛已息而正气未伸，谨沥愚忱，仰祈圣鉴事》疏，明末刻本，《四库禁毁书丛刊》史部第69册，第656页。
③ 《崇祯长编》卷一七，《明实录》附录，第947—948页。

鼓动流俗，江、浙、南畿，所在设教，可谓之标榜矣，东林无是也。京师首善之会，主之为南皋（邹元标）、少墟（冯从吾），于东林无与。及言国本者谓之东林，争科场者谓之东林，攻逆奄者谓之东林，以至言夺情奸相讨贼，凡一言之正，一人之不随流俗者，无不谓之东林。若似乎东林标榜，遍于域中，延于数世。东林何不幸而有是也？东林何幸而有是也？然则东林岂真有名目哉？亦小人者加之名目而已矣。①

毛奇龄更是直言"东林非党也"：

东林非党也。有抗东林者，而党始名，然而不敢显居于抗之者也。于是甘于抗东林者，必文曰中立。夫使抗之者不敢显居于抗之而乃曰中立，则东林尊矣。②

虽然自明代万历年间至清代前期，否认东林为党者络绎不绝，与东林党名形成之整个过程相始终，但于《明史》修成以后却逐渐归于沉寂。因为《明史》凭着其"钦定"之正统性和正史之权威性，终使"东林"是"党"之说以压倒之优势居于主流地位，而演变成世之公论，且赋予其特定内涵，固化为一种历史的存在。后之研究者，无论褒贬，从此皆以"东林"为一"党"矣。

（原载《国文天地》2016年第6期，收入本书时文字有修改）

---

① （清）黄宗羲《明儒学案》卷五八《东林学案一》，北京：中华书局，1986年，下册，第1375页。
② （清）毛奇龄《回友笺》，《西河合集·文集·笺》，《清代诗文集汇编》，上海：上海古籍出版社影印清康熙二十五年萧山书留草堂刻本，2010年，第87册，第188页。